W0404201

Assessor-Basics

- Klausurentraining – Zivilurteile -

ein Querschnitt der examensrelevantesten Themenstellungen
dargestellt am "großen Fall"

Hemmer/Wüst/Gold

Gold-Skripten-Gesellschaft
Hemmer/Wüst/Gold, Klausurentraining Zivilurteile

ISBN 978-3-86193-774-6

18. Auflage 2018

gedruckt auf chlorfrei gebleichtem Papier
von Schleunungdruck GmbH, Marktheidenfeld

Vorwort

Effektive Examensvorbereitung heißt beim Assessorexamen, *noch mehr* als beim Referendarexamen, sich auf die anspruchsvollen Anforderungen des Klausurenschreibens einzustellen: Nur das Lernen am „Großen Fall" ermöglicht, die Technik der Sachverhaltsanalyse zu trainieren, die Schulung des Problembewusstseins und die Einstellung auf den Ersteller der Klausur als „imaginären Gegner". Erfahrungsgemäß besteht für viele Referendare das Hauptproblem gerade darin, sich zum einen auf die langen Sachverhalte, zum anderen aber auch auf die veränderten Anforderungen an die Erstellung einer Klausur im Zweiten Staatsexamen einzustellen.

Der vorliegende Band „Klausurentraining Zivilurteile" stellt eine Fallsammlung *ganz besonderer* Art dar: Es handelt sich nicht um eine bloße Aneinanderreihung beliebiger Klausuren. Es geht in diesem Skript darum, die vielen konkreten Beispiele im Theorieskript „Das Zivilurteil" dadurch zu ergänzen, dass der Leser hier nun mit systematisch zusammengestellten Klausuren Anschauungsmaterial erhält, wie die dargestellten Probleme in einem großen, examenstypischen Fall vorkommen, wie sie dort im Sachverhalt „vergraben" sind und wie sie in der Lösung in der Länge und auf dem Niveau einer fünfstündigen Examensklausur in einer Form behandelt werden müssen.

Die Fälle werden nicht nur einfach gelöst. In zahlreichen Anmerkungen wird Expertenwissen zu stilistischen Fragen, zu Alternativen im Aufbau und in der Formulierung sowie zu den typischen Fehlerquellen Stellung genommen. Die zahlreichen klausurtechnischen Hinweise und klausurtaktischen Tipps, die im Parallelskript „Das Zivilurteil" (Theorieband) zusammengestellt sind, werden in vielen verschiedenen Situationen angewendet und dabei am konkreten Fall erläutert. Die Ratschläge basieren auf der inzwischen fast 30jährigen hauptberuflichen Erfahrung des Verfassers in der Vorbereitung von Referendaren auf das Assessorexamen und der Analyse von Original-Examensklausuren samt deren Lösungsskizzen und der Reaktionen der Korrektoren.

Durch die vielen Ratschläge in diesem Skript wird insbesondere dem Neureferendar das Handwerkszeug zur Verfügung gestellt, um möglichst schnell das für eine vernünftige Examensvorbereitung unverzichtbare eigenständige Schreiben von Klausuren beginnen zu können. Mit Hilfe zahlreicher Querverweisungen werden die im Theorieband „Das Zivilurteil" dargestellten jeweiligen formalen Regeln bzw. Aufbauschemata angewandt. So wird ihr Sinn und Zweck erschlossen und die konkrete Auswirkung auf die jeweilige Klausur erfahrbar gemacht.

Bei der Auswahl der Klausuren wurde auf einen exemplarischen Querschnitt der typischen Examensprobleme sowohl des materiellen Rechts als auch der damit kombinierten prozessualen Probleme geachtet.

Beim Inhalt der Fälle wurde didaktischen Fragen der absolute Vorrang eingeräumt; zurückgestellt wurde *teilweise* das im Rahmen des Examens und der Hemmer-Kurse vom Aufgabensteller zu beachtende Kriterium, dass es möglich sein muss, die „Reinschrift" innerhalb von fünf Stunden irgendwie – und oft unter großem Zeitdruck – zu fertigen. Manche dieser Klausuren würden in den Nordbundesländern um einige Rechtsprobleme gekürzt werden, und in den Südbundesländern würden dem Bearbeiter die Anfertigung von Rubrum und Tatbestand und ggf. auch der Entscheidungen über Kosten und Vollstreckbarkeit erlassen werden, um sie dem examenstypischen Timing anzupassen. In diesem Skript sind auch die sehr umfangreichen Fälle *vollständig* dargestellt. Grund: Es bleibt u.E. einfach „mehr hängen", wenn die Probleme umfassend im Fall selbst statt teilweise in einem Exkurs dargestellt sind.

Der effektivste Umgang mit diesem Skript besteht – wie üblich – darin, dass man nicht nur den Inhalt konsumiert, sondern sich zunächst *selbst* mit den Problemen des Sachverhaltes auseinander setzt: Erfassen und strukturieren Sie den Sachverhalt, machen Sie sich entsprechende Lösungsskizzen und durchdenken Sie die Probleme eigenständig. Erst dann sollte der Lösungsvorschlag der jeweiligen Fälle durchgearbeitet werden.

Die im Examen zugelassenen Kommentare sollten in die Bearbeitung integriert werden. Im Parallelskript „Das Zivilurteil“ (Theorieband) finden Sie zahlreiche Tipps zum optimalen Umgang mit diesen Kommentaren in der Examensvorbereitung, aber auch beim Einsatz in der konkreten Klausur.

Die Zitate in unseren Klausuren dieses Skripts und unseren Kursen konzentrieren sich gerade auf diese in den Examina zugelassenen Kommentare. Diese habe ich nur dann durch Zitate aus umfangreicheren Werken ergänzt oder ersetzt, soweit mir dies aufgrund von Unvollständigkeiten oder Unklarheiten nötig erschien.

Geeignet ist unserer Skriptenreihe *als Einstieg* in eine effektive Gestaltung der Referendarzeit oder zu einer kompakten Wiederholung der wohl *wichtigsten* prozessualen und formellen Probleme. Allerdings kann kein didaktisch noch so effektiv angelegtes Skript oder Lehrbuch den *permanenten eigenständigen* Umgang mit Klausuren ersetzen. Die Einarbeitung in einen langen Sachverhalt, die Trennung des Wesentlichen vom Unwesentlichen und die Ordnung des Durcheinanders eines Sachverhaltes kann nicht durch bloßes Lesen von Regeln oder Musterfällen „gelernt“ werden. Unverzichtbar und essenziell für eine vernünftige Examensvorbereitung ist das laufende *Training* der Klausurtechnik, wie es letztlich nur ein auf Vermittlung der Grundsystematik einerseits und Klausurenschreiben andererseits aufgebauter *fortlaufender* Kurs leisten kann. Der Referendar muss nach einer schnellen Einarbeitung in die hier beschriebene Arbeitstechnik *möglichst bald* mit einem aktiven Training anhand von Klausuren beginnen. Einzelne Wochenendkurse können insoweit nur eine Ergänzung der Examensvorbereitung zur Theorievermittlung sein. Und selbst dann sind sie nur sinnvoll, wenn sie einen entsprechenden Umfang haben. Andernfalls werden sie den anspruchsvollen Anforderungen des Zweiten Staatsexamen nicht gerecht und stellen Alibi-Veranstaltungen zur Gewissensberuhigung dar. Schwimmen lernt man auch nur im Wasser!

Ingo Gold

Das Erfolgsprogramm - Ihr Training für das Assessorexamen

Die Assessor-Basics

Übersicht 2018

Unsere Assessorenskriptenreihe richtet sich primär an die Kandidaten des Zweiten Juristischen Staatsexamens, wobei das Hauptaugenmerk darauf gerichtet ist, dem „Einsteiger" ins Referendariat die Einarbeitung in die für ihn neue Aufgabenstellung zu ermöglichen. Unsere Skriptenreihe „Assessor-Basics" ist konzipiert als „Gebrauchsanweisung" für die Assessorklausur. Der Leser soll in erster Linie mit den wichtigsten formellen und technischen Regeln der Assessorklausur vertraut gemacht werden. Darüber hinaus dient die Reihe aber auch der kompakten Wiederholung der wesentlichen Dinge durch den bereits Fortgeschrittenen.

Dabei sind zwei Arten von Skripten im Angebot, die unterschiedlich konzipiert sind, aber - soweit die Reihe bereits vollständig ist - jeweils paarweise miteinander korrespondieren.

In den „THEORIESKRIPTEN", die aber durchaus auch sehr viele kleine praktische Beispielfälle enthalten, wird der Leser an die jeweilige Materie herangeführt.

Die zivilrechtliche Anwaltsklausur

Dargestellt werden Arbeitstechnik und Formalia bzgl. der Klausurtypen Klageschrift, Klageerwiderung, Einspruch, Replik, Duplik, Antrag auf einstweiligen Rechtsschutz, Widerspruch, Berufungsbegründung und Vertragsgestaltung.

978-3-86193-730-2 12. Auflage 2018 19,90 €

Das Zivilurteil

Das Skript dient primär dem Einstieg, daneben aber auch zur kompakten Wiederholung, dem Lernen und Vertiefen einzelner Problembereiche der Abfassung eines Zivilurteils im Referendariat. U.a. Tenor, Aufbauregeln und Beweisrecht werden ausführlich erläutert.

978-3-86193-543-8 12. Auflage 2017 19,90 €

Die Strafrechtsklausur im Assessorexamen

Dargestellt werden Arbeitstechnik und Formalia der Klausurtypen Abschlussverfügung (in verschiedenen Varianten und unter Berücksichtigung von örtlichen Unterschieden), Strafurteil, Plädoyer und Revision.

978-3-86193-544-5 8. Auflage 2017 19,90 €

Die Assessorklausur im Öffentlichen Recht

Dargestellt werden Arbeitstechnik und Formalia der Klausurtypen verwaltungsgerichtl. Urteil und Beschlüsse, Gutachtensvarianten, Ausgangs-, Widerspruchs- und Abhilfebescheid.

978-3-86193-412-7 6. Auflage 2015 19,90 €

In den Bänden „KLAUSURENTRAINING" wird ihm eine in einer ganz besonderen didaktischen Form aufbereitete Fallsammlung präsentiert.

Zivilurteile

Das Skript ist die ideale Ergänzung zum Theorieskript „Das Zivilurteil". Acht examenstypische Klausuren behandeln Regeln der Beweislast, Aufbauregeln und Stil der Urteilsbegründung und Feinheiten der Tenorierung.

978-3-86193-774-6 18. Auflage 2018 19,90 €

Arbeitsrecht

In insgesamt neun Klausuren sind neben den verschiedensten Zahlungsansprüchen praktisch alle Varianten von Bestandsschutzstreitigkeiten mit ihren typischen Prüfungsabläufen und Besonderheiten enthalten. Das Prozessrecht inklusive der Besonderheiten des arbeitsgerichtlichen Verfahrens ist nicht nur in den „klassischen" arbeitsgerichtlichen Urteilen behandelt, sondern auch in vier verschiedenen Varianten von anwaltlichen Schriftsatzklausuren.

978-3-86193-535-3 15. Auflage 2017 19,90 €

Strafrecht

Das Skript ist die ideale Ergänzung zum Theorieskript „Die Strafrechtsklausur im Assessorexamen". Alle wichtigen Aufgabenstellungen aus Sicht der Justiz werden anhand konkreter Klausuren dargestellt und mit zahlreichen Anmerkungen zum Aufbau, Schreibstil u.a. ausführlich erläutert.

978-3-86193-411-0 12. Auflage 2015 19,90 €

Zivilrechtliche Anwaltsklausuren

Das Skript ist die ideale Ergänzung zum Anwaltsklausuren-Theorieband. Für die dort besprochenen Klausurtypen finden sich hier jeweils ein oder zwei Klausurbeispiele auf Examensniveau.

978-3-86193-731-9 12. Auflage 2018 19,90 €

Öffentlich-rechtliche und strafrechtliche Anwaltsklausur

Je vier examenstypische Fälle im öffentlichen Recht und im Strafrecht werden mit zahlreichen Anmerkungen, Aufbau- und Stilanleitungen dargestellt.

978-3-86193-390-8 6. Auflage 2015 19,90 €

hemmer/wüst
Verlagsgesellschaft mbH

www.hemmer-shop.de
Mergentheimer Str. 44 / 97082 Würzburg
Tel.: 0931-7 97 82 57 / Fax: 0931-7 97 82 34

Autoren	Titel/Auflage	zitiert als
Anders, Monika und Gehle, Burkhard	„Das Assessorexamen im Zivilrecht", 13. Aufl., 2017	"Anders/Gehle"
Bamberger/Roth	Kommentar zum BGB, 3. Aufl., 2012	„BaRo/Autor“
Baumbach/Hopt	Kommentar zum HGB, 38. Aufl., 2018	"Baumbach/Hopt"
Baumbach/Lauterbach/ Albers/Hartmann	Kommentar zur ZPO, 76. Aufl., 2018	"Baumbach-Hartmann"
Hartmann, Peter	„Kostengesetze“, 48. Aufl., 2018	„Hartmann“
Hentschel, Peter / König, Peter / Dauer, Peter	„Straßenverkehrsrecht“, 44. Aufl., 2017	„Hentschel/König/Dauer“
Knöringer, Dieter	"Die Assessorklausur im Zivilrecht", 16. Aufl., 2016	"Knöringer".
Musielak	Kommentar zur ZPO, 15. Aufl. 2018	„Musielak/Autor“
Oberheim, Rainer	„Zivilprozessrecht für Referendare“, 12. Aufl. 2017	„Oberheim“
Palandt	Kommentar zum BGB, 77. Aufl., 2018	"Pal./Autor"
Siegburg, Peter	„Einführung in die Urteilstechnik“, 5. Aufl., 2003	„Siegburg“
Thomas/Putzo	Kommentar zur ZPO, 39. Aufl., 2018	"Th/P"
Zöller	Kommentar zur ZPO, 32. Aufl. 2018	"Zöller/Autor"

Fall 1

Dr. Nina Berger
Rechtsanwältin
97318 Kitzingen
Goethestraße 23

Kitzingen, 4. Mai 2018

An das
Landgericht Würzburg
97070 Würzburg

Landgericht Würzburg
Eingang: 4. Mai 2018

In Sachen

Karl Kaiser, Talstraße 13, 97318 Kitzingen

- Kläger -

gegen

Bert Blocker, Heinrich-Heine-Ring 14, 76199 Karlsruhe

- Beklagter -

wegen Schadensersatz

erhebe ich namens und im Auftrag des Klägers

Klage

zum Landgericht Würzburg.

Streitwert: 13.800 €

In der mündlichen Verhandlung werde ich beantragen zu erkennen:

1. Der Beklagte wird verurteilt, an den Kläger 13.800 € nebst Zinsen in Höhe von fünf Prozentpunkten über dem Basiszins seit Rechtshängigkeit zu bezahlen.

2. Der Beklagte hat die Kosten des Rechtsstreits zu tragen.

3. Das Urteil ist vorläufig vollstreckbar.

Begründung:

Der Kläger fordert Schadensersatz wegen eines Verkehrsunfalls, der sich am 8. August 2017 gegen 19:30 Uhr im Gemeindegebiet von Höchberg (Landkreis Würzburg) auf der Bundesstraße 8 ereignet hat.

Der Kläger fuhr mit seinem Wagen aus Helmstadt kommend in Richtung Würzburg, als der in die Gegenrichtung fahrende Beklagte, der Eigentümer und ständiger Nutzer seines Wagens ist, in Höhe der Abbiegung in die Ortsmitte von Höchberg plötzlich dorthin (also aus seiner Sicht nach links und damit die Fahrbahn des Klägers kreuzend) abbog.

Der Kläger hatte keine Chance mehr anzuhalten und fuhr mit dem in seinem Eigentum stehenden Wagen (ein Mercedes Benz E 220) auf den Opel Astra des Beklagten auf. An der Unfallstelle ist die zulässige Höchstgeschwindigkeit auf 50 km/h festgelegt.

Diese hatte der Kläger auch eingehalten. Es handelt sich für den Kläger daher eindeutig um ein unabwendbares Ereignis, da er auch ansonsten keine Chance mehr zur Vermeidung des Unfalls durch Anhalten oder Ausweichen hatte, weil der Beklagte im allerletzten Moment plötzlich und völlig unerwartet losfuhr.

Beweis: Zeuge Heinrich Mutz, Kaufmann, 97204 Höchberg, Würzburger Straße 74.

Auf die Herbeiholung der Polizei war einverständlich verzichtet worden, da der Kläger die Sachlage für völlig klar hielt und ein Zeuge vorhanden war.

Der derzeit bezifferbare Schaden errechnet sich aus folgenden Positionen:

1. Schaden am Pkw des Klägers in Höhe von 12.500 €.

Der Kläger hat den Wagen nicht mehr reparieren lassen, nachdem der vom Kläger über die Autowerkstatt beauftrage vereidigte Gutachter die Kosten hierfür in seinem Sachverständigengutachten auf etwa 15.000 € festgelegt hatte. Daher verlangt er den sich aus dem Gutachten ergebenden Differenzbetrag zwischen dem Wiederbeschaffungswert (ebenfalls 15.000 €) und dem vom Gutachter geschätzten Restwert (2.500 €). Alle Beträge sind Brutto, also inklusive Umsatzsteueranteil.

Beweis: Sachverständigengutachten (Anlage K_1)

Dem Kläger ist auch tatsächlich ein entsprechender Umsatzsteueraufwand entstanden, da er sich einen ähnlichen Ersatzwagen für 16.000 € (inklusive Umsatzsteuer, die er tatsächlich zahlen musste) kaufte.

Beweis: Kaufvertrag (Anlage K_2)

2. Darüber hinaus werden 300 € wegen der notwendig gewordenen Anmietung eines Pkw Marke Mercedes-Benz E 220 durch den Kläger geltend gemacht. Genau genommen sind sogar 360 € als Kosten dafür entstanden, nämlich für zwei Tage jeweils 180 €. Die Kürzung nimmt der Kläger auf mein Anraten hin selbst vor, da er leider kein klassenniederes Fahrzeug angemietet hat.

Beweis: Mietwagenrechnung (Anlage K_3)

Diese Kosten ergaben sich daraus, dass der Kläger nach seinem Krankenhausaufenthalt (dazu gleich) kein Fahrzeug zur Verfügung hatte. Zwar konnte er den Verkauf des Wracks noch vom Krankenhaus aus regeln, ein Ankauf eines Ersatzfahrzeugs war ihm aber verständlicherweise nicht möglich, bevor er das Krankenhaus verlassen hatte und Wagenbesichtigungen bzw. Probefahrten vornehmen konnte.

Obwohl er sich nach dem Verlassen des Krankenhauses sofort an seinen Mercedes-Vertragshändler wandte, um einen vergleichbaren gebrauchten Wagen zu erwerben, konnte ihm erst am dritten Tag ein entsprechender Wagen (der oben genannte) verschafft werden. Daher hat er nach Einholung entsprechender Vergleichsangebote bei anderen örtlichen Autovermietern in der Übergangszeit den benannten Wagen für zwei Tage angemietet. Dazu war er auch berechtigt, da er den Wagen auch gerade in dieser Phase für einige Fahrten von Kitzingen nach Höchberg zu seiner Freundin (einfach ca. 30 km) brauchte.

3. Schließlich geht es noch um entgangenen Verdienst (Arbeitsentgelt) für drei Monate.

Der Kläger wurde durch den starken Aufprall nicht unbeträchtlich verletzt. Er fuhr, nachdem er den Wagen hatte abschleppen lassen, mit dem Taxi ins Krankenhaus, weil er Schmerzen im Rücken-, Nacken- und Kopfbereich hatte. Als diese immer größer wurden, bekam er vom Arzt noch am Unfalltag für mehrere Wochen dringende Bettruhe angeordnet. Er lag zunächst für vier Wochen zuhause im Bett, war dann aber noch länger krankgeschrieben. Das Ende der Erkrankung war zunächst nicht abzusehen.

Beweis: Dr. Stefan Schlächter von der Uni-Klinik Würzburg.

Dies veranlasste seinen Arbeitgeber, die Armler Consulting GmbH, zur Kündigung, die am 15. September 2017 zum 30. November 2017 erklärt wurde. Der Kläger erhob sofort Kündigungsschutzklage vor dem Arbeitsgericht Würzburg.

Da im Arbeitsrechtsstreit Streit und Unklarheiten darüber auftraten, ob die Arbeitgeberin mehr als zehn Arbeitnehmer beschäftigt (vgl. § 23 I KSchG), veranlasste dies den Arbeitsrichter in der Güteverhandlung vom 17. November 2017, die Parteien zu einem Vergleich zu überreden. Man einigte sich auf Auflösung des Arbeitsverhältnisses zum 30. November 2017 gegen Zahlung einer Abfindung von 4.000 €.

Beweis: Zeugnis des Richters Norbert Schlicht vom ArbG Würzburg, zu laden dort.

Da der Kläger erst seit März 2018 wieder Arbeit hat (gesund und arbeitsfähig war er seit Ende November wieder: der Heilungsprozess war auf einmal überraschend sehr schnell vorangeschritten), sind ihm drei Monatsgehälter in Höhe von netto 2.000 € entgangen, insgesamt also 6.000 €.

Der geltend gemachte Gesamtschaden beläuft sich damit auf insgesamt 18.800 €.

Von der Versicherung des Beklagten wurden bislang nur 5.000 € auf die Reparaturrechnung bezahlt, sodass Klage in Höhe des Restbetrages von 13.800 € geboten war. Die Klageforderung setzt sich aus weiteren 7.500 € Reparaturkosten sowie den übrigen oben genannten Schadenspositionen zusammen.

Dr. Nina Berger
Rechtsanwältin

Es wurde schriftliches Vorverfahren angeordnet. Die Klageschrift wurde den Beklagten persönlich unter gleichzeitiger Aufforderung zur Verteidigungsanzeige innerhalb von zwei Wochen und zur Klageerwiderung innerhalb von zwei weiteren Wochen gemäß § 276 Abs. 1 ZPO sowie mit der Belehrung über die Folgen der Fristversäumung (§§ 276 Abs. 2, 277 Abs. 2 ZPO) am 12. Mai 2018 zugestellt. Am 21. Mai 2018 ging eine Verteidigungsanzeige bei Gericht ein; Rechtsanwalt Franz Frischler zeigte die Vertretung des Beklagten an.

Franz Frischler
Rechtsanwalt
97070 Würzburg
Domstraße 17a

97070 Würzburg, 1. Juni 2018

An das
Landgericht Würzburg
97070 Würzburg

Landgericht Würzburg
Eingang: 1. Juni 2018

Az.: 3 O 219/18

In Sachen

Karl Kaiser gegen Bert Blocker

möchte ich hiermit beantragen, die Klage kostenpflichtig abzuweisen.

Die geltend gemachten Forderungen sind - über das bereits bezahlte hinaus - in keinem Fall begründet. Der Kläger hat nämlich selbst einige kapitale Fahrfehler begangen.

Insbesondere hat er dem Beklagten mit der Lichthupe zunächst Zeichen gegeben, dass er ihm das Abbiegen erlaube, hat dann aber überraschenderweise doch nicht gebremst. Außerdem ist der Kläger an der Unfallstelle auch viel zu schnell gefahren, nämlich mindestens 70 km/h.

Beweis: Heinrich Mutz, schon benannt, als Zeuge auch der Beklagtenseite.

Beides war für den Unfall auch ursächlich. Letztlich hätte der Kläger aber sogar unabhängig davon, also unter Zugrundelegung seiner konkreten tatsächlichen Geschwindigkeit noch ausweichen oder bremsen können, wenn er sich nicht so stur angestellt und auf seine vermeintliche Vorfahrt gepocht hätte. Demgegenüber muss die Vorfahrtsmissachtung des Beklagten stark zurücktreten.

Gemäß § 254 BGB sind daher alle Ansprüche um mindestens 50 Prozent zu mindern.

Zu den Schäden ist Folgendes zu sagen: Der Sachschaden wurde von Klägerseite völlig falsch berechnet. Richtig ist zwar, dass das Gutachten die Beträge so festgesetzt hat, wie dies die Klägerseite vorträgt. Allerdings wird hierbei unterschlagen, dass es in Zwickau ein auf Mercedes spezialisiertes Unfallwagen-Reparatur-Team gibt, das bei geeigneten Wagen (wie es der E 220 in jedem Fall ist) deutlich höhere Preise bezahlt. So hat eine von mir inzwischen über die Website der Firma eingeholte Erkundigung bei der Firma „Stern-Tuning“ in Zwickau auch tatsächlich ergeben, dass für einen derartigen Wagen auch bei den vorliegenden Schäden mindestens 4.500 € bezahlt worden wären.

Beweis: Walter Zorn, Geschäftsführer der Firma Stern-Tuning, 08060 Zwickau, Industrierandstraße 12a.

Also ist dieser Betrag vom ersatzfähigen Schaden abzuziehen.

Auch die Mietwagenkosten, die wir in der Höhe nicht bestreiten wollen, sind nicht ersatzfähig. Insoweit ist der Klagevortrag unschlüssig, da nicht ersichtlich ist, dass der Kläger längere berufliche Fahrten unternehmen musste. Dabei wird darauf hingewiesen, dass der nötige Mindestfahrbedarf hier bei ca. 20 km täglich liegt, andernfalls bei Anmietung eines Kfz die Schadensminderungspflicht verletzt wurde. Eine Einbuße in der privaten Beweglichkeit, wie sie der Kläger mit den Fahrten zu seiner Freundin vorträgt, ist ein immaterieller Schaden und daher nicht ersatzfähig.

Auch der Verdienstausfall ist schon deswegen nicht ersatzfähig, weil es dem Beklagten nicht zur Last fallen kann, wenn der Kläger vor dem Arbeitsgericht solche unmöglichen Vergleiche schließt. Zu seinen Lasten muss davon ausgegangen werden, dass die Kündigungsschutzklage recht gute Erfolgsaussichten gehabt hätte. Hilfsweise ist anzumerken, dass auch zumindest die Abfindung vom Schaden abgezogen werden müsste.

Aufgrund des eben geschilderten Unfalles erhebe ich namens des Beklagten gleichzeitig

Widerklage

gegen

1. Karl Kaiser

- Kläger und Widerbeklagter zu 1) -

und

2. "LANZIA-GmbH-Versicherungsgesellschaft", vertreten durch den Geschäftsführer Gerhard Gengel, An der Hauptwache 14, 60313 Frankfurt/Main.

- Widerbeklagte zu 2) -

Dabei stelle ich folgende Anträge:

1. Die Widerbeklagten werden gesamtschuldnerisch verurteilt, 2.700 € nebst Zinsen in Höhe von fünf Prozentpunkten über dem Basiszinssatz seit Rechtshängigkeit an den Beklagten und Widerkläger zu bezahlen.

2. Die Widerbeklagten haben die Kosten der Widerklage zu tragen.

3. Das Urteil ist vorläufig vollstreckbar.

Begründung:

1. Dem Widerkläger entstand durch das (Mit)Verschulden des Widerbeklagten, der Halter des in den Unfall verwickelten Fahrzeuges ist, bei dem genannten Unfall ein Sachschaden an seinem Opel Astra.

Nach einem Sachverständigengutachten, das wir erforderlichenfalls in der mündlichen Verhandlung vorlegen werden, betragen die Kosten der Reparatur inklusive Umsatzsteuer 5.000 €, und der merkantile Minderwert des Wagens weitere 250 €.

Der erst ein Jahr alte Wagen hatte laut Gutachten einen Wiederbeschaffungswert von 9.000 € und nach dem Unfall einen Restwert von 5.000 € (alle Beträge sind Brutto, also inklusive Umsatzsteueranteil), sodass der Widerkläger berechtigt war, den Wagen reparieren zu lassen oder selbst zu reparieren. Daher durfte er die vollen Reparaturkosten plus merkantilen Minderwert geltend machen.

2. Weiterhin kann der Widerkläger für die Dauer der Reparatur seines Opel Astra Caravan GL von fünf Tagen eine Nutzungsentschädigung von insgesamt 150 € (nämlich 5 Tage à 30 €) fordern.

Insgesamt beläuft sich daher der Schaden des Widerklägers auf 5.400 €. Hiervon machen wir unter Einräumung einer Mitverursachungsquote von 50 Prozent jeweils die Hälfte geltend.

Die Geltendmachung weiterer Schäden, insbesondere solcher aus Körperverletzung des Widerklägers, der nach dem Unfall für über eine Woche im Krankenhaus lag, bleibt vorbehalten. Unter anderem bestehen noch einige Unklarheiten in arbeits- und sozialversicherungsrechtlicher Hinsicht, sodass diese Schadensposition derzeit noch nicht geltend gemacht wird.

Die Widerbeklagte zu 2) ist die Haftpflichtversicherung des Widerbeklagten zu 1), haftet also automatisch für all dessen Verbindlichkeiten. Widerklage war geboten, da aufgrund angeblich alleinigen Verschuldens des Widerklägers bislang keinerlei Zahlungen erfolgten.

Franz Frischler
Rechtsanwalt

Die Zustellung des Schriftsatzes vom 1. Juni 2018 erfolgte am 7. Juni 2018. Dies unter gleichzeitiger Aufforderung zur Verteidigungsanzeige innerhalb von zwei Wochen und zur Widerklageerwiderung innerhalb von zwei weiteren Wochen gemäß § 276 Abs. 1 ZPO sowie mit der Belehrung über die Folgen der Fristversäumung (§§ 276 Abs. 2, 277 Abs. 2 ZPO).

Dr. Nina Berger
Rechtsanwältin
97318 Kitzingen
Goethestraße 23

Kitzingen, 20. Juni 2018

An das
Landgericht Würzburg
97070 Würzburg

Landgericht Würzburg
Eingang: 20. Juni 2018

Az.: 3 O 219/18

In Sachen

Kaiser u.a. gegen Blocker

zeige ich unter Vorlage von Prozessvollmacht nun auch die Vertretung der Widerbeklagten zu 2) an und nehme zum laufenden Verfahren nochmals wie folgt Stellung:

Ich halte an meinen bisherigen Anträgen fest.

Bestritten wird hiermit, dass der Kläger die Lichthupe betätigt habe. Dies ist eine reine Erfindung.

Im Hinblick auf die Schadensberechnung wird zunächst bestritten, dass für das Fahrzeugwrack des Klägers ein höherer Preis zu erzielen war als die 2.500 €, die das Gutachten als Restwert angab.

Hilfsweise ist aber darauf hinzuweisen, dass auch eine möglicherweise gegebene Chance des Klägers, einen höheren Verkaufspreis zu erzielen, ihm nicht zur Last fallen kann, weil Sachverständigen-Gutachten bekanntlich bindend sind. Es handelt sich hier ja immerhin auch um das im ganzen Raum Würzburg anerkannte Büro „Ing. Blaumais, Stiefel und Kollegen“.

Außerdem wusste der Kläger gar nichts von einer Möglichkeit, den Wagen teurer zu verkaufen. Er hat keinen Computer, und deswegen kann ihm eine solche Recherche nicht zugemutet werden.

Er hat sich deswegen auf das Gutachten verlassen und den Wagen zum Preis von 2.500 € verkauft.

Beweis: Zeugnis des Karl Kratz (Käufer), 97076 Würzburg, Malteserweg 23.

Weiterhin werde ich beantragen, die Widerklage abzuweisen.

Aber auch die Begründetheit der Widerklage ist schon deswegen nicht gegeben, weil den Widerbeklagten zu 1) gar kein Verschulden trifft, wodurch für ihn zwangsläufig ein unabwendbares Ereignis vorliegt.

Zu den Schadenspositionen des Beklagten und Widerklägers wird hilfsweise Folgendes ausgeführt:

Weil die Reparaturkosten unter Mitberücksichtigung des merkantilen Minderwerts - wie schon das Vorbringen des Widerklägers selbst zeigt - hier zu teuer kamen (nämlich insgesamt 5.250 €), können allenfalls die Kosten ersetzt werden, die bei der billigeren Abwicklung über den Wiederverkauf entstanden wären: Das wären hier schon nach dem Widerklägervortrag nur (9.000 € minus 5.000 € gleich) 4.000 €.

Dr. Nina Berger
Rechtsanwältin

Die Erwiderung auf die Widerklage wurde ordnungsgemäß mitgeteilt. Außerdem wurde Gütetermin bestimmt.

Nachdem in diesem keine gütliche Einigung herbeigeführt werden konnte, erließ die zuständige Richterin nachfolgenden Beweisbeschluss, bestimmte Termin zur mündlichen Verhandlung und lud die Parteien hierzu.

Landgericht Würzburg
Az.: 3 O 219/18

Würzburg, den 18. Juli 2018

Beweisbeschluss

In dem Rechtsstreit

Kaiser u.a. gegen Blocker

I. Es soll Beweis erhoben werden über die Behauptungen des Klägers,

> er selbst habe die an der Unfallstelle vorgeschriebene Höchstgeschwindigkeit von 50 km/h eingehalten und keine Chance zur Vermeidung des Unfalls gehabt, weil der Beklagte im allerletzten Moment plötzlich und völlig unerwartet losgefahren sei,

sowie über die Behauptung des Beklagten,

> 1. der Kläger habe dem Beklagten mit der Lichthupe zunächst Zeichen gegeben, dass er ihm das Abbiegen erlaube, habe dann aber überraschenderweise doch nicht gebremst,
>
> 2. der Kläger sei an der Unfallstelle mit mindestens 70 km/h gefahren.

durch

Vernehmung des Zeugen Heinrich Mutz, 97204 Höchberg, Würzburger Straße 74, von beiden Parteien benannt.

II. Termin zur Durchführung der Beweisaufnahme wird bestimmt auf 27. August 2018, ...

III. .... *(Anordnungen zu Kostenvorschuss usw.).*

Färber
Richterin am Landgericht

Landgericht Würzburg
Az.: 3 O 219/18

Niederschrift der mündlichen Verhandlung vom 27. August 2018:

Gegenwärtig: Richterin am Landgericht Färber als Einzelrichterin

Vorläufig aufgezeichnet auf Tonträger gemäß §§ 159, 160a ZPO.

In dem Rechtstreit

Kaiser und LANZIA-GmbH-Versicherungsgesellschaft gegen Blocker

wegen Schadensersatz

erscheinen bei Aufruf der Sache:

für den Kläger bzw. die Widerbeklagten Rechtsanwältin Dr. Nina Berger

für den Beklagten und Widerkläger Rechtsanwalt Franz Frischler

Der weiterhin erschienene Zeuge Mutz wird zur Wahrheit ermahnt, auf die Möglichkeit der Beeidigung sowie auf die Strafbarkeit einer falschen eidlichen oder uneidlichen Aussage hingewiesen. Der Zeuge verlässt den Sitzungssaal.

Die Sach- und Rechtslage wird eingehend erörtert. Der Klägervertreter stellt die Anträge aus den Schriftsätzen vom 4. Mai 2018 und 20. Juni 2018, der Beklagtenvertreter aus dem Schriftsatz vom 1. Juni 2018.

Der Klägervertreter erklärt erneut, dass sein Mandant keinesfalls habe abbremsen oder ausweichen können. Der Wagen des Beklagten und Widerklägers sei dazu viel zu kurzfristig abgebogen, es sei trotz ordnungsgemäßer Geschwindigkeit so gut wie keine Reaktionszeit mehr verblieben.

Es folgt die Vernehmung des Zeugen Mutz.

Zur Person: ......

Zur Sache: Ich habe den Unfall weitgehend beobachtet und kann mich genau erinnern. Ich bin ca. 20 Meter entfernt gerade mit dem Fahrrad an einer Seitenstraße gestanden und habe den Verkehr beobachtet, weil ich die Bundesstraße ein paar Meter entlang fahren wollte, um zum Fahrradweg nach Würzburg runter zu kommen. Ich habe den Mercedes zufällig genau beobachtet, weil dies ein wunderschönes Auto ist. Der Mercedes ist den Berg runter in Richtung Würzburg gefahren. Plötzlich ist der Astra losgefahren. Der Mercedes hat gleich gebremst, ist dem dann aber doch voll in die rechte Seite reingefahren, sodass es ein Glück war, dass kein Beifahrer dabei war.

<u>Auf Frage des Beklagtenvertreters:</u> Bezüglich der Geschwindigkeit des Mercedes kann ich nichts Genaues sagen. Ich glaube nicht, dass der mehr als 50 km/h fuhr, aber da kann man sich ja bekanntlich leicht täuschen. Nein, ein Ausweichen oder Anhalten war für den Mercedesfahrer bestimmt nicht mehr möglich, als der Astra losfuhr. Es war ja Gegenverkehr, und außerdem konnte man mit dem Verhalten des Astra-Fahrers wirklich nicht rechnen. Der fuhr unmittelbar vor dem Mercedes los. Entweder hat der wo anders hin geschaut oder durch den Mercedes hindurch. Mir war das jedenfalls ein völliges Rätsel, wie man so merkwürdig reagieren kann.

<u>Auf Frage des Beklagtenvertreters:</u> Davon, dass der Mercedesfahrer die Lichthupe betätigt haben soll, habe ich nichts bemerkt. Ich glaube schon, dass mir das aufgefallen wäre, könnte dies aber nicht beschwören.

Die Aussage wird vorgespielt und genehmigt. Auf Vereidigung wird verzichtet. Der Zeuge wird entlassen.

Die Vorsitzende erteilt folgenden rechtlichen Hinweis: ....

Die Vorsitzende verkündet daraufhin folgenden:

Beschluss:

Termin zur Verkündung einer Entscheidung wird bestimmt auf ... 2019, 9 Uhr, Sitzungssaal 126.

Färber
Richterin am Landgericht

Für die Richtigkeit der Übertragung
vom Tonträger
Schnell
Justizsekretärin als U.d.G.

Vermerk für den Bearbeiter:

Die vollständige Entscheidung des Gerichts ist zu fertigen.[1] Die Streitwertfestsetzung ist erlassen.

Ladungen, Zustellungen, Vollmachten und sonstige Formalien sind in Ordnung. Sämtliche richterlichen Hinweispflichten wurden beachtet. Wenn das Ergebnis der mündlichen Verhandlung nach Ansicht des Bearbeiters für die Entscheidung nicht ausreicht, ist zu unterstellen, dass trotz Wahrnehmung der richterlichen Aufklärungspflicht keine weitere Aufklärung zu erzielen war.

Soweit einzelne von den Beteiligten angesprochene Fragen nach Ansicht des Bearbeiters nicht erheblich sind, sind diese in einem Hilfsgutachten zu erörtern.[2]

Die Angaben über die begehrte Nutzungsentschädigung sind als *in der Höhe* richtig zu unterstellen.

Geografische Hinweise: Höchberg liegt im Landkreis und Amtsgerichtsbezirk Würzburg. Die ostunterfränkische Metropole Kitzingen hat (in ihrem Landkreis) nicht nur hervorragenden Wein, sondern selbstverständlich ein eigenes Amtsgericht, allerdings kein eigenes Landgericht.

---

1 Gerade bezüglich dieses umfangreichen ersten Klausurfalls ist klarzustellen, dass wir in diesem Skript jeweils in erster Linie darauf geachtet haben, einen didaktischen „Rundumschlag" zu landen, und die Anforderungen an das Timing einer Klausur zurückgestellt haben. In unseren Kursen wird selbstverständlich auf den Umfang der Klausuren geachtet. Dabei wird aus Trainingsgründen allerdings durchaus bewusst manchmal großer Zeitdruck aufgebaut, weil es auch im Examen immer wieder vorkommt, dass Klausuren im Umfang völlig aus dem Ruder gelaufen sind, weil entweder der Aufgabensteller vorhandene Probleme übersehen hat oder ganz bewusst die praxisnotwendige Fähigkeit zum „Krisenmanagement" austesten wollte. Motto: Wie schaffe ich es, an einem Tag einen Aktenberg abzuarbeiten, für den ich beim Streben nach absoluter Perfektion eigentlich mindestens zwei Tage bräuchte, ohne dabei an den Schlüsselstellen Fehler zu machen oder zu viel Substanz zu opfern? Dies erfordert v.a. den Blick für das Wesentliche und die Fähigkeit, Unproblematisches *extrem knapp* abzuhandeln. Beides wiederum lässt sich nicht durch Ansehen erlernen, auch nicht durch das Schreiben *einfacher* Klausuren, die natürlich auch gelegentlich vorkommen, sondern nur durch das *aktive Training* eines solchen „Krisenmanagements" anhand entsprechend umfangreicher Klausuren!

2 Achten Sie insoweit exakt auf den jeweiligen Bearbeitervermerk: In einigen Bundesländern wird kein Hilfsgutachten gefordert. Dies bedeutet, dass es passieren kann, dass eine ganze Reihe von Überlegungen, die der Bearbeiter bei der gedanklichen Vorbereitung seiner Lösung durchzuspielen hatte, bei Einhaltung der Aufbauregeln des Urteils nicht schriftlich niederzulegen sind und damit im Ergebnis nicht bewertet (!) werden. In diesem Skript haben wir den Bearbeitungsvermerk nun einheitlich *mit* Hilfsgutachten versehen, um den Fall jeweils *umfassend* besprechen zu können, obwohl wir der unterschiedlichen Formalia wegen die Fälle in verschiedene Bundesländer gelegt haben.

Übersicht Fall 1

I. **Zulässigkeit der Klage** (+): Insbesondere § 23 Nr. 1, 71 I GVG, § 20 StVG (+).

II. Voraussetzungen der **objektiven Klagehäufung** (Sach- *und* Personenschaden!) gemäß § 260 ZPO (+).

III. **Begründetheit der Klage:**

1. **Tatbestand des § 7 I StVG** (+): Haltereigenschaft, Sachbeschädigung und Körperverletzung, „bei dem Betrieb".

2. Keine **höhere Gewalt** gemäß § 7 II StVG.

3. Beiderseits **kein Fall von § 17 III StVG**, insbesondere auch nicht eindeutig, dass für *den Kläger* unabwendbares Ereignis vorlag: Beweislast hierfür bei ihm.

4. Aber: Völliges Zurücktreten der Betriebsgefahr i.R.d. **Abwägung gemäß § 17 II i.V.m. I StVG** (grobes Missverhältnis):

   Nur *einfache* (nicht erhöhte) Betriebsgefahr beim Kläger: Weder Lichthupenbetätigung noch Verstoß gegen § 3 I, III Nr. 1 StVO nachgewiesen: Beweislast hierfür beim Beklagten.

   Stark erhöhte Betriebsgefahr beim Beklagten wegen *grobem* Verstoß gegen § 9 III StVO.

5. **Schäden**:

a. **Sachschaden am Pkw:** 12.500 € Wiederbeschaffungs*aufwand*: Wiederbeschaffungswert (15.000 €) minus Restwert (§ 249 II 1, 2 BGB).

Restwert hier nach Gutachten (2.500 €): zwar durchaus widerlegbar; aber: keine Pflicht zum Suchen nach speziellen Restwertaufkäufern.

b. Ersatzfähigkeit der **Mietwagenkosten** (+).

c. **Verdienstausfall** ersatzfähig (§§ 249 I, 252 BGB): keine Unterbrechung des Kausalverlaufs wg. Vergleich; keine Vorteilsanrechnung wg. Zweck der Abfindung.

6. **Zinsen:** §§ 291, 288 I BGB.

IV. **Zulässigkeit der Widerklage**:

- Zusammenhang i.S.d. § 33 ZPO (+).
- Örtliche Zuständigkeit nach § 20 StVG bzw. § 32 ZPO.
- Sachliche Zuständigkeit des LG *trotz* § 5 2. Hs. ZPO: Wertung des § 506 ZPO.

V. **Begründetheit der Widerklage** (-): sämtliche Anspruchsgrundlagen (§§ 7 I, 18 I StVG, §§ 823 I, 823 II BGB) entfallen wegen grob überwiegenden Verschuldens des Bekl. (s.o.).

VI. **Zulässigkeit der Drittwiderklage**:

Örtliche Zuständigkeit: nicht §§ 12, 13 ZPO, aber § 20 StVG entsprechend. Problematik von § 33 ZPO analog (gilt jedenfalls für isolierte DWK) hier unerheblich.

DWK auch im Übrigen unbedenklich: Sachdienlichkeit gemäß § 263 ZPO, überdies § 267 ZPO (vgl. „Klageänderungstheorie" des BGH); Zuständigkeit zumindest über § 39 ZPO. Vor. der §§ 59, 60 ZPO (+).

VII. **Begründetheit der Drittwiderklage** (-): Direkthaftung gemäß §§ 115 I 1, 117 III 2 VVG i.V.m. § 3 S. 1 PflVG entfällt mangels Anspruchs gegen den Kläger.

VIII. **Kosten**: § 91 ZPO (Grundsatz der Kosteneinheit).

IX. **Vollstreckbarkeit**: § 709 S. 1 und S. 2 ZPO.

Hilfsgutachten:

I. **Zur Klage:** Ansprüche aus § 18 I StVG, §§ 823 I, 823 II BGB ebenfalls (+).

II. Zur **Widerklage** / Schlüssigkeit der geltend gemachten **Schäden**:

1. **Reparaturkosten** von 5.000 € gemäß § 249 II 1, 2 BGB; 130-Prozent-Grenze („erforderlich") nicht überschritten.

2. **Merkantiler Minderwert** von 250 € (+): § 251 I BGB.

3. **Nutzungsentschädigung**: fühlbare Beeinträchtigung nicht schlüssig dargetan (Krankenhausaufenthalt!).

LÖSUNG FALL 1

Vorsicht: im Rubrum starke Unterschiede zwischen den Bundesländern; siehe die folgenden Fälle

Vorbemerkung: Im Unterschied zum „Rest" des Zivilurteils unterscheiden sich die Feinheiten des Rubrums von Bundesland zu Bundesland. Was in Kiel oder Lübeck üblich ist, wird in Frankfurt oder Berlin und erst Recht in München gegebenenfalls schon wieder ganz anders gehandhabt. Da die Korrektoren aber regelmäßig auf die Verwendung der jeweiligen örtlichen Gepflogenheiten Wert legen, haben wir auf die in anderen Lehrbüchern und Skripten verbreitete irreführende Praxis, die eigenen lokalen Regeln als vermeintlich allgemeingültig darzustellen, verzichtet. Stattdessen haben wir im Parallelskript „Zivilurteil" (Theorieband) die verschiedenen Varianten erläutert und verwenden nun in diesem Skript die jeweiligen Fassungen aus dem Bereich von acht verschiedenen Prüfungsämtern: Fall 1 = Bayern, Fall 2 = Hessen, Fall 3 = NRW, Fall 4 = Baden-Württemberg, Fall 5 = Berlin-Brandenburg, Fall 6 = GPA von Hamburg, Bremen, Schleswig-Holstein, Fall 7 = Sachsen, Fall 8 = Rheinland-Pfalz. Selbstverständlich sind von dieser Differenzierung nur die Formalia des Rubrums betroffen. Die viel wichtigeren anderen Teile der nun folgenden Klausurfälle, also Tenor, Tatbestand und Entscheidungsgründe, werden grundsätzlich überall einheitlich gehandhabt.

Rubrum Bayern

Landgericht Würzburg 1

Az.: 3 O 219/18

Im Namen des Volkes[3]

In dem Rechtsstreit

1. Karl Kaiser, Talstraße 13, 97318 Kitzingen

Doppelrolle der Parteien

- Kläger und Widerbeklagter zu 1) -[4]

2. LANZIA-GmbH-Versicherungsgesellschaft, vertreten durch den Geschäftsführer Gerhard Gengel, An der Hauptwache 14, 60313 Frankfurt/Main

- Widerbeklagte zu 2) -

Prozessbevollmächtigte der Parteien zu 1) und 2): Rechtsanwältin Dr. Berger, Goethestraße 23, 97318 Kitzingen

gegen

Bert Blocker, Heinrich-Heine-Ring 14, 76199 Karlsruhe

- Beklagter und Widerkläger -

Prozessbevollmächtigter: Rechtsanwalt Frischler, Domstraße 17a, 97070 Würzburg

wegen Schadensersatz aus Verkehrsunfall[5]

Übergang zum Tenor (hier „exklusiv"-bayerische Formulierung!)

erlässt das Landgericht Würzburg, 3. Zivilkammer, durch Richterin am Landgericht Färber als Einzelrichterin aufgrund der mündlichen Verhandlung vom 27. August 2018 folgendes[6]

3 In fast allen anderen Bundesländern erfolgt die Bezeichnung der Urteilsart bereits hier oben beim „Im Namen des Volkes". Siehe dazu und zu weiteren Unterschieden die erläuterten Varianten der verschiedenen anderen Bundesländer in den anderen Klausuren dieses Skripts.

4 Im Rubrum werden die Parteien doppelt („Kläger und Widerbeklagter zu 1") bezeichnet, während sie im Text des Urteils (Tenor, Tatbestand und Entscheidungsgründe) nur mit ihrer ursprünglichen Parteirolle („Kläger") bezeichnet werden. Die Parenthese bei der Bezeichnung der Parteirolle ist in Bayern üblich, wird aber in vielen Bundesländern nicht vorgenommen.

5 Auch die Angabe des Betreffs ist nicht in allen Bundesländern üblich.

Endurteil:

Tenor bei Klage, Widerklage und Drittwiderklage sowie Gesamtschuld

1. Der Beklagte wird verurteilt, an den Kläger 13.800 € nebst Zinsen hieraus in Höhe von fünf Prozentpunkten über dem jeweiligen Basiszinssatz seit 13. Mai 2018 zu bezahlen.[7] 2

2. Die Widerklage wird abgewiesen.[8]

3. Der Beklagte hat die Kosten des Rechtsstreits zu tragen.[9] 3

neuer 709 S. 2 ZPO!

4. Das Urteil ist gegen Sicherheitsleistung in Höhe von 110 % des jeweils beizutreibenden Betrages vorläufig vollstreckbar.[10]

Tatbestand[11] 4

Einleitungssatz

Die Parteien streiten mit Klage und Widerklage über Schadensersatz wegen eines Verkehrsunfalls, der sich am 8. August 2017, gegen 19:30 Uhr im Gemeindegebiet von Höchberg (Landkreis Würzburg) auf der Bundesstraße 8 ereignet hat.[12]

Unstreitiges Vorbringen für Klage und Widerklage (Imperfekt)

Unfallhergang

Am betreffenden Tage fuhr der Kläger mit dem ihm gehörenden Wagen, einem Mercedes Benz E 220, aus Helmstadt kommend in Richtung Würzburg, als der in die Gegenrichtung fahrende Beklagte, der Eigentümer und ständiger Nutzer seines Wagens ist, in Höhe der Abbiegung in die Ortsmitte von Höchberg dorthin nach links und die Fahrbahn des Klägers kreuzend abbog. Der Kläger fuhr mit seinem Fahrzeug auf den Opel Astra des Beklagten auf. An der Unfallstelle ist die zulässige Höchstgeschwindigkeit auf 50 km/h festgelegt.

Schäden des Klägers

An beiden Fahrzeugen entstand ein Sachschaden. Der Kläger ließ ein privates Sachverständigen-Gutachten erstellen, das den Wiederbeschaffungswert des Fahrzeugs des Klägers mit 15.000 € brutto (inklusive Umsatzsteuer) angibt und den Restwert des beschädigten Fahrzeuges mit 2.500 €.[13] Der Kläger verkaufte den beschädigten Pkw für exakt diesen Betrag von 2.500 €[14] und erwarb sich ein Ersatzfahrzeug für 16.000 € brutto, wobei Umsatzsteuer anfiel.

---

6 Dieser Überleitungssatz zum Tenor ist eine (praktisch exklusiv) bayerische Besonderheit. In praktisch allen anderen Bundesländern erfolgt die Überleitung mit einem „hat … für Recht erkannt" und die Bezeichnung der Urteilsart (dann meist auch nicht mit „Endurteil", sondern schlicht „Urteil") erfolgt weiter oben beim „Im Namen des Volkes".

7 Ein Ausrechnen der genauen Höhe dieses Zinses ist nach zutreffender ganz h.M. nicht nötig, sondern wird erst für die Zwangsvollstreckung vorgenommen (siehe dazu in Assessor-Basics Zivilurteil, § 5 Rn. 5 m.w.N.).

8 In der Tenorierung muss man deutlich erkennen lassen, inwieweit sich die Entscheidung jeweils auf Klage oder Widerklage bezieht.

9 Da die Beschwer des alleine unterliegenden Beklagten über 600 € liegt, ist gemäß § 511 IV 1 Nr. 2 ZPO keine Entscheidung über Zulassung oder Nichtzulassung der Berufung zu treffen. Zum Umgang mit der Berufungszulassungsfrage, wenn die Beschwer bei zumindest einem der Beteiligten nicht über 600 € liegt, siehe in Assessor-Basics Zivilurteil § 2, Rn. 12.

10 Dies resultiert aus § 709 S. 2 ZPO. Die Praxis orientiert sich seit Eingreifen dieser Vorschrift an Prozentsätzen von 110 % bis 130 %, um damit zusätzliche Finanzierungsschäden auffangen zu können. Die Formulierung „jeweils" ist eine Besonderheit der unmittelbaren Anwendung des § 709 S. 2 ZPO, die bei der nur entsprechenden Anwendung i.R.d. § 711 ZPO für nicht anwendbar erklärt wurde. Im Zusammenhang mit diesen Regelungen ist auch § 752 ZPO zu bedenken. Zum Ganzen siehe in **Assessor-Basics, Zivilurteil, § 7 Rn. 13 ff**.

11 Aufbau des Tatbestandes bei Klage und Widerklage: Beachten Sie insbesondere, dass es für den Tatbestand zwei Aufbauvarianten gibt, und zwar abhängig davon, ob Klage und Widerklage auf demselben Lebenssachverhalt oder aber auf unterschiedlichen Lebenssachverhalten beruhen. Geht es - wie hier - um denselben Lebenssachverhalt, wird soweit möglich zusammengefasst (zur Systematik siehe zum einen die Randbemerkungen; ein Schema hierzu und zur anderen Variante des Widerklagetatbestands finden Sie in **Assessor-Basics, Zivilurteil, § 8 Rn. 64 ff. m.w.N**.).

12 Nach einer Ansicht (Anders/Gehle A, Rn. 43) sind Einleitungssätze grds. entbehrlich. Anders - und empfehlenswert - die wohl h.M.; vgl. etwa Th/P, § 313, Rn. 16; Zöller/Vollkommer, § 313, Rn. 12.

13 Streitig ist hier, ob diese Position (die Höhe des Restwerts) letztlich zutreffend ist; dagegen ist der Inhalt des Gutachtens selbst unstreitig. Bei den anderen Positionen hat der Beklagte die Schadenshöhe von vornherein gar nicht bestritten, sodass man die Beträge selbst - also ohne Formulierung „laut Gutachten" - hier als feststehend schildern kann.

14 Dieser Vorgang des Verkaufs zu diesem konkreten Preis ist ebenfalls nicht bestritten worden; behauptet wird nur, der Kläger hätte es besser machen können.

Da dem Kläger der Ankauf des Ersatzfahrzeuges erst drei Tage nach 5
seiner Krankenhausentlassung gelang, er aber u.a. aufgrund einer Entfernung von 30 km zur Wohnung seiner Freundin in Höchberg entsprechenden Fahrbedarf hatte,[15] mietete er bis dahin für zwei Tage ein anderes Fahrzeug der Marke Mercedes Benz E 220. Dadurch entstanden ihm Kosten von insgesamt 360 €, von denen er in der Klage 300 € geltend macht.

Personenschaden

Der Kläger war infolge seiner unfallbedingten Verletzungen insgesamt bis Ende November 2017 arbeitsunfähig krankgeschrieben, wobei das Ende der Arbeitsunfähigkeit bzw. die endgültige Wiedergenesung zunächst nicht absehbar war. Infolgedessen kündigte sein Arbeitgeber ihm am 15. September 2017 zum 30. November 2017.

Im Rahmen des sich anschließenden Kündigungsschutzprozesses traten Streit und Unklarheiten darüber auf, ob die Arbeitgeberin mehr als zehn Arbeitnehmer beschäftigt. Dies veranlasste den Arbeitsrichter in der Güteverhandlung vom 17. November 2017, den Parteien einen Vergleich vorzuschlagen, dem der Kläger zustimmte. Man einigte sich auf die Auflösung des Arbeitsverhältnisses zum 30. November 2017 gegen Zahlung einer Abfindung von 4.000 €.

Der Kläger fand zum 1. März 2018 einen neuen Arbeitsplatz. Hätte das alte Arbeitsverhältnis fortbestanden, hätte der Kläger in den Monaten Dezember 2017 bis Februar 2018 jeweils 2.000 € netto verdient.

Schäden des Beklagten (für das Urteil grds. unerheblich geworden; s.u.)

Die Kosten der am Fahrzeug des Beklagten durchgeführten Reparatur betrugen 5.000 € inkl. Umsatzsteuer, der merkantile Minderwert 250 €; der Wiederbeschaffungswert des Fahrzeuges 9.000 €, der Restwert nach dem Unfall belief sich auf 5.000 €. Die Reparatur nahm fünf Tage in Anspruch. Der Beklagte mietete kein Ersatzfahrzeug an.[16]

Das Fahrzeug des Klägers war bei der Widerbeklagten zu 2) haftpflichtversichert.

streitiges Klägervorbringen

(„behauptet"; indirekte Rede)

Der Kläger behauptet, dass der Beklagte völlig unvermittelt und unmit- 6
telbar vor ihm abgebogen sei, sodass er - der Kläger - keine Möglichkeit mehr gehabt habe, anzuhalten oder auszuweichen.

Anträge

Mit seiner am 12. Mai 2018 zugestellten[17] Klage beantragt er: 7

> Der Beklagte wird verurteilt, 13.800 € nebst Zinsen in Höhe von fünf Prozentpunkten über dem Basiszinssatz seit Rechtshängigkeit an ihn zu bezahlen.

Der Beklagte stellt folgende Anträge:[18]

> 1. Die Klage wird abgewiesen.
>
> 2. Die Widerbeklagten werden gesamtschuldnerisch verurteilt, 2.700 € nebst Zinsen in Höhe von fünf Prozentpunkten über dem Basiszinssatz ab Rechtshängigkeit an ihn zu bezahlen.[19]

---

15 Dies ist in tatsächlicher Hinsicht alles unstreitig. Hüten Sie sich vor dem „tödlichen" Anfängerfehler, diesen Aspekt oder andere in das streitige Parteivorbringen einzuordnen, nur weil der Punkt in *rechtlicher* Hinsicht („Erforderlichkeit") umstritten ist.

16 Da dem Beklagten gar kein Anspruch zugestanden wurde, kann man sich hier wegen Bedeutungslosigkeit der Details kurz fassen. Lässt man die Schäden ganz weg, werden aber die Anträge (Widerklage) etwas unverständlich.

17 Bereits das „richtige" Datum für den Beginn des Zinsanspruchs im Tatbestand einzusetzen, ist kaum vertretbar: Da die Anwendung von § 187 I BGB analog immerhin rechtlich umstritten ist und unterschiedlich gehandhabt wird, würde die Übernahme des Datums letztlich eine - im Tatbestand grds. nicht zulässige - rechtliche Wertung darstellen! Deswegen sollte man das Zustellungsdatum im Falle des Erfolgs dieses Antrages entweder in der Prozessgeschichte erwähnen oder dieses - wie hier - wertungsneutral (!) in den Einleitungssatz vor die Anträge aufnehmen (vgl. **Assessor-Basics, Zivilurteil**, § 8 Rn. 29).

18 Hier war es zulässig, das Zustellungsdatum ganz wegzulassen, da die Widerklage ohnehin abgewiesen wird.

19 Grds. sind die Anträge auch bei Fehlern wörtlich wiederzugeben und erst in den Entscheidungsgründen auszulegen oder umzudeuten. Nur bei offensichtlichen Ungenauigkeiten o.Ä. ist eine Korrektur möglich.

weiterer Antrag: Abweisung der WK

Der Kläger und die Widerbeklagte zu 2) stellen den Antrag:

Die Widerklage wird abgewiesen.

Konkretes streitiges Beklagtenvorbringen („behauptet“)

Der Beklagte behauptet, dass der Kläger die zulässige Höchstgeschwindigkeit um mindestens 20 km/h überschritten habe. Außerdem habe dieser seine Lichthupe betätigt und dadurch den Eindruck erweckt, auf die Wahrnehmung seiner Vorfahrt verzichten zu wollen. Weiterhin habe er die Möglichkeit gehabt, rechtzeitig zu bremsen oder auszuweichen, um den Unfall zu vermeiden. 8

Auch gäbe es in Zwickau ein Unternehmen, das für das beschädigte Fahrzeug des Klägers nicht nur 2.500 €, sondern mindestens 4.500 € bezahlt hätte (Beweis: Zeugnis des Walter Zorn).[20]

Rechtsansichten grds. nur knapp wiedergeben

Der Beklagte vertritt v.a. die Rechtsansicht, der geltend gemachte Verdienstausfall könne sich nicht zu seinen Lasten auswirken, weil der Kläger den Verlust des Arbeitsplatzes wegen des vor dem Arbeitsgericht geschlossenen Vergleichs selbst zu verantworten habe. Ein Anspruch darauf, sich einen Mietwagen zu nehmen, habe der Kläger unter den genannten Umständen nicht gehabt.[21] 9

hemmer-Klausur-Tipp

Verbrauchen Sie im Kampf gegen die Uhr nicht zu viel Zeit für die Wiedergabe von zahlreichen Rechtsansichten der Parteien. Theoretisch könnten Rechtsansichten im Tatbestand ganz weggelassen werden. In Klausuren sollte man dennoch auf sie eingehen, weil oftmals kaum Tatsachenstreitigkeiten bestehen und dann ohne Eingehen auf die Rechtsansichten gar nicht deutlich werden würde, warum die Parteien überhaupt streiten. Beschränken Sie sich aber auf eine Zusammenfassung der wichtigsten Aspekte! Eine unreflektierte und nicht selektierte Wiedergabe aller noch so abstrusen Anwaltsthesen aus den Schriftsätzen kann vom Korrektor u.U. schon als Verstoß gegen das Straffungserfordernis (§ 313 II ZPO) geahndet werden. Zumindest aber müssen Sie immer an den Zeitbrauch denken und daran, dass die knappe Zeit an den Schlüsselstellen der Entscheidungsgründe oftmals wesentlich effektiver investiert ist, weil die Auswirkung auf die Bewertung Ihrer Klausur dort viel größer sein wird.
Vermeiden Sie unbedingt auch den – gerade bei Bearbeitern mit zu ausführlichem Tatbestand verbreiteten – Fehler, die in tatsächlicher Hinsicht eigentlich unstreitigen Dinge als (scheinbar) streitig darzustellen, nur weil sie rein rechtlich zwischen den Parteien umstritten sind. In eben *dieser* Selektion, die bei fehlerhafter Arbeit wegen § 314 ZPO Wirkungen für die nächste Instanz haben kann, liegt die eigentliche Prüfungsleistung des Tatbestands, nicht im Abschreiben des Klausursachverhalts! Lassen Sie also auch diesbezüglich beim Korrektor keinerlei Zweifel aufkommen: Beginnen Sie Ihre Zusammenfassung der Rechtsausführungen mit einer klaren optischen (neuer Absatz!) und sprachlichen Zäsur. Beginnen Sie etwa mit „Der Beklagte vertritt die Rechtsansicht ..“ statt mit „... der Beklagte behauptet“.

Prozessgeschichte

Das Gericht hat Beweis erhoben zum Unfallhergang gemäß Beweisbeschluss vom 18. Juli 2018 durch uneidliche Vernehmung des Zeugen Mutz. Wegen des Ergebnisses der Beweisaufnahme wird auf die Sitzungsniederschrift vom 27. August 2018 Bezug genommen.[22] 10

---

20 Bezüglich des Restwertes liegt hier ein unerledigtes Beweisangebot vor, da diese Behauptung einerseits umstritten war, der Richter aber keine Beweisaufnahme vornahm, weil es hier nach BGH letztlich auf die Möglichkeit der Verwertung zu einem höheren Preis nicht ankommt (s.u.). Die Behandlung solcher Angebote ist umstritten; nach h.M. ist es entweder - wie hier - in Klammern zu setzen oder in der Prozessgeschichte zu schildern (siehe dazu **Assessor-Basics, Zivilurteil**, § 8 Rn. 61).

21 Rechtsansichten des Klägers zu den Schäden des Beklagten wurden hier ganz weggelassen, da es bei dem konkret gefundenen Ergebnis auf diese nicht einmal in tatsächlicher Hinsicht ankommt.

22 Das Beweisthema braucht nicht genannt zu werden, und die Würdigung des Beweisergebnisses gehört in jedem Fall erst in die Entscheidungsgründe (vgl. etwa **Assessor-Basics, Zivilurteil**, § 8 Rn. 36; Anders/Gehle, A, Rn. 71). Der Gütetermin wurde hier - wie auch in den anderen Fällen - nicht erwähnt, da kaum vorstellbar ist, dass dies irgendeine Auswirkung auf die Entscheidung hat, insbesondere etwaige Fehler nach zutreffender Ansicht ohnehin nicht mehr korrigierbar wären (vgl. zu Letzterem Zöller/Greger, § 279, Rn. 23).

Verweisung (str.!)

Zur Ergänzung des Tatbestandes wird auf die Schriftsätze des Klägers vom 4. Mai 2018 und 20. Juni 2018 sowie des Beklagten vom 1. Juni 2018 verwiesen.[23]

Entscheidungsgründe:

zusammenfassender „großer" Obersatz

Die Klage ist vollständig zulässig und begründet. Dagegen war die Widerklage abzuweisen, da diese zwar zulässig, aber unbegründet ist. *11*

Kläger

I. Die Klage ist **zulässig**.[24] *12*

Insbesondere ist sie ordnungsgemäß erhoben gem. § 253 II Nr. 2 ZPO. Da es sich bei Sach- und Personenschäden um mehrere Streitgegenstände handelt, die wegen Teilerfüllung nicht vollständig eingeklagt wurden, war wegen der Notwendigkeit der Festlegung der Reichweite der Rechtskraft des Urteils gemäß § 322 I ZPO zwar eine Spezifizierung der vom Kläger noch geltend gemachten Positionen nötig. Diese aber hat der vorgenommen, indem er in Anlehnung an die vorgetragene Tilgungsbestimmung nur die Reparaturkosten teilweise und die anderen Positionen in vollem errechnetem Umfang verlangt.[25]

hemmer-Klausur-Tipp

Lassen Sie die Zulässigkeitsprüfung im Urteil möglichst nicht ganz weg. Ein wirkliches Problem enthalten die nun folgenden Ausführungen zwar nicht. Und immer wieder werden Referendare von Richtern aufgefordert, unproblematische Zulässigkeitsprüfungen ganz wegzulassen und die Entscheidungsgründe dann sofort mit der Begründetheitsprüfung zu beginnen. Nur: Wann ist eine Zulässigkeitsprüfung wirklich unproblematisch? Darüber kann man letztlich geteilter Ansicht sein. Bedenken Sie: Schreibt man „ein Sätzchen mehr" als der Korrektor für unbedingt nötig hält, wird er darüber hinwegsehen oder – wenn er mit sich und der Welt nicht klarkommt – im ungünstigsten Falle einen minimalen Punktabzug vergeben; fehlen aber Prüfungen, die der Korrektor für notwendig hält, ist die negative Auswirkung auf die Bewertung *immer* gegeben und grds. größer als im umgekehrten Fall. Daher sollte der Klausurbearbeiter zur Zuständigkeit u.E. *immer* zumindest kurz Stellung nehmen (in den Südbundesländern gilt das *ohne* Einschränkung). Andere Fragen sind nur anzusprechen, wenn sie tatsächlich im konkreten Fall problematisch erscheinen.[26]

sachliche Zuständigkeit

Das Landgericht Würzburg ist sachlich zuständig (§§ 23 Nr. 1, 71 I GVG), da der Streitwert der gemäß § 5 2. Hs. ZPO *alleine* relevanten Klageanträge[27] in der Gesamtsumme (vgl. § 5 1. Hs. ZPO) *über* 5.000 € liegt. *13*

örtliche Zuständigkeit (§ 20 StVG)

Die örtliche Zuständigkeit ergibt sich zwar nicht aus §§ 12, 13 ZPO, wohl aber aus § 20 StVG bzw. § 32 ZPO, da der Kläger schlüssig eine Schädigung durch den Beklagten darlegt und der Unfallort im Landgerichtsbezirk Würzburg liegt.

---

23 Die Handhabung der von § 313 II 2 ZPO vorgeschriebenen Verweisungstechnik ist im Detail umstritten. Natürlich dürfen nie fallentscheidende Details fehlen (Kongruenz von Tatbestand und Entscheidungsgründen) und durch Verweisung ersetzt werden. Knöringer (§ 5 I a.E. und § 5 IV 4) empfiehlt zusätzlich zu möglicherweise notwendigen konkreten Verweisungen auf bestimmte Urkunden oder ähnliches (das wäre schon weiter oben, etwa beim unstreitigen Vorbringen, vorzunehmen) einen solchen hier verwendeten pauschalen Abschlusssatz. Dagegen stehen andere (etwa Anders/Gehle A, Rn. 73) auf dem Standpunkt, dass eine solche pauschale Verweisung als „nichtssagende Floskel" wegzulassen, weil die Bezugnahme sich automatisch schon aus § 313 II 2 ZPO selbst ergibt.

24 Klage und Widerklage werden in den Entscheidungsgründen grds. getrennt und nacheinander erörtert. Aufbau also am besten: Zulässigkeit der Klage, Begründetheit der Klage; Zulässigkeit der Widerklage; Begründetheit der Widerklage usw. (siehe hierzu **Assessor-Basics, Zivilurteil**, § 9 Rn. 17 f.).

25 Zu diesem Problem aus Anwaltssicht vgl. etwa **Assessor-Basics, Anwaltsklausur**, § 1, Rn. 43.

26 Siehe hierzu und zum Meinungsstand **Assessor-Basics, Zivilurteil**, § 9 Rn. 25 f.

27 Völlig anders ist dies beim Gebührenstreitwert (vgl. § 45 I 1 GKG).

Aufbauhinweis

In der Zulässigkeit kommt es noch nicht auf die Frage an, ob der Beklagte tatsächlich aus StVG bzw. Delikt haftet, da es sich insoweit um eine sog. doppelrelevante Tatsache handelt. Um nicht die Begründetheitsprüfung schon zum großen Teil vorwegzunehmen, sind daher die Klägerbehauptungen, aus denen sich vorliegend *rechtlich schlüssig* das Vorliegen eines Haftungstatbestands gemäß §§ 7, 18 I StVG, 823 I BGB ergibt, für die Zuständigkeitsprüfung in *tatsächlicher* Hinsicht als richtig zu unterstellen.
Beachten Sie, dass bei Doppelrelevanz *nicht jegliche* Prüfungspflicht des angerufenen Gerichts hinsichtlich seiner Zuständigkeit entfällt.[28] Das kann im Klausuraufbau dazu führen, dass bereits in der Zulässigkeit Rechtsausführungen vorzunehmen sind, so etwa bei § 29 ZPO (Prüfung des Erfüllungsorts gemäß § 269 I BGB auf der Basis der Klägerbehauptungen) und § 29c ZPO (Schlüssigkeitsprüfung von § 312 I BGB).[29]
Meist wird die rechtliche *Schlüssigkeits*prüfung bei § 20 StVG und § 32 ZPO kein großes Problem sein, weil bei diesem Tatbestand in der Praxis regelmäßig nur über die Tatsachen und den für die Zuständigkeit unerheblichen Haftungs- und Schadens*umfang* gestritten wird.

objektive Klagehäufung (Sach- und Personenschaden!)

II. Da mit der Klage sowohl Sachschäden als auch Körperschäden eingeklagt werden, also unterschiedliche Lebenssachverhalte und damit Streitgegenstände,[30] liegt eine **objektive Klagehäufung** vor, deren Voraussetzungen gemäß § 260 ZPO aber gegeben sind, da für alle Ansprüche dieselbe Zuständigkeit und dieselbe Prozessart gegeben ist.

Begründetheitsprüfung

III. Die Klage ist vollständig **begründet.** 14

Anspruchsgrundlage im Obersatz voranstellen

Der Schadensersatzanspruch des Klägers ergibt sich in Höhe von insgesamt 18.800 € aus § 7 I StVG. Daher ist er nach Zahlung von 5.000 € seitens der Haftpflichtversicherung des Beklagten auf die Reparaturkosten, die gemäß §§ 362 I, 422 I BGB i.V.m. §§ 115 I 1, 117 III 2 VVG i.V.m. § 3 S. 1 PflVG auch für den Beklagten wirkt, in der geltend gemachten Höhe von 13.800 € noch offen.

Aufbauhinweis

Grundsätzlich ist bei der *voll begründeten* Klage im Falle des Vorliegens mehrerer Anspruchsgrundlagen im Urteil selbst *nur eine* anzusprechen. 15
Wenn der Beklagte Halter ist, dann ist § 7 I StVG vorzuziehen, weil er die einfacher zu begründende Norm ist: kein Verschuldenserfordernis.
Wenn ein Bearbeiter dies in der Klausur anders handhabt, das Urteil also etwa auf § 823 I BGB aufbaut, besteht noch aus einem zweiten Grund die große Gefahr zusätzlichen, *beträchtlichen* Punktabzugs: Erfahrungsgemäß prüfen solche Bearbeiter nämlich bei der Frage nach der Haftungsquote dann nicht mit § 17 II StVG weiter, sondern mit § 254 BGB und „verwässern“ dabei die Unterscheidung zwischen Betriebsgefahr und Verschulden völlig.
Beim hier gegebenen Fall einer *mehrfach begründeten* Klage wäre es allerdings auch vertretbar, alle Anspruchsgrundlagen kurz zusammenzufassen. Ein solches Vorgehen ist etwa dann möglich, wenn der Tatbestand der Anspruchsgrundlagen jeweils unproblematisch erfüllt ist und nur der Umfang der zu ersetzenden Schäden ein Problem darstellt.[31]

Tatbestand des § 7 I StVG

1. Da das Fahrzeug des Klägers bei dem Zusammenstoß durch das Fahrzeug des Beklagten beschädigt wurde, liegt unproblematisch eine **Sachbeschädigung beim Betrieb dieses Kraftfahrzeugs** vor. Der Beklagte ist auch **Halter**, da er andauernd die tatsächliche Gewalt über das Fahrzeug ausübt. 16

28 Vgl. dazu etwa auch Th/P § 32, Rn. 8.

29 Vgl. etwa BGH NJW 2003, 1190 - 1191 = **juris**byhemmer. Dort wurde einzig und allein über die örtliche Zuständigkeit entschieden, und dennoch hat der BGH § 1 HausTWG a.F. (= §§ 312, 312b BGB n.F.) *vollständig* durchsubsumiert!

30 Zu dieser häufigen Klausurkonstellation sowie zum Aufbau der Klausur in Fällen objektiver Klagehäufung siehe **Assessor-Basics, Zivilurteil**, § 9 Rn. 9.

31 Zu diesen wichtigen, in Klausuren immer wieder verletzten Aufbauregeln siehe ausführlich und mit anderen klausurtypischen Beispielen in **Assessor-Basics, Zivilurteil**, § 9 Rn. 35 ff.

Keine „höhere Gewalt" i.S.d. § 7 II StVG

2. Es kommt auch **kein Ausschluss** der Ersatzpflicht wegen Vorliegens **höherer Gewalt gemäß § 7 II StVG** in Betracht, weil es sich bei einem Kreuzungszusammenstoß zweier Kfz, wie er hier gegeben ist, um einen *verkehrsinternen* Vorgang handelt, also nicht um ein „von außen" kommendes Ereignis.[32] 17

§ 17 III StVG vor Abwägung nach § 17 II StVG prüfen!

3. Weiterhin liegt für keine der beiden Parteien ein **unabwendbares Ereignis** vor, das gemäß § 17 III StVG die Haftung für die Betriebsgefahr (§ 17 II StVG) entfallen lassen würde. 18

Aufbauhinweis

Vertretbar ist es gewiss auch, die Prüfung der einzelnen Schadenspositionen - anders als hier - *vor* der Prüfung von § 17 StVG durchzuführen. Beide Aufbauvarianten kommen in der Praxis vor. Für den hier gewählten Aufbau spricht, dass er immer funktioniert, der andere dagegen manchmal nicht: Führt § 17 III StVG oder die Abwägung innerhalb des § 17 II StVG nämlich zu einem völligen Entfallen der Haftung, ist die Prüfung der Schadenshöhe für das Urteil doch völlig überflüssig! Umgekehrt aber ist kaum denkbar, dass überhaupt kein zurechenbarer Schaden existiert; in *dieser* Frage wird immer nur *über die Höhe* gestritten.

Bei einem unabwendbaren Ereignis handelt es sich um ein Ereignis, das auch durch äußerste Sorgfalt nicht abgewendet werden kann (vgl. § 17 III 2 StVG). Es muss ein sachgemäßes geistesgegenwärtiges Handeln über den gewöhnlichen und persönlichen Maßstab hinaus vorliegen, wobei nach der Rechtsprechung der Maßstab eines „Idealfahrers" anzulegen ist.

umgekehrte Beweislast bei § 17 III StVG

Für einen solchen Fall des Nichteingreifens der Betriebsgefahr gemäß § 17 III StVG trägt *der jeweilige Halter* die Darlegungs- und Beweislast, weil es sich nach dem klaren Gesetzeswortlaut um die *Ausnahme* von der grundsätzlich angeordneten (Mit)Haftung handelt.[33]

Für den Beklagten kann ein solcher Fall schon deswegen nicht angenommen werden, weil er unstreitig von einer untergeordneten Straße her einbog, aber seine bestrittene Behauptung, der Kläger habe die Vorfahrtsmissachtung (vgl. § 9 III StVO) aufgehoben, nicht nachweisen konnte. Unabhängig von der Frage, ob eine Lichthupenbetätigung hierfür überhaupt ausreicht, hat der Zeuge Mutz jedenfalls keinen solchen Vorfall bemerkt.

Aber auch der Kläger konnte einen solchen Nachweis des Verhaltens als „Idealfahrer" nicht zur Überzeugung des Gerichts führen. Insbesondere lässt es sich auch nach der Aussage des Zeugen Mutz nicht ganz *ausschließen*, dass der Kläger - wie die Beklagtenseite behauptet - der Unfallstelle mit etwas überhöhter Geschwindigkeit genähert hatte.

hemmer-Klausur-Tipp

Achten Sie bei § 17 StVG besonders genau auf die Darlegungs- und Beweislast! Bei § 17 III StVG ist die Beweislast genau umgekehrt wie bei § 17 II StVG (dazu gleich unten). Derartige *Unaufklärbarkeiten*, wie sie sich in diesem Fall finden, sind auch in Fällen der Praxis und in Examensklausuren geradezu typisch.

---

32 Unter „höherer Gewalt" versteht man ein *nicht zum Betriebsrisiko des Kfz gehörendes*, von *außen* durch elementare Naturkräfte oder durch Handlungen dritter Personen herbeigeführtes Ereignis, das nach menschlicher Einsicht und Erfahrung unvorhersehbar ist und mit wirtschaftlich erträglichen Mitteln auch durch die äußerste, nach der Sachlage vernünftigermaßen zu erwartende Sorgfalt nicht verhütet oder unschädlich gemacht werden kann und auch nicht wegen seiner Häufigkeit vom Betriebsunternehmer in Kauf zu nehmen ist (vgl. etwa BGH, NJW 1990, 1167 - 1168 (1168 m.w.N.) = **juris**byhemmer; in Bezug genommen in der Begründung des Gesetzentwurfs der Bundesregierung; BT-Dr. 14/7752, S. 30). Für Kollisionen von Kraftfahrzeugen ist der Streit praktisch *alleine* in § 17 III und II StVG auszutragen. Auch grobes Mitverschulden von Kindern ist keine höhere Gewalt, gehört also zum Betriebsrisiko eines Kfz, für das der Fahrer definitiv haftet! Aufgrund der analogen Anwendung von § 828 II BGB im Rahmen von §§ 9 StVG, 254 I BGB haftet er dann gegenüber Kindern unter zehn Jahren sogar zu 100 %.

33 Zum Regel-Ausnahme-Prinzip als einer der wichtigsten Regeln des Beweisrechts siehe ausführlich in **Assessor-Basics, Zivilurteil**, § 10 Rn. 75 ff.

Die richtige Behandlung solcher unaufklärbaren Unfalldetails, insbesondere die aufgrund der differenzierten Beweislastverteilung völlig unterschiedliche Behandlung an den einzelnen Prüfungspunkten, ist oft der „rote Faden" einer derartigen Arbeit. Hierin liegt v.a. ein Korrekturschwerpunkt!

Abwägung nach § 17 II StVG

4. Die daher grds. notwendige **Anrechnung der Betriebsgefahr** des Wagens des Klägers nach § 17 II i.V.m. I StVG entfällt hier aber dennoch aufgrund der Besonderheiten des vorliegenden Falles. 19

lex spec. bei Aufeinandertreffen von zweimal Gefährdungshaftung

Anmerkung: § 17 II StVG verdrängt als speziellere Regelung grds. den § 9 StVG[34], wenn es um den Ausgleich zwischen zwei *Kraft*fahrzeugen geht, bei denen jeweils die Betriebsgefahr eingreift. § 9 StVG betrifft dagegen etwa den Fußgänger oder Fahrradfahrer, der von einem Kfz verletzt wurde, dem aber ein Mitverschulden vorzuwerfen ist. Nicht zuletzt wegen der völlig anderen Prüfungskriterien („Verschulden" in §§ 9 StVG, 254 BGB und „Verursachung" in § 17 StVG) werden von Korrektoren bei Verwechslung der beiden Regelungen meist beträchtliche Punktabzüge vorgenommen!

Prüfung des § 17 II StVG selbst: hier „vernachlässigenswerte Betriebsgefahr"

Die nach § 17 II i.V.m. I StVG durchzuführende Abwägung der Verursachungsbeiträge führt im konkreten Fall dazu, dass der Verursachungsbeitrag des Klägers in der Abwägung zu ignorieren ist. 20

Wesen der Betriebsgefahr

Nach § 17 II i.V.m. I StVG findet eine umfassende Abwägung der *Verursachungs*beiträge statt, wobei alle Umstände zu berücksichtigen sind, die den Schadenseintritts beeinflussten, insbesondere die Betriebsgefahr *des Fahrzeugs* in der konkreten Unfallsituation.[35]

Hinweis: Anders als bei § 9 StVG kommt es nicht nur auf das Verschulden an, sondern es ist auf die Gefährlichkeit *des Fahrzeugs* in der konkreten Situation abzustellen („konkrete Betriebsgefahr").
Natürlich aber ist diese Gefährlichkeit des Fahrzeugs ganz besonders (aber eben nicht nur!) durch das Verhalten des Fahrers beeinflusst. Durch ein unfallursächliches Mitverschulden eines Fahrers wird die Betriebsgefahr seines Fahrzeugs *erhöht* und ist deshalb verstärkt bei der Abwägung zu berücksichtigen. Eine solche Erhöhung erfolgt – vom Ausnahmefall des § 7 III StVG abgesehen – dann sogar unabhängig von der Frage, ob der Halter *selbst* der Fahrer war; insoweit ist der Regelung also eine Art Verschuldenszurechnung vom Fahrer auf den Halter immanent.[36] Dieser Zurechnungsgedanke ist auch an der Ausnahmeregelung des § 17 III 2 StVG erkennbar, wo die „Haftungseinheit" von Fahrer und Halter für das unabwendbare Ereignis ausdrücklich geregelt ist.

Anerkanntermaßen entspricht es der Billigkeit, eine *nicht erheblich* ins Gewicht fallende mitursächliche Betriebsgefahr bei der Abwägung außer Betracht zu lassen. Dies nämlich dann, wenn die *einfache* Betriebsgefahr mit einem *grob* leichtfertigen Handeln des Schädigers in Beziehung zu setzen ist.[37] Dann kann sie völlig in den Hintergrund gedrängt werden. Ein solcher Fall liegt hier nach Auffassung des Gerichts vor:

Klägerfahrzeug: nur einfache Betriebsgefahr (keine Erhöhung wg. Verletzung der Verkehrsregeln)

Vorliegend kann hinsichtlich des Klägerfahrzeugs nur von einer einfachen, nicht von einer durch Verschulden erhöhten Betriebsgefahr ausgegangen werden. Auf der Grundlage der getroffenen Feststellungen liegt weder eine bauart- oder mängelbedingte erhöhte Betriebsgefahr vor noch wurde diese durch eine Verletzung der Verkehrsregeln (Mitverschulden) seitens des Klägers erhöht. 20a

---

34 Die Betriebsgefahr ist die Gesamtheit aller Umstände, welche, durch die Eigenheit des Kfz begründet, Gefahr in den Verkehr tragen (vgl. Hentschel/König/Dauer, § 17 StVG, Rn. 1).

35 Vgl. Pal./Grüneberg, § 254, Rn. 60.

36 Vgl. auch Pal./Grüneberg, § 254, Rn. 60.

37 Vgl. BGH, NJW 1990, 1851 - 1853 = **juris**byhemmer; Pal./Grüneberg, § 254, Rn. 67.

Lichthupe betätigt?

Insbesondere kann nicht davon ausgegangen werden, dass der Kläger auf seine Vorfahrt verzichtet hatte.

beweisbedürftig, weil bestritten; Darlegungs- und Beweislast des Beklagten

Soweit man einen solchen Verzicht in der vom Beklagten behaupteten Betätigung der Lichthupe durch den Kläger sehen wollte, ist dies schon deswegen nicht erfolgreich, weil ein solches Verhalten nach dem Ergebnis der Beweisaufnahme nicht als feststehend angenommen werden kann.

hemmer-Klausur-Tipp

Achten Sie bei Fertigung einer Beweiswürdigung unbedingt auf den richtigen Schreibstil! Gefahrenquelle im vorliegenden Fall: Wie oft in Klausuren hatten Sie oben beim Studieren des Hauptverhandlungsprotokolls ein absolut *klares* Ergebnis vorgefunden und sich nun die zutreffende Meinung gebildet: „Der Vortrag des Beklagten stimmt nicht.“
Nun dürfen Sie die Klägerbehauptungen aber nicht einfach unkommentiert als zutreffend unterstellen, wie es Klausurbearbeiter nicht selten „analog“ zum Schreibstil des Referendarexamens („Vogelperspektive“) tun. Stattdessen ist bei streitigen Tatsachenbehauptungen ein Vorgehen in zwei Schritten nötig: Zunächst müssen Sie darlegen, von welcher Tatsachengrundlage auszugehen ist und wie Sie als Richter zu dieser gekommen sind (Beweislastverteilung, Beweiswürdigung usw.), dann erst beginnt die rein materiell-rechtliche Subsumtion dieses Lebenssachverhalts.[38]

„Mini-Beweiswürdigung“

Der zum Beweis dieser Behauptung aufgebotene Zeuge Mutz konnte sich – wie bereits ausgeführt – nicht daran erinnern, eine Lichthupe gesehen zu haben. Das Gericht sieht keinen Anlass, an der Glaubhaftigkeit dieser Aussage zu zweifeln, zumal der Zeuge keinerlei Interessen an dem Fall hat und überdies in überzeugender Einschätzung der Grenzen menschlicher Wahrnehmungsmöglichkeiten einräumt, dass er die Betätigung der Lichthupe nicht völlig ausschließen kann.[39] ***20b***

Hinweis: Im Zusammenhang mit der Beweisführung über den Unfallhergang wird in Praxis und Klausuren oft auf Sachverständigengutachten aus einem parallelen Strafverfahren zurückgegriffen. Früher konnten solche Gutachten grds. „nur“ im Wege des *Urkundenbeweises* (!) mit freier Beweiswürdigung verwertet werden.[40] In § 411a ZPO ist inzwischen geregelt, dass solche Gutachten aus dem Straf- oder Bußgeldverfahren nun als „echter“ Sachverständigenbeweis i.S.d. §§ 402 ff. ZPO verwertet werden können.

Darlegungs- und Beweislast für erhöhte Betriebsgefahr beim jeweiligen Gegner

Unklarheiten müssen daher insoweit zu Lasten des Beklagten gehen, da eine Erhöhung der Betriebsgefahr (hier durch Fahrerverschulden) *und* dessen objektive *Ursächlichkeit* nach allg. Grundsätzen von demjenigen darzulegen und zu beweisen ist, der sich *zu seinen Gunsten darauf beruft*.[41]

zweiter Vorwurf: zu schnell?

(StVO möglichst präzise zitieren!)

Weiterhin muss i.R.d. Prüfung des § 17 II StVG auch davon ausgegangen werden, dass der Kläger sich im Moment des Unfalls i.R.d. zulässigen Höchstgeschwindigkeit gemäß § 3 III Nr. 1 StVO gehalten hat und auch kein Verstoß gegen § 3 I StVO vorliegt.

---

38 Ausführlich zu diesen Fragen siehe **Assessor-Basics, Zivilurteil**, § 10, dort v.a. unter Rn. 128 ff.

39 Letzteres erhöht die Glaubhaftigkeit der übrigen Aussage und die Glaubwürdigkeit des Zeugen, nützt dem beweisbelasteten Beklagten aber natürlich so noch nichts.

40 Vgl. Th/P, § 286, Rn. 11 m.w.N.

41 Selbst eine Trunkenheit oder eine fehlende Fahrerlaubnis dürfen in der Abwägung nur berücksichtigt werden, wenn sie tatsächlich einen *Einfluss* (Kausalität) auf den Unfall hatten (vgl. BGH, NJW 1995, 1019 - 1023 = **juris**byhemmer; BGH, NJW 2007, 506 - 508 (507 dort zum Parallelproblem bei §§ 9 StVG, 254 I BGB) = **juris**byhemmer; Pal./Grüneberg, § 254, Rn. 60). In solchen Fällen wird oft, aber – wie die zitierten BGH-Fälle zeigen – eben nicht immer ein Anscheinsbeweis für die Kausalität möglich sein.

Der – wie eben ausgeführt – beweispflichtige Beklagte hat zwar auch gegenteilige Ausführungen zur Geschwindigkeit des Klägerfahrzeugs vorgebracht, konnte diese aber nicht beweisen, da sich aus der Aussage des Zeugen Mutz diesbezüglich keine Klarheit ergab.

dagegen: grobes Verschulden des Beklagten

21 Zu Lasten des Beklagten ist dagegen von *stark erhöhter* Betriebsgefahr auszugehen, weil hier der Verstoß gegen § 9 III StVO zu berücksichtigen ist.

Vorfahrtsmissachtung

Ein Entfallen der Vorfahrtsmissachtung des Beklagten wegen Lichthupenbetätigung des Klägers kann keinesfalls angenommen werden. Unabhängig von der Tatsache, dass dem Beklagten gar nicht der Nachweis eines solchen Verhaltens des Klägers gelungen ist (s.o.), ist hier überdies zu Lasten des Beklagten darauf hinzuweisen, dass ein solcher Verzicht *eindeutig erklärt* werden müsste.

Es muss insoweit eine Verständigung zwischen dem Vorfahrtsberechtigten und dem Wartepflichtigen stattgefunden haben, sodass eine bloße Lichthupenbetätigung noch nicht ausreicht. Auch wenn es eine derartige weitverbreitete Übung geben mag, so verbietet sich im Hinblick auf den Zweck des Betätigens der Lichthupe, der innerorts alleine der Warnung vor Gefährdung vorbehalten ist (§ 16 I Nr. 2 StVO), die Anerkennung einer solchen Praxis.[42]

weiter erschwerende Umstände

Angesichts der Tatsache, dass der Beklagte nach der glaubhaften Aussage des Zeugen Mutz - aus welchen Gründen auch immer - erst losfuhr, als sich das Klägerfahrzeug bereits *unmittelbar vor ihm* befand, ist von einem *groben* Vorfahrtsverstoß des Beklagten auszugehen. Dieses rechtfertigt es, dem Beklagten letztlich die *alleinige* Haftung zuzuweisen.

hemmer-Klausur-Tipp

Solche Klausurfragen mit *Entscheidungsspielraum* dürfen Sie niemals mit „Tunnelblick" allein für dieses eine Problem lösen, Sie müssen immer an die weiteren Auswirkungen auf den Rest der Ihnen gestellten Aufgabe (Kostenentscheidung u.a.) denken!
Bedenken Sie: Eine a.A. wird bei Einzelfallentscheidungen bzw. Abwägungen wie § 254 BGB oder § 17 II StVG wohl meist zumindest *vertretbar* sein. Entscheidend für die Bewertung ist, dass zum einen anhand der richtigen Beweislastverteilung (s.o.) die Tatsachengrundlage stimmt und dass zweitens die Abwägung selbst sauber durchgeführt wird, insbesondere eine *enge* Orientierung an den Vorschriften der StVO erfolgt.
Aber: Jeder Klausurbearbeiter sollte in solchen Situationen die weiteren Auswirkungen auf die Klausur vor Augen haben: Wer hier quotelt, halst sich eine Kostenentscheidung auf, die in ihrer Komplexität gigantische Dimensionen annimmt. Zumindest in den meisten Fällen kann man daher – schon wegen Fehlens eines Taschenrechners – den Bearbeitervermerk als Indiz für den Inhalt der amtlichen Lösungsskizze in solchen Punkten ansehen: Ist die Kostenentscheidung nicht erlassen (ein solches Erlassen ist nur in den Südbundesländern üblich), läuft die „offizielle" Lösung des Prüfungsamtes vorbehaltlich § 92 II ZPO meist auf einen *vollen* Erfolg oder Misserfolg einer Partei hinaus.

Obersatz zum Schadensumfang

5. Als ersatzfähiger materieller **Schaden** ist der volle geltend gemachte Betrag von **insgesamt 18.800 €** anzusetzen.

22 a. Zunächst ist der vom Kläger geltend gemachten **Sachschaden an seinem Pkw** in voller Höhe ersatzfähig. Der Kläger konnte von seiner Ersetzungsbefugnis gemäß § 249 II 1 BGB Gebrauch machen und den Schaden durch Beschaffung eines Ersatzfahrzeuges beheben.[43]

42 Vgl. etwa OLG Koblenz, NJW 1993, 1721 (m.w.N.) = **juris**byhemmer. Wäre der Nachweis der Lichthupenbetätigung also gelungen, so hätte man *trotzdem* eine Vorfahrtsmissachtung und damit eine erhöhte Betriebsgefahr des Beklagtenfahrzeugs bejahen müssen. Allerdings hätte man dann auch dem Kläger einen gewissen Vorwurf machen können.

43 Nach BGH ist auch diese Form der Schadensbehebung bei Massenprodukten keine Kompensation gemäß § 251 II BGB,

Wiederbeschaffungsaufwand errechnen

Als Schaden ist der sog. Wiederbeschaffungs*aufwand* anzusetzen. Dieser Wert errechnet sich aus der Differenz zwischen dem sog. Wiederbeschaffungs*wert* und dem Restwert des Unfallwagens.[44]

Prüfung von § 249 II 2 BGB

Dabei war auch auf die Bruttobeträge abzustellen, da der Kläger unstreitig tatsächlich ein Ersatzfahrzeug von einem gewerblichen Händler erwarb und ihm dabei auch eine Umsatzsteuer angefallen ist, die zumindest nicht geringer war als die im Gutachten veranschlagte (vgl. § 249 II 2 BGB).

Während der Wiederbeschaffungswert hier unstreitig mit 15.000 € anzusetzen war, ist für den Restwert davon auszugehen, dass tatsächlich die im Gutachten veranschlagten und vom Kläger erzielten 2.500 € zugrunde zu legen sind, sodass sich der Schaden auf 12.500 € beläuft.

Bei dieser Abrechnung ist davon auszugehen, dass ein privat in Auftrag gegebenes Sachverständigengutachten in aller Regel eine geeignete Grundlage für die Bemessung des Schadens ist. Es handelt sich mangels einer Bestellung durch das Gericht zwar nicht um einen Sachverständigenbeweis i.S.d. §§ 402 ff. ZPO, doch ist das Gutachten als qualifizierter urkundlich belegter Parteivortrag verwertbar, das nicht mit einfachem Bestreiten angegriffen werden kann.[45]

Der Geschädigte kann deshalb seiner Schadensberechnung grundsätzlich den in solcher Weise ermittelten Restwert zugrunde legen.

Anderes gilt zwar dann, wenn der Geschädigte *ohne* überobligationsmäßige Anstrengungen *tatsächlich* einen Erlös erzielt hat, der den vom Sachverständigen geschätzten Betrag übersteigt.[46] Ein solcher Fall liegt hier aber nicht vor, weil der Wagen unstreitig gerade für 2.500 € veräußert wurde.

Möglichkeit des Mehrerlöses hier unschädlich

Der Kläger muss sich hier aber auch nicht darauf verweisen lassen, 23
dass er einen höheren Betrag *hätte erzielen können*. Da dies auch dann der Fall ist, wenn das streitig gebliebene Beklagtenvorbringen, der Kläger hätte bei speziellen Restwertaufkäufern einen *höheren* Preis für das Wrack erzielen können, als wahr unterstellt wird, musste hierüber konsequenterweise nicht Beweis erhoben werden.[47]

Gutachten im Regelfall geeignete Grundlage

Da der Geschädigte bei Ausübung der Ersetzungsbefugnis des 24
§ 249 II 1 BGB Herr des Restitutionsgeschehens ist, darf er sich bei der Bemessung des Restwertes seines geschädigten Fahrzeugs grds. auf das Gutachten eines Sachverständigen verlassen.[48]

---

sondern ist neben der Reparaturkostenabwicklung als zweiter Fall des Geldersatzes *für Naturalrestitution* i.S.d. § 249 II BGB zu behandeln (vgl. etwa BGH, NJW 2007, 67 - 69 (68); BGH, NJW 2007, 1674 - 1676 (1675 m.w.N.) = **juris**byhemmer; Pal./Grüneberg, § 249, Rn. 2). Das hat praktische Auswirkung: Nach § 249 II 2 BGB soll bei der Abwicklung „nach Satz 1" die Umsatzsteuer unberücksichtigt bleiben, wenn sie nicht anfällt. Würde man nun die Ersatzbeschaffung nicht unter § 249 BGB subsumieren, so wäre diese Restriktion zwar bei Privat*reparatur* anwendbar, nicht aber beim Kauf eines Ersatzfahrzeuges von einem Privatmann, der keine Umsatzsteuer ausweist (diese wäre ja ein Fall des § 251 II BGB und nicht des § 249 II 1 BGB). Der Gesetzgeber wollte aber *beide* genannten Fälle von § 249 II 2 BGB erfasst haben.

44 Vgl. Pal./Grüneberg, § 249, Rn. 15 f. Beachten Sie auch den Unterschied zwischen den Begriffen Wiederbeschaffungswert und Zeitwert. Dazu Pal./Grüneberg, § 249, Rn. 15.

45 Zu diesem „Klausurdauerbrenner" siehe **Assessor-Basics, Zivilurteil**, § 10 Rn. 23 (m.w.N.).

46 BGH, NJW 1992, 903 - 904 = **juris**byhemmer; BGH, NJW 2005, 357 - 358 = **juris**byhemmer; BGH, NJW 2007, 2918 - 2919 (2919) = **juris**byhemmer; Pal./Grüneberg, § 249, Rn. 19.

47 Die Rechtserheblichkeit einer Tatsache ist Voraussetzung für ihre Beweisbedürftigkeit; andernfalls wird der Vortrag als wahr *unterstellt* und dargelegt, warum es auf ihn nicht ankommt (siehe **Assessor-Basics, Zivilurteil**, § 10 Rn. 38).

48 Vgl. BGH, NJW 2000, 800 - 803 (802 m.w.N.) = **juris**byhemmer. Es kann aber durchaus auch Fälle geben, in denen sich der vom Gutachter geschätzte Betrag nicht realisieren lässt und dann der *tatsächlich* erlöste *geringere* Betrag angesetzt wird (vgl. BGH, NJW 2006, 2320 - 2321 = **juris**byhemmer).

Anderes gilt nur dann, wenn dem Geschädigten bei der Beauftragung des Sachverständigen *ausnahmsweise* ein (Auswahl)-Verschulden zur Last fällt oder für ihn aus sonstigen Gründen Anlass zu Misstrauen gegenüber dem Gutachten besteht.[49]

Vorliegend wurden zum einen keine Details vorgetragen, aus denen sich ein Auswahlverschulden ergeben könnte. Zum anderen wurde von den insoweit beweispflichtigen Beklagten nicht geltend gemacht, dass der Kläger *vor* der Veräußerung des Fahrzeuges auf eine *konkrete* günstigere Verwertungsmöglichkeit *hingewiesen* worden wäre. Eine Verpflichtung, über die Einholung eines Sachverständigengutachtens hinaus noch *eigene Marktforschung* zu betreiben, traf den Kläger nicht.[50] 25

Daher war der Restwert auf 2.500 € und der Schaden insoweit mithin auf 12.500 € anzusetzen.[51]

Hinweis: Die Kosten für die Erstellung des Sachverständigengutachtens waren vorliegend wegen § 308 I ZPO nicht entscheidungserheblich, weil nicht gefordert. Auch insoweit handelt es sich meist um erforderliche Herstellungskosten i.S.d. § 249 II 1 BGB: Wenn es nicht um einen von vornherein erkennbaren Bagatellschaden geht, ist eine vorherige Begutachtung zur tatsächlichen Durchführung der Wiederherstellung erforderlich und zweckmäßig.[52]

Ersatz der Mietwagenkosten

b. Zu ersetzen sind weiterhin die geforderten **Kosten des Mietwagens in Höhe von 300 €**; diese ergeben sich als Teil des Wiederbeschaffungsaufwandes über § 249 II 1 BGB. 26

Dem Geschädigten ist es grundsätzlich gestattet, ein Fahrzeug anzumieten, das seinem eigenen vergleichbar ist.

nur ausnahmsweise nicht ersatzfähig

Die Kosten sind nur dann nicht erforderlich, wenn die Inanspruchnahme des Mietwagens für einen wirtschaftlich denkenden Geschädigten aus der maßgeblichen vorausschauenden Sicht unternehmerisch geradezu unvertretbar ist. 27

49 BGH, NJW 1993, 1849 -1851 (1850) = **juris**byhemmer. Der BGH prüft die gesamte Problematik i.R.d. § 249 II 1 BGB, denn er stellt auf die Höhe des in Ansatz zu bringenden Schadens ab, also nicht erst i.R.d. Schadensminderungspflicht bei § 254 II BGB.

50 Nach BGH besteht keine Pflicht oder Obliegenheit zur Eigeninitiative (BGH, NJW 2005, 357 - 358 = **juris**byhemmer; BGH, NJW 2007, 2918 - 2919 (2919) = **juris**byhemmer). Nur dann, wenn der Gegner innerhalb einer *angemessenen* Zeitspanne von sich aus ein *bindendes* (!) Angebot beibringt, das günstiger ist, kann er damit ggf. dem Geschädigten die Möglichkeit nehmen, nach Gutachten abzurechnen (vgl. BGH, NJW 2000, 800 - 803 = **juris**byhemmer). Hat der Geschädigte dennoch eine solche Eigeninitiative *selbst* entfaltet und durch Veräußerung im Internet-Sondermarkt für Restwertaufkäufer einen höheren Erlös erzielt, so muss er sich diesen höheren Erlös aber anrechnen lassen, wenn er ihn *ohne besondere Anstrengungen* erzielt hat (BGH, NJW 2005, 357 - 358 = **juris**byhemmer; BGH, NJW 2007, 2918 - 2919 (2919) = **juris**byhemmer; Pal./Grüneberg, § 249, Rn. 19). M.a.W.: Der BGH will nicht so weit gehen, dass der Geschädigte *verpflichtet* ist, zur Kostenreduzierung das Internet einzusetzen. Er sieht im Surfvorgang alleine aber jedenfalls *keine* „besondere Anstrengung", deren Ertrag dem Geschädigten verbleiben soll. Hintergrund wohl: Während Computerbedienung und Internetnutzung für einen Teil der Bevölkerung schier unüberwindbare Hürden darstellen, verursacht eben dies für den anderen Teil der Bevölkerung weniger Mühe als der Blick in die Tageszeitung. Hat sich der Geschädigte tatsächlich des Internets bedient, so demonstriert er damit, dass er zum letztgenannten Teil der Bevölkerung gehört. Beachten sie auch: Bei *Weiternutzung* des unfallbeschädigten, aber verkehrssicheren Fahrzeugs im Falle des wirtschaftlichen Totalschadens darf der Geschädigte den *im Sachverständigengutachten* für den regionalen Markt ermittelten Restwert auch dann in Abzug bringen, wenn die Versicherung angemessen schnell ein höheres Angebot eines Restwerthändlers vorlegt, das sie über das Internet recherchiert hat (BGH, NJW 2007, 1674 - 1676 (1675) = **juris**byhemmer; BGH, NJW 2007, 2918 - 2919 (2919) = **juris**byhemmer). Begründung: Andernfalls könnte die Versicherung des Schädigers mit einem entsprechend hohen Angebot letztlich den Verkauf des Fahrzeugs *erzwingen*, weil der Geschädigte bei Weiternutzung und späterem Verkauf in eigener Regie Gefahr liefe, wegen eines wesentlich niedrigeren Verkaufspreises für den Kauf des Ersatzfahrzeugs eigene Mittel aufwenden zu müssen. Nach dem gesetzlichen Leitbild ist aber der Geschädigte Herr des Restitutionsgeschehens und darf grds. *selbst* bestimmen, wie er mit der beschädigten Sache verfährt.

51 Die Aussage, dass der Restwert nicht abzuziehen ist (vgl. Pal./Grüneberg, § 249, Rn. 25 m.w.N.) bezieht sich alleine auf die Frage, ob repariert werden darf (130-Prozent-Grenze), nicht auf das vorliegende Problem (vgl. auch Pal./Grüneberg, § 249, Rn. 15). Andernfalls würde der Geschädigte einen durch nichts gerechtfertigten Gewinn erlangen.

52 Vgl. Pal./Grüneberg § 249, Rn. 58. Nach BGH, NJW 2007, 1450 - 1452 (1451) = **juris**byhemmer ist auch ein in Relation zur Schadenshöhe, also nicht nach Stundensätzen, berechnetes Sachverständigenhonorar grds. als erforderlicher Herstellungsaufwand i.S.d. § 249 II BGB anzusehen.

Eine solche Ausnahme gilt zwar bei geringem Fahrbedarf, doch liegt ein solcher Fall hier gerade nicht vor, weil der Kläger schon allein aufgrund der Entfernung von 30 km zum Wohnort seiner Freundin und dem verständlichen Wunsch, diese zu besuchen, einen deutlich höheren Fahrbedarf hat. Es ist hinsichtlich des Fahrbedarfs insbesondere nicht erforderlich, dass es sich um eine *berufliche* Nutzung handelt, da eine solche Beschränkung dem Schadensersatzrecht fremd ist.[53]

Dabei waren diese Kosten im vorliegenden Fall sowohl hinsichtlich der Dauer als auch hinsichtlich der Höhe der täglichen Miete erforderlich.

ersparte Eigenaufwendungen

Ein Abzug für Eigenersparnis nach den Grundsätzen der Vorteilsausgleichung war hierbei zumindest nicht über den vom Kläger selbst schon vorgenommenen Abzug hinaus durchzuführen.[54] 28

c. Auch ist vom Schadensersatzanspruch der Anspruch auf Ersatz des **Verdienstausfalles** erfasst, und zwar in vollem Umfang von drei Net- 29
tomonatsgehältern von je 2.000 €, insgesamt also 6.000 €.

voller Ersatz des Verdienstausfalls

Gemäß § 249 I BGB, ergänzt durch die *Beweiserleichterung* des § 252 BGB, umfasst der Schadensersatzanspruch auch den entgangen Gewinn, zu dem auch ein Verdienstausfall zählt.

(Arbeits-)gerichtlicher Vergleich hier nicht völlig unvernünftig

Der Anspruch ist nicht nach den Grundsätzen von der Unterbrechung des Kausalverlaufes ausgeschlossen, weil der Kläger vor dem Arbeitsgericht den Vergleich über die Auflösung des Arbeitsverhältnisses schloss.[55]

Eine Unterbrechung des Kausalverlaufes ist nur bei einem *völlig ungewöhnlichen und unsachgemäßen* Verhalten anzunehmen bzw. dann, wenn eine Rechtsposition *leichtfertig* aufgegeben wird. Dies ist hier nicht gegeben: Wenn schon nach Ansicht des Arbeitsrichters im Gütetermin nicht einmal feststeht, ob das KSchG überhaupt anwendbar ist oder nur die in Kleinbetrieben gültige Willkürkontrolle gemäß § 242 BGB, ist die Erfolgschance der Kündigungsschutzklage mit derart großen Unsicherheiten belastet, dass sich die Reaktion des Klägers keinesfalls als völlig unvernünftig beurteilen lässt.

Vorteilsanrechnung?

Der Kläger braucht sich auch nicht nach den Grundsätzen der Vorteilsanrechnung seine im arbeitsgerichtlichen Vergleich erlangte Abfindung anrechnen zu lassen.[56] Hierfür genügt nämlich nicht der Kausalzusammenhang zwischen Schädigung und Vorteil. Vielmehr ist eine Vorteilsanrechnung an die weiteren Voraussetzungen geknüpft, dass sie dem Zweck des Schadensersatzes entspricht und den Schädiger nicht unbillig entlastet. 30

An diesen wertenden Voraussetzungen fehlt es hier; einer Anrechnung steht die Rechtsnatur der Abfindung entgegen. Sie ist nicht dazu bestimmt, die mit der Klage geltend gemachte Verkürzung des Arbeitseinkommens während der unfallbedingten Arbeitsunfähigkeit auszugleichen.

---

53 Auch § 253 I BGB spielt hier keine Rolle, weil dem Kläger durch die Anmietung gerade materielle Schäden entstanden sind; es existiert keine Pflicht oder Obliegenheit des Geschädigten, drohende immaterielle Schäden hinzunehmen statt sie durch Vermögensaufwendungen zu vermeiden.

54 Ob der Abzug überhaupt nötig war, ist wegen § 308 I ZPO unerheblich. Umstritten ist, ob bei einer derart kurzen Mietzeit von einem Abzug Abstand genommen werden kann (vgl. BaRo/Grüneberg § 249, Rn 54 m.w.N.).

55 Zum folgenden Problem vgl. BGH, NJW 1990, 1360 - 1361 = **juris**byhemmer; Pal./Grüneberg, vor § 249, Rn. 41 ff., v.a. Rn. 46.

56 Zum folgenden Problem siehe Pal./Grüneberg, vor § 249, Rn. 67 ff.; BGH, NJW 1990, 1360 - 1361 = **juris**byhemmer.

Die Abfindung soll vielmehr Nachteile ausgleichen, die mit dem Verlust des Arbeitsplatzes *in Zukunft* verbunden sein werden. Dies zeigt sich auch daran, dass auch der Arbeitgeber die Abfindung nicht an die Frage geknüpft hat, ob bzw. wann ein neues Arbeitsverhältnis gefunden wird. Daher ist die Abfindung also gerade kein Ausgleich für die beschäftigungslose Zeit.[57]

d. Der **gesamte ersatzfähige Schaden** ist daher auf insgesamt (12.500 € plus 300 € plus 6.000 € =) 18.800 € festzusetzen. *31*

Aufbauhinweis

Da die Klage voll begründet ist, braucht der Urteilsverfasser auf die Parallelansprüche (§§ 18 I StVG, 823 I, II BGB) nicht mehr einzugehen. Bei einer *nur teilweise begründeten* Klage sind grds. *alle* Ansprüche zu prüfen, doch ist insoweit gerade die Verkehrsunfallklausur ein gewisser Sonderfall.[58] Für solche Parallelansprüche aus §§ 18 I StVG, 823 I, II BGB würde im Hinblick auf den Schadensumfang nämlich ohnehin Gleiches gelten. Auch eine etwaige Quotelung wäre vorliegend analog § 17 StVG durchzuführen, weil es um Ansprüche geht, die *der Halter* selbst geltend macht.[59]

Beachten Sie dazu aber folgende wichtige Problematik: Ein Eigentümer, der *nicht* gleichzeitig Halter des beschädigten Kfz ist (so i.d.R. bzgl. Leasinggeber oder Sicherungseigentümer), muss sich nach BGH i.R.d. deliktischen Schadensersatzanspruchs nach § 823 BGB wegen Verletzung seines Eigentums am Fahrzeug bei einem Verkehrsunfall weder ein Mitverschulden des Leasingnehmers oder des Fahrers des Leasingfahrzeugs noch dessen Betriebsgefahr anspruchsmindernd zurechnen lassen.[60] In solchen Fällen greift § 17 StVG nicht ein, weil diese Regelung ausdrücklich die Haltereigenschaft fordert und eine Gleichbehandlung des Eigentümers, der nicht Halter ist, *ausschließlich* für das unabwendbare Ereignis i.S.d. § 17 III 3 StVG zulässt (Umkehrschluss!). Auch § 9 2. Hs. StVG (dieser gilt *ausschließlich* für Ansprüche nach StVG) oder § 254 II 2, 278 BGB helfen bei Ansprüchen aus § 823 I BGB nicht weiter.

Zinsen

6. Der **Zinsanspruch** ergibt sich aus § 291 i.V.m. § 288 I BGB. *32*

Rechtsgedanke des § 187 I BGB

Dabei ist nach Auffassung des Gerichts mit der inzwischen wohl h.M. der Tag der Zustellung der Klage selbst noch nicht mit zu berücksichtigen, weil insoweit aufgrund der vergleichbaren Interessenlage § 187 I BGB analog zur Anwendung gelangt.[61]

Zulässigkeit der Widerklage

IV. Die **Widerklage** gegen den Kläger ist zulässig.[62] *33*

Der sachliche Zusammenhang zwischen Klage und Widerklage ergibt sich daraus, dass beide auf denselben Verkehrsunfall gestützt werden.[63]

---

57 Da der Kläger nur seinen Nettolohn geltend macht, kann wegen § 308 I ZPO die Frage dahingestellt bleiben, ob und mit welchen Grenzen eine Geltendmachung des Bruttolohnes in Betracht kommt. Nach BGH (NJW 1995, 389 - 391 = **juris**byhemmer) ist in der Höhe durchaus das Bruttogehalt ersatzfähig, doch werden dabei über die Vorteilsanrechnung wegen oft eintretender steuerlicher Ersparnisse (geringeres Jahreseinkommen führt zu geringerer Steuer bei späterer Folgebeschäftigung) gewisse Abzüge vorgenommen („modifizierte Bruttomethode“).

58 Ausführlich zu diesen wichtigen Aufbauregeln siehe in **Assessor-Basics, Zivilurteil**, § 9 Rn. 36 ff. und 44 ff.

59 Vgl. BGH, NJW 1962, 1394 - 1395; Hentschel/König/Dauer, § 17 StVG, Rn. 2.

60 Vgl. BGH, NJW 2007, 3120 - 3122 = **juris**byhemmer.

61 So etwa Pal./Ellenberger, § 187, Rn. 1; BGH, NJW-RR 1991, 519; NJW 2017, 2986 [Rn. 103]; NJW 2018, 225 [Rn. 28]; BAGE 152, 221 = NZA 2015, 1465 [Rn. 30]; NZA 2017, 1598 [Rn. 33]; BAGE 152, 221 = NZA 2015, 1465 [Rn. 30]; NZA 2017, 1598 [Rn. 33] = **juris**byhemmer. Näheres zur Problematik des Verzinsungsbeginns siehe Pal./Grüneberg, § 288, Rn. 4, § 187, Rn. 1 a.E. bzw. **Assessor-Basics, Zivilurteil**, § 5 Rn. 4 m.w.N.

62 Bei Streitgenossenschaft ist es üblich, die Zulässigkeit für beide Streitgenossen *zusammen* zu erörtern, da meist keine großen Unterschiede bestehen und sonst überflüssige Wiederholungen drohen (vgl. **Assessor-Basics, Zivilurteil,** § 9, Rn. 16). Bei der hier gegebenen Drittwiderklage ist dies natürlich auch vertretbar. Sinnvoller erscheint hier m.E. aber die Trennung auch der Zulässigkeitsprüfung, da auf diese Weise die doch nicht unerheblichen Unterschiede zwischen Widerklage und Drittwiderklage besser herausgearbeitet werden können.

63 Daher kommt es – wie meist – nicht auf die Streitfrage an, ob es sich bei § 33 ZPO gemäß der Rechtsprechung um eine besondere Zulässigkeitsvoraussetzung der Widerklage oder bloß um eine besondere und hier daher bedeutungslose Zuständigkeitsvorschrift handelt (vgl. Th/P, § 33, Rn. 1).

LG auch für Widerklagen nicht über 5.000 €

Das gemäß §§ 12, 13 ZPO[64] und § 20 StVG örtlich zuständige Landgericht Würzburg ist auch für die Widerklage sachlich zuständig, obwohl diese Forderung gemäß § 5 2. Hs ZPO nicht mit der Klageforderung addierbar ist und *nicht über* 5.000 € (vgl. §§ 23 Nr. 1, 71 I GVG) liegt.

Trotz Nichteingreifens von § 33 ZPO, der nur die örtliche Zuständigkeit betrifft, und § 45 I GKG, der nur den Gebührenstreitwert regelt, besteht praktisch Einigkeit, dass die sachliche Zuständigkeit des Landgerichts auch für Widerklagen von nicht über 5.000 € gegeben ist, wenn nur über die Klage die Zuständigkeit des Landgerichts begründet wird.[65] Hierfür spricht die Prozessökonomie und v.a. auch die Tatsache, dass § 506 ZPO für den genau umgekehrten Fall eine Verweisung *insgesamt* an das Landgericht vorsieht.[66]

Widerklage unbegründet

V. Allerdings ist die **Widerklage unbegründet**. 34

Es besteht kein Anspruch aus § 7 I StVG und auch nicht aus anderen Anspruchsgrundlagen.

einfach nach oben verweisen: spiegelbildliches Ergebnis ist zwingend!

Da der Kläger kein unabwendbares Ereignis nachweisen konnte (s.o.), liegt für ihn zwar *erst recht* keine „höhere Gewalt" i.S.d. § 7 II StVG vor. Allerdings muss eine Haftung des Klägers gemäß § 17 II StVG entfallen, weil – wie oben gezeigt – ein *derart überwiegendes* Verschulden des Beklagten vorliegt, dass die Betriebsgefahr des Klägerfahrzeugs demgegenüber *vollkommen* zurücktritt.

Damit entfallen natürlich erst recht Ansprüche des Beklagten aus § 823 I oder II BGB.[67]

Zulässigkeit der Drittwiderklage

VI. Die gegen die Widerbeklagte zu 2) erhobene sog. **Drittwiderklage** ist ebenfalls **zulässig**. 35

hemmer-Klausur-Tipp

Lassen Sie sich nicht von Ihren eigenen bisherigen Ergebnissen zu einem falschen Aufbau „provozieren"! Dass die Drittwiderklage abgewiesen wird, steht nach dem Ergebnis der Widerklage natürlich bereits jetzt fest. Dennoch muss nach dem Grundsatz vom Vorrang der Sachurteilsvoraussetzungen die Zulässigkeit der Drittwiderklage erst durchgeprüft werden, bevor man dann – endlich! – zu dem Fazit kommt, dass es wegen der Akzessorietät der Haftung der Versicherung doch „alles umsonst" war. Ein Offenlassen der Zulässigkeitsprüfung wäre nicht nur im Examen eine „Todsünde"!

Insbesondere ist die örtliche Zuständigkeit gegeben, obwohl der Sitz der Widerbeklagten zu 2 in Frankfurt ist.

§ 20 StVG entspr.

§ 20 StVG und § 32 ZPO gelten nämlich auch bezüglich der Widerbeklagten zu 2), sodass das Wahlrecht des § 35 ZPO eingreift. Denn die geltend gemachte Direkthaftung gemäß §§ 115 I 1, 117 III 2 VVG i.V.m. § 3 S. 1 PflVG begründet einen Anspruch, der trotz seiner versicherungsrechtlichen Züge *überwiegend deliktsrechtlicher Natur* ist bzw. einem solchen gleichzustellen ist.

---

64 Darauf, dass Kitzingen (Wohnort des Klägers) ein eigenes Amtsgericht hat, aber kein Landgericht, war hier im Bearbeitervermerk hingewiesen worden. Nicht selten erwartet ein Aufgabensteller von Examensklausuren aber auch, dass sich der Klausurbearbeiter eine derartige Erkenntnis selbst beschafft (im bayerischen Assessorexamen etwa über das bayerische Gerichtsorganisationsgesetz, das im „Ziegler/Tremel" abgedruckt ist).

65 Vgl. Th/P, § 5, Rn. 5; § 33, Rn. 18.

66 Nicht korrekt ist es, dieses Ergebnis, dass es auf den jeweils höheren Wert ankommt, gerade mit § 5 2. Hs. ZPO *zu begründen*. Der sagt darüber gar nichts; er verbietet nur die Addition.

67 Damit sind die Ausführungen zu den Schadenspositionen ins Hilfsgutachten verlagert.

Es entspricht dem Zweck dieser Vorschriften, auch den Versicherer unter diesen Gerichtsstand fallen zu lassen; eine Aufspaltung in verschiedene Prozesse bzw. eine Abhängigkeit von den Voraussetzungen der §§ 38 bis 40 ZPO würde der Prozessökonomie und dem Willen des Gesetzgebers widersprechen.[68]

§ 33 ZPO evtl. analog auf DWK anwendbar?

Anmerkung: Daher kommt es vorliegend letztlich auch nicht auf die problematische Frage an, ob die vom BGH vorgenommene analoge Anwendung von § 33 ZPO auf die sog. isolierte Drittwiderklage auch für den hier gegebenen Fall der streitgenössischen Drittwiderklage gelten muss oder ob hierfür wegen Anwendbarkeit von zumindest § 36 Nr. 3 ZPO auf solche Fälle bereits die Regelungslücke fehlt.
Eine Klage gegen eine Person, die nicht selbst Kläger ist, stellt keine Widerklage im eigentlichen Sinne dar. Die Privilegien der Widerklage gelten daher für diese Klage daher grds. nicht.[69]
Die analoge Anwendung von § 33 ZPO auf die sog. isolierte Drittwiderklage ist v.a. deswegen möglich, weil bei dieser keine Streitgenossenschaft vorliegt, wie sie § 36 Nr. 3 ZPO verlangt. Daher lag eine Regelungslücke vor, und der BGH konnte wählen, welche der beiden Vorschriften analog mehr Sinn macht. Die Begründung pro § 33 ZPO analog ergibt sich dann aus den Nachteilen des § 36 I Nr. 3 ZPO analog: Es wäre regelmäßig eine gerichtliche Bestimmung des zuständigen Gerichts durch ein höheres Gericht erforderlich, obwohl *nur* die Bestimmung des Gerichts *der Klage* als zuständiges Gericht auch für die Drittwiderklage in Betracht kommt. – Ein unnötiger verzögernder „Umweg"!
Bei einer streitgenössischen Drittwiderklage hielt man aber zumindest bisher den Wortlaut von § 36 Nr. 3 ZPO für passend, sodass keine Regelungslücke vorläge, obwohl die genannten Argumente der besseren Praktikabilität auch dort greifen.

Auch die sachliche Zuständigkeit des Landgerichts ist gegeben. Da eine Drittwiderklage keine Widerklage im eigentlichen Sinne darstellt, ist zwar zweifelhaft, ob auch für diese die Wertung des § 506 ZPO herangezogen werden kann. Letztlich kommt es vorliegend nicht darauf an, weil die Entscheidungskompetenz des angerufenen Gerichts zumindest gemäß § 39 S. 1 ZPO dadurch begründet wurde, dass die Widerbeklagte zu 2 die sachliche Zuständigkeit nicht gerügt hat und eine *ausschließliche* Zuständigkeit des Amtsgerichts (vgl. § 40 II Nr. 2 ZPO) nicht vorliegt.[70]

„Klageänderungstheorie" des BGH anwenden

3. Auch im Übrigen begegnet die Drittwiderklage hier selbst nach der „Klageänderungstheorie" des BGH keinen rechtlichen Bedenken. 37

Entsprechend § 267 ZPO ist bereits die Einwilligung des Klägers in diese Parteierweiterung zu vermuten. Überdies ist aber auch die entsprechend § 263 ZPO *alternativ* erforderliche Sachdienlichkeit gegeben, da es um einen einheitlichen Lebenssachverhalt geht, also gewonnene Prozessergebnisse gegenüber beiden Widerbeklagten verwertet werden können.

str., ob notwendige Streitgenossenschaft

Es sind *zumindest* die Voraussetzungen einer einfachen Streitgenossenschaft gemäß §§ 59, 60 ZPO gegeben.

---

68 Vgl. BGH, NJW 1983, 1799 = **juris**byhemmer; Th/P, § 32, Rn. 2.

69 Vgl. Th/P, § 33, Rn. 13; BGH, NJW 1991, 2838; BGH, NJW 1993, 2120. Früher war der BGH (etwa NJW 1966, 1028: **alle Entscheidungen = juris**byhemmer) anderer Auffassung: Ob es dem bisher am Rechtsstreit nicht beteiligten Dritten zugemutet werden kann, sich vor dem Gericht der Widerklage nach § 33 ZPO zu verteidigen, sei in die nach §§ 263 ff. ZPO anzustellenden Überlegungen zur Sachdienlichkeit einzustellen. Dagegen: Die Sachdienlichkeitsprüfung erstreckt sich nicht auf die Frage *der örtlichen Zuständigkeit*, da die ZPO hierfür eigene Regelungen vorgesehen hat. Die Sachdienlichkeitsprüfung betrifft nur die Frage, *ob überhaupt* zusammen zu verhandeln ist, nicht aber *wo*.

70 § 39 S. 2 i.V.m. § 504 ZPO gilt nur am *Amts*gericht!

hemmer-Klausur-Tipp

Lassen Sie sich an solchen Stellen keinesfalls auf den Streit um § 62 ZPO ein![71] Das wäre die berüchtigte Methode „Herr [bzw. Frau] Prüfer, ich weiß was“ und letztlich völlig praxisfern. Auf § 62 ZPO ist im Urteil generell nur einzugehen, wenn die Frage wirklich eine Auswirkung hat, wie etwa bei der Wahrung von Fristen oder bei Säumnis eines von mehreren Streitgenossen;[72] andernfalls sollte man allenfalls eine kurze Diskussion im Hilfsgutachten vornehmen (wenn vom Bearbeitervermerk gefordert und die Zeit es zulässt). Dies etwa dann, wenn die Parteien im Sachverhalt dazu etwas vorgetragen hatten („Echo-Prinzip“).

Drittwiderklage ebenfalls unbegründet

VII. Allerdings ist auch die **Drittwiderklage unbegründet**. 38

Die grds. gesamtschuldnerische Haftung der Widerbeklagten zu 2) gemäß §§ 115 I 1, 117 III 2 VVG i.V.m. § 3 S. 1 PflVG entfällt hier deswegen, weil - wie oben ausgeführt - kein Anspruch gegen den bei ihr versicherten Kläger gegeben ist.

VIII. Die **Kostenentscheidung** folgt aus § 91 ZPO. 39

einheitliche Kostenentscheidung auch bei Klage und Widerklage!

Dabei war aufgrund des Grundsatzes der Einheit der Kostenentscheidung nicht zwischen den Kosten von Klage und Widerklage zu trennen.

§ 100 II ZPO nicht übersehen (hier aber irrelevant)

Die Tatsache, dass die Widerbeklagte zu 2) nur mit einem erheblich geringeren Anteil am Rechtsstreit beteiligt ist als der Kläger, spielt hier keine Rolle, da die Kosten nach § 91 ZPO ohnehin vollständig vom Beklagten zu tragen sind, die Sonderregel des § 100 II ZPO aber nur die unterschiedliche Beteiligung von solchen Streitgenossen regelt, die zumindest teilweise *unterliegen*.[73]

vorläufige Vollstreckbarkeit

IX. Die Entscheidung über die **vorläufige Vollstreckbarkeit** beruht auf § 709 S. 1 und S. 2 ZPO. 40

Streitwertfestsetzung .... (*erlassen*).[74]

Färber
Richterin am Landgericht[75]

---

71 Nach umstrittener Auffassung des BGH bewirkt die früher in § 3 Nr. 8 PflVG bzw. jetzt in § 124 I VVG geregelte Rechtskrafterstreckung *keine notwendige* Streitgenossenschaft (vgl. Th/P, § 62, Rn. 8).

72 Hierzu siehe in **Assessor-Basics, Zivilurteil**, § 9 Rn. 16 und v.a. § 11 Rn. 34.

73 Im Falle des Teilunterliegens hätte sich hier die Notwendigkeit einer kombinierten Anwendung der §§ 92, 100 II, 100 IV ZPO ergeben. Dies hätte zu einer fürchterlichen Rechnerei geführt (siehe in **Assessor-Basics, Zivilurteil**, § 6 Rn. 63 ff.).

74 Nach inzwischen wohl h.M. ist eine endgültige Streitwertfestsetzung des Gebührenstreitwerts (vgl. § 63 I, II GKG) auch dann nötig, wenn es sich um eine *Zahlungs*klage auf einen *festen Geldbetrag* handelt, bei der sich der Streitwert von selbst ergibt (vgl. Assessor-Basics Zivilurteil § 2, Rn. 15). Fraglich ist aber, ob die Streitwertfestsetzung dann, wenn die Aufgabenstellung in der Fertigung eines Urteils besteht, überhaupt vom Bearbeitervermerk der Klausur erfasst ist; immerhin handelt es sich grds. um einen *eigenständigen Beschluss*. Dennoch wird vertreten, dass dieser Beschluss, wenn er nötig ist (s.o.), am Ende des Urteils, also unmittelbar vor den Unterschriften, vorzunehmen sei (etwa Anders/Gehle, B, Rn. 58 f. und Huber, Rn. 202). Das Beispiel von Kroiß/Neurauter, Muster Nr. 12, enthält dagegen keine Streitwertfestsetzung im Urteil, geht aber auch nicht auf die Frage der Notwendigkeit ein.

75 Eine Rechtsbehelfsbelehrung war gemäß § 232 S. 2 ZPO nicht anzufertigen, weil am Landgericht Anwaltszwang besteht (vgl. § 78 I ZPO) und es sich nicht um ein Versäumnisurteil handelt.

Hilfsgutachten:

I. Zur Klage / weitere Anspruchsgrundlagen: 41

weitere Anspruchsgrundlagen für Klage

Da der Beklagten nicht nur Halter, sondern auch Fahrer des Unfallfahrzeuges war, ließe sich die Begründetheit der Klage nach den obigen Ausführungen zum Unfallhergang und zum Schadensumfang auch auf andere Anspruchsgrundlagen stützen, nämlich auf § 18 I StVG, §§ 823 I, II BGB.

hemmer-Klausur-Tipp

Vergeuden Sie Ihre Zeit in der Klausur nicht mit der „schulmäßigen" Subsumtion völlig banaler Dinge. Hier reichen ganz kurze Hinweise zur Abrundung. Es ist eines der signifikantesten Kennzeichen wirklich schwacher Klausuren, dass sich dort lange Ausführungen befinden, wo kaum ein Problem ist, und an den Wackelpositionen „sicherheitshalber" wenig geschrieben wird (man könnte ja etwas Falsches schreiben). - *Genau umgekehrt* muss es sein!

zur Widerklage (Schäden)

II. Zur Widerklage / Schlüssigkeit der Schadenspositionen:

Reparaturkosten

1. Der geltend gemachte Sachschaden von **5.000 € Reparaturkosten** ist gemäß § 249 II 1 BGB in dieser Höhe ersatzfähig. Eine Einschränkung gemäß § 249 II 2 BGB war nicht veranlasst, da die Umsatzsteuer tatsächlich angefallen ist. 42

grds. Wahlrecht zwischen Wiederbeschaffung und Reparatur

Es besteht insoweit grundsätzlich ein Wahlrecht des Geschädigten zwischen den beiden Wegen der Naturalrestitution, also *innerhalb* des § 249 II 1 BGB. Die Reparaturkosten waren hier als *„erforderlich"* i.S. des § 249 II 1 BGB anzusehen, da sie den Wiederbeschaffungsaufwand nur um einen *angemessenen* Betrag überstiegen.

Grundgedanke der 130-Prozent-Grenze

Das Gebot wirtschaftlicher Vernunft bedeutet zwar für den Geschädigten, dass er nur diejenigen Aufwendungen ersetzt verlangen kann, die vom Standpunkt eines verständigen, wirtschaftlich denkenden Menschen in der Lage des Geschädigten zur Behebung des Schadens zweckmäßig und angemessen erscheinen. Dabei ist aber Rücksicht auf die spezielle Situation des Geschädigten zu nehmen.

Da die Reparatur des dem Geschädigten anvertrauten Fahrzeugs sein Integritätsinteresse regelmäßig stärker zu befriedigen vermag als eine Ersatzbeschaffung, dürfen die Kosten für die Instandsetzung unter Einbeziehung des merkantilen Minderwerts den Aufwand für die Ersatzbeschaffung in Grenzen übersteigen: Sie dürfen um (etwa) 30 % über dem Wiederbeschaffungs*wert* (hier 9.000 €) liegen.[76] Hier geht es nach dem Vergleichsmaßstab des BGH aber um einen deutlich geringeren Betrag, nämlich 5.000 €.

76 Vgl. Pal./Grüneberg, § 249, Rn. 25; BGH, NJW 1992, 302 - 304 = **juris**byhemmer; BGH, NJW 1999, 500 - 501 = **juris**byhemmer.

Da die Reparaturkosten auch *unter 100 %* des Wiederbeschaffungs*werts* liegen, wäre es auch nicht auf die weiteren Voraussetzungen angekommen, die der BGH inzwischen für die Gewährung des Integritätszuschlags aufstellt.[77]

„merkantiler Minderwert“

2. Ersatzfähig ist gemäß § 251 I BGB auch der **merkantile Minderwert von 250 €**. Insbesondere ist dies schon ein *gegenwärtiger* Schaden, weil der Wert des Wagens schon jetzt reduziert ist; dass sich dies tatsächlich in einem geringeren Verkaufserlös niederschlägt, ist daher nicht erforderlich.[78] 43

3. Unschlüssig war der Vortrag zur **Nutzungsentschädigung**. 44

Vorsicht Falle: hypothetische Nutzungsmöglichkeit fehlt!

Ein solcher Anspruch ist zwar als Ergebnis richterlicher Rechtsfortbildung grds. anerkannt, da es sich um ein Lebensgut handelt, dessen ständige Verfügbarkeit von zentraler Bedeutung ist und diese Rechtsprechung für die Schadensabwicklung *an Kraftfahrzeugen* überdies auch bereits gewohnheitsrechtlich verfestigt ist.[79]

Allerdings ist der Vortrag insoweit unschlüssig, weil aus ihm keine *fühlbare Beeinträchtigung* ersichtlich wird: Der Beklagte hätte angesichts der Tatsache, dass er nach dem Unfall für mehrere Wochen im Krankenhaus lag, seinen Nutzungswillen und seine Nutzungsmöglichkeit (bzw. die naher Angehöriger) genauer dartun müssen.

hemmer-Klausur-Tipp

Suchen Sie in Ihrem Sachverhalt gezielt nach dem entsprechenden Parteivortrag! Es handelt sich um eine nicht seltene Klausurfalle!

77 Der BGH (vgl. NJW 2008, 437 - 439; NJW 2008, 2183 - 2184) fordert eine Weiternutzung des Wagen von zumindest sechs Monaten („Haltefrist“). Dies soll bei Reparaturkosten, die über dem Wiederbeschaffungsaufwand, aber nicht über dem Wiederbeschaffungswert liegen, offenbar aber nicht gelten (vgl. etwa BGH, NJW 2007, 588 - 589). Manche Haftpflichtversicherer vertraten die m.E. abstruse These, dass vor Ablauf der Haltefrist die *Fälligkeit* eines Teils des Schadens erst nach Ablauf von sechs Monaten eintrete. Der BGH hat eine solche Einordnung natürlich verworfen (vgl. BGH, NJW 2009, 910 - 912 (911)). Stattdessen geht es um ein reines *Beweisproblem*: Der auch für die Schadenshöhe darlegungs- und beweispflichtige Geschädigte muss nachweisen, dass er bei Erteilung des Reparaturauftrags *die Absicht* hatte, den Wagen danach weiter zu nutzen. Diesen Nutzungswillen, für den nach BGH das Beweismaß des § 287 ZPO gilt, kann er regelmäßig dann über die tatsächliche Weiternutzung nachweisen (vgl. BGH, NJW 2008, 437 - 439 (438); **alle Entscheidungen** = **juris**byhemmer). Der Anspruch war dann aber *von Anfang an* begründet! Die Versicherung muss also, wenn sie einen Verzug vermeiden will, vor Ablauf der Sechs-Monats-Frist zahlen, um ggf. im Falle der vorzeitigen Weiterveräußerung zu kondizieren.

78 Vgl. Pal./Grüneberg, § 251, Rn. 14.

79 Zum Ganzen siehe etwa Pal./Grüneberg, § 249, Rn. 40 ff. (m.w.N.). Zur umstrittenen Bemessung der Höhe der Nutzungsausfallentschädigung bei älteren Fahrzeugen siehe BGH, NJW 2005, 277 = **juris**byhemmer.

Fall 2

Roberto Hickel
Rechtsanwalt
36037 Fulda
Königstraße 13a

Fulda, 2. Mai 2018

An das
Landgericht Fulda
36037 Fulda

Landgericht Fulda
Eingang: 2. Mai 2018

In Sachen

Laurenz Assmann, Kantstraße 13, 34121 Kassel

- Kläger -

gegen

Jana Ulrich, Mörikeweg 5, 36037 Fulda

- Beklagte zu 1)-

und

Erik Zeusel, Pappelweg 1, 36037 Fulda

- Beklagter zu 2)-

wegen Forderung

erhebe ich namens und im Auftrag des Klägers

Klage

zum Landgericht Fulda.

In der mündlichen Verhandlung werde ich beantragen zu erkennen:

1. Die Beklagten werden gesamtschuldnerisch verurteilt, an den Kläger 5.800 € nebst Zinsen hieraus in Höhe von fünf Prozentpunkten über dem Basiszins ab Rechtshängigkeit zu bezahlen.

2. Die Beklagten tragen die Kosten des Rechtsstreits.

3. Das Urteil ist vorläufig vollstreckbar.

Für den Fall der Anordnung schriftlichen Vorverfahrens beantrage ich den Erlass eines Versäumnisurteils, wenn sich der Beklagte in der Notfrist des § 276 I 1 ZPO nicht erklärt.

Begründung:

Die Beklagten werden hiermit als Erben ihres verstorbenen Vaters Fritz Zeusel in Anspruch genommen.

Dieser hat am 15. Februar 2018 auf dem landwirtschaftlichen Hofe seines Freundes Olaf Ludwig bei dem Versuch, Abfälle zu verbrennen, fahrlässig einen Brand entfacht, der auf Strohballen und Autoreifen übergriff und schließlich unkontrollierbar wurde.

Der Brand konnte durch die Feuerwehr Fulda, die von einem Nachbarn verständigt worden war, gelöscht werden.

Bei den Löscharbeiten knickte der Kläger, der als Feuerwehrmann im Einsatz war, in der Hektik mit dem linken Fuß um und erlitt eine schwere Gelenkverstauchung am Sprunggelenk.

Beweis: Zeugnis des Walter Geck, verantwortlicher Leiter des Einsatzes, Huberstraße 12, 36037 Fulda.

Hierdurch entstanden ihm umfangreiche ärztliche Behandlungskosten, die von den Versicherungen, die für die Feuerwehrleute abgeschlossen waren, bzw. der Krankenkasse nur zum Teil anderweitig gedeckt wurden.

Der eingeforderte Betrag von 5.800 € entstand aus einer notwendigen physiotherapeutischen Behandlung, derer sich der Kläger unterziehen musste, um möglichst schnell wieder für seinen Sportverein einsatzfähig zu sein, die aber nicht ersetzt wurde.

Beweis: Zeugnis des Andreas Kamm, Physiotherapeut, Kantstraße 13, 34121 Kassel.

Da die Beklagtenseite dennoch unverständlicherweise die Zahlung verweigert, war Klage geboten.

Hickel
Rechtsanwalt

Der als Einzelrichter zuständige Richter ordnete schriftliches Vorverfahren an. Er forderte in seiner Verfügung die Beklagten auf, innerhalb von zwei Wochen anzuzeigen, ob sie sich gegen die Klage verteidigen wollen. Weiter forderte er sie auf, für den Fall der Verteidigung innerhalb einer Frist von weiteren zwei Wochen eine schriftliche Klageerwiderung einzureichen. § 276 II ZPO wurde versehentlich nicht beachtet. Diese Verfügung wurde den Beklagten jeweils persönlich mit der Klageschrift am 14. Mai 2018 zugestellt.

Als am 7. Juni 2018 noch keine Verteidigungsanzeige der Beklagten bei Gericht eingegangen war, erließ das Landgericht Fulda unter dem Aktenzeichen 2 O 1345/18 folgendes

Versäumnisurteil:

1. Die Beklagten werden gesamtschuldnerisch verurteilt, an den Kläger 5.800 € nebst Zinsen hieraus in Höhe von fünf Prozentpunkten über dem Basiszins ab 15. Mai 2018 zu bezahlen.
2. Die Beklagten tragen gesamtschuldnerisch die Kosten des Rechtsstreits.
3. Das Urteil ist vorläufig vollstreckbar.

Hesse
RiLG als Einzelrichter

Die Zustellung des Versäumnisurteils gegenüber der Beklagten zu 1) persönlich erfolgte am 12. Juni 2018. Der Beklagte zu 2) war beim Zustellungsversuch am 12. Juni 2018 nicht in seiner Wohnung angetroffen worden. Daher wurde das Schriftstück am selben Tag an Frau Jenny Voigt, seiner Lebensgefährtin, übergeben; diese wohnt dort zusammen mit dem Beklagten zu 2) und dem gemeinsamen Kind. Die Zustellung an den Klägervertreter erfolgte am 14. Juni 2018.

Stefanie Wessel
Rechtsanwältin
Königstraße 23
36037 Fulda

Fulda, 20. Juni 2018

An das
Landgericht Fulda
36037 Fulda

Landgericht Fulda
Eingang: 20. Juni 2018

In Sachen

Assmann gegen Ulrich und Zeusel

Az.: 2 O 1345/18

zeige ich die Vertretung der Beklagten zu 1) an.

Ich lege in ihrem Namen gegen das Versäumnisurteil vom 7. Juni 2018 hiermit

Einspruch

ein und beantrage Klageabweisung in vollem Umfang.

Das Versäumnisurteil ist aufzuheben, denn es hätte aus formellen Gründen nie ergehen dürfen.

Die Klage ist aber auch unschlüssig, weil der Vortrag des Klägers in wesentlichen Punkten sachlich unrichtig ist. Zwar wollen wir nicht die Verletzung des Klägers als solche bestreiten. Aber zum einen ist diese schon durch dessen extreme Ungeschicklichkeit und Unachtsamkeit entstanden, die den Beklagten nicht zugerechnet werden kann, zumindest aber als grobes Mitverschulden, das den Anspruch ausschließt.

V.a. ist dabei aber auch zu berücksichtigen, dass die Verletzung, wie wir in Erfahrung bringen konnten, gar nicht während der Löscharbeiten verursacht wurde, sondern erst danach. Genauer: Als das Feuer längst abgeklungen, der Kläger aber mit dem Aufrollen der Schläuche beschäftigt war, ist er umgeknickt. Das hätte ihm genauso gut zuhause passieren können, sodass die Beklagten nicht verantwortlich sind.

Weiterhin steht dem Anspruch aber auch entgegen, dass die physiotherapeutische Behandlung bei einer derartigen Verletzung normalerweise überhaupt nicht notwendig gewesen wäre, wenn das Sprunggelenk des Klägers nicht bereits vorgeschädigt gewesen wäre. Auch dafür sind die Beklagten nicht verantwortlich.

Stefanie Wessel
Rechtsanwältin

Robert Joppel
Rechtsanwalt
Hahnengasse 23
36037 Fulda

Fulda, 28. Juni 2018

An das
Landgericht Fulda
36037 Fulda

Landgericht Fulda
Eingang: 28. Juni 2018

In Sachen

Assmann gegen Ulrich und Zeusel

wegen Forderung

Az.: 2 O 1345/18

zeige ich die Vertretung des Beklagten zu 2) an.

Ich lege hiermit

Einspruch

ein gegen das Versäumnisurteil vom 7. Juni 2018 und beantrage, die Klage abzuweisen.

Hinweisen möchte ich nur darauf, dass der Klägervertreter keinerlei Anspruchsgrundlage nennt bzw. auch sonst keine ersichtlich ist, sodass die Klage unschlüssig ist. Obwohl hiernach wohl die Berufung ebenfalls einschlägig gewesen wäre, halte ich den eingelegten Einspruch für geeigneter.

Im Übrigen ist zu berücksichtigen, dass die Verletzung des Klägers nicht während der Löscharbeiten verursacht wurde, sondern erst beim Aufrollen der Schläuche. Dafür gibt es keine Ersatzansprüche.

Robert Joppel
Rechtsanwalt

Landgericht Fulda
Az.: 2 O 1345/18

Beweisbeschluss

In dem Rechtsstreit

Assmann gegen Ulrich und Zeusel

Es soll Beweis erhoben werden über die Behauptung des Klägers,

er habe seine bei der Brandlöschung am 15. Februar 2018 erlittene Verletzung am Knöchel durch ein Umknicken in der Hektik der noch stattfindenden Löscharbeiten, also vor deren Beendigung, erlitten,

durch Vernehmung des Zeugen Walter Geck, ...

Fulda, den 7. Juli 2018
Hesse
Richter am Landgericht
als Einzelrichter

Gleichzeitig bestimmte das Gericht Gütetermin für den 29. August 2018, lud die Parteien und den Zeugen Geck hierzu und wies darauf hin, dass sich an diesen im Falle des Scheiterns ein Haupttermin unmittelbar anschließen werde. Auch die Zustellungen gemäß § 340a ZPO erfolgten ordnungsgemäß.

Az.: 2 O 1345/18

Protokoll der mündlichen Verhandlung vom 29. August 2018:

Gegenwärtig: Richter am Landgericht Hesse als Einzelrichter

Ein Urkundsbeamter der Geschäftsstelle wurde nicht hinzugezogen, vorläufig aufgezeichnet auf Tonträger gemäß §§ 159, 160a ZPO.

Bei Aufruf der Sache erschienen

für die Klagepartei Rechtsanwalt Hickel,

für die Beklagte zu 1) Rechtsanwältin Wessel.

Bezüglich des Beklagten zu 2) erklärt Rechtsanwältin Wessel, heute am Morgen erfahren zu haben, dass Rechtsanwalt Joppel wegen Streitigkeiten mit seinem Mandanten das Mandat niedergelegt habe.

Soweit nicht ohnehin schon gesetzlich wegen Streitgenossenschaft ein einziger Rechtsanwalt genüge, könne und wolle er die Vertretung beider Beklagter übernehmen; darum habe ihn der Beklagte zu 2) kurz vor Verhandlungsbeginn telefonisch gebeten.

Der Vorsitzende weist darauf hin, dass der Termin zunächst als Gütetermin gemäß §§ 278, 279 ZPO behandelt wird.

Die Sach- und Rechtslage wird mit den Parteien erörtert. Eine gütliche Einigung wird nicht erzielt.

Nach kurzer Unterbrechung wird der Termin gemäß § 279 I ZPO als Haupttermin fortgesetzt.

Der Klägervertreter erklärt, seinen Klageantrag nun auf 5.500 € (plus Zinsen) reduzieren zu wollen, denn er habe sich bei der Berechnung der Höhe der Kosten für die physiotherapeutische Behandlung vertan. Es liege ein Fall von § 264 ZPO vor, sodass keine Zustimmung des Beklagten nötig sei. Er beantrage daher nun nur noch, die Beklagten gesamtschuldnerisch zur Zahlung von 5.500 € ab dem 15. Mai 2018 zu verurteilen.

Der Beklagtenvertreter widerspricht der Klagerücknahme. Er beantragt, das Versäumnisurteil aufzuheben und die Klage in vollem Umfang als unbegründet abzuweisen.

Der Klägervertreter erklärt, eine einseitige Rücknahme auch nach ergangenem Versäumnisurteil werde allgemein für zulässig gehalten; dies ergebe sich meistens aus der Wirkung des § 342 ZPO. Der Beklagtenvertreter erklärt, dies sei zumindest streitig und letztlich abzulehnen.

Der Klägervertreter bestreitet ein Mitverschulden seines Mandanten beim Zustandekommen der Fußverletzung.

Es erscheint der Zeuge Geck.

Zur Person: „Ich heiße Walter Geck, 54 Jahre alt, ..., mit den Parteien weder verwandt noch verschwägert.

Zur Sache: „Ich habe gesehen, dass der Kläger sich in der Hektik des Einsatzes den Fuß verstaucht hat und eine ganze Weile schreiend vor Schmerz zwischen den Schläuchen herumgehumpelt ist."

Auf Nachfrage des Vorsitzenden: „Na ja, wenn ich ehrlich bin, habe ich den Kläger während des Einsatzes nicht gesehen, weil er an einer ganz anderen Stelle stand und mit der Leitung der Löscharbeiten vollauf beschäftigt war. Ich habe ihn erst bei den Aufräumarbeiten bemerkt und habe mich dann gleich um eine ärztliche Behandlung bemüht. Aber dass macht doch keinen Unterschied, denn ich bin davon überzeugt, dass das mit dem Verstauchen des Fußes während der Hektik geschehen sein muss. Bei den Aufräumarbeiten verletzt sich doch kein vernünftiger Mensch mehr."

Die Aussage wird vorgespielt und genehmigt. Der Zeuge bleibt unbeeidigt. Er wird entlassen.

Der Klägervertreter erklärt, dass die Aussage des Zeugen, selbst wenn sie richtig wäre, nichts am Bestehen des Anspruchs ändern würde, da in jedem Fall Kausalität gegeben sei. Denn ohne den Brand wäre es nicht zu den Löscharbeiten gekommen, und ohne die Löscharbeiten hätte man nicht die Schläuche aufrollen müssen.

Der Vorsitzende verkündet daraufhin folgenden

Beschluss:

Termin zur Verkündung einer Entscheidung wird bestimmt auf den ..., 10:45 Uhr Sitzungssaal 15.

Hesse
Richter am Landgericht
als Einzelrichter

Für die Richtigkeit der Übertragung
vom Tonträger
Polter
Justizsekretärin als U.d.G.

Vermerk für den Bearbeiter:

Die vollständige Entscheidung des Gerichts ist zu fertigen.

Die Streitwertfestsetzung ist erlassen.

Ladungen, Zustellungen, Vollmachten und sonstige Formalien sind in Ordnung. Alle gesetzlich vorgeschriebenen richterlichen Hinweise wurden erteilt. Wenn das Ergebnis der mündlichen Verhandlung nach Ansicht des Bearbeiters für die Entscheidung nicht ausreicht, ist zu unterstellen, dass trotz Wahrnehmung der richterlichen Aufklärungspflicht keine weitere Aufklärung zu erzielen war.

Soweit die Entscheidung keiner Begründung bedarf oder in den Gründen ein Eingehen auf alle berührten Rechtsfragen nicht erforderlich erscheint, sind diese in einem Hilfsgutachten zu erörtern.

Übersicht Fall 2

I. <u>Zulässigkeit des Einspruchs der Bekl. zu 1):</u>

1. Statthaftigkeit gemäß § 338 ZPO (+).
2. Form gemäß § 340 I und II ZPO (+).
3. Fristwahrung gemäß § 339 ZPO (+).

II. <u>Zulässigkeit des Einspruchs des Bekl. zu 2):</u>

1. Eigenständige Prüfung nötig, da keine notwendige Streitgenossenschaft i.S.d. § 62 ZPO: Miterben als Gesamtschuldner; vgl. § 425 BGB.
2. Statthaftigkeit gemäß § 338 ZPO.

   Trotz § 310 III ZPO bereits wirksames VU bei Einspruchseinlegung, da wirksame Ersatzzustellung gemäß § 178 I Nr. 1 ZPO; überdies wäre Rechtsschein eines wirksamen VU nach h.M. für Statthaftigkeit ausreichend.
3. Form gemäß § 340 I und II ZPO (+).
4. Fristwahrung gemäß § 339 ZPO auch hier (+):

   - Frist-Beginn im schriftlichen Vorverfahren wegen § 310 III ZPO erst mit *letzter* Zustellung (egal an wen): hier 14. Juni 2018 an den Kläger.
   - Berechnung (§ 222 I ZPO i.V.m. §§ 187 I, 188 II BGB): Ende dann am 28. Juni 2018 ⇨ rechtzeitig.

   Folge: § 342 ZPO insgesamt.

III. <u>Wirksame Teil-Klagerücknahme</u> auch ohne Zustimmung des/der Bekl. (+), da vor „Stellung der Anträge“ durch Bekl. in HV (vgl. § 137 I ZPO).

IV. <u>Zulässigkeit der (übrigen) Klage:</u> v.a. sachliche Zuständigkeit gemäß §§ 23 Nr. 1, 71 I GVG trotz Rücknahme (+).

V. <u>Begründetheit der Klage:</u>

1. Kein Anspruch aus §§ 677, 683, 670 BGB:
   - Erfasst u.U. zwar auch Schäden; dies allerdings nur, wenn tätigkeitsspezifische gesteigerte Gefahr bestand.
   - Hier Wegfall dieser spezifischen Gefahr mit Ende der Löscharbeiten.

2. Kein Anspruch aus §§ 823 I BGB: Haftungsbegründende Kausalität (Zurechnungszusammenhang) fehlt, da Verwirklichung des allg. Lebensrisikos.

VI. <u>Kosten:</u>

Kläger voll nach §§ 91 ZPO, 269 III 2 ZPO.

§ 344 ZPO (-), da VU wegen Verstoß gegen § 276 II ZPO nicht in gesetzmäßiger Weise ergangen.

VII. <u>Vollstreckbarkeit:</u> §§ 708 Nr. 11, 711 ZPO.

Hilfsgutachten:

1. Verfahren insgesamt streitig zu entscheiden: vgl. §§ 80, 88 ZPO: hier keine Rüge des Klägers.
2. Vor. der G.o.A. (§§ 677, 683 BGB) im Übrigen grds. gegeben.

LÖSUNG FALL 2

Rubrum

Landgericht Fulda 1

Az.: 2 O 1345/18

hier hessische Variante

IM NAMEN DES VOLKES

Urteil[80]

In dem Rechtsstreit

des Laurenz Assmann, Kantstraße 13, 34121 Kassel

- Kläger -

Prozessbevollmächtigter: Rechtsanwalt Roberto Hickel, Königstraße 13a, 36037 Fulda

gegen

Streitgenossenschaft

Jana Ulrich, Mörikeweg 5, 36037 Fulda

- Beklagte zu 1)-

und Erik Zeusel, Pappelweg 1, 36037 Fulda

- Beklagter zu 2)-

Behandlung des Anwaltswechsels

Prozessbevollmächtigte für beide: Rechtsanwältin Stefanie Wessel, Königsstraße 23, 36037 Fulda[81]

hat das Landgericht Fulda, 2. Zivilkammer, durch Richter am Landgericht Hesse als Einzelrichter[82] auf Grund der mündlichen Verhandlung vom 29. August 2018 für Recht erkannt:

*Tenor: Aufhebung **und** Abweisung!*

1. Das Versäumnisurteil vom 7. Juni 2018 wird aufgehoben und die Klage wird abgewiesen, soweit das Versäumnisurteil nicht ohnehin durch die Klagerücknahme wirkungslos wurde.[83] 2

2. Der Kläger hat die Kosten des Rechtsstreits zu tragen.[84]

3. Das Urteil ist für die Beklagten vorläufig vollstreckbar.

---

80 Diese hessische Variante des Rubrums (zu dieser siehe etwa Oberheim § 10, Rn. 22) weist mehrere Unterschiede zur bayerischen Variante von Fall 1 auf (entspricht aber auch nicht exakt dem Vorgehen in den Nord- und Westbundesländern; zu diesen siehe in den folgenden Fällen): Statt „Endurteil" heißt es schlicht „Urteil", und die Position ist nicht erst im Einleitungssatz zum Tenor (der entsprechend anders formuliert wird). Überdies wird kein Betreff angegeben. Die Parenthese bei der Parteiangabe (siehe dazu Oberheim a.a.O.) wird nach unseren Informationen offenbar nicht überall so gehandhabt, in Nordhessen scheint zumindest teilweise das Rubrum wie in NRW gestaltet zu werden.

81 In das Rubrum sind nur die Prozessbevollmächtigten aufzunehmen, die die Parteien in der letzten mündlichen Verhandlung vertreten haben (vgl. etwa Anders/Gehle, B, Rn. 19).

82 Gemäß § 348 I ZPO bestand hier eine *originäre* Einzelrichterzuständigkeit; einer *Übertragung* auf den Einzelrichter bedurfte es nicht.

83 Hier wurde zur Klarstellung die Wirkung von § 269 III 1, 2. Hs. ZPO wegen der wirksamen (dazu s.u.) Teilrücknahme in die Formulierung mit eingebaut. Außerdem muss beachtet werden, dass eine bloße Aufhebung des VU alleine nicht ausreichen würde, sondern *zusätzlich* die neue, korrekte Entscheidung zu treffen ist! Wer die Begründetheit der Klage bejaht, muss das VU im Tenor insoweit (also letztlich in Höhe von 5.500 €) *aufrechterhalten*, als es durch die Teilrücknahme nicht ohnehin gegenstandslos wurde; eine zusätzliche Abweisung wäre hier dann (ausnahmsweise) nicht erforderlich. Zu den ebenso wichtigen wie teilweise (v.a. *Teil*korrektur!) schwierigen Fragen der Tenorierung des Endurteils nach Versäumnisurteil siehe ausführlich in **Assessor-Basics, Zivilurteil**, § 11 Rn. 71 ff. (m.w.N.).

84 Da die Beschwer des Klägers *über* 600 € liegt, wird hier wegen § 511 IV 1 Nr. 2 ZPO keine Entscheidung über Zulassung oder Nichtzulassung der Berufung getroffen.

Der Kläger kann die Vollstreckung gegen Sicherheitsleistung in Höhe von 110 % des aus dem Urteil für die Beklagten vollstreckbaren Betrags abwenden, wenn nicht die Beklagten vor der Vollstreckung jeweils Sicherheit in gleicher Höhe leisten.[85]

Tatbestand:

Einleitungssatz

Die Parteien streiten um die Verpflichtung der Beklagten zum Ersatz 3
von Behandlungskosten des Klägers.

unstreitiger Sachverhalt (Imperfekt)

Die Beklagten zu 1) und 2) sind Erben des Fritz Zeusel. Dieser hatte am 15. Februar 2018 auf dem landwirtschaftlichen Hof des Olaf Ludwig aus Unachtsamkeit einen Brand verursacht, der außer Kontrolle geriet und von der Feuerwehr Fulda gelöscht werden musste. Als Mitglied des eingesetzten Löschtrupps erlitt der Kläger eine schwere Gelenkverstauchung am Sprunggelenk, das bereits vorgeschädigt war. Aufgrund dessen ließ der Kläger zur Beschleunigung des Heilungsprozesses eine physiotherapeutische Behandlung vornehmen, deren Kosten in Höhe von 5.500 € von keiner Versicherung abgedeckt wurden.

streitiges Klägervorbringen

Der Kläger behauptet, die Verstauchung während der Löscharbeiten erlitten zu haben.

Prozessgeschichte (mit Zustandekommen des VU und den Einsprüchen)

Mit einer am 14. Mai 2018 den Beklagten zu 1) und 2) zugestellten 4
Verfügung hat das Gericht diesen u.a. eine zweiwöchige Erwiderungsfrist gesetzt, dabei aber versehentlich nicht auf die Folgen der Fristversäumung hingewiesen.[86]

Nachdem die Beklagten ihre Verteidigungsbereitschaft nicht innerhalb dieser Frist angezeigt hatten, hat das Gericht am 7. Juni 2018 im Wege des schriftlichen Vorverfahrens antragsgemäß ein Versäumnisurteil erlassen, in dem die Beklagten gesamtschuldnerisch verurteilt worden sind, an den Kläger 5.800 € nebst Zinsen hieraus in Höhe von fünf Prozentpunkten über dem Basiszins ab 15. Mai 2018 zu bezahlen.[87]

Dieses Urteil ist dem Beklagten zu 1) am 12. Juni 2018 persönlich übergeben und am gleichen Tag in der Wohnung des Beklagten zu 2) an Frau Jenny Voigt, die dort mit diesem und dem gemeinsamen Kind in nichtehelicher Lebensgemeinschaft wohnt, für den Beklagten zu 2) ausgehändigt worden. Die Zustellung an den Klägervertreter ist jedoch erst am 14. Juni 2018 erfolgt.

Hiergegen haben beide Beklagte jeweils anwaltlich vertreten Einspruch eingelegt, nämlich der Beklagte zu 1) am 20. Juni 2018 und der Beklagte zu 2) am 28. Juni 2018.

<u>Zuletzt</u> gestellte Anträge

Der Kläger hat in der mündlichen Verhandlung vom 29. August 2018 5
vor Stellung der jeweiligen Anträge seinen Antrag in der Höhe reduziert[88] und zuletzt beantragt:

---

85 § 711 ZPO vereist zwar auf § 709 S. 2 ZPO, modifiziert diesen aber bezüglich des *jeweils* zu vollstreckenden Betrags. Zu den Feinheiten der Formulierung und einigen damit zusammenhängenden Streitfragen siehe in **Assessor-Basics, Zivilurteil**, § 7 Rn. 6.

86 Auch bezüglich dieses Teils der Prozessgeschichte, der zum Verständnis der Anträge vor diese zu stellen ist, ist der Perfekt zu verwenden (vgl. **Assessor-Basics, Zivilurteil**, § 8 Rn. 27 m.w.N.). Keinesfalls durften hier schon rechtliche Wertungen vorgenommen werden, wie etwa der Standardfehler „zulässigen Einspruch eingelegt“. Es sind die nackten Fakten zu schildern, der Rest folgt erst in den Entscheidungsgründen.

87 Die Kosten- und Vollstreckbarkeitsentscheidung aus dem VU muss nicht wiedergegeben werden.

88 Eine wirksame Klagerücknahme muss trotz der grds. rückwirkenden Beendigung der Rechtshängigkeit im Tatbestand geschildert werden, wenn sie Auswirkung auf die Kosten hat oder - wie hier - das vorher ergangene VU davon beeinflusst ist.

> Die Beklagten werden gesamtschuldnerisch verurteilt, an den Kläger 5.500 € nebst Zinsen hieraus in Höhe von fünf Prozentpunkten über dem Basiszins ab 15. Mai 2018 zu zahlen.[89]

Die Beklagten beantragen durch ihren gemeinsamen Prozessvertreter,

> das Versäumnisurteil vom 7. Juni 2018 aufzuheben und die Klage abzuweisen.

streitiges Beklagtenvorbringen (wenn konkretes Gegenvorbringen)

Sie behaupten, die Verletzung des Klägers sei erst nach den Löscharbeiten beim Wegräumen des Löschgeräts entstanden.[90] Außerdem sei der Kläger für die Verletzung durch grobe Ungeschicklichkeit und Unachtsamkeit mitursächlich gewesen. 6

Rechtsvorbringen (knappe Zusammenfassung)

Sie vertreten die Rechtsansicht, dass ihnen die Verletzung nicht zuzurechnen sei, da dem Kläger Gleiches im häuslichen Bereich hätte widerfahren können.

Prozessgeschichte

Das Gericht hat Beweis erhoben durch die Vernehmung des Zeugen Geck. Bezüglich des Beweisthemas und Ergebnisses wird auf den Beweisbeschluss vom 14. Juli 2018 und auf das Protokoll der Hauptverhandlung vom 29. August 2018 verwiesen.[91] 7

Entscheidungsgründe:

„großer Obersatz"

Das Versäumnisurteil war, soweit das Verfahren nicht ohnehin durch die wirksame Klagerücknahme gegenstandslos wurde, vollständig aufzuheben. Beide Einsprüche sind zulässig, und die Klage ist, soweit über sie noch zu entscheiden war, zwar zulässig, aber unbegründet. 8

dreistufige Prüfung des Einspruchs

I. Der **Einspruch des Beklagten zu 1)** ist zulässig und hat daher das Verfahren gemäß § 342 ZPO in den Stand vor Eintritt der Säumnis zurückversetzt. 9

Statthaftigkeit: „echtes" VU

Der Einspruch war statthaft gemäß § 338 ZPO, da es sich um ein *echtes* Versäumnisurteil gemäß § 331 III ZPO handelt, das Kläger und Beklagtem zu 1) auch vor Einspruchseinlegung wirksam zugestellt worden war.

hemmer-Klausur-Tipp

Prüfen Sie an dieser Stelle der Klausur keinesfalls, *ob* das VU hätte ergehen dürfen. - Dies wäre ein *grober* Fehler, zu dem in der Aufgabenstellung immer wieder „provoziert" wird! Diese Frage hat weder bei der Statthaftigkeit des Einspruchs etwas zu suchen, da hier eben ein echtes VU ergangen ist. Auch mit der sog. Meistbegünstigungstheorie hat der Fall nichts zu tun.[92] 10

Die Schilderung des Widerspruchs des Beklagten gegen die Klagerücknahme kann hier entfallen, weil nicht entscheidungserheblich (s.u.); meist ist dies aber wiederzugeben.

89 So ist der Klägerantrag - wie nicht selten in Klausuren - natürlich nicht korrekt (vgl. § 343 ZPO und den Tenor oben) und muss daher ausgelegt bzw. im Tenor des Urteils anders formuliert werden. Im Tatbestand aber sind auch verkorkste Anträge grds. wörtlich wiederzugeben.

90 Hier geht es um ein Bestreiten mit konkretem Gegenvorbringen, das man - anders als einfaches Bestreiten - bei beiden Parteien schildert (vgl. **Assessor-Basics, Zivilurteil**, § 8 Rn. 18 m.w.N.).

91 Da sich aus einem förmlichen Beweisbeschluss sowohl das Beweisthema, als auch das Beweismittel und der Beweisführer ergeben, ist es nach wohl h.M. zulässig, mit einer Bezugnahme auf diesen zu arbeiten (vgl. Anders/ Gehle, Rn. 71; **Assessor-Basics, Zivilurteil**, § 8 Rn. 36).

92 Vgl. auch BGH, NJW 1994, 665 - 666 = **juris**byhemmer.

> **Noch weniger darf eine „Begründetheit des Einspruchs" geprüft werden, da es eine solche nach der ZPO nicht gibt (vgl. § 342 ZPO). Ob das VU hätte ergehen dürfen, ist nur relevant i.R.d. § 344 ZPO; selbst bei der Frage, ob bei erneuter Säumnis ein zweites VU ergehen darf, wird es inzwischen nach BGH nicht mehr geprüft.[93]**

Form des Einspruchs

Der Einspruch erfolgte auch in der Form des § 340 I und II ZPO,
wobei auch die Prozess*handlungs*voraussetzung gemäß § 78 I ZPO 11
beachtet ist. § 340 III ZPO ist keine Zulässigkeitsvoraussetzung des Einspruchs, sondern nur im Hinblick auf § 296 ZPO zu beachten.[94]

Einspruchsfrist <u>hier</u> unproblematisch

Der Einspruch war auch nicht verfristet gemäß § 339 ZPO, da die 12
Einlegung am 20. Juni 2018 erfolgte, somit sogar dann innerhalb der Zwei-Wochen-Frist, wenn man auf die erste Zustellung vom 12. Juni 2018 abstellt.[95]

hemmer-Klausur-Tipp

> **Schieben Sie die Diskussion des Problems des § 310 III ZPO hier noch auf, weil es hier letztlich noch keine Rolle für das Ergebnis spielt. Es ist geschickter, die Probleme dort diskutieren, wo es wirklich auf sie ankommt (unten bei der Prüfung der Frist des Einspruchs des Beklagten *zu* 2)!**

II. Auch der **<u>Einspruch des Beklagten zu 2)</u>** ist zulässig, sodass 13
gemäß § 342 ZPO vollständig über die Klage zu entscheiden war.

Separate Prüfung <u>beider</u> Einsprüche

1. Über diesen Einspruch war eigenständig zu entscheiden, da **<u>kein</u>** 14
<u>Fall einer notwendigen Streitgenossenschaft</u> gemäß § 62 ZPO vorliegt.

hemmer-Klausur-Tipp

> **Seien Sie äußerst zurückhaltend mit der Bejahung einer notwendigen Streitgenossenschaft! Seit Einführung der Parteifähigkeit der GbR hat die notwendige Streitgenossenschaft ihren wichtigsten Anwendungsbereich verloren, sodass in Klausuren fast immer eine nur einfache Streitgenossenschaft gemäß §§ 59, 60 ZPO anzunehmen ist (meist wegen § 425 BGB oder § 129 HGB).**
> **Typische Diskussionsfelder: Die Prüfung von Fristen ist eine der häufigsten Konstellationen, in der die Problematik des § 62 ZPO in Klausuren relevant wird. Der andere häufige „Hebel" ist die Säumnis eines von zwei Streitgenossen in der mündlichen Verhandlung.[96]**

§ 62 I 1.Alt. ZPO bzgl. Erbengemeinschaft hier (-)

Eine prozessrechtlich notwendige Streitgenossenschaft (§ 62 I 1. Alt. ZPO) scheidet bei der Erbengemeinschaft aus. Es gibt keine Vorschrift, die eine Rechtskrafterstreckung *von einem Miterben auf einen anderen* anordnet. Mit der Rechtsprechung ist davon auszugehen, dass diese Art der Streitgenossenschaft sich nicht aus anderen Gründen ergeben kann.[97]

Eine materiell-rechtlich notwendige Streitgenossenschaft (§ 62 I 15
2. Alt. ZPO) setzt voraus, dass das eingeklagte subjektive Recht mehreren Personen gemeinsam zusteht oder sich gegen mehrere gemeinsam richtet *und* seinem Inhalt nach nur gemeinsam von allen Berechtigten oder gegen alle Verpflichteten ausgeübt und eingeklagt werden kann.

---

93 Vgl. Th/P, § 345, Rn. 4. Ausführlich zu diesem Problemkreis, insbesondere zur Abgrenzung der Fallgruppen, siehe in **Assessor-Basics, Zivilurteil**, § 11 Rn. 40 f. und Rn. 90 ff.

94 Vgl. etwa Th/P, § 340, Rn. 7.

95 Beachten Sie: Im Prozess vor den Arbeitsgerichten gilt nach § 59 ArbGG eine Ein-Wochen-Frist. Soweit § 59 ArbGG keine Regelung enthält, richtet sich aber auch dort das VU-Verfahren über § 46 II ArbGG nach der ZPO. Eine arbeitsrechtliche VU-Klausur finden Sie als Fall 7 in **Assessor-Basics, Klausurentraining Arbeitsrecht**.

96 Zu diesen Auswirkungen der notwendigen Streitgenossenschaft siehe in **Assessor-Basics, Zivilurteil**, § 11 Rn. 34 und Rn. 55.

97 Siehe hierzu Th/P, § 62, Rn. 8 a.E., wo allerdings die Gegenauffassung vertreten wird.

§ 62 I 2.Alt. ZPO nur bei Haftung als Gesamthand (+)

Insoweit spricht für § 62 ZPO, dass es sich materiell-rechtlich hier um eine Gesamthandsgemeinschaft (§§ 2033 II, 2040 BGB) handelt. Allerdings handelt es sich um einen Passivprozess, also die Zahlungsklage *gegen* die Miterben.

In dieser Frage wird allgemein differenziert, weil in den §§ 2058 und 2059 II BGB zwei verschiedene Haftungsgrundlagen vorgesehen sind:

Geht es um die Haftung *als Gesamthand*, dann müssen alle Gesamthänder gemeinsam verklagt werden; dann liegt eine notwendige Streitgenossenschaft vor. Wenn es dagegen um die *Haftung als Gesamtschuldner* geht, dann liegt - wie bei jeder Gesamtschuld, die sich nach § 425 BGB unterschiedlich entwickeln kann - nur eine einfache Streitgenossenschaft vor.[98]

Da es hier, wie sich klar aus dem Klageantrag ergibt, um die Haftung als Gesamtschuldner geht (§ 2058 BGB), nicht um die Haftung als Gesamthänder (§ 2059 II BGB), liegt hier eine einfache Streitgenossenschaft vor.

Statthaftigkeit

2. Der Einspruch ist **statthaft** gemäß § 338 ZPO. 16

Problem des § 310 III ZPO: Einspruch vor Wirksamkeit des Urteils?

Insbesondere lag im Moment der Einspruchseinlegung auch bereits ein wirksames Versäumnisurteil gegenüber dem Beklagten 2) vor. Die Tatsache, dass die Wirksamkeit eines Versäumnisurteils im schriftlichen Vorverfahren eine wirksame Zustellung voraussetzt, weil diese hier gemäß § 310 III ZPO die *Verkündung* des Urteils ersetzt, steht dem nicht entgegen. Die am 12. Juni 2018 durchgeführte Ersatzzustellung an Frau Jenny Voigt, die nichteheliche Lebensgefährtin des Beklagten zu 2), ist nämlich ordnungsgemäß erfolgt.

Regelung in § 178 I Nr. 1 ZPO

Da der Beklagte zu 2) als Zustellungsadressat selbst in der Wohnung nicht angetroffen wurde, lagen die Voraussetzungen für die durchgeführte Ersatzzustellung nach § 178 I Nr. 1 ZPO vor. Die Frage, ob die mit ihm zusammen wohnende nichteheliche Lebensgefährtin des Beklagten zu dessen „Familienangehörigen" zu rechnen ist oder einen „erwachsenen ständigen Mitbewohner" i.d.S. darstellt, kann dabei offen bleiben. 17

Überdies: eine wirksame Zustellung reicht nach h.M.

Überdies ist darauf hinzuweisen, dass nach zumindest überwiegender Meinung auch eine unwirksame Zustellung der Statthaftigkeit des Einspruchs letztlich nicht entgegensteht. Zu berücksichtigen ist zum einen, dass mit der ersten Zustellung bereits eine Bindung des Gerichts an sein Urteil eingetreten ist. Zum anderen ist durch die erste Zustellung auch zumindest schon der Rechtsschein eines wirksamen Urteils eingetreten, sodass für den Einspruchsführer die Berechtigung zur Beseitigung dieses Rechtsscheins gegeben sein muss.[99]

3. Auch dieser Einspruch erfolgte **formell ordnungsgemäß** gemäß
§ 340 I und II ZPO. 18

98 Vgl. hierzu Pal./Weidlich, § 2058, Rn. 2; § 2059, Rn. 4; Th/P, § 62, Rn. 14. Zu diesen verschiedenen Haftungsmöglichkeiten in der Erbengemeinschaft vgl. auch **Hemmer/Wüst, Erbrecht**, Rn. 205 ff. und Rn. 229, 230.

99 Vgl. Th/P, § 339, Rn. 1; ausführlich Schneider, NJW 1978, 833.

Frist: hier Zustellungsprobleme

4. Er war auch **fristgemäß** gemäß § 339 ZPO. 19

Für den Fristbeginn ist nicht auf die am 12. Juni 2018 durchgeführte Ersatzzustellung[100] an die nichteheliche Lebensgefährtin des Beklagten abzustellen, sondern auf die spätere Zustellung an den anderen Teil, also den Kläger. Diese erfolgte erst am 14. Juni 2018.

Fristbeginn erst mit letzter notwendiger Zustellung; hier auf Klägerseite

Bei einem Versäumnisurteil gemäß § 331 III ZPO im schriftlichen Vorverfahren ist nicht immer auf die Zustellung an den Beklagten selbst abzustellen; entscheidend ist vielmehr *die letzte Zustellung*, egal an wen sie erfolgt.[101] Der Grund dafür ist, dass es – wie bereits gezeigt – im schriftlichen Vorverfahren an einer Verkündung fehlt. Daher wird diese gemäß § 310 III ZPO durch Zustellung ersetzt; vorher ist das Urteil noch gar nicht vollständig existent. Der Beginn des Ablaufes von Anfechtungsfristen *vor Existenz* des Urteils ist aber nicht denkbar.

Infolge dieser Zustellung vom 14. Juni 2018 endete die Frist gemäß § 222 I ZPO i.V.m. §§ 187 I, 188 II BGB *mit Ablauf* des 28. Juni 2018. Die am 28. Juni 2018 eingegangene Einspruchsschrift war daher rechtzeitig. 20

Klagerücknahme ohne Zustimmungserfordernis

III. Es war nur noch über eine Forderung in Höhe von 5.500 € zu entscheiden. Im Übrigen wurde die Rechtshängigkeit gemäß § 269 I ZPO durch **wirksame Klagerücknahme** *rückwirkend* beendet. 21

Aufbauhinweis

Trotz des Wortlauts von § 269 III ZPO (Beschluss über die Kosten) ist wegen des Grundsatzes der Einheit der Kostenentscheidung im Endurteil über die Rücknahme entschieden, wenn es sich - wie hier - um eine Teilrücknahme handelt.[102]
Die Wirksamkeit der Klagerücknahme ist dann ganz zu Beginn zu prüfen, da es bei deren Wirksamkeit auf die vorherige Zulässigkeit und Begründetheit überhaupt nicht mehr ankommt bzw. Auswirkungen auf die Zuständigkeit möglich sind (dazu s.u.). Allerdings ist die Zulässigkeit des Einspruchs demgegenüber wiederum vorrangig im Aufbau, da bei unzulässigem Einspruch wegen der dann eingetretenen Rechtskraft auch keine Rücknahme mehr möglich wäre.

(Teil-)Rücknahme vor Stellung des Sachantrages

Einer Zustimmung des Beklagten bedurfte es hierzu nicht.[103] Die Zustimmung war gemäß § 269 I ZPO entbehrlich, weil die Rücknahme vor Beginn der mündlichen Verhandlung *des Beklagten* erfolgte. Insoweit ist gemäß § 137 I ZPO nämlich auf die *Antragstellung* abzustellen.[104] 22

Ein solcher war hier aber vor der Rücknahme-Erklärung des Klägers noch *gar nicht* gestellt worden. Denn der hier nur vorliegende Antrag *des Klägers* selbst (§ 331 ZPO) reicht schon nach dem Wortlaut des § 269 I ZPO nicht aus, um einen Beginn i.d.S. anzunehmen; dieser war hier v.a. auch *nicht in der mündlichen Verhandlung* gestellt worden.

Auf die Wirkung des § 342 ZPO kommt es dann insoweit gar nicht mehr an.

100 Maßgebend für den Fristbeginn ist bei einer wirksamen Ersatzzustellung dann schon die Aushändigung *an den Hausgenossen*, nicht erst die spätere Übergabe an den Adressaten selbst (vgl. etwa Th/P, § 178, Rn. 22). Anders bei der Heilung einer fehlerhaften Zustellung gemäß § 189 ZPO: Diese hat keine Rückwirkung (vgl. etwa Th/P, § 189, Rn. 9).

101 Vgl. Th/P, § 339, Rn. 1; BGH, NJW 1994, 3359 - 3360 = **juris**byhemmer.

102 Vgl. Th/P, § 269, Rn. 13.

103 § 264 Nr. 2 ZPO hilft hier nicht weiter, denn nach h.M. ändert die Anwendung von § 264 Nr. 2 ZPO nichts an der *zusätzlichen* Anwendbarkeit von § 269 I ZPO; insbesondere auch die Stellung im Gesetz verbietet es, § 269 ZPO als für solche Fälle der Teilrücknahme verdrängt anzusehen (vgl. auch Th/P, § 269, Rn. 6).

104 Vgl. Th/P, § 269, Rn. 9; § 39, Rn. 7; Zöller/Greger, § 269, Rn. 13.

hemmer-Klausur-Tipp

Übernehmen Sie nicht einfach unreflektiert und ohne das Problem vorher selbst durchdacht und mit dem Gesetzestext durchgeprüft zu haben, irgendwelche Kommentarstellen! Diese können – wie hier – eine Falle darstellen.
Konkret hier: Taucht in Hemmer-Klausuren diese Frage der Teilklagerücknahme nach VU auf, so diskutieren erfahrungsgemäß nicht wenige Klausurbearbeiter an dieser Stelle das sog. „einseitige Verhandeln und die anschließende Wirkung des § 342 ZPO. Eben diese Problematik – gewissermaßen ein „alter Klassiker" – war hier auch provozierender Weise im Sachverhalt im Hauptverhandlungsprotokoll diskutiert worden, aber gar nicht einschlägig (der berüchtigte „so ähnliche" Fall!). Diese Problematik ist nur dann relevant, wenn – genau umgekehrt – *der Beklagte* schon gegen den in der HV säumigen Kläger ein VU gemäß § 330 ZPO beantragt gehabt hätte.[105] Der häufige Klausurfehler, der mit falscher Begründung zum selben Ergebnis führt, kommt wahrscheinlich oft dadurch zustande, dass der Gesetzestext nicht genau genug und der Kommentar[106] zu „gehorsam" gelesen wird.

Rechtshängigkeit entfällt rückwirkend

Damit war gemäß § 269 III 1 ZPO auch ohne Zustimmung des Beklagten die Rechtshängigkeit dieses Antrages *rückwirkend* entfallen. 23

IV. Im Übrigen ist die **Klage zulässig**.

keine Änderung der sachlichen Zuständigkeit

Die sachliche Zuständigkeit gemäß §§ 23 Nr. 1, 71 I GVG ist gegeben, da der Streitwert auch nach der Reduzierung noch über 5.000 € liegt, sodass es auf die hier andernfalls sehr problematische Frage des § 261 III Nr. 2 ZPO gar nicht ankommt.[107] 24

örtliche Zuständigkeit

Die örtliche Zuständigkeit ergibt sich gemäß §§ 12, 13 ZPO bereits über den Wohnort der beiden Beklagten. Daher kann dahingestellt bleiben, ob auch § 32 ZPO (Tatort einer unerlaubten Handlung) einschlägig ist.[108] 25

hemmer-Klausur-Tipp

Wenn schon die §§ 12, 13 ZPO eingreifen, sollten Sie § 32 ZPO – wie hier – kurz erwähnen, diesen aber nur dann auch wirklich „zu Ende prüfen", wenn dies auf ganz kurze und einfache Weise möglich wäre. Bei Doppelrelevanz entfällt *nicht jegliche* Prüfungspflicht des angerufenen Gerichts hinsichtlich seiner Zuständigkeit, eine *Schlüssigkeits*prüfung von § 823 I BGB wäre nötig.[109] Kommt es letztlich nicht auf § 32 ZPO an, wäre eine *längere* Schlüssigkeitsprüfung von § 823 I BGB, etwa eine ausführliche Abgrenzung von Integritäts- und Äquivalenzinteresse, aber eine ungeschickte Schwerpunktsetzung.

V. Die Klage ist allerdings völlig **unbegründet**.

Mögliche Ansprüche aus G.o.A. und Delikt

Zwar haften die Beklagten gemäß § 1967 BGB für die Verbindlichkeiten ihres verstorbenen Vaters. In der konkreten Situation, wie sie sich nach der Beweisaufnahme darstellt, sind die - einzig in Betracht kommenden - Ansprüche gegen diesen aus G.o.A. (§§ 677, 683, 670 BGB) und Deliktsrecht aber nicht gegeben. 26

105 Vgl. BGH, NJW 1993, 861 - 862 = **juris**byhemmer; Th/P, § 269, Rn. 9; ausführlich zur Abgrenzung der letztlich drei (!) verschiedenen Fallgruppen siehe in **Assessor-Basics, Zivilurteil**, § 11 Rn. 58 ff.

106 Siehe Th/P, § 269 Rn. 9, der verständlicherweise *nur den anderen* Fall bespricht, weil nur dieser Fall problematisch ist!

107 § 261 III Nr. 2 ZPO ist nur anwendbar, wenn der Streitgegenstand nicht verändert wurde (Th/P, § 261, Rn. 17; Zöller/Greger, § 261, Rn. 12). In Fällen des § 264 Nr. 2 ZPO wird dies oft angenommen (vgl. Th/P, § 264, Rn. 6; Zöller/Greger, a.a.O.), doch können hiervon wohl nur die Fälle gemeint sein, in denen nur der Antrag reduziert wird, der zugrundeliegende Lebenssachverhalt aber unverändert bleibt. Anders also etwa, wenn ein bestimmter Lebenssachverhalt völlig aus dem Verfahren genommen wurde.

108 Da es sich insoweit um eine sog. doppelrelevante Tatsache handelt, wäre hierfür in der Zulässigkeit das Klägervorbringen zwar als in tatsächlicher Hinsicht zutreffend zu unterstellen, aber materiell-rechtlich auf seine Schlüssigkeit bezüglich einer unerlaubten Handlung i.S.d. §§ 823 ff. BGB hin zu überprüfen.

109 Siehe Th/P, § 32, Rn. 8; vgl. auch Fall 1.

Aufbauhinweis

Hier handelt es sich um den Klausurtyp „völlig unbegründete Klage". Diese ist völlig anders aufzubauen als die voll begründete Klage (dazu etwa Fall 1) oder die teilweise begründete Klage. Bei der unbegründeten Klage müssen *alle realistischen* Anspruchsgrundlagen im Urteil selbst abgehandelt werden, wobei man grds. die einfachste voranstellt. Andererseits muss man aber nicht unbedingt alle Tatbestandsmerkmale der jeweiligen Anspruchsgrundlage abhandeln, sondern kann sich u.U. auf diejenige beschränken, an der das Begehren letztlich scheitert, und den Rest ins Hilfsgutachten verlagern.[110]
Beachten Sie, dass hier die auf denselben Lebenssachverhalt gestützte, also denselben Streitgegenstand betreffende G.o.A. nun auch dann zu prüfen wäre, wenn die Zuständigkeit *alleine* über § 32 ZPO begründet gewesen wäre![111]

G.o.A.

1. Zunächst besteht kein Anspruch aus Geschäftsführung ohne Auftrag **gemäß §§ 677, 683, 670 BGB**. 27

Auch wenn man die im Detail sehr streitigen Voraussetzungen einer Geschäftsführung ohne Auftrag hier bejaht, so ist jedenfalls die **Ersatzfähigkeit des Schadens** des Klägers nach §§ 683, 670 BGB **nicht** gegeben.

erweiterter Begriff „Aufwendung"

Zwar zählen nach Rechtsprechung und Literatur - die dies teilweise nur aus unterschiedlichen Gesichtspunkten herleiten[112] - auch Opfer an Leben und Gesundheit, die dem Verletzten bei einem Tätigwerden entstehen, das der Abwehr einer einem anderen drohenden Gefahr dient, grds. zu den **Aufwendungen** i.S. der §§ 683, 670 BGB.

In solchen Fällen setzt ein Aufwendungsersatzanspruch aber voraus, dass sich das Opfer an Leben und Gesundheit *aus der mit der Geschäftsführung verbundenen Gefahr ergeben* hat.[113]

Richtiger Weise muss es sich bei der verwirklichten Gefahr zudem - 28
in Parallele zu den Fällen des Schadensersatzanspruches aus dem Gesichtspunkt der Herausforderung - um eine tätigkeitsspezifische *gesteigerte* Gefahr handeln.

Beweiswürdigung: Klägerbehauptung zu den Details des Schadenseintritts nicht bestätigt

Insoweit ist aus prozessualen Gründen davon auszugehen, dass die Verletzung durch Umknicken mit dem Knöchel erst *nach dem Ende* der eigentlichen Löscharbeiten erfolgte und nicht, wie vom Kläger zunächst behauptet, während des Löschens.

Denn da der Zeuge Geck nach eingehender Nachfrage angab, sich insoweit gerade nicht erinnern zu können, muss dies zu Lasten *des Klägers* gehen, weil dieser die Beweislast für diese streitig gebliebene Tatsache trägt. Insbesondere steht nicht zu befürchten, dass der Zeuge etwas verheimlicht, weil dieser eher Anlass hätte, dem Kläger zu helfen als ihm zu schaden.

Folge: Unfall lediglich als allg. Lebensrisiko

Daher fehlt es hier an der tätigkeitsspezifischen und gesteigerten Gefahr: Das mit dem Feuerwehreinsatz verbundene gesteigerte Verletzungsrisiko - falls es für den Kläger überhaupt bestanden hat - war im Zeitpunkt der Verletzung bereits abgeklungen.

---

110 Zu den Aufbauregeln der Entscheidungsgründe des Urteils siehe ausführlich in **Assessor-Basics, Zivilurteil**, § 9 Rn. 40 ff.

111 Vgl. BGH, NJW 2003, 828 - 830 = **juris**byhemmer = **Life&Law 2003, Heft 5, 329 - 335** (dazu s.o.).

112 Vgl. Pal./Sprau, § 670, Rn. 11 und 12.

113 Die nun folgende Lösung und Argumentation basiert auf BGH, NJW 1993, 2234 - 2235 = **juris**byhemmer. Zum Problem vgl. auch Pal./Sprau, § 670, Rn. 12.

Es fehlt hier nach dem Klägervortrag nämlich an konkreten Anhaltspunkten für die Annahme, dass sich der Kläger im Zeitpunkt des Unfalls in einer Situation der Anspannung oder Hektik oder sonstigen *einsatzbedingten* Gefahrsteigerung befunden hat. Allein das Aufrollen der Schläuche reicht hierfür nicht.[114] 29

Da *der Beauftragte* die Aufwendungen beweisen muss, trifft ihn konsequenterweise auch die Darlegungs- und Beweislast dafür, dass es sich um die Verwirklichung der tätigkeitsspezifischen gesteigerten Gefahr handelt, nicht nur um die Realisierung des allgemeinen Lebensrisikos. Diesen Darlegungs- und Beweispflichten kam er hier aber nicht in ausreichendem Maße nach.

deliktische Haftung

2. Aber auch ein Anspruch des Klägers auf **Schadensersatz aus § 823 I BGB** ist nicht gegeben. 30

„haftungsbegründende Kausalität"

Es fehlt an der **haftungsbegründende Kausalität** zwischen dem Entfachen des Brandes als der grds. relevanten Handlung des Vaters der Beklagten und der Verletzung von Körper und Gesundheit des Klägers.

Allerdings war die Brandlegung insoweit noch kausal für die Verletzung des Klägers, da sie nicht hinweggedacht werden kann, ohne dass die konkrete Verletzung des Klägers entfiele (Äquivalenztheorie).

Auch liegt es nicht außerhalb aller Wahrscheinlichkeit, sondern im Gegenteil nahe, dass durch das Entfachen eines Brandes die Feuerwehr auf den Plan gerufen wird und im Verlauf der Löschaktion ein Feuerwehrmann zu Schaden kommt (Adäquanztheorie). 31

fehlender Zurechnungszusammenhang

Abzulehnen ist jedoch der Zurechnungszusammenhang zwischen dem Verhalten des Vaters der Beklagten und der Verletzung des Klägers: 32

Es liegt insoweit ein sog. Herausforderungsfall vor (sog. psychisch vermittelte Kausalität), da die Verletzung des Klägers auf dessen *eigenem* Willensentschluss beruhte, nämlich sich an der Löschaktion zu beteiligen.

Es ist anerkannt, dass derjenige, der durch vorwerfbares Tun einen anderen zu einem *selbstgefährdenden* Verhalten herausgefordert hat, diesen anderen dann, wenn dessen Willensentschluss auf einer mindestens im Ansatz *billigenswerten* Motivation beruht, aus unerlaubter Handlung zum Ersatz des Schadens verpflichtet sein kann, der infolge des durch die Herausforderung *gesteigerten Risikos* entstanden ist.[115]

Zurechnung auch bei Schadensanlage

Hier scheitert die Zurechnung des Schadens zunächst nicht daran, dass der Fuß des Klägers, wie die Beklagten unwidersprochen vortragen, bereits vorgeschädigt war: Wer einen gesundheitlich geschwächten Menschen verletzt, kann nicht verlangen, so gestellt zu werden, als habe er einen gesunden Menschen verletzt.[116] 33

---

114 Vgl. BGH, NJW 1993, 2234 - 2235 = **juris**byhemmer. Eine a.A. erscheint hier bei entsprechender Diskussion als vertretbar.

115 Vgl. etwa Pal./Sprau, vor § 823, Rn. 124; Pal./Grüneberg, vor § 249, Rn. 48 ff.

116 Vgl. BGH, NJW 1993, 2234 - 2235 = **juris**byhemmer; Pal./Grüneberg, Vor § 249, Rn. 35.

Keine einsatzbedingte Gefahrsteigerung (vgl. G.o.A.)

Allerdings hat sich hier - wie bereits ausgeführt - die gesteigerte Gefahrenlage nicht auf die Verletzung des Klägers ausgewirkt, sodass auch dieser Anspruch abzuweisen ist. Es handelt sich stattdessen um die **Verwirklichung des allg. Lebensrisikos**, für das nicht Ersatz verlangt werden kann.[117] *34*

Kostenentscheidung

VI. Die **Kostenentscheidung** ergibt sich aus § 91 und aus § 269 III 2 ZPO.[118] *35*

Hemmer-Klausur-Tipp

Zeigen Sie dem Korrektor möglichst immer, dass Sie sich – zumindest – gedanklich mit § 344 ZPO auseinandergesetzt haben. Wenn in der Klausur der Säumige auch nach dem Einspruch unterliegt (hier: Erfolg der Klage), stellt sich das Problem des § 344 ZPO nicht mehr. Auch dies sollte man dann in den Entscheidungsgründen mit einem Satz kurz klarstellen, im Tenor aber in jedem Fall unerwähnt lassen. Das folgende Problem der Rechtmäßigkeit des VU wäre dann aber im Urteil irrelevant. Es wäre, *wenn* sich dort ein Problem befindet oder diskutiert wird („Echoprinzip"!) und ein Hilfsgutachten gefordert ist, in diesem zu prüfen.
Bei einem Erfolg der Klage wäre weiterhin die *gesamtschuldnerische* Kostenhaftung der Beklagten gemäß § 100 IV ZPO zu beachten. Die Baumbach`sche Formel wäre aber nicht einschlägig, weil die Streitgenossen nicht in *unterschiedlicher* Quote beteiligt oder erfolgreich waren.[119]

Eine *gesonderte* Entscheidung gemäß § 344 ZPO über etwaige durch die Säumnis verursachten Zusatzkosten musste nicht erfolgen, da das Versäumnisurteil *nicht in gesetzmäßiger Weise ergangen* war.

Insoweit kommt es hier nicht einmal auf die Schlüssigkeitsprüfung gemäß § 331 ZPO an, weil das Versäumnisurteil schon wegen der Verletzung von § 276 II ZPO bei Zustellung der Klage nicht hätte ergehen dürfen (§ 335 I Nr. 4 ZPO).[120] *36*

VII. Die Entscheidung über die **vorläufige Vollstreckbarkeit** erging nach § 708 Nr. 11, 711 ZPO.[121] *37*

Hemmer-Klausur-Tipp

Notieren sie sich – wenn die Prüfungsordnung das bei Ihnen zulässt – bei § 343 ZPO den § 709 S. 3 ZPO als „Weckruf" an den Rand! Auf diese Regelung wäre bei Begründetheit der Klage zu achten (Fortsetzung der Zwangsvollstreckung aus dem VU)[122] und diese Vorschrift wird im Klausurstress sehr oft übersehen.

117 A.A. - wie oben - bei konsequenter Lösung erneut vertretbar. Bejaht wurde etwa die Zurechnung bezüglich einer Schädigung des Feuerwehrmannes im etwas anders gelagerten Fall von BGH, NJW 1996, 2646 - 2647 = **juris**byhemmer; dort wurde dann aber nach § 254 BGB gekürzt. Aufbaumäßig wäre bei einer anderen Lösung aber zu beachten, dass man bei vollem Erfolg der Klage eine der beiden Anspruchsgrundlagen ins Hilfsgutachten hätte verlagern müssen, weil es reicht, das Urteil auf eine zu stützen (vgl. **Assessor-Basics, Zivilurteil,** § 9 Rn. 35 ff.).

118 Zu § 269 III 2 ZPO: Da der Kläger vollständig unterliegt, erübrigt sich eine quotenmäßige Verteilung nach dem Grundsatz der Einheit der Kostenentscheidung nach § 91 i.V.m. § 269 III 2 ZPO. Zur Berechnung in solchen Fällen vgl. **Assessor-Basics, Zivilurteil**, § 6 Rn. 72 f.: Der Kläger trägt die Mehrkosten, die der fallengelassene Anspruch verursacht hat. Die Gebühren bei Streitwert 5.800 € sind hier allerdings dieselben wie beim reduzierten Streitwert von 5.500 €.

119 Vgl. Th/P, § 100, Rn. 15. Bei Streitgenossen auf *Kläger*seite ist keine gesamtschuldnerische Haftung gegeben, sondern gemäß § 100 I ZPO eine *nach Kopfteilen* (vgl. Th/P, § 100, Rn. 8 und 11). Hierzu muss aber nicht schon im Tenor eine Aufteilung auf die Kläger vorgenommen werden; vielmehr tritt dies automatisch ein (MüKo/Belz, § 100, Rn. 7).

120 Wäre das Versäumnisurteil gesetzmäßig ergangen, so wäre diese Regelung auch bei vollständiger Klagerücknahme anzuwenden, also nicht von § 269 III 2 ZPO verdrängt (BGH, NJW 2004, 2309 - 2311 = **juris**byhemmer). Die Kosten gemäß § 344 ZPO sind abtrennbar (Th/P, § 344, Rn. 3). Tenor etwa: „Die durch die Säumnis bedingten Kosten trägt der Beklagte". Eine Berechnung wie bei § 269 III ZPO ist daher nicht nötig. Siehe zu dieser Regelung auch in **Assessor-Basics, Zivilurteil**, § 11 Rn. 68.

121 Die Beklagtenseite vollstreckt nur ihre Anwaltskosten (die Gebühren gemäß Nr. 3100 und Nr. 3104 VV-RVG, die Erhöhung gemäß Nr. 1008 VV-RVG sowie Auslagen und MwSt). Bei Mandatsniederlegung sind i.d.R. nur die Kosten von einem RA ersatzfähig (Th/P, § 91, Rn. 35). Streitgenossen haben aber grds. auch die Möglichkeit, *jeweils* einen RA zu nehmen (Hartmann, § 7 RVG, Rn. 58).

122 Zu dieser Regelung siehe **Assessor-Basics, Zivilurteil**, § 11 Rn. 70 mit Formulierungsbeispielen in Rn. 72 ff.

Der Korrektor erkennt diesen Fehler bereits *an der Tenorierung* auf Seite 1 Ihrer Klausur. Neben der Tatsache, dass Tenorierungsfehler schon als solche besonders schwer wiegen, ist dies auch in psychologischer Hinsicht ein wichtiger Punkt: Die Erfahrung zeigt, dass die Korrektur etwa des Tatbestandes meist in einem „deutlich weniger wohlwollenden" Stil erfolgt, wenn schon der Tenor verkorkst wurde!

Streitwertfestsetzung .... (*erlassen*).

nur eine Unterschrift)

Hesse 38
RiLG als Einzelrichter[123]

Hilfsgutachten:

ordnungsgemäße Vertretung beider Beklagter

1. Das Verfahren konnte **insgesamt streitig** entschieden werden, 39
da der Beklagtenvertreter *beide* Beklagte ordnungsgemäß vertreten hat, dabei insbesondere auch keine *gegenläufigen* Interessen der Mandanten berührt sind. § 80 ZPO steht dem nicht entgegen, weil hier ein Rechtsanwalt aufgetreten ist, sodass ein etwaiger Mangel der Vollmacht mangels einer Rüge des Klägers gemäß § 88 ZPO nicht zu prüfen war.[124]

2. **Zu den Voraussetzungen der G.o.A.:**

„fremdes Geschäft"

a. Es handelt es sich bei dem Löschen des Brandes um ein **Ge-** 40
schäft des Vaters der Beklagten und somit um ein fremdes Geschäft i.S.v. § 677 BGB. Denn als fahrlässiger Brandleger wäre dieser aus § 823 I BGB zum Ersatz des Brandschadens verpflichtet gewesen. Das Geschäft gehörte somit zum Rechtskreis des Vaters der Beklagten.

„Fremdgeschäftsführungswille"

b. Auch der **Fremdgeschäftsführungswille** des Klägers ist anzunehmen, denn dieser wird nach allg. Meinung (widerleglich) vermutet. Dabei kann dahinstehen, ob es sich hier um ein sog. „auch-fremdes Geschäft" handelt, denn auch bei diesem ist grds. ein Fremdgeschäftsführungswille zu vermuten.[125]

Da bei der konkret bestehenden Verpflichtung aus öffentlichem Recht auch durchaus denkbar ist, dass sich der Geschäftsführer sowohl der eigenen, *als auch* der fremden Verpflichtung bewusst ist, ist die Vermutung hier auch nicht widerlegt.[126]

„Kein Auftrag / sonst. Berechtigung"

c. Auch wurde der Kläger offensichtlich **ohne Auftrag oder sonstige Berechtigung** gegenüber dem Vater der Beklagten tätig.

(objektives) Interesse und mutmaßlicher Wille

d. Das Löschen des Brandes als Geschäftsübernahme entsprach auch dem **Interesse und mutmaßlichen Willen** des Vaters der Beklagten (§ 683 BGB).

---

123 Eine Rechtsbehelfsbelehrung war gemäß § 232 S. 2 ZPO nicht anzufertigen, weil am Landgericht Anwaltszwang besteht (vgl. § 78 I ZPO) und es sich jetzt nicht mehr um ein Versäumnisurteil handelt.

124 Dies gilt nicht nur im Anwaltsprozess (§ 78 ZPO), sondern auch bei freiwilliger RA-Vertretung (vgl. Th/P, § 88, Rn. 5). Weiter ist zu beachten, dass sich die Schriftform gemäß § 80 I ZPO nur auf den Nachweis bezieht, nicht auf die Bevollmächtigung selbst (Th/P, § 80, Rn. 3). Bei Versicherung einer mündlich erteilten Vollmacht ist grds. nach § 89 ZPO vorzugehen, da dieser Fall sich auch auf das Fehlen des schriftlichen Nachweises bezieht (Th/P, § 89, Rn. 1).

125 Pal./Sprau, § 677, Rn. 6.

126 Eine a.A. war hier bei entsprechender Diskussion natürlich vertretbar. Es handelt sich um eine geradezu „klassische" Streitfrage.

Fall 3

Matilda Allert
Rechtsanwältin
Joeststraße 10
50935 Köln

Köln, 24. Juni 2018

An das
Landgericht Köln
50939 Köln

Landgericht Köln
Eingang: 24. Juni 2018

Klage

In dem Rechtsstreit

INNOVA-GmbH, vertreten durch die Alleingeschäftsführerin Roberta Rieger, Lenauplatz 12, 50825 Köln
Klägerin

gegen

Benkert & Co. KG, vertreten durch den einzigen persönlich haftenden Gesellschafter, Dr. Anton Benkert, Mainzer Straße 45, 50678 Köln
Beklagte

zeige ich an, dass ich die Klägerin vertrete, versichere ordnungsgemäße Bevollmächtigung und erhebe für sie Klage mit folgenden Anträgen:

1. Die Beklagte wird zur Zahlung von 7.000 € nebst fünf Prozent Zinsen hieraus für die Zeit vom 9. März 2018 bis 31. März 2018 und Zinsen in Höhe von neun Prozentpunkten über dem jeweiligen Basiszins hieraus seit 1. April 2018 an die Klägerin verurteilt.

2. Die Beklagte hat die Kosten des Verfahrens zu tragen.

3. Das Urteil ist vorläufig vollstreckbar.

Für den Fall, dass schriftliches Vorverfahren angeordnet wird und die Beklagte sich nicht rechtzeitig äußern sollte, beantrage ich bereits jetzt vorsorglich, durch Versäumnisurteil zu entscheiden.

Der Klage ist kein Versuch der Mediation oder eines anderen Verfahrens der außergerichtlichen Konfliktbeilegung vorausgegangen. Konkrete Gründe stünden dem aus Klägersicht nicht entgegen. Gegen eine Entscheidung durch den Einzelrichter ist nichts einzuwenden.

Begründung:

Die Klägerin fordert rückständiges Honorar für die Fertigung von Software.

Die Klägerin ist eine Spezialfirma für Computer Hard- und Software. Ihre Geschäftsführerin vereinbarte mit der Beklagten, vertreten durch Dr. Benkert, am 8. Januar 2018, deren Filiale in Köln, Bahnhofsplatz 5, mit neuer Software für deren EDV-System einzurichten.

Nach dem konkreten Vertrag vom 8. Januar 2018 sollte die Klägerin ein – in den Einzelheiten seiner Fähigkeiten in der Vertragsurkunde genau festgelegtes – Programm ausarbeiten und im Laufe des Februar 2018 liefern. Es handelt sich um Spezialsoftware, die die Programmierer der Klägerin, aufbauend auf einem Standardprogramm auf die speziellen Bedürfnisse des Betriebs der Beklagten zuschneiden sollten.

Beweis: Vertragsurkunde vom 8. Januar 2018 (in Anlage)

Vereinbart worden war ein Preis von insgesamt 7.000 €. Für diesen Preis sollte die Beklagte insgesamt fünf Lizenzen erhalten, die ausschließlich auf der EDV-Anlage in der Filiale in Köln, Bahnhofsplatz 5, zu installieren war und nur dort verwendbar sein sollte.

Beweis: Vertragsurkunde vom 8. Januar 2018 (in Anlage)

Am 20. Februar 2018 wurde das vereinbarte Programm („Data-One"), ein Verwaltungsprogramm, von der Klägerin geliefert und installiert. Die Mitarbeiter in der Filiale der Beklagten wurden eingewiesen und arbeiten offenkundig auch seither mit dem Programm. Auch die Lizenzdokumente für die fünf vereinbarten Arbeitsplätze an der EDV-Anlage in der konkreten Filiale der Beklagten wurden übergeben.

Beweis: Zeugnis von Mitarbeitern der Klägerin (werden im Bestreitensfalle benannt)

Vereinbart wurde bei der Lieferung, dass die Beklagte die Software erst noch einige Tage testen sollte und dann am 26. Februar 2018 ein Termin für die Abnahme stattfinden sollte.

Dazu kam es jedoch nicht, weil sich die Beklagte völlig zu Unrecht nicht an ihre Pflichten halten will.

Sie forderte stattdessen später die kostenlose zusätzliche Lieferung einer weiteren Lizenz des Programmes zur Verwendung außerhalb der konkret vom Vertrag erfassten Filiale. Für eine solche weitere Lizenz mit Verwendungsberechtigung außerhalb der konkreten EDV-Anlage hätte die Klägerin ihre Leistung aber nicht zum konkreten Preis angeboten, sondern – branchenüblich – etwa weitere 500 € verlangt.

Die Beklagte berief sich außerprozessual zu Unrecht auf eine angebliche Zusage eines Kundenberaters der Klägerin, eines Herrn Volker Veith. Eine solche Erklärung von Herrn Veith wird hiermit bereits vorweg bestritten; dies ist eine Erfindung der Beklagtenseite.

Im Übrigen könnte dies aber auch ohnehin nichts an der Situation ändern. Denn eine solche Vereinbarung wäre formunwirksam, weil im schriftlichen Vertrag durch eine vorgedruckte Klausel festgelegt ist, dass Änderungen gegenüber dem schriftlichen Vertrag nur anerkannt werden, wenn sie selbst auch schriftlich getroffen werden.

Der Mitarbeiter Veith hat zwar grundsätzlich Vertretungsmacht für Vertragsverhandlungen, nämlich Handlungsvollmacht i.S.d. HGB. Allerdings muss die Schriftformklausel auch als eine Beschränkung dieser Vollmacht betrachtet werden. Daher wäre eine etwaige Zusage des Kundenberaters Veith selbst dann bedeutungslos, wenn sie entsprechend der unzutreffenden Beklagtenbehauptung tatsächlich getroffen worden wäre.

Durch ein Schreiben vom 26. Februar 2018, dem Komplementär der Beklagten zugegangen durch persönliche Übergabe vor Zeugen am selben Tag, setzte die Klägerin der Beklagten eine Frist zur Durchführung der Abnahme bis zum 8. März 2018.

Beweis: Kopie des Schreibens (in Anlage)

Zur Abnahme kam es bislang nicht, weil die Beklagte diese grundlos verweigert.

Aufgrund dieser Umstände sind die Fälligkeit der Zahlung sowie der Gefahrübergang auch ohne ausdrückliche Abnahme eingetreten.

Die Geschäftsführerin der Klägerin hat gegenüber der Beklagten durch Einwurf-Einschreiben vom 29. März 2018, zugegangen am 31. März 2018, eine „letzte Mahnung hinsichtlich des Preises von 7.000 €" ausgesprochen.

Beweis: Kopie der Mahnung, weiterhin Kopie von Einlieferungsbescheid und Datenauszug über die Aushändigung des Einschreibens (in Anlage)

Deswegen ist ab 1. April 2018 Verzugszins geschuldet.

Matilda Allert
Rechtsanwältin

Die Klageschrift wurde am 8. Juli 2018 ordnungsgemäß zugestellt. Dies unter gleichzeitiger Aufforderung zur Verteidigungsanzeige innerhalb von zwei Wochen und zur Klageerwiderung innerhalb von zwei weiteren Wochen gemäß § 276 Abs. 1 ZPO sowie mit der Belehrung über die Folgen der Fristversäumung (§§ 276 Abs. 2, 277 Abs. 2 ZPO).

Eine Verteidigungsanzeige von Karl Kerber ging am 19. Juli 2018 unter Vorlage von Prozessvollmacht bei Gericht ein.

Karl Kerber
Rechtsanwalt
Petersbergstraße 12a
50939 Köln

Köln, 29. Juli 2018

An das
Landgericht Köln
50939 Köln

Landgericht Köln
Eingang: 29. Juli 2018

In dem Rechtsstreit

INNOVA-GmbH gegen Benkert & Co. KG

Az.: 4 O 456/18

beantrage ich namens der Beklagten nun, die Klage abzuweisen.

Begründung:

Der Zahlungsanspruch ist nicht gegeben.

Der Zahlungsanspruch ist nicht durchsetzbar, da die Klägerin ihre versprochenen Leistungen wegen einer noch fehlenden Lizenz nicht vollständig erbracht hat und ein solcher Anspruch überhaupt nicht vor Abnahme fällig werden kann.

Hierzu ist in Ergänzung zum unvollständigen Klägervortrag vorzutragen:

Die Beklagte hat der Klägerin am 14. März 2018 mitgeteilt, dass sie die Leistung der Klägerin noch nicht abnehmen werde, da keine ausreichende Leistung vorliege.

Beweis: Ausdruck der Email vom 14. März 2018 (beiliegend).

Diese Erklärung erfolgte völlig zu Recht, denn die Klägerin hatte sich am 11. Januar 2018 verpflichtet, ohne zusätzliche Kosten eine weitere Lizenz des vereinbarten Programms zu erteilen, mit der der Komplementär der Beklagten auch außerhalb der Büroräume der vertragsgegenständlichen EDV-Anlage – v.a. in seinem Home-Office – mit dem Programm arbeiten kann. An dieser gegebenen Zusicherung muss sich die Klägerin festhalten lassen.

Konkret war es ein Kundenberater Volker Veith, der Herrn Dr. Benkert diese Zusage machte. Er machte diese Erklärung gegenüber der kürzlich leider verstorbenen Frau van Weigel, der damaligen Chefsekretärin von Dr. Benkert, die in dessen Auftrag zwecks Nachverhandlungen angerufen hatte.

Beweis: Volker Veith, zu laden über die Klägerin, als Zeuge.

Auch rechtlich sind die Erklärungen des Herrn Veith wirksam. Die betreffende Schriftformklausel ist bedeutungslos.

Höchst vorsorglich wird bestritten, dass der Beklagten am 31. März 2018 eine Mahnung per Einschreiben zugegangen ist.

Weiterhin erhebe ich im Namen der Beklagten mit dem Streitwert von 2.000 € (geschätzte Kosten der Nachbesserung) folgende

Widerklage:

1. Die Widerbeklagte wird verurteilt, die der Widerklägerin am 28. Februar 2018 gelieferte Software "CX COUNTER" so zu verbessern, dass die im Durchschnitt vier- bis fünfmal täglich vorkommenden Abstürze des Programms nicht mehr vorkommen.

2. Die Widerbeklagte hat die Kosten der Widerklage zu tragen.

Begründung:

Am 23. Januar 2018 hatte die Widerklägerin bei der Widerbeklagten die im Antrag genannte Software "CX COUNTER" bestellt, die auch am 28. Februar 2018 geliefert wurde. Diese Software war für eine andere Filiale der Widerklägerin bestimmt; sie wurde nach den von der Widerklägerin in einem mehrstündigen Beratungsgespräch angegebenen Wünschen von der Widerbeklagten speziell angefertigt.

Der Zustand dieses Programms ist skandalös. Bereits am 16. März 2018 hat die Widerklägerin das ständige Abstürzen des Programms reklamiert.

Daraufhin hat am 19. März 2018 ein Mitarbeiter der Widerbeklagten in den Räumen der Widerklägerin das Programm überprüft und seine Arbeit am Nachmittag mit der Erklärung beendet, es sei alles in Ordnung. Dem war aber nicht so. Das Abstürzen des Programms geschieht seitdem zwar nicht mehr so häufig, doch immer noch zu oft.

Die Widerbeklagte hat sich seitdem geweigert, die für die Widerklägerin unentbehrliche Software in einen zumutbaren Zustand zu versetzen. Sie beruft sich auf angebliche Bedienungsfehler, die aber nicht gegeben sind.

Die Widerklägerin hat mit Schriftsatz vom 16. April 2018 (bei Gericht eingegangen am selben Tag) ein gerichtliches Beweisverfahren über den Grund des Abstürzens beantragt (Amtsgericht Köln, Az. 7 C 255/18). Dabei hat ein vom Gericht beim TÜV-Rheinland in Auftrag gegebenes Gutachten eindeutig die Mangelhaftigkeit der Software ergeben.

Beweis: Gutachten des TÜV-Rheinland (in Anlage)

Die Verwertung des beiliegenden Gutachtens vom 2. Mai 2018, das den Parteien am 9. Mai 2018 zugestellt wurde, wird hiermit beantragt.

Auch nach einer erneuten Aufforderung vom 14. Mai 2018, in dem ihr bei Nichtbehebung „rechtliche Konsequenzen“ angedroht worden sind, hat die Beklagte nicht reagiert.

Die Widerklage wird daher begründet sein.

Karl Kerber
Rechtsanwalt

Der Schriftsatz wurde am 5. August 2018 ordnungsgemäß zugestellt. Dies unter gleichzeitiger Aufforderung zur Verteidigungsanzeige gegen die Widerklage innerhalb von zwei Wochen und zur Klageerwiderung innerhalb von zwei weiteren Wochen gemäß § 276 Abs.1 ZPO sowie mit der Belehrung über die Folgen der Fristversäumung (§§ 276 Abs. 2, 277 Abs. 2 ZPO).

Nach Eingang der Widerklage trat die 4. Zivilkammer des Landgerichts Köln zusammen und beriet darüber, ob eine originäre Einzelrichterzuständigkeit gemäß § 348 I 1 ZPO gegeben sei. Daraufhin erging Beschluss gemäß § 348 II ZPO, dass es sich beim vorliegenden Streit nicht um einen Fall von § 348 I 2 ZPO handele.

Matilda Allert
Rechtsanwältin
Joeststraße 10
50935 Köln

Köln, 14. August 2018

An das
Landgericht Köln
50939 Köln

Landgericht Köln
Eingang: 14. August 2018

In dem Rechtsstreit

INNOVA-GmbH gegen Benkert & Co. KG

Az.: 4 O 456/18

nehme ich zum laufenden Verfahren nochmals Stellung.

An meinen bisherigen Klageanträgen wird sich nichts ändern.

Zur Klage ist anzuführen, dass der Kundenberater Veith eine Zusage über die kostenlose Gewährung einer weiteren Lizenz des Verwaltungsprogramms definitiv nicht abgegeben hat. Die Sekretärin von Dr. Benkert hat für diesen zwar darauf immer wieder gedrängt, doch wurde diesem Drängen von Herrn Veith nach längerem Hin und Her ausdrücklich nicht nachgegeben. Möglicherweise hatte die Sekretärin ihren Chef unzutreffend oder missverständlich über das betreffende Gespräch informiert.

Daher bestand insoweit keine Pflicht der Klägerin, sodass diese ihre eigenen Pflichten aus dem Vertrag vom 8. Januar 2018, auf den sich die Klageforderung stützt, ordnungsgemäß und vollständig erfüllt hat.

Die Beklagte hat daher die Abnahme zu Unrecht verweigert und auch kein sonstiges Leistungsverweigerungsrecht.

Überdies ist klarzustellen, dass die Erklärung der Beklagten vom 14. März 2018 zum einen zu spät und zum anderen zu unpräzise war, um den Eintritt der Fälligkeit und den Gefahrübergang zu verhindern. Selbst bei einem tatsächlich vorhandenen Mangel der Leistung der Klägerin hätte die Beklagte die Abnahme unter Hinweis auf einen von ihr ganz konkret zu beschreibenden Mangel der Werkleistung verweigern müssen, um die Wirkung der Fristsetzung der Klägerin zu verhindern. Die Beklagte erklärte in der Email aber nur, dass „noch keine ordnungsgemäße Erfüllung vorliege“, erläuterte aber nicht, auf was sich dies beziehen sollte. Überdies dürfte außer Frage stehen, dass die Berufung auf einen nicht vorhandenen Mangel – wie es hier der Fall ist – überhaupt keine derartigen Wirkungen haben kann.

Bezüglich der Widerklage beantrage ich Klageabweisung in vollem Umfang.

Am 9. August 2018 hat die Klägerin, wie von der Widerklage gefordert, erneut einen Softwarespezialisten in die betreffende Filiale der Beklagten geschickt, der sich mehrere Stunden mit dem von der Klägerin installierten Programm „Data One“ befasste.

Die Parteien sind sich inzwischen einig, dass das Programm nun keinerlei Mängel aufweist und vertragsgemäß funktioniert.

Einer Erledigungserklärung der Widerklägerin widerspreche ich rein vorsorglich schon jetzt.

Hintergrund: Diese Nachbesserung war zu keiner Zeit geschuldet. Es lag gar keine Fehlerhaftigkeit des Programms vor, vielmehr hat sich das Personal der Widerklägerin bei der Bedienung der Software nur sehr ungeschickt angestellt. Auf diese Bedienungsfehler hatte unser Programmberater schon bei der vorherigen Überprüfung am 19. März 2018 hingewiesen. Am 9. August 2018 hat der Softwarespezialist der Klägerin zwar einige Änderungen am Programm vorgenommen, die nun offenbar die Zufriedenheit der Beklagten finden. Allerdings war der Zustand der Software zuvor auch ordnungsgemäß. Insoweit hat sich der Gutachter in seinem Gutachten vom 2. Mai 2018 getäuscht.

Bei den Maßnahmen vom 9. August 2018 handelt sich also um eine Kulanzhandlung der Widerbeklagten, mit der diese ihren guten Willen zur Zusammenarbeit zeigen wollte.

An der Unbegründetheit des Antrages ändert dies nichts.

Matilda Allert
Rechtsanwältin

Karl Kerber
Rechtsanwalt
Petersbergstraße 12a
50939 Köln

Köln, 22. August 2018

An das
Landgericht Köln
50939 Köln

Landgericht Köln
Eingang: 22. August 2018

In dem Rechtsstreit

INNOVA-GmbH gegen Benkert & Co. KG

Az.: 4 O 456/18

sehe ich mich veranlasst, erneut für die Beklagte zum laufenden Rechtsstreit Stellung zu nehmen.

Im Hinblick auf die Widerklageforderung erkläre ich hiermit die Erledigung des Rechtsstreits.

Grund ist, dass das Abstürzen des Programms nun seit der von der Klägerseite bereits vorgetragenen Nachbesserungsmaßnahme vom 9. August 2018 abgestellt ist. Damit ist insoweit Erfüllung des Nachbesserungsanspruchs eingetreten.

Klarzustellen ist aber erneut, dass der Zustand zuvor eine Katastrophe war, sodass eine mangelhafte Leistung vorlag. Insoweit nehme ich Bezug auf meine bisherigen Ausführungen sowie auf die in dem Gutachten vom 2. Mai 2018 dargelegten Details.

Im Übrigen halte ich am Klageabweisungsantrag fest.

Karl Kerber
Rechtsanwalt

Der Beklagtenschriftsatz vom 22. August 2018 wurde der Klägervertreterin am 23. August 2018 ohne Fristsetzung i.S.d. § 91a I 2 ZPO zugestellt.

Am 28. August 2018 erließ das Gericht einen Beweisbeschluss über die Zeugenvernehmung des Volker Veith zur Beklagtenbehauptung von mündlichen Zusagen des Zeugen Veith hinsichtlich der Gewährung einer kostenfreien weiteren Lizenz.

Landgericht Köln
Az.: 4 O 456/18

Niederschrift der mündlichen Verhandlung vom 17. September 2018

Gegenwärtig: Richterin am Landgericht Dr. Seidl als Einzelrichterin

Vorläufig aufgezeichnet auf Tonträger gemäß §§ 159, 160a ZPO.

Das Gericht stellt fest, dass folgende Personen erschienen sind:

für die Klägerin Rechtsanwältin Matilda Allert,

für die Beklagten Rechtsanwalt Karl Kerber.

Der Sach- und Streitstand wird zum Zwecke der gütlichen Einigung erörtert. Eine gütliche Einigung scheiterte.

Nach Aufruf derselben Sache zu dem sich anschließenden Termin zur mündlichen Verhandlung erschien neben den oben Genannten der vorbereitend geladene Zeuge Veith.

Der Zeuge Veith wird zur Wahrheit ermahnt, auf die Möglichkeit der Beeidigung sowie auf die Strafbarkeit einer falschen eidlichen oder uneidlichen Aussage hingewiesen. Der Zeuge verlässt den Sitzungssaal.

Die Klägervertreterin stellt ihre Anträge aus der Klageschrift vom 24. Juni 2018 und beantragt zusätzlich die Abweisung auch des geänderten Widerklageantrages als unbegründet.

Der Beklagtenvertreter beantragt Abweisung der Klage und Entscheidung gemäß seinem geänderten Widerklageantrag aus dem Schriftsatz vom 22. August 2018.

Die Vorsitzende und die Parteien diskutieren das Sachverständigengutachten vom 2. Mai 2018 aus dem gerichtlichen Beweisverfahren des Amtsgerichts Köln, Az. 7 C 255/18.

Es folgt die Vernehmung des Zeugen Volker Veith.

Zur Person: ……

Zur Sache: „Eine Erklärung, wir würden zusätzlich zur Lizenz für die fünf Arbeitsplätze an der von uns eingerichteten EDV-Anlage in der Filiale kostenlos noch eine weitere Lizenz für einen weiteren externen Arbeitsplatz zur Verfügung stellen, habe ich so nicht abgegeben. Ich habe nur gesagt, ich werde das überprüfen lassen, es bestünden angesichts der vorherigen Aufträge gewisse Chancen dafür. Ich kann mich genau erinnern, weil ich mich sehr darüber geärgert habe, dass Frau van Weigel, die Sekretärin von Dr. Benkert, mich richtig hatte festnageln wollen. Ich war zugegebenermaßen auch schon nahe daran, eine entsprechende bindende Erklärung abzugeben. Ich habe dann aber eigens bei Peter Prock, einem erfahreneren Kollegen, nachgefragt. Und dabei hat sich rechtzeitig heraus gestellt, dass die Preiskalkulation schon so knapp war, dass das nicht mehr drin war. Daher war ich froh, keine entsprechende Erklärung abgegeben zu haben."

Die Aussage wird vorgespielt und genehmigt. Auf Vereidigung wird verzichtet. Der Zeuge wird entlassen.

Es folgt die Inaugenscheinnahme des Datenauszuges des Lesezentrums der Deutschen Post AG über die Auslieferung des Einschreibens an die Beklagte am 31. März 2018.

Es folgt die Vorlegung des Beleges über die Einlieferung des Einschreibens an die Deutsche Post AG. Daraus ergibt sich, dass die Einlieferung durch die Klägerin am 29. März 2018 erfolgt ist.

……………..

Der Vorsitzende verkündet daraufhin folgenden:

Beschluss:

Termin zur Verkündung einer Entscheidung wird bestimmt auf ..., 11 Uhr, Sitzungssaal 23.

Dr. Seidl
Richterin am Landgericht

Für die Richtigkeit der Übertragung
vom Tonträger
Gähnrich
Justizsekretärin als U.d.G.

Das im gerichtlichen Beweisverfahren des Amtsgerichts Köln, Az. 7 C 255/18, erstellte Sachverständigengutachten legt ausführlich dar, dass tatsächlich ein Abstürzen des Programms in unzumutbarer Häufigkeit habe festgestellt werden können. Als Grund wurde bei der Überprüfung ein Programmierfehler im Quellcode einer Datenschnittstelle der Software festgestellt. Die Details werden im Gutachten genau erläutert.

Vermerk für den Bearbeiter:

Die Entscheidung des Gerichts ist zu fertigen.

Ladungen, Zustellungen, Vollmachten und sonstige Formalien sind in Ordnung. Alle gesetzlich vorgeschriebenen richterlichen Hinweise wurden erteilt. Wenn das Ergebnis der mündlichen Verhandlung nach Ansicht des Bearbeiters für die Entscheidung nicht ausreicht, ist zu unterstellen, dass trotz Wahrnehmung der richterlichen Aufklärungspflicht keine weitere Aufklärung zu erzielen war.

Soweit die Entscheidung keiner Begründung bedarf oder in den Gründen ein Eingehen auf alle angesprochenen Rechtsfragen nicht erforderlich erscheint, sind diese in einem Hilfsgutachten zu erörtern.

Der Streitwert der Widerklage ist mit 2.000 € anzusetzen; ein Streitwertbeschluss braucht diesbezüglich nicht gefertigt zu werden.

Übersicht Fall 3

I. <u>Zulässigkeit der Klage:</u>

1. Parteifähigkeit.

2. Sachliche Zuständigkeit gemäß §§ 23 Nr. 1, 71 I GVG i.V.m. § 5 2. Hs. ZPO.

3. Örtliche Zuständigkeit gemäß §§ 12, 17 ZPO.

II. <u>Begründetheit der Klage:</u> § 631 I BGB.

1. Vertragsschluss (+): Werkvertragsrecht gemäß § 631 I BGB; Abgrenzung zum Kauf.

2. Fälligkeit gemäß § 641 I 1 BGB (+):

a. Keine tatsächliche Abnahme gemäß § 640 I BGB.

b. Aber Abnahmefiktion gemäß § 640 II BGB (+):
- Ablauf einer von Klägerin gesetzten angemessenen Frist für die Abnahme.
- Fiktion würde nur durch rechtzeitige Angabe *konkreter* Mängel verhindert werden.
- Verweigerungsbegründung der Bekl. war wohl zu pauschal (evtl.: stillschweigende Bezugnahme?), jedenfalls deutlich nach Fristablauf.
- Hinweis: konkrete Berufung auf nur angebliche Mängel würde Fiktion nach h.M. verhindern.

3. Keine Gegenrechte gemäß §§ 320, 641 III BGB wegen (angeblicher) Unvollständigkeit (vgl. § 633 II 3 BGB):

   Kein Anspruch auf weitere Lieferung gemäß § 631 I BGB oder §§ 634 Nr. 1, 635 BGB, da geschuldete Leistung nach Ergebnis der HV voll erbracht:
   - Beweislast für Mengenfehler i.S.d. § 633 II 3 BGB (hier in Form einer Zusatzlizenz) nach Abnahme bzw. Abnahmefiktion beim Besteller.
   - Beweislast ebenso bei Annahme von teilweiser Nichterfüllung: Behauptung einer nachträglichen Vertragsänderung.
   - Beweis für diesen behaupteten Anspruch nicht gelungen (Beweiswürdigung Zeuge).

4. Gestaffelter Zinsanspruch:
   - Fünf Prozent Zinsen aus §§ 353 HGB bzw. § 641 IV BGB, jeweils i.V.m. §§ 352 I 1, 343, 344, 6 I HGB.
   - Danach erhöhte Verzugszinsen gemäß §§ 288 I 1, II, 286 I BGB: Entgeltforderung, kein Verbraucher beteiligt.

III. <u>Zulässigkeit der Widerklage</u> auf Feststellung der Erledigung:

Hier einseitige Erledigterklärung durch Beklagte, da Widerspruch durch Klägerin.

1. Zulässige Klageänderung gemäß § 264 Nr. 2 ZPO.

2. Sachliche Zuständigkeit gemäß §§ 23 Nr. 1, 71 I GVG (+), obwohl Streitwert der Widerklage (vgl. § 5 2. Hs. ZPO) nicht über 5.000 €.

3. Örtliche Zuständigkeit gemäß §§ 12, 17 ZPO.

4. Konnexität § 33 ZPO wohl (+), zumindest § 295 ZPO.

5. Feststellungsinteresse (+): bei Vorliegen der Vor. kein anderer Weg, diesen Prozess ohne Kostennachteile zu beenden; § 269 III 3 ZPO hier (-).

IV. <u>Begründetheit der Widerklage</u> auf Feststellung der Erledigung (+):

1. Zulässigkeit der ursprünglichen Widerklage (+).

2. Begründetheit der ursprünglichen Widerklage, da Anspruch auf Nachbesserung aus §§ 634 Nr. 1, 635 I BGB bestand.

   Dabei Verwertung des Gutachtens nach § 493 I i.V.m. §§ 402 ff. ZPO und kurze Beweiswürdigung.

3. Erledigendes Ereignis *nach* Rechtshängigkeit der Widerklage (+): Erfüllung.

V. <u>Kosten:</u> § 92 I ZPO; § 92 II ZPO (-).

VI. <u>Vollstreckbarkeit:</u> § 709 S. 2 bzw. §§ 708 Nr. 11, 711 ZPO.

Hilfsgutachten

Zur Wirksamkeit einer etwaigen Zusage des Kundenberaters („Schriftformklausel"):
- Vereinbarung nicht nach § 125 S. 2 BGB unwirksam: Vorrang der Individualabrede gegenüber AGB!
- Hier auch keine (konkludente) Beschränkung der Vertretungsmacht i.S.d. § 54 III HGB deutlich gemacht.

LÖSUNG FALL 3

Rubrum (NRW-Variante)

Az: 4 O 456/18 1

Landgericht Köln

In Namen des Volkes

Urteil[127]

In dem Rechtsstreit

Parteibezeichnung (in NRW ohne Parenthese)

der INNOVA GmbH, vertreten durch die Alleingeschäftsführerin Roberta Rieger, Lenauplatz 12, 50825 Köln,

Klägerin und Widerbeklagten,[128]

- Prozessbevollmächtigte[129]: Rechtsanwältin Matilda Allert, Joeststraße 10, 50935 Köln, -

gegen

die Benkert & Co. KG, vertreten durch den einzigen persönlich haftenden Gesellschafter Dr. Anton Benkert, Mainzer Straße 45, 50678 Köln,

Beklagte und Widerklägerin,

- Prozessbevollmächtigter: Rechtsanwalt Karl Kerber, Petersbergstraße 12a, 50939 Köln -

hat die 4. Zivilkammer des Landgerichts Köln auf die mündliche Verhandlung vom 17. September 2018 durch Richterin am Landgericht Dr. Seidl als Einzelrichterin[130]

für Recht erkannt:

Zug-um-Zug-Verurteilung

1. Die Beklagte wird zur Zahlung von 7.000 € nebst fünf Prozent Zinsen für die Zeit vom 9. März 2018 bis 31. März 2018 sowie Zinsen in Höhe von neun Prozentpunkten über dem jeweiligen Basiszins aus 7.000 € seit 1. April 2018 an die Klägerin verurteilt. 2

Tenorierung der Feststellungsklage

2. Es wird festgestellt, dass die Widerklage in der Hauptsache erledigt ist.[131]

---

127 In NRW werden – wie in fast allen Bundesländern – nur die *Sonderformen* des Urteils ausdrücklich als solche bezeichnet („Versäumnisurteil“, „Teilurteil“ u.a.). Das normale Endurteil wird – anders als in Bayern (siehe Fall 1) – nicht mit „Endurteil“, sondern schlicht mit „Urteil“ bezeichnet.

128 Im Rubrum werden die Parteien – in *allen* Bundesländern! – doppelt („Klägerin und Widerbeklagte“) bezeichnet, während sie im Text des Urteils (Tenor, Tatbestand und Entscheidungsgründe) *nur* mit ihrer ursprünglichen Parteirolle („Klägerin“) bezeichnet werden.

129 Bezüglich der Parenthese verhält es sich in NRW genau anders herum wie in vielen anderen Bundesländern: Bei den Parteien ist sie wegzulassen, dafür ist sie bei den Prozessbevollmächtigten anzubringen (vgl. Anders/Gehle, B, Rn. 8; Siegburg, Rn. 5; dazu auch in **Assessor-Basics, Zivilurteil**, § 3 Rn. 2). Hier muss sich im Examen natürlich jeder Prüfling nach den Gepflogenheiten seines Prüfungsbereichs richten.

130 Die Frage, ob der nicht gesetzlich vorgeschriebene und deswegen meist, aber nicht überall übliche „Betreff“ anzubringen ist, wird auch innerhalb NRW unterschiedlich gehandhabt (vgl. einerseits Anders/Gehle, B, Rn. 2: „unschädlich“, aber trotzdem weglassen; andererseits Siegburg, Rn. 40 mit Forderung einer möglichst präzisen Angabe).

131 Achten Sie unbedingt auf die Formulierung „erledigt *ist*“ statt „erledigt *erklärt* wurde“, da die letztgenannte subjektive Formulierung die i.R.d. hier gerade nicht anwendbaren § 91a ZPO *allein* maßgebliche Parteidisposition zum Ausdruck bringt.

Einheit der Kostenentscheidung!

3. Von den Kosten des Rechtsstreits trägt die Beklagte 7/9, die Klägerin 2/9.[132]

vorläufige Vollstreckbarkeit

4. Das Urteil ist vorläufig vollstreckbar, für die Klägerin gegen Sicherheitsleistung in Höhe von 110 % des jeweils zu vollstreckenden Betrags, für die Beklagte ohne Sicherheitsleistung. Die Klägerin darf die Vollstreckung durch Sicherheitsleistung in Höhe von 110 % des für den Beklagten vollstreckbaren Betrags abwenden, wenn nicht die Beklagte vor der Vollstreckung Sicherheit in Höhe des jeweils durch sie zu vollstreckenden Betrags leistet.

Tatbestand:

Einleitungssatz

Die Klägerin begehrt von der Beklagten Zahlung von Werklohn, die Beklagte begehrt Feststellung der Erledigung.[133] *3*

unstreitiger Tatsachenvortrag zur Klage

Am 8. Januar 2018 schlossen die Klägerin, vertreten durch ihre Geschäftsführerin Roberta Rieger, und die Beklagte, vertreten durch den persönlich haftenden Gesellschafter Dr. Anton Benkert, einen Vertrag über die Einrichtung eines EDV-Systems in der Filiale der Klägerin in Köln, Bahnhofstraße 5.

Die Parteien vereinbarten die Ausarbeitung und Installierung von Software. Diese Software sollte nach den individuellen Bedürfnissen des Betriebs der Beklagten zugeschnitten werden. Der Preis für dieses Programm „Data-One“ betrug 7.000 €, wobei schriftlich festgelegt wurde, dass dafür eine Lizenz für fünf Arbeitsplätzen in der genannten Filiale erteilt werden solle. Der schriftliche Vertrag enthält eine vorgedruckte Klausel, nach der Änderungen des Vertrags der Schriftform bedürfen.

Am 20. Februar 2018 lieferte und installierte die Klägerin vereinbarungsgemäß das Programm „Data-One“ und übergab die Lizenzdokumente für die fünf in der schriftlichen Vertragsurkunde vereinbarten Arbeitsplätze an der EDV-Anlage in der konkreten Filiale der Beklagten. Die Mitarbeiter der Beklagten nahmen die Software nach einer Instruktion in Betrieb.

Durch ein Schreiben vom 26. Februar 2018, dem Komplementär der Beklagten zugegangen durch persönliche Übergabe am selben Tag, setzte die Klägerin der Beklagten eine Frist zur Durchführung der Abnahme bis zum 8. März 2018. Die Beklagte teilte der Klägerin am 14. März 2018 mit, dass sie die Leistung der Klägerin noch nicht abnehmen werde, da keine ausreichende Leistung vorliege, gab zu letzterem aber keine Details an.

streitiges Tatsachenvorbringen der Klägerin („behauptet“): (nur) <u>substanziiertes</u> Gegenvorbringen wird bei beiden gebracht

Die Klägerin behauptet, ihr Kundenberater Veith habe keine kostenlose Gewährung einer weiteren, außerhalb der fünf Büroarbeitsplätze einsetzbaren Lizenz versprochen. Frau von Weigel, die Sekretärin des Komplementärs Dr. Benkert, habe in dessen Auftrag zwar darauf gedrängt, doch sei diesem Drängen von Herrn Veith nicht nachgegeben worden.[134]

---

132 Da die Beschwer beider Beteiligter (trotz etwaiger Abschläge wegen der Erledigungserklärung der Widerklage auch die des Klägers) *über* 600 € liegt, wird hier wegen § 511 IV 1 Nr. 2 ZPO keine Entscheidung über Zulassung oder Nichtzulassung der Berufung getroffen.

133 Hier handelt es sich - anders als in Fall 1 und in Fall 6 - um eine Widerklage mit *unterschiedlichem* Lebenssachverhalt als derjenige der Klage. Dies hat einen anderen Aufbau des Tatbestandes zur Folge. Aufbauhinweise für den Tatbestand bei Widerklage siehe **Assessor-Basics, Zivilurteil**, § 8 Rn. 64 ff.

134 Dies war mehr als ein schlichtes „Nein, so war es nicht“. In einem solchen Falle *qualifizierten* Bestreitens sind die bestrittenen Informationen sowohl i.R.d. streitigen Kläger- als auch des Beklagtenvortrags (unabhängig von der Beweislast!) im Tatbestand zu erwähnen. Näheres hierzu **Assessor-Basics, Zivilurteil**, § 8 Rn. 18. Bei *einfachem* Bestreiten wäre dieser Aspekt nur beim Beklagten (also gerade nicht hier!) erwähnt worden, weil dieser die Darlegungs- und Beweislast für das Zustandekommen einer solchen Vereinbarung hat.

Die Klägerin behauptet weiterhin, dass sie die Beklagte mit Einwurfeinschreiben vom 29. März 2018, das der Beklagten am 31. März 2018 zugegangen sei, zur Zahlung der vereinbarten 7.000 € aufgefordert habe.

Rechtsvorbringen (grds. nur andeutungsweise)

Die Klägerin vertritt die Rechtsansicht, dass etwaige mündliche Zusagen des Kundenberaters Veith schon wegen der Schriftformklausel unwirksam seien. Die Fälligkeit der vereinbarten Vergütung sei auch ohne ausdrückliche Abnahme durch die Beklagte eingetreten.

Die Klägerin beantragt mit der am 8. Juli 2018 zugestellten Klage: 5

Klageantrag (wurde nicht verändert)

> Die Beklagte wird verurteilt, 7.000 € nebst fünf Prozent Zinsen hieraus für die Zeit vom 9. März 2018 bis 31. März 2018 sowie Zinsen i.H.v. neun Prozentpunkten über dem jeweiligen Basiszins aus 7.000 € seit 1. April 2018 an die Klägerin zu bezahlen.

Die Beklagte beantragt:

> Die Klage wird abgewiesen.

streitiges Beklagtenvorbringen zur Klage

Die Beklagte behauptet, dass Frau von Weigel, die Sekretärin des Komplementärs Dr. Benkert, sich in dessen Auftrag am 11. Januar 2018 mit dem Kundenberater der Klägerin Veith über die kostenlose Lieferung einer zusätzlichen Lizenz für eine Nutzung des Programms geeinigt habe. 6

Die Widerklage stützt sich auf folgenden Sachverhalt:

unstreitiger Tatsachenvortrag zur Widerklage[135]

Am 23. Januar 2018 bestellte die Beklagte bei der Klägerin die Software "CX Counter", welche für die speziellen Anforderungen der Filiale der Beklagten angepasst wurde. Diese wurde am 28. Februar 2018 ausgeliefert.

Am 16. März 2018 reklamierte die Beklagte häufige Abstürze des Programms. Nachdem ein Mitarbeiter der Klägerin am 9. August 2018 diese Abstürze überprüfte und bestimmte Änderungen vornahm, treten die Abstürze nicht mehr auf.

streitiges Beklagtenvorbringen zur Widerklage

Die Beklagte behauptet, das häufige Abstürzen des Programms sei die Folge eines Programmierungsfehlers der Software.

Prozessgeschichte zur Widerklage

Mit einer am 5. August 2018 an die Klägerin zugestellten Widerklage hat die Beklagte zunächst eine Nachbesserung gefordert, hat diese Forderung aber mit Schriftsatz vom 22. August 2018, zugestellt am 23. August 2018, für erledigt erklärt. 7

Die Beklagte hat i.R.d. Widerklage zunächst beantragt:[136]

> Die Widerbeklagte wird verurteilt, die der Widerklägerin am 28. Februar 2018 gelieferte Software "CX Counter" so zu verbessern, dass die im Durchschnitt vier- bis fünfmal täglich vorkommenden Abstürze des Programms nicht mehr vorkommen.

135 Klage und Widerklage waren hier nun im Tatbestandsaufbau zu trennen, da beide wohl nicht auf ein und demselben Lebenssachverhalt beruhen, sondern auf zwei voneinander unabhängigen Verträgen (s.o.).

136 Zum Tatbestand bei einseitiger Erledigungserklärung siehe **Assessor-Basics, Zivilurteil**, § 8 Rn. 41. Anders als bei sonstigen Klageänderungen hat hier der bisherige Antrag in seinem genauen Wortlaut noch (mittelbare) Auswirkung für die jetzigen Anträge, muss also regelmäßig noch möglichst genau wiedergegeben werden.

zuletzt gestellte Anträge zur WK

Die Beklagte beantragt hierzu zuletzt:

Es wird festgestellt, dass sich die Widerklage in der Hauptsache erledigt hat.

Die Klägerin beantragt hierzu zuletzt:

Die Widerklage wird abgewiesen.

streitiges Klägervorbringen zur Widerklage: nur substanziiertes Gegenvorbringen hierher

Die Klägerin behauptet, bei den Programmabstürzen habe es sich nicht um die Folge eines Programmierungsfehlers gehandelt, sondern um Bedienungsfehler seitens des Personals der Beklagten. 8

Prozessgeschichte (hier Beweisaufnahme über mehrere Behauptungen)

Das Gericht hat Beweis erhoben durch Vernehmung des Zeugen Volker Veith sowie durch Berücksichtigung eines Sachverständigengutachtens des TÜV Rheinland vom 2. Mai 2018. Dieses Sachverständigengutachten hatte das Amtsgerichts Köln, Az. 7 C 255/18, in einem gerichtlichen Beweisverfahren, das dort am 16. April 2018 von der jetzigen Beklagten beantragt worden war, in Auftrag gegeben. Schließlich wurde Beweis erhoben durch Vorlegung des Belegs über die Einlieferung eines Einschreibens des Klägers an die Deutsche Post AG sowie Inaugenscheinnahme des Datenauszuges des Lesezentrums der Deutschen Post AG über die Auslieferung des Einschreibens an die Beklagte.[137] 9

Wegen des Ergebnisses der Beweisaufnahme wird auf die Sitzungsniederschrift der mündlichen Verhandlung vom 17. September 2018 sowie auf das Sachverständigengutachten des TÜV Rheinland vom 2. Mai 2018 Bezug genommen.

Zur Ergänzung des Tatbestandes wird auf alle Schriftsätze der Parteien nebst Anlagen und sonstigen Aktenteilen, sowie auf die Sitzungsniederschrift der mündlichen Verhandlung vom 17. September 2018 Bezug genommen.[138]

Entscheidungsgründe:

„großer" Obersatz für Klage und Widerklage

Sowohl die Klage als auch die Widerklage in ihrer zuletzt gestellten Form sind erfolgreich, weil sie jeweils zulässig und begründet sind. 10

Zulässigkeit

I. Die Klage ist **zulässig**, insbesondere ist die sachliche (vgl. §§ 23 Nr. 1, 71 I GVG i.V.m. § 5 1. Hs. ZPO) und örtliche Zuständigkeit (vgl. bereits §§ 12, 17 ZPO) gegeben.[139]

Begründetheit

II. Die Klage ist auch **begründet**, da die Klägerin gemäß § 631 I BGB Zahlung verlangen kann.

137 Das Beweisthema braucht nicht genannt zu werden, und das Beweisergebnis gehört definitiv erst in die Entscheidungsgründe (siehe **Assessor-Basics, Zivilurteil**, § 8 Rn. 36 m.w.N.).

138 Ob eine solche pauschale Bezugnahmeklausel (zusätzlich zu einzelnen konkreten Verweisungen) sinnvoll oder stattdessen besser wegzulassen ist, ist – weitgehend unabhängig vom jeweiligen Bundesland – umstritten, so etwa auch zwischen den auf NRW zugeschnittenen Anleitungsbüchern: Für Weglassung etwa Anders/Gehle, A, Rn. 73, befürwortend etwa Siegburg, Rn. 565 ff. (m.w.N.).

139 Insbesondere ist die Beklagte gemäß §§ 161 II, 124 I HGB parteifähig und die Klägerin gemäß §§ 50 I ZPO, 13 I GmbHG. Auch ordnungsgemäße Vertretung ist gemäß §§ 51, 52 ZPO i.V.m. § 35 I GmbHG bzw. §§ 125 I, 161 II HGB gegeben. Die Frage der Zuständigkeit der Kammer für Handelssachen ist hier nicht zu prüfen. Zum einen handelt es sich nicht um eine Frage der sachlichen Zuständigkeit, deren Verletzung auch grds. bedeutungslos wäre (vgl. Th/P, vor § 93 GVG, Rn. 1). Im Übrigen war diese hier unabhängig von den Voraussetzungen des § 95 GVG auch nicht zuständig, da ein Antrag auf Verhandlung vor der Kammer für Handelssachen von keiner Seite gestellt wurde (vgl. §§ 96 I, 98 I 1 GVG).

Anspruchsgrundlage (§ 631 BGB) immer voranstellen

1. Der am 8. Januar 2018 zwischen der Klägerin und der Beklagten abgeschlossene Vertrag ist nach **Werkvertragsrecht** zu beurteilen, § 631 BGB. 11

Abgrenzung ggü. Kaufrecht

Bei Verträgen über Computer-Software erfolgt die Abgrenzung danach, ob nach dem Vertragsinhalt die Erstellung als solche im Vordergrund steht oder aber die bloße Übertragung der Nutzungsrechte bzw. des „Know-how".

Anders als bei Standardsoftware ist auf den vorliegenden Fall der Herstellung bzw. des Erwerbs von *Individual*software das Werkvertragsrecht anzuwenden, weil hier nicht das Festhalten bzw. Übergeben eines Datenträgers, sondern die geistige Leistung als *individueller Erfolg* des jeweiligen Erstellers im Vordergrund steht.[140]

Fälligkeit

2. Der Zahlungsanspruch wurde gemäß § 641 I BGB am 8. März 2018 **fällig**. 12

grds. Abnahme nötig

Voraussetzung der Fälligkeit ist gemäß § 641 I 1 BGB grds. die **Abnahme nach § 640 I 1 BGB**. Hierunter versteht man im Regelfall die körperliche Hinnahme, verbunden mit der Erklärung, dass der Besteller die Hauptsache als vertragsgemäße Leistung anerkennt.

Eine solche Erklärung seitens der Vertreter der Beklagten hat aber nicht einmal die Klägerin behauptet.

Hinweis: Beachten Sie auch die seit 2018 geltenden Sonderregeln für Bauverträge. Gemäß § 650g IV 1 Nr. 1 BGB (eine Sonderregel zur Grundregel des § 641 I BGB[141]) setzt die Fälligkeit des Anspruches des Bauunternehmers neben der Erteilung einer „prüffähigen" Schlussrechnung (Nr. 2) *zusätzlich* („und") voraus, dass der Besteller das Werk abgenommen hat (§ 640 BGB) oder eine Entbehrlichkeit nach § 641 II BGB vorliegt. Auch dort ist die nun zu prüfende Abnahmefiktion gemäß § 640 II 1 BGB anwendbar.

Abnahmefiktion gemäß § 640 II 1 BGB

Dennoch wurde der Zahlungsanspruch der Klägerin fällig, da hier die Voraussetzungen der **Abnahmefiktion** gemäß § 640 II 1 BGB vorliegen. 13

Nach dem unstreitigen Klägervortrag hat die Klägerin der Beklagten am 26. Februar 2018 eine Frist für die Abnahme bis zum 8. März 2018 gesetzt. Diese Frist war auch angemessen, da die bloße Abnahme von Software für den Besteller grds. nicht mit zu großem Vorbereitungsaufwand verbunden ist und überdies die Mitarbeiter der Beklagten bereits mit der Software hatten arbeiten können.

Begriff „Fristsetzung" (vorliegend unproblematisch)

Hinweis: Für eine ausreichende Fristsetzung (z.B. gemäß § 281 I BGB) genügt es nach BGH, wenn der Gläubiger durch das Verlangen nach sofortiger, unverzüglicher oder umgehender Leistung oder vergleichbare Formulierungen deutlich macht, dass dem Schuldner für die Erfüllung nur ein begrenzter (bestimmbarer) Zeitraum zur Verfügung steht; der Angabe eines bestimmten Zeitraums oder eines bestimmten (End-)Termins bedarf es nicht.[142] Dem Begriff der Fristsetzung lässt sich nicht entnehmen, dass die maßgebliche Zeitspanne nach dem Kalender bestimmt sein muss oder in konkreten Zeiteinheiten anzugeben ist: Umkehrschluss aus § 286 II Nrn. 1, 2 BGB! Die Dauer einer Frist kann grds. auch durch einen unbestimmten Rechtsbegriff bezeichnet werden. Eine Frist ist ein Zeitraum, der bestimmt oder bestimmbar ist.

140 Vgl. etwa Pal./Sprau, vor § 631, Rn. 25 (m.w.N.); siehe auch BGHZ 102, 135 - 152 = **juris**byhemmer zur Rechtslage vor der Schuldrechtsreform.

141 Vgl. Pal./Sprau § 650g, Rn. 2.

142 Vgl. BGH NJW 2009, 3153 = Life&Law 2009, 721; NJW 2015, 2564 = Life&Law 2015, 471; NJW 2016, 3654 [Rn. 26 ff.] = Life&Law 2016, 673; Pal./Grüneberg § 281, Rn. 9.

Innerhalb dieser Frist hat die Beklagte keine Verweigerung der Abnahme „unter Angabe mindestens eines Mangels“ erklärt (vgl. § 640 II BGB). 14

Die Erklärung vom 14. März 2018 war auch nach dem Beklagtenvortrag offenbar die erste einschlägige Reaktion der Beklagten auf die Fristsetzung.

Angabe eines konkreten *Mangels erforderlich*

Nach dem Parteivortrag spricht alles dafür, dass diese Erklärung der Beklagten vom 14. März 2018 nicht die nach § 640 II BGB erforderliche Angabe eines *konkreten* Mangels enthielt. Die Erklärung, dass „keine ausreichende Leistung“ vorliege, erscheint als völlig pauschal. Es ist fraglich, ob der Klägerin zu diesem Zeitpunkt klar sein musste, dass es um den Streit über die weitere Lizenz ging und man in wohlwollender Auslegung von einer stillschweigenden Bezugnahme dieser Erklärung auf den entstandenen Streit über die weitere Lizenz als etwaige Mangelhaftigkeit in Form der Minderlieferung gemäß § 633 I 3 2. Alt. BGB ausgehen kann.

Hinweis: § 640 II BGB brachte gegenüber der früheren Rechtslage (§ 641 I 2 BGB a.F.) eine praxiswichtige Änderung. Anders als früher kann nämlich eine Abnahmeverweigerung unter bloß pauschaler Berufung auf „Mangelhaftigkeit“ den Eintritt der Fiktion nicht mehr verhindern. Der Besteller hat also eine aktive Mitwirkungspflicht, wobei die Angabe der Mangelsymptome genügt.[143]

In jedem Fall erfolgte die Erklärung vom 14. März 2018 erst nach Fristablauf und konnte zumindest deswegen den Eintritt der Fälligkeitsfiktion nicht mehr verhindern.

tatsächliches Vorliegen des Mangels insoweit nicht nötig

Hinweis: Das *tatsächliche* Vorliegen des Mangels ist nach wohl h.M. zur Verhinderung der Fiktion des § 640 II BGB und damit zum Eintritt der Fälligkeit nicht erforderlich.[144] Dies folgt bereits aus dem Wortlaut des § 640 II BGB, der nur fordert, dass eine „Angabe“ eines bestimmten Mangels erfolgt. Es ergibt sich aber auch aus dem systematischen Zusammenhang, weil ohne wirksame Abnahme die Beweislast für die Mangelfreiheit – anders als danach – beim Unternehmer liegt, was bei einer anderen Lösung unterlaufen werden könnte. Nur dann, wenn die Erklärung einen *offensichtlich* nicht vorhandenen Mangel behaupten würde, würde dies die Fiktion nach Treu und Glauben gemäß § 242 BGB nicht verhindern.[145]
Auch die Wesentlichkeit des Mangels ist nach zutreffender h.M. zur Verhinderung der Fiktion des § 640 II BGB und damit zum Eintritt der Fälligkeit nicht erforderlich.[146] Aus § 640 I 2 BGB kann nichts anderes gefolgert werden, vielmehr ergibt sich hieraus gerade ein Umkehrschluss, da § 640 II BGB keine entsprechende Ausnahme enthält.

Gegenrechte gegen den Zahlungsanspruch (vgl. § 320 I BGB bzw. § 641 III BGB)

3. Die Beklagte hat mit der Behauptung der Unvollständigkeit der Leistung auch nicht erfolgreich **Gegenrechte gegen den Zahlungsanspruch** vorgebracht (vgl. § 320 I BGB bzw. § 641 III BGB). 15

Nach dem Parteivorbringen und dem Ergebnis der Hauptverhandlung hat das Gericht nämlich davon auszugehen, dass die Klägerin ihre Leistung ordnungsgemäß erbracht hat.

143 Vgl. Pal./Sprau § 640, Rn. 16; Bachem/Bürger NJW 2018, 118 [119 f.].

144 Vgl. Bachem/Bürger NJW 2018, 118 [121]; Breitling NZBau 2017, 393.

145 Vgl. Pal./Sprau § 640, Rn. 16; Bachem/Bürger NJW 2018, 118 [121].

146 Wohl h.M., vgl. Bachem/Bürger NJW 2018, 118 [120 m.w.N.]; a.A. aber Pal./Sprau § 640, Rn. 16. Auch die Gesetzesbegründung (BT-Drs. 18/8486, 48) spricht klar für die h.M., weil man diese schwierige Unterscheidung in diesem Zusammenhang vermeiden wollte. Bei unwesentlichen Mängeln kann und muss der Unternehmer also auf Abnahme – eine Pflicht des Bestellers! – klagen, um die Fälligkeit herbeizuführen.

Nach Ansicht des Gerichts ist unter den Umständen des vorliegenden Falles die Beklagtenbehauptung des Fehlens einer tatsächlich geschuldeten weiteren Lizenz zur Nutzung der Software als Mengenfehler i.S.d. § 633 II 3 BGB einzuordnen, weil die Beklagte als Unternehmerin vorliegend davon ausgeht, die Leistung vollständig erbracht zu haben.[147] Daher ist die Forderung der Beklagten nach der fiktiven Abnahme als Anspruch auf Nachlieferung gemäß §§ 634 Nr. 1, 635 BGB einzuordnen.

Sachmangel nach Abnahme als Einwendung des Bestellers

Die Beweislast für einen Sachmangel – hier i.F.d. Mengenfehlers i.S.d. § 633 II 3 BGB – trägt nach der Abnahme bzw. Abnahmefiktion aber grds. der Besteller, weil es nun nicht mehr um den grds. vom Unternehmer zu erbringenden Nachweis der Erfüllung geht, sondern um eine *Einwendung* des Bestellers. Ihm oblag es nachzuweisen, dass die Klägerin diese weitere Lizenz tatsächlich schuldete.[148]

Hemmer-Klausur-Tipp

Achten Sie in Werkvertragsklausuren bei Streit um die Mangelhaftigkeit des Werks immer exakt darauf, ob die Abnahme (oder Abnahmefiktion) erfolgt war oder nicht! Die Umkehr der Beweislast durch die Abnahme ist eine oft klausurentscheidende Frage. Besonders „beliebt" scheint es bei Aufgabenstellern zu sein, im Sachverhalt ein Beweisangebot einzubauen, das gerade die *nicht beweispflichtige* Partei stellte.

Beweislast bzgl. des Zusatzlizenz auf Beklagtenseite

An dieser Beweislast für den insoweit von der Beklagten behaupteten Vertragsinhalt würde sich allerdings auch dann nichts ändern, wenn man ihren Einwand außerhalb des Gewährleistungsrechts als Behauptung einer teilweisen Nichterfüllung i.S.d. §§ 320 ff. BGB einordnet. Da der Vertrag unstreitig zunächst ohne dieses Zusatzversprechen geschlossen worden war, müsste die Beklagte nämlich eine solche spätere *Änderung* zu ihren Gunsten als für sie günstige Tatsache ebenfalls beweisen.

Diesen Beweis hat die Beklagte nicht erfolgreich geführt. Die Vernehmung des Zeugen Veith hat keinen sicheren Beweis für das Zustandekommen einer derartigen zusätzlichen Vereinbarung ergeben. Vielmehr gibt der Zeuge an, nur vage Andeutungen in diese Richtung gemacht zu haben und dabei in jedem Fall klargestellt zu haben, dass er noch keine bindende Zusage machen wolle, sondern die Sache erst überprüfen wolle. 16

trotz evtl. Zweifel jedenfalls kein positiver Beweis

Dabei kann dahingestellt bleiben, ob hiermit das *Nichtvorliegen* einer solchen Zusage sicher erwiesen ist, ob nicht etwa gewisse Zweifel an der Unparteilichkeit des Zeugen angebracht sein mögen, da diesen bei einem anderen Ergebnis der Beweisaufnahme immerhin der Vorwurf einer Verletzung seines Arbeitsvertrages treffen kann. Zumindest aber ist es nämlich der Beklagten nicht gelungen, den ihr obliegenden *positiven* Beweis für die streitige Erklärung zu erbringen.[149]

Hinweis: Im Falle einer Formunwirksamkeit (§§ 125 S. 2, 127 BGB) oder fehlender Vertretungsmacht des Zeugen Veith[150] hätte das Gericht nach den Regeln der Relation diese Frage materiell-rechtlich lösen und auf eine Beweisaufnahme verzichten können (müssen).

147 Hierzu vgl. Pal./Sprau § 633, Rn. 10.

148 Vgl. BGH BauR 2017, 879 [Rn. 30] = Life & Law 2017, 235; NJW 2017, 1604 [Rn. 36] = **jurisbyhemmer**. Ausnahme: § 640 III BGB n.F.

149 Zu den Grundregeln der Beweislastverteilung siehe ausführlich in **Assessor-Basics, Zivilurteil**, § 10 Rn. 75. Zum Schreibstil bei Fertigung einer Beweiswürdigung siehe dort unter Rn. 130 ff.

150 Hierzu vgl. im Hilfsgutachten.

4. Auch der **Zinsanspruch** ist in der beantragten Reichweite begründet.

handelsgeschäftlicher Zinssatz

Der Anspruch auf fünf Prozent Zinsen seit Eintritt der Fälligkeit ergibt 17
sich aus § 353 S. 1 HGB bzw. § 641 IV BGB i.V.m. §§ 352 I 1, 343, 344, 6 I HGB. Die Werklohnforderung ist, wie oben dargestellt, wegen Abnahmefiktion gemäß § 640 II BGB seit 9. März 2018 fällig.

Verzugszinsen (höher, aber später)

Der Anspruch auf Zinsen i.H.v. neun Prozentpunkten über dem Ba- 18
siszinssatz seit 1. April 2018 ergibt sich aus §§ 288 I 1, II, 286 I i.V.m. § 247 I BGB, da ab diesem Zeitpunkt zusätzlich zur Fälligkeit und Durchsetzbarkeit auch die zusätzlichen Voraussetzungen des Schuldnerverzugs zu bejahen sind.

Mahnung durch Einwurf-Einschreiben

Es ist davon auszugehen, dass mit einem am 31. März 2018 zugegangenen Schreiben vom 29. März 2018 die gemäß § 286 I 1 BGB grds. erforderliche Mahnung nach Fälligkeit erfolgte.

Zwar behauptet die Beklagte, das per Einwurf-Einschreiben versandte Mahnschreiben sei ihr nicht zugegangen.

Einlieferungsbeleg als Urkunde i.S.v. § 415 ff. ZPO

Der Klägerin gelang es jedoch unter Vorlage des Einlieferungsbelegs (Urkunde i.S.d. §§ 415 ff. ZPO) sowie des Datenauszuges des Lesezentrums der Deutschen Post AG über die Auslieferung des Einschreibens am 31. März 2018, zur Überzeugung des Gerichts darzulegen, dass ein Zugang bei der Beklagten tatsächlich erfolgt ist. Voraussetzung für die Erstellung eines solchen Datenauszuges ist es nämlich bekanntermaßen, dass zuvor ein Postmitarbeiter den Einwurf mit Datum und Unterschrift schriftlich bestätigt.

Beweiswürdigung beim Anscheinsbeweis

Nach der allgemeinen Lebenserfahrung kann davon ausgegangen werden, dass eine derartige Erklärung eines Postmitarbeiters im absoluten Regelfall nur abgegeben wird, wenn er tatsächlich unmittelbar zuvor den Einwurf vorgenommen hat. Nach der Überzeugung des Gerichts ist das Vorbringen der Beklagten diesbezüglich nicht hinreichend substanziiert, um diesen durch die allgemeine Lebenserfahrung geschaffenen prima-facie-Beweiswert des Auslieferungsbelegs zu erschüttern. Allein die Behauptung der Beklagten, ihr sei überhaupt keine Mahnung zugegangen, kann dazu nicht ausreichen.[151]

Vertretenmüssen

Die Beklagte hat die Nichtbegleichung der fälligen Werklohnforderung auch nach § 276 BGB zu vertreten. Die nach § 286 IV BGB insoweit darlegungspflichtige Beklagte trug keine Tatsachen vor, aus denen sich ein entschuldbarer Irrtum ergibt.

Der Verzugszins beträgt vorliegend gemäß §§ 288 I 1, II, 247 I BGB 19
neun Prozentpunkte über dem Basiszinssatz, da beide Voraussetzungen dieser Regelung vorliegen:

kumulative Vor. von § 288 II BGB

Zum einen ist weder die Beklagte noch die Klägerin als Vertragspartner am Werkvertrag Verbraucher i.S.v. § 13 BGB. Beide haben unbestritten den Vertrag in Ausübung einer selbständigen gewerblichen Tätigkeit abgeschlossen.

---

151 Hinsichtlich des prima-facie-Beweiswerts des Datenauszuges über die Auslieferung eines Einwurf-Einschreibens ist auch eine andere Ansicht durchaus vertretbar: Die Problematik ist noch nicht endgültig geklärt. Näheres hierzu und zur Problematik des Anscheins-Beweises in **Assessor-Basics, Zivilurteil**, § 10 Rn. 109 ff.

Zum anderen liegt auch eine „Entgeltforderung" i.d.S. vor. Darunter versteht man solche Forderungen, die *als Gegenleistung* für die Erbringung einer Sach- oder Dienstleistung zu erbringen sind, insbesondere also Preis- und Lohnforderungen aus Kauf-, Dienst-, Werk- oder Geschäftsbesorgungsverträgen.[152]

Verzinsungsbeginn

Mit der inzwischen h.M. ist der Verzugsbeginn aufgrund der vergleichbaren Interessenlage analog § 187 I BGB auf den nächsten Tagesanfang zu verschieben, sodass auf den 1. April 2018 abzustellen ist.[153]

Zulässigkeit der Widerklage

III. Die **Widerklage** auf Feststellung der Erledigung ist zulässig.

Ein solcher Sonderfall einer Feststellungsklage ist gegeben, da die Beklagte die Erledigung der Hauptsache der Widerklage erklärt, die Klägerin dem mit Schriftsatz vom 14. August 2018 aber widersprochen und damit die Anwendung von § 91a ZPO verhindert hat. 20

Beachten Sie für die Unterscheidung zwischen einseitiger und beiderseitiger Erledigungserklärung, bei der dann völlig anders vorzugehen wäre (dazu unten in Fall 5), den § 91a I 2 ZPO. Hiernach kann Schweigen in bestimmten Fällen als Zustimmung zur Erledigungserklärung gewertet werden.

Beginn der Zulässigkeitsprüfung: Klageänderung nach § 264 ZPO

Die in der mündlichen Verhandlung erklärte Klageänderung der Widerklage war schon nach § 264 Nr. 2 ZPO zulässig, da der Beklagte sein Begehren damit im Kern aufrechterhält und nur auf den Erlass eines Leistungstitels verzichtet.[154]

Beachten Sie: Da § 264 Nr. 2 ZPO auch in umgekehrter Richtung gilt, kann der Kläger/Widerkläger seine einseitige Erledigungserklärung auch „widerrufen", solange der Gegner nicht zugestimmt und damit die Anwendung von § 91a ZPO bewirkt hat. Dann nämlich stellt der vermeintliche „Widerruf" der Erledigungserklärung letztlich eine erneute Klageänderung in umgekehrter Richtung dar.[155]

Konnexität nach § 33 ZPO

Das Erfordernis des Zusammenhangs gemäß § 33 ZPO, das nach umstrittener Rechtsprechung eine besondere Prozessvoraussetzung der Widerklage darstellt, steht nicht entgegen. Viel spricht bereits dafür, diesen Zusammenhang infolge der vorliegenden dauernden Geschäftsbeziehung zu bejahen, wenn man die übliche, an der Prozessökonomie orientierte weite Auslegung dieses Begriffes vornimmt. Zumindest aber hat sich die Klägerin rügelos zur Sache eingelassen, sodass eine Heilung gemäß § 295 ZPO gegeben ist.[156] 21

Auch die sachliche Zuständigkeit des Landgerichts ist gegeben. 22

§ 33 ZPO nur örtlich

Allerdings stützt sich diese weder aus § 33 ZPO, der nur die örtliche Zuständigkeit betrifft, noch auf § 45 I GKG, der nur für den Gebührenstreitwert gilt und von § 5 2. Hs ZPO verdrängt wird.[157]

---

152 Auf Schadensersatzforderungen, Ansprüche aus G.o.A. (o.ä.) ist die Regelung also nicht anwendbar. Dann bleibt es bei § 288 I BGB oder § 280 I, II BGB. Vgl. etwa Pal./Grüneberg, § 288, Rn. 8; § 286, Rn. 27.

153 So etwa Pal./Ellenberger, § 187, Rn. 1; BGH, NJW-RR 1991, 519; BAGE 152, 221 = NZA 2015, 1465 [Rn. 30]; NZA 2017, 1598 [Rn. 33]; Pal./Ellenberger § 187, Rn. 1. = **juris**byhemmer. Näheres zur Problematik des Verzinsungsbeginns siehe Pal./Grüneberg, § 288, Rn. 4, § 187, Rn. 1 a.E. bzw. **Assessor-Basics, Zivilurteil**, § 5 Rn. 4 m.w.N.

154 Vgl. Th/P, § 91a, Rn. 32; BGH, NJW 2002, 442 - 443 = **juris**byhemmer.

155 BGH, NJW 2002, 442 - 443 = **juris**byhemmer.

156 Vgl. Th/P, § 33, Rn. 22.

157 Nicht korrekt ist es, dieses Ergebnis, dass es auf den jeweils höheren Wert ankommt, gerade mit § 5 2. Hs. ZPO *zu begründen*. Der sagt darüber gar nichts; er verbietet nur die Addition.

LG auch für Widerklagen nicht über 5.000 €

Dennoch besteht Einigkeit, dass die sachliche Zuständigkeit des Landgerichts trotz §§ 23 Nr. 1, 71 GVG auch für Widerklagen von nicht über 5.000 € gegeben ist, wenn nur über die Klage die Zuständigkeit des Landgerichts begründet wird. Hierfür spricht die Prozessökonomie und v.a. auch die Tatsache, dass § 506 ZPO für den genau umgekehrten Fall eine Verweisung *insgesamt* an das Landgericht vorsieht.[158]

Die örtliche Zuständigkeit ergibt sich schon aus §§ 12, 17 ZPO.

Feststellungsinteresse

Das Feststellungsinteresse (§ 256 I ZPO) für den Erledigungsantrag ergibt sich grds. schon aus der Tatsache, dass der Kläger bei tatsächlicher Erledigung des Rechtsstreits keine andere Möglichkeit hat, um ohne Mitwirkung des Beklagten (vgl. § 91a ZPO) und ohne Kostenpflicht (vgl. § 269 III 2 ZPO) den Prozess zu beenden. 23

Hinweis: Insbesondere regelt § 269 III 3 ZPO nicht diesen Fall, sondern nur den der sog. „Erledigung *vor* Rechtshängigkeit", während hier die mögliche Erledigung erst nach Zustellung der Klage eintrat. Auch eine analoge Anwendung des § 269 III 3 ZPO scheidet aus[159], da gerade wegen der Möglichkeit einer einseitigen Erledigungserklärung keine Regelungslücke besteht.

einseitige Erledigungserklärung begründet

IV. Der **<u>Widerklageantrag auf Feststellung der Erledigung</u>** ist auch **<u>begründet</u>**. Die Voraussetzungen der Feststellung der Erledigung liegen vor.

dreistufige Prüfung

Nach gefestigter und überzeugender Rechtsprechung liegen diese dann vor, wenn die Klage durch ein Ereignis *nach* Rechtshängigkeit tatsächlich erledigt worden ist, und die Klage bei Eintritt des erledigenden Ereignisses zulässig und begründet gewesen ist.[160] Hier sind diese Voraussetzungen gegeben. 24

Dabei ist hinsichtlich des Zeitpunkts auf den 9. August 2018 abzustellen, da als erledigendes Ereignis hier nur die von der Klägerseite vorgenommene und zuvor mit der Widerklage begehrte Überprüfung und Nachbesserung der Software in Betracht kommt.

hemmer-Klausur-Tipp

Arbeiten Sie bei der Prüfung der einseitigen Erledigungserklärung möglichst immer erst den entscheidenden Zeitpunkt heraus, der als erledigendes Ereignis in Betracht kommt! Eine Erledigung kommt nämlich auch in Betracht, wenn eine bei ihrer Zustellung zunächst noch unzulässige oder unbegründete Klage *nachträglich* zulässig und begründet wird und sich dann erst erledigt. Man darf also nicht pauschal auf den Zeitpunkt der Klagezustellung abstellen, sondern muss zunächst klären, was überhaupt als erledigendes Ereignis *in Betracht kommen* könnte (ob es wirklich eines ist, entscheidet sich erst weiter unten) und dann genau *diesen* Zeitpunkt dreistufig prüfen.

Zulässigkeit der <u>ursprünglichen</u> Widerklage

1. Die ursprünglich erhobene Widerklage auf Vornahme der Nachbesserung war **<u>zulässig</u>**. 25

nicht alles doppelt breittreten

Hinsichtlich der örtlichen und sachlichen Zuständigkeit des Gerichts sowie der Konnexität wird auf die Erörterungen zur Zulässigkeit der Widerklage auf Feststellung der Erledigung verwiesen.

158 Vgl. Th/P, § 5, Rn. 5; § 33, Rn. 18.

159 Vgl. BGH, NJW 2004, 223 - 224 (224) = **juris**byhemmer.

160 Vgl. Th/P, § 91a, Rn. 31 ff., v.a. Rn. 34.

Begründetheit der ursprünglichen Widerklage

2. Die **Widerklage** war mit ihrem ursprünglichen Antrag bis zum 9. August 2018 insbesondere aber auch **zunächst begründet**, denn es bestand tatsächlich eine Nachbesserungsverpflichtung der Klägerin.

Der Anspruch stützte sich auf die gesetzliche **Nachbesserungspflicht** der Klägerin gemäß §§ 634 Nr. 1, 635 I BGB.

gesetzliche Nachbesserungspflicht

Nach § 635 I BGB hat der Werkunternehmer grds. die Wahl zwischen der Nachbesserung und der Neuherstellung, und dieses hat die Klägerin zugunsten der Nachbesserung ausgeübt.

Der Vertrag vom 28. Februar 2018 über die Spezialsoftware, die auf einem Standardrahmenprogramm aufbaut und auf die speziellen Bedürfnisse des Betriebes zugeschnitten wird, ist - wie oben ausführlich gezeigt - ein Werkvertrag gemäß §§ 631 ff. BGB.

Die Software "CX Counter" war auch tatsächlich **mangelhaft**, weil sie aufgrund eines Programmierfehlers im Quellcode einer Datenschnittstelle der Software in unzumutbar häufiger Weise zu Computerabstürzen führte, also nicht die nach dem Vertrag vorausgesetzte Beschaffenheit hatte (§ 633 I, II 2 Nr. 1 BGB). 26

hier „echter“ Sachverständigenbeweis, da nicht Privatgutachten, sondern selbständiges Beweisverfahren

Dies ergibt sich aus dem Ergebnis des Beweisverfahrens, nämlich dem dort im Auftrag des Gerichts erstellten Sachverständigengutachten, an dessen Ergebnissen, Schlüssen und Begründungen zu zweifeln das Gericht keinen Anlass sieht.

Die Verwertung des Beweises *als Sachverständigenbeweis* i.S.d. §§ 402 ff. ZPO im Prozess erfolgte zulässigerweise nach § 493 I ZPO. Zwischen den Beteiligten des selbstständigen Beweisverfahrens wirkt die in diesem Rahmen vorgezogene Beweisaufnahme wie eine unmittelbar im anschließenden Hauptsacheverfahren selbst durchgeführte Beweiserhebung; die Beweiserhebung des selbstständigen Beweisverfahrens wird deshalb im Hauptsacheprozess verwertet, als sei sie vor dem Prozessgericht selbst erfolgt.[161]

Hemmer-Klausur-Tipp

Stellen Sie bei den verschiedenen Varianten von Gutachten immer klar, nach welchen Regeln Sie dieses im Prozess konkret verwerten! Insbesondere sollten Sie dem Korrektor u.a. anhand des Zitats von Vorschriften klar machen, dass Sie die Bedeutung des selbständigen Beweisverfahrens nach §§ 485 ff. ZPO erkannt haben und nicht von einem normalen Privatgutachten ausgehen.

27

3. Schritt der Erledigungsprüfung: Zeitpunkte vergleichen: nach Rechtshängigkeit erledigt

3. Die Vornahme der Nachbesserung war also geschuldet und stellte damit eine **Erfüllung gemäß § 362 I BGB** dar. Da dieses erledigende Ereignis hier auch nach Zustellung der *Widerklage*schrift (5. August 2018) erfolgte, nämlich am 9. August 2018, liegen die Voraussetzungen der einseitigen Erledigungserklärung vor.

---

161 Vgl. BGH NJW 2018, 1171 [Rn. 13]. Es kommt dabei nicht auf die Frage an, ob dessen *Anordnung* gemäß §§ 485 bis 487 ZPO zulässig war. Von der Zulässigkeit der Anordnung ist hier aber auszugehen: Gemäß § 485 II Nr. 2 ZPO kann vor Anhängigkeit der Klage Beweisantrag auf schriftliche Begutachtung gestellt werden, wenn ein rechtliches Interesse i.S.d. Abs. 2 vorliegt. Die Beklagte hatte ein rechtliches Interesse auf Feststellung der Ursache eines Sachmangels gemäß Abs. 2 Nr. 2. Nach § 485 II 2 ZPO ist ein rechtliches Interesse dann anzunehmen, wenn die Feststellung zur Vermeidung eines Rechtsstreits führt. Das ist hier der Fall, denn die Beklagte hätte wohl von einer gerichtlichen Durchsetzung des Nachbesserungsanspruchs abgesehen, wenn Fehlerfreiheit festgestellt worden wäre.

Hemmer-Klausur-Tipp

Achten Sie bei Leistungen des Schuldners immer genau darauf, dass wirklich eine Erfüllung vorliegt! Hier steckt manchmal eine üble Klausurfalle! Manche Leistungen reichen nicht für § 362 I BGB, sodass dann gerade kein erledigendes Ereignis vorliegen kann und die Klausur evtl. in eine völlig andere Richtung läuft.
Wird aus einem *vorläufig* vollstreckbaren Urteil oder einer einstweiligen Verfügung vollstreckt, tritt keine Erfüllung i.S.d. § 362 I BGB und damit auch keine Erledigung ein. Dasselbe gilt für Leistungen, die *zur Abwendung* der Zwangsvollstreckung aus einem vorläufig vollstreckbaren Titel erbracht werden.[162] Die Leistung erfolgt in beiden Fällen nämlich unter dem Vorbehalt des Rechtskrafteintritts, sofern der Schuldner nicht ausdrücklich etwas anderes bestimmt. Daher stellt auch die Herausgabe im Wege der Zwangsvollstreckung keine Erfüllung eines schuldrechtlichen Rückgewähranspruchs dar.
Für den Herausgabeanspruch nach § 985 BGB gilt nach BGH nichts anderes. Es führt nämlich nicht jeder Besitzverlust zum Wegfall der Vindikationslage.[163]

Kostenteilung

V. Die **Kostenentscheidung** folgt aus § 92 I ZPO. 28

§ 92 II ZPO nicht anwendbar

Die Voraussetzungen von § 92 II ZPO liegen nicht vor, da durch die Widerklage Mehrkosten verursacht wurden, die über der Geringfügigkeitsgrenze von zehn Prozent liegen.[164]

Zur Vertiefung: Behandlung der Kosten des selbständigen Beweisverfahrens

Hinweis: Im selbständigen Beweisverfahren ergeht grundsätzlich keine Kostenentscheidung. Die Kosten des selbständigen Beweisverfahrens bilden einen Teil der Kosten des sich anschließenden Hauptsacheverfahrens, so dass sie dort im Kostenfestsetzungsverfahren zu berücksichtigen sind.[165]
Soweit eine Kostenentscheidung in einem selbständigen Beweisverfahren von der Prozessordnung überhaupt vorgesehen ist, erfolgt sie *gegen* den Antragsteller (§ 494a II ZPO). Kommt es nicht zu einem Hauptsacheverfahren, weil der Antragsteller nach Durchführung der Beweisaufnahme von der Einleitung des Hauptsacheverfahrens absieht, soll der Antragsgegner durch § 494a ZPO so gestellt werden, als habe er obsiegt.[166]
Nimmt der Antragsgegner nach Erhebung des beantragten Beweises eine Handlung vor, die das Interesse des Antragstellers entfallen lässt, den Antragsgegner hierauf klageweise in Anspruch zu nehmen (Erfüllung), stehen dem Antragsteller mehrere Möglichkeiten zur Verfügung. Dem Antragsteller steht grds. die Möglichkeit offen, das Hauptsacheverfahren mit der Klage auf Feststellung (§ 256 I ZPO) zu führen, dass der Antragsgegner zu der vorgenommenen Handlung verpflichtet war. Obsiegt er in diesem Verfahren, erreicht er eine Kostengrundentscheidung, die die Kosten des selbständigen Beweisverfahrens umfasst.[167]
Die Möglichkeit eines solchen Vorgehens schließt die unmittelbare Geltendmachung eines materiell-rechtlichen Kostenerstattungsanspruchs (§§ 280 I, II, 286 I BGB wg. Verzugs mit der geschuldeten Handlung vor Beginn des Beweisverfahrens) im Wege der Leistungsklage indes nicht aus.[168]

---

162 Vgl. BGHZ 94, 268, 274; NJW 2014, 2199 = Life&Law 2014, 567 [Rn. 8]; NJW 2015, 699 [Rn. 19]; Pal./Grüneberg § 362, Rn. 15.

163 Vgl. BGH NJW 2014, 2199 = Life&Law 2014, 567 [Rn. 9 ff.]; Pal./Herrler § 985, Rn. 5.

164 Die Kosten der Widerklage durften bei anderem Ergebnis nicht abgetrennt werden (Grundsatz der Einheit der Kostenentscheidung).

165 Vgl. BGH NJW 2018, 402 [Rn. 13]; BGHZ 199, 207 [Rn. 14]; BGHZ 182, 150 [Rn. 12]; NJW 2007, 3357 [Rn. 11]; NJW-RR 2010, 674 [Rn. 14].

166 Vgl. BGH NJW 2018, 402 [Rn. 13]; BGHZ 182, 150 [Rn. 14].

167 Vgl. BGH NJW 2018, 402 [Rn. 16]; NJW 2013, 3586, 3587 [Rn. 10]; NJW-RR 2004, 1005; Zöller/Herget § 494a, Rn. 5.

168 Vgl. BGH NJW 2018, 402 [Rn. 17 ff.].

VI. Die Entscheidung über die **vorläufige Vollstreckbarkeit** beruht für die Klägerin auf § 709 S. 2 ZPO und für die Beklagte auf §§ 708 Nr. 11 2. Alt., 711 ZPO.[169]

Streitwertfestsetzung .... (*erlassen*).

Unterschrift

Dr. Seidl

RiLG als Einzelrichterin

Hilfsgutachten[170]

Zur **Wirksamkeit einer etwaigen Zusage des Kundenberaters / Auswirkung der „Schriftformklausel“:** 29

Konkludente Aufhebung der Schriftformklausel

1. Die von der Beklagten behauptete Absprache mit Volker Veith wäre **nicht formunwirksam nach §§ 125 S. 2, 127 BGB** unwirksam gewesen.

Eine solche Schriftformklausel können die Parteien nämlich jederzeit auch konkludent aufheben.[171] Nach zutreffender h.M. gilt dies auch dann, wenn die Parteien in diesem Moment an den Formzwang gar nicht gedacht haben. Dass ein vertraglich vereinbarter Formzwang damit in vielen Fällen de facto praktisch leer läuft, ändert hieran nichts.[172] Für *einseitige* Willenserklärungen hat er immerhin noch volle Wirkung.

Exkurs: Sogar eine im Vertrag (dort ein Mietvertrag über Gewerberäume) enthaltene sog. *doppelte* Schriftformklausel kann im Falle ihrer *formularmäßigen* Vereinbarung wegen des Vorrangs der Individualvereinbarung nach § 305b BGB eine mündliche oder auch konkludente Änderung der Vertragsabreden nicht ausschließen.[173] Es kommt – anders als bei einer individuell vereinbarten doppelten Schriftformklausel – auch nicht darauf an, ob die Parteien bei ihrer mündlichen Absprache an die entgegenstehende Klausel gedacht haben und sich bewusst über sie hinwegsetzen wollten.[174]

BGH: Unter Kaufleuten keine konkludente Aufhebung in Individualvereinbarungen

Im Fall von Kaufleuten sollen allerdings andere Maßstäbe gelten. Hier soll eine Aufhebung nur schriftlich möglich sein, wenn die (auch einfache) Schriftformklausel in einem *Individualvertrag* vereinbart worden ist. Eine solche Vereinbarung verdiene im Hinblick auf die Privatautonomie strikte Beachtung; zudem spreche auch der Rechtsgedanke des § 350 HGB dafür.[175]

169 Hinsichtlich der vorläufigen Vollstreckbarkeit des Urteils ist zu unterscheiden. Für den Kläger ist § 709 ZPO anzuwenden, weil die Hauptsacheforderung mit 7.000 € über der 1.250 €-Grenze des § 708 Nr. 11 1. Alt. ZPO liegt. Die Kosten des selbständigen Beweisverfahrens werden grds. i.R.d. Hauptsacheverfahrens erstattet, wenn ein solches – wie hier – anschließend stattfindet (Th/P § 91, Rn. 6; § 494a, Rn. 5). Die Beklagte kann nicht in der Hauptsache (Feststellung der Erledigung!), sondern nur hinsichtlich der Kostenforderung i.H.v. 2/9 vollstrecken; da ihr prozessualer Kostenerstattungsanspruch gewiss unter der Grenze von 1.500 € liegen wird, findet §§ 708 Nr. 11, 2. Alt., 711 ZPO Anwendung.

170 Nochmals der Hinweis: Achten Sie auf den jeweiligen Bearbeitungsvermerk der Klausur. Nicht überall bzw. nicht immer ist tatsächlich ein Hilfsgutachten gefordert!

171 Vgl. BGH, NJW 2007, 2106 - 2110 (2110) = **juris**byhemmer.

172 Vgl. Pal./Ellenberger, § 125, Rn. 14; Baumbach-Hopt, vor § 343 HGB, Rn. 9.

173 Vgl. BGH NJW 2017, 1017 [Rn. 16 ff.].

174 Vgl. BGH NJW 2017, 1017 [Rn. 19]; BGHZ 164, 133.

175 Vgl. BGHZ 66, 378 - 384 = **juris**byhemmer.

Mögl. Beschränkung der Vertretungsmacht durch Schriftformklausel

Ob dieser umstrittenen Meinung gefolgt werden kann, kann im Fall aber offen bleiben: Da im vorliegenden Fall Allgemeine Geschäftsbedingungen i.S.d. §§ 305 ff. BGB vorliegen, gilt auch insoweit der Vorrang von Individualabreden gemäß § 305b BGB, von dem auch § 310 I BGB keine Ausnahme für Unternehmer macht.[176]

Hinweis: § 309 Nr. 13 BGB verbietet in AGB seit 1. Oktober 2016 eine „strengere Form als die *Textform*" (statt früher: „strengere Form als die Schriftform"). Allerdings ist diese Vorschrift gemäß § 310 III 1 BGB nicht auf AGB anwendbar, die – wie im vorliegenden Fall – gegenüber einem Unternehmer verwendet werden. Anders als in vielen anderen Fällen der §§ 308, 309 BGB ist nach h.M. auch nicht die Wertung dieser Vorschrift auf dem „Umweg" über die §§ 307 I, 310 III 2 BGB anwendbar.[177]

Vertretungsmacht zur Abänderung von Verträgen?

2. Zu prüfen ist aber, ob der Zeuge Veith die notwendige Vertretungsmacht zur Abänderung von Verträgen hatte (§§ 164 I BGB, 54 I HGB). 30

Handelt es sich nämlich nicht um eigene Geschäfte des Partners, sondern um Vertreterhandeln, kann sich eine Schriftformklausel u.U. auf andere Weise auswirken, nämlich als Beschränkung der Vertretungsmacht.

Nach dem Vortrag der Parteien ist davon auszugehen, dass es sich grds. um einen Fall von Vertretungsmacht gemäß § 54 I HGB handelt. Die Klägerin erfüllt auch die Voraussetzungen des § 6 I HGB. Die Zusage bestimmter Lizenzen war vorliegend ein Geschäft, das die Tätigkeit hier gewöhnlich mit sich bringt.

Beschränkbarkeit der Handlungsvollmacht

Die Einschränkbarkeit der Vertretungsmacht - und zwar auch und gerade für das *Außenverhältnis* - ergibt sich aus § 54 III HGB.

Mit „Kennenmüssen" i.S.d. § 54 III HGB ist der bei Gebrauch dieser Bezeichnung im ganzen Zivilrecht geltende Maßstab des § 122 II BGB gemeint, sodass grds. auch *einfache* Fahrlässigkeit genügen kann.

Auslegung

Zumindest bei AGB muss man wegen § 305b BGB bzw. § 305c II BGB die Beschränkung so deutlich klarstellen, dass keine Zweifel bleiben. Vorliegend ist der Vortrag der Klägerin viel zu unsubstanziiert hierfür. Dem Vortrag lässt sich nämlich nicht einmal entnehmen, dass nach der Klausel eine schriftliche Erklärung *der Geschäftsführung selbst* vorliegen müsse; nur bei solchen Begrenzungen des maßgeblichen Personenkreises kommt eine solche Auslegung der Schriftformklausel als Regelung zur Vertretungsmacht in Betracht. Nach dem von der Klägerin vorgetragenen Klauselinhalt hätte aber auch eine schriftliche Erklärung *des Vertreters selbst* die Voraussetzungen der Klausel erfüllt. Also kann der verständige Leser der Klausel diese nicht als eine Beschränkung der Vertretungsmacht interpretieren.

Ergebnis: Hätte der Mitarbeiter Veith also eine entsprechende Zusage einer kostenfreien weiteren Lizenz abgegeben (anderes Ergebnis der Beweisaufnahme), so wäre diese nach dem Parteivortrag als wirksam anzusehen gewesen.

176 Vgl. Pal./Grüneberg, § 305b, Rn. 5.

177 Vgl. Pal./Grüneberg, § 309, Rn. 114.

Fall 4

Johanna Albert
Rechtsanwältin
Herrenstraße 12a
76133 Karlsruhe

Karlsruhe, 12. Januar 2018

An das
Landgericht Karlsruhe
76133 Karlsruhe

Landgericht Karlsruhe
Eingang: 12. Januar 2018

Klage

In dem Rechtsstreit

Victor Vogel, Douglasstraße 14, 76133 Karlsruhe

- Kläger -

gegen

Helmut Hilpert, Gartenstraße 45, 76133 Karlsruhe

- Beklagter zu 1) -

Erwin Schwindelmann KG, vertreten durch den einzigen persönlich haftenden Gesellschafter Erwin Schwindelmann, Industriestraße 15, 76189 Karlsruhe

- Beklagte zu 2) -

Erwin Schwindelmann, Industriestraße 15, 76189 Karlsruhe

- Beklagter zu 3) -

Karola Kleinert, Schifferstraße 23, 76189 Karlsruhe

- Beklagte zu 4) -

zeige ich an, dass ich den Kläger vertrete, versichere ordnungsgemäße Bevollmächtigung und erhebe für ihn Klage mit folgenden Anträgen:

1. Die Beklagten werden gesamtschuldnerisch verurteilt, an den Kläger 30.000 € nebst Zinsen in Höhe von fünf Prozentpunkten über dem Basiszins hieraus seit Rechtshängigkeit zu bezahlen.

2. Die Beklagten haben die Kosten des Verfahrens zu tragen.

3. Das Urteil ist vorläufig vollstreckbar.

Begründung:

Der Kläger verlangt von den Beklagten Regress dafür, dass er von Herrn Caspar Cacharias auf Schadensersatz in Anspruch genommen worden ist. Dem liegen folgende Vorgänge zu Grunde:

Der Beklagte zu 1) war früher Eigentümer eines mit Wohn- und Geschäftsräumen bebauten Grundstücks in 76189 Karlsruhe, Waibelstraße 24b. Dort betrieb er im 1. Stock auch eine kleine Gemischtwarenhandlung und handelte nebenbei - ebenfalls gewerblich - mit Grundstücken.

Einen Teil der gewerblichen Räume, nämlich die im Erdgeschoss, hatte er, als die Umsätze zurückgegangen waren, mit Mietvertrag vom 1. Januar 2012 befristet an die Firma Karl Kaiser (Sitz in 76189 Karlsruhe, Kübelkopfstraße 14) vermietet. Die Mietzeit sollte bis einschließlich 30. Juni 2017 laufen.

Durch Nachtragsvereinbarung vom 1. Februar 2012 wurde vereinbart, dass Herr Kaiser gegen eine einmalige Zahlung eine „Option“ erhalte, dass sich das Mietverhältnis bis zum 31. Dezember 2021 verlängere, wenn er bis zum 31. Dezember 2013 eine entsprechende Erklärung abgebe. Dies tat Herr Kaiser auch tatsächlich am 12. Dezember 2013.

Am 1. April 2016 erwarb der Kläger, für den es sich um eine private Vermögensanlage handeln sollte, das Grundstück durch notariellen Kaufvertrag vom Beklagten zu 1).

Beweis: Kaufvertragsurkunde (Anlage K_1)

Der Beklagte zu 1) erklärte damals, dass seine Geschäfte so schlecht gingen, dass er sich deswegen nun wohl ganz zur Ruhe setzen wolle. Er wolle deswegen nun i.R.d. Geschäftsbetriebes bereits das Eigentum am Grundstück versilbern und auch sein Unternehmen im Ganzen bald an Dritte veräußern. Der Beklagte zu 1) erklärte ausdrücklich, dass das Mietverhältnis mit Herrn Kaiser zum 30. Juni 2017 auslaufe. Der Kläger erhielt den Mietvertrag mit Herrn Kaiser ausgehändigt, erhielt aber nicht die Nachtragsvereinbarung vom 1. Februar 2012. Er wusste überhaupt nichts davon, erst recht nicht von der Ausübung der Option. Er ging davon aus, dass dieses Mietverhältnis zum 30. Juni 2017 auslaufe.

Später veräußerte der Kläger das vom Beklagten zu 1) erworbene Grundstück dann doch weiter. Am 2. Februar 2017 schloss er in Unkenntnis dieser Miet-Verlängerungsoption einen notariellen Kaufvertrag mit einem Herrn Cacharias aus Nürnberg. Dieser Herr Cacharias sollte die Räume zum 1. November 2017 beziehen können und zu diesem Termin auch das Eigentum erwerben.

Beweis: Kaufvertragsurkunde mit Herrn Cacharias (Anlage K_2)

Mit Schreiben vom 5. März 2017 forderte der Kläger den Herrn Kaiser auf, das Grundstück zum 30. Juni 2017 zu räumen, da das Mietverhältnis zu diesem Termin beendet sei. Die Firma Kaiser widersprach dieser Erklärung unter Hinweis auf die Nachtragsvereinbarung vom Februar 2012.

Eine Räumungsklage des Klägers gegen die Firma Kaiser wurde rechtskräftig abgewiesen.

Beweis: Urteil des LG Karlsruhe vom 1. September 2017 (Az. 3 O 234/17; Anlage K_3).

In diesem Verfahren (Az. 3 O 234/17) hatte der Kläger am 31. März 2017 gegen Herrn Kaiser auf Räumung des Grundstücks zum 30. Juni 2017 geklagt, und das Gericht hat den rechtlichen Bestand dieser Verlängerungsvereinbarung sowie deren wirksame Ausübung festgestellt, mit der Folge, dass Herr Kaiser nicht vor dem 31. Dezember 2021 das Grundstück räumen müsse.

Vorher war den jetzigen Beklagten der Streit verkündet worden. Die Streitverkündungsschrift vom 11. Mai 2017 war den Streitverkündungsempfängern jeweils am 13. Mai 2017 ordnungsgemäß zugestellt worden. Außerdem erfolgte eine entsprechende Mitteilung an den damaligen Beklagten (§ 73 ZPO). Ein Beitritt der Streitverkündungsempfänger und jetzigen Beklagten ist aus uns unerfindlichen Gründen aber nicht erfolgt.

Der Kläger forderte daraufhin die Beklagten durch Einschreiben vom 8. September 2017, zugegangen am 9. September 2017 auf, das Problem bis spätestens 15. Oktober 2017 zu beheben, indem der Firma Kaiser ein Aufhebungsvertrag gegen Abfindung oder Ähnliches angeboten werde. Die Beklagten reagierten aber nicht.

Der Rückgriffsanspruch gegen den Beklagten zu 1) ist daher in jedem Fall begründet. Insbesondere ist er in der Höhe angemessen, da der Kläger genau diesen Betrag als Schadensersatz an Herrn Cacharias zahlen musste.

Dieser hat entgangenen Gewinn geltend gemacht. In dem Verlängerungszeitraum (konkret: 1. November 2017 bis 31. Dezember 2021) hätte dieser - wie wir von dessen Anwälten überzeugt wurden - bei der beabsichtigten anderweitigen Vermietung als Kneipe einen Gewinn von - wohl noch extrem heruntergerechnet - 40.000 € erzielt. Den nun klageweise geltend gemachten Betrag von 30.000 € musste der Kläger an Cacharias vergleichsweise bezahlen, um zu einer Aufhebung des Kaufvertrages mit diesem zu gelangen, insbesondere um nicht einen noch höheren Schaden entstehen zu lassen. Ein solcher Vergleich wurde am 13. November 2017 mit den Anwälten von Cacharias geschlossen, um noch höhere Forderungen abzuwehren.

Die Haftung der anderen Beteiligten für diese Forderung ergibt sich aus gesellschaftsrechtlichen Gesichtspunkten. Es handelt sich nämlich um eine Verbindlichkeit, die i.R.d. Handelsgeschäftes des Beklagten zu 1) entstanden ist (sog. Nebengeschäft). Er hat dies damals selbst ausdrücklich betont. Da der Beklagte zu 1) Umsatz- und Gewinnprobleme hatte, hatte er sich gegen Ende des Jahres 2016 mit dem Beklagten zu 3), der als Kapital- und Know-how-Geber fungieren sollte, zusammengetan.

Am 15. Dezember 2016 wurde mit Wirkung zum 1. Januar 2017 eine Kommanditgesellschaft gegründet, als deren Komplementär der Beklagte zu 3) fungieren sollte. Der Beklagte zu 1) sollte Kommanditist mit einer Haftsumme von 90.000 € sein. Seine Einlage erbrachte er mit seinem bisherigen Unternehmen, das in dieser Höhe bewertet wurde (eine Bewertung, die, wie wir nicht bestreiten wollen, in etwa den Realitäten entspricht).

Vorhanden sind auch noch andere Kommanditisten, die wir wegen Erbringung der Einlage aber nicht verklagt haben. Als es recht schnell aufwärts ging mit der neuen Gesellschaft, wurde schließlich auch noch vereinbart, dass die Beklagte zu 4) zum 1. Juli 2017 eintreten soll. Dies tat sie dann auch, sodass sie unzweifelhaft für die frühere Verbindlichkeit haften muss. Da alle genannten Abreden auch rechtzeitig im Handelsregister eingetragen und bekannt gemacht wurden, ergibt sich die Haftung von Gesellschaft und Gesellschaftern aus §§ 128, 130, 173 HGB.

Albert
Rechtsanwältin

Anlage 1:

Johanna Albert
Rechtsanwältin
Herrenstraße 12a
76133 Karlsruhe

Karlsruhe, 11. Mai 2017

An das
Landgericht Karlsruhe
76133 Karlsruhe

Landgericht Karlsruhe
Eingang: 11. Mai 2017

Streitverkündung

In Sachen

Victor Vogel, Douglasstraße 14, 76133 Karlsruhe

- Kläger -

Prozessbevollmächtigter: der Unterzeichner

gegen

Karl Kaiser, 76189 Karlsruhe, Kübelkopfstraße 14

- Beklagter -

Prozessbevollmächtigter: ...

wegen Räumung

Az. 3 O 234/17

verkünde ich namens und mit Vollmacht des Klägers hiermit Herrn Helmut Hilpert, Theodor-Heuss-Platz 45, 76133 Karlsruhe den Streit mit der Aufforderung, dem Rechtsstreit auf Seiten des Klägers beizutreten.

Sollte die Klage abgewiesen werden, so hat der Kläger gegen den Streitverkündeten einen Anspruch auf Schadensersatz aus Kaufvertrag, da der Kläger dann die von ihm gemietete Sache nicht so nutzen kann, wie vertraglich geschuldet. ... *(es folgt eine Begründung)*.

Dem Streitverkündeten werden als Anlagen die Klageschrift vom 31. März 2017 und die Klageerwiderung vom 30. April 2017 zugestellt. ....

Albert
Rechtsanwältin

Weitere, praktisch inhaltsgleiche Schriftsätze gegenüber der Erwin Schwindelmann KG, sowie Erwin Schwindelmann und Karola Kleinert persönlich liegen ebenfalls bei.

Anlage 2:

Urteil des Landgerichts Karlsruhe (Az. 3 O 234/17) vom 1. September 2017 (Auszug):

1. Die Klage wird abgewiesen.
2. Der Kläger hat die Kosten des Rechtsstreits zu tragen.
3. Das Urteil ist vorläufig vollstreckbar. ...

Entscheidungsgründe:

Die zulässige Klage ist unbegründet. ...

Damit steht fest, dass eine wirksame Verlängerungsoption vereinbart worden war, die der Beklagte auch wirksam, insbesondere rechtzeitig, geltend gemacht hat. Das Mietverhältnis endet nicht vor dem 31. Dezember 2021. Bis dahin hat der Beklagte ein Besitzrecht. ...

Blöker
RiLG als Einzelrichter

Die Klageschrift vom 12. Januar 2018 wurde am 20. Januar 2018 ordnungsgemäß zugestellt. Dies unter gleichzeitiger Aufforderung zur Verteidigungsanzeige innerhalb von zwei Wochen und zur Klageerwiderung innerhalb von zwei weiteren Wochen gemäß § 276 Abs. 1 ZPO sowie mit der Belehrung über die Folgen der Fristversäumung (§§ 276 Abs. 2, 277 Abs. 2 ZPO).

Petra Springer
Rechtsanwältin
Hoffstraße 123
76133 Karlsruhe

Karlsruhe, 10. Februar 2018

An das
Landgericht Karlsruhe
76133 Karlsruhe

Landgericht Karlsruhe
Eingang: 10. Februar 2018

In dem Rechtsstreit

Vogel gegen Hilpert u.a.

Az.: 7 O 689/18

zeige ich unter Vorlage von Prozessvollmacht an, dass ich die Beklagten vertrete.

Ich beantrage, die Klage als unbegründet abzuweisen. Die Beklagten schulden nichts, da keine Anspruchsgrundlage ersichtlich ist.

Meine Mandantschaft hat eine mangelfreie Sache verkauft, sodass es nichts zu haften gibt. Insbesondere bleibt es, wie wir außerprozessual schon vorgetragen haben, dabei, dass der Mietvertrag mit Herrn Kaiser zum 30. Juni 2017 beendet worden ist.

Zum einen wird hiermit die Existenz einer solchen Verlängerungsoption bestritten, zum anderen wird bestritten, dass - sollte eine solche überhaupt existiert haben - diese jedenfalls nicht innerhalb der hierfür vereinbarten Frist rechtzeitig geltend gemacht wurde.

Wenn der Kläger nicht in der Lage ist, dies auch entsprechend vor Gericht durchzusetzen, dann kann das nicht zu Lasten meiner Mandantschaft gehen. Dass der Kläger keinen Beweisantrag stellt, dürfte insoweit schon bezeichnend sein.

Aus dem Urteil des Klägers gegen Herrn Kaiser kann sich nichts anderes ergeben. So leicht kann man nicht die Grenzen der Rechtskraft sprengen, zumal meine Mandantschaft damals nicht dem Prozess beigetreten ist. Das Landgericht war für diese mietrechtliche (!) Streitigkeit zudem gar nicht zuständig. Hiermit behaupten wir substanziiert, dass es einzig und allein die schlechte Prozessführung der Klägerseite war, die dazu geführt hat, dass der Kläger nicht längst im vollständigen Besitz des von ihm gekauften Grundstücks ist.

Im Übrigen wäre auch davon auszugehen, dass der Kläger selbst von dieser Nachtragsvereinbarung - sollte sie existieren und wirksam sein - gewusst hat. So sorgfältig, wie der Beklagte zu 1) immer gearbeitet hat, glauben wir diesem Vortrag über die Nichtaushändigung einer so wesentlichen Urkunde nicht.

Darin, dass der Kläger sich nicht vor dem Kauf bei den Mietern erkundigt hat, müsste zudem auch ein stark überwiegendes Mitverschulden gesehen werden. Im Übrigen ist zu beachten, dass jeder, der vermietete Räume erwirbt, dabei bewusst ein gewisses Risiko eingeht, das er nicht auf andere abwälzen kann, wenn es sich dann tatsächlich realisiert.

Was die Fristsetzung durch den Kläger durch Einschreiben vom 8. September 2017 angeht, sei nur darauf hingewiesen, dass dieses Schreiben juristisch gegenstandslos ist, weil der Kläger sich hierin nicht auf juristische Konsequenzen (Rücktritt oder Schadensersatz) festgelegt bzw. diese angedroht hat.

Schließlich ist der geltend gemachte Schaden den Beklagten aber auch evident nicht zurechenbar: Die Klägerseite kann nicht irgendwelche unmöglichen Vergleiche mit Dritten schließen und die Kosten daraus dann auf die Beklagten abwälzen. Im Übrigen wird das Vorliegen eines derartigen Vergleiches hiermit auch bestritten.

Wie und warum die anderen Beklagten haften sollten, ist zudem auch nicht erkennbar. Richtig ist zwar, dass es sich um ein Geschäft i.R.d. Gewerbebetriebes des Beklagten zu 1) handelte, nicht um ein Privatgeschäft. Allerdings wurde eine völlig neue Gesellschaft gegründet, die weder ausdrücklich, noch konkludent die Verbindlichkeiten des Beklagten zu 1) übernommen hat. Auch die Firma wurde nicht fortgeführt.

Stattdessen wurde gerade explizit vereinbart, dass für Altschulden alleine der Beklagte zu 1) haften soll.

Zuletzt ist darauf hinzuweisen, dass die Beklagte zu 4) nur Kommanditistin ist und im Übrigen längst ihre Einlage geleistet hat.

Springer
Rechtsanwältin

Johanna Albert
Rechtsanwältin
Herrenstraße 12a
76133 Karlsruhe

Karlsruhe, 26. Februar 2018

An das
Landgericht Karlsruhe
76133 Karlsruhe

Landgericht Karlsruhe
Eingang: 26. Februar 2018

In dem Rechtsstreit

Vogel gegen Hilpert u.a.

Az.: 7 O 689/18

sehe ich mich veranlasst, auf den Schriftsatz der Beklagtenseite zu erwidern.

Klarzustellen ist zunächst, dass der Kläger keinesfalls etwas vom Bestehen der Verlängerungsvereinbarung wusste. Diese unsubstanziierte Behauptung der Beklagtenseite ist völlig aus der Luft gegriffen.

Auch Fahrlässigkeit des Klägers ist insoweit nicht gegeben, denn es ist nicht seine Sache, sich beim Mieter nach allen Einzelheiten zu erkundigen, wenn ihm ein scheinbar vollständiger Mietvertrag ausgehändigt wird. Im Übrigen kommt es aus dogmatischen Gründen auf Mitverschulden nicht an.

Weiterhin verwahre ich mich gegen die Unterstellung, der Kläger habe – vertreten durch mich – „unmögliche Vergleiche" abgeschlossen. Dazu ist vorzutragen: Hätte man den Vertrag mit Herrn Cacharias nicht durch Aufhebungsvertrag aus der Welt geschafft, wäre die ganze Sache noch teurer gekommen!

Insoweit ist klarzustellen, dass dieser Prozess noch gar nicht das Ende ist. Sobald weitere Schäden bezifferbar sind, werden diese eigens geltend gemacht.

Zur Haftung der übrigen Beklagten ist zu ergänzen, dass der Kläger bei der Gesellschaftsgründung keinerlei Mitteilung von den Beklagten erhielt, dass die KG die Verbindlichkeiten nicht übernehmen werde. Sollte überhaupt eine entsprechende Vereinbarung vorliegen, was ich hiermit bestreite, so ist diese daher jedenfalls für den vorliegenden Rechtsstreit wirkungslos.

Albert
Rechtsanwältin

Das Gericht bestimmte Gütetermin für den 7. Mai 2018, lud die Parteien hierzu und wies darauf hin, dass sich an diesen im Falle des Scheiterns ein Haupttermin unmittelbar anschließen werde.

Landgericht Karlsruhe
Az.: 7 O 689/18

Protokoll der mündlichen Verhandlung vom 7. Mai 2018

Gegenwärtig: Richterin am Landgericht Berghofer als Einzelrichterin

Das Gericht stellt fest, dass folgende Personen erschienen sind:

für die Klägerin Rechtsanwältin Johanna Albert,

für die Beklagten Rechtsanwältin Petra Springer.

Die Vorsitzende weist darauf hin, dass der Termin zunächst als Gütetermin gemäß §§ 278, 279 ZPO behandelt wird.

Die Sach- und Rechtslage wird mit den Parteien erörtert. Eine gütliche Einigung wird nicht erzielt.

Nach kurzer Unterbrechung wird der Termin gemäß § 279 I ZPO als Haupttermin fortgesetzt.

Die Klägervertreterin stellt ihre Anträge aus dem Schriftsatz vom 12. Januar 2018. Die Beklagtenvertreterin beantragt, die Klage in vollem Umfang abzuweisen.

Die Beklagtenvertreterin legt einen Kontoauszug der Beklagten zu 2) vor, aus dem sich ergibt, dass die Beklagte zu 4) ihre Einlage von 40.000 € am 15. Juli 2017 durch Überweisung bezahlt hat.

Die Klägervertreterin erklärt, dass sie sich insoweit offenbar geirrt habe, daher nun die Klage gegen die Beklagte zu 4) zurücknehme.

Die Beklagtenvertreterin widerspricht der Klagerücknahme; ihr Mandant habe einen Anspruch auf Klageabweisung.

Auf Nachfrage der Vorsitzenden erklärt die Klägervertreterin, dass sie hiermit weder eine Erledigungserklärung noch einen Antrag auf Verzichtsurteil abgeben wolle.

Die Klägervertreterin legt die Vereinbarung mit den Anwälten des Herrn Cacharias vom 13. November 2017 im Original vor. Die Vorsitzende diskutiert den Inhalt der Urkunde mit den Parteien.

....

Die Vorsitzende verkündet daraufhin folgenden:

Beschluss:

Termin zur Verkündung einer Entscheidung wird bestimmt auf ..., Sitzungssaal 121.

Berghofer
Richterin am Landgericht

Für die Richtigkeit der Übertragung
vom Tonträger
Mückle
Justizsekretärin als U.d.G.

Die Vereinbarung des Klägers mit den Anwälten des Herrn Cacharias vom 13. November 2017 ist in den Akten im Original vorhanden. Aus dem Schriftstück ergibt sich, dass dort der Schaden, insbesondere der entgangene Gewinn des Herrn Cacharias, von dessen Anwälten auf etwas über 40.000 € beziffert wurde. Die Positionen sind im Einzelnen genau aufgeschlüsselt. Die Parteien einigten sich dann laut Urkunde gegen Aufhebung des Vertrages auf eine Zahlung von 30.000 €.

Vermerk für den Bearbeiter:

Die Entscheidung des Gerichts ist zu fertigen.

Die Streitwertfestsetzung ist erlassen.

Ladungen, Zustellungen, Vollmachten und sonstige Formalien sind in Ordnung. Alle gesetzlich vorgeschriebenen richterlichen Hinweise wurden erteilt. Wenn das Ergebnis der mündlichen Verhandlung nach Ansicht des Bearbeiters für die Entscheidung nicht ausreicht, ist zu unterstellen, dass trotz Wahrnehmung der richterlichen Aufklärungspflicht keine weitere Aufklärung zu erzielen war.

Soweit die Entscheidung keiner Begründung bedarf oder in den Gründen ein Eingehen auf alle angesprochenen Rechtsfragen nicht erforderlich erscheint, sind diese in einem Hilfsgutachten zu erörtern.

Es ist zu unterstellen, dass die Urkunde über den Vergleich zwischen dem Kläger und Herrn Cacharias ergibt, dass dieser in der Tat einen höheren Schaden errechnet und gegen den Kläger geltend gemacht hatte.

Sachverhaltsskizze Klausur Nr. 4

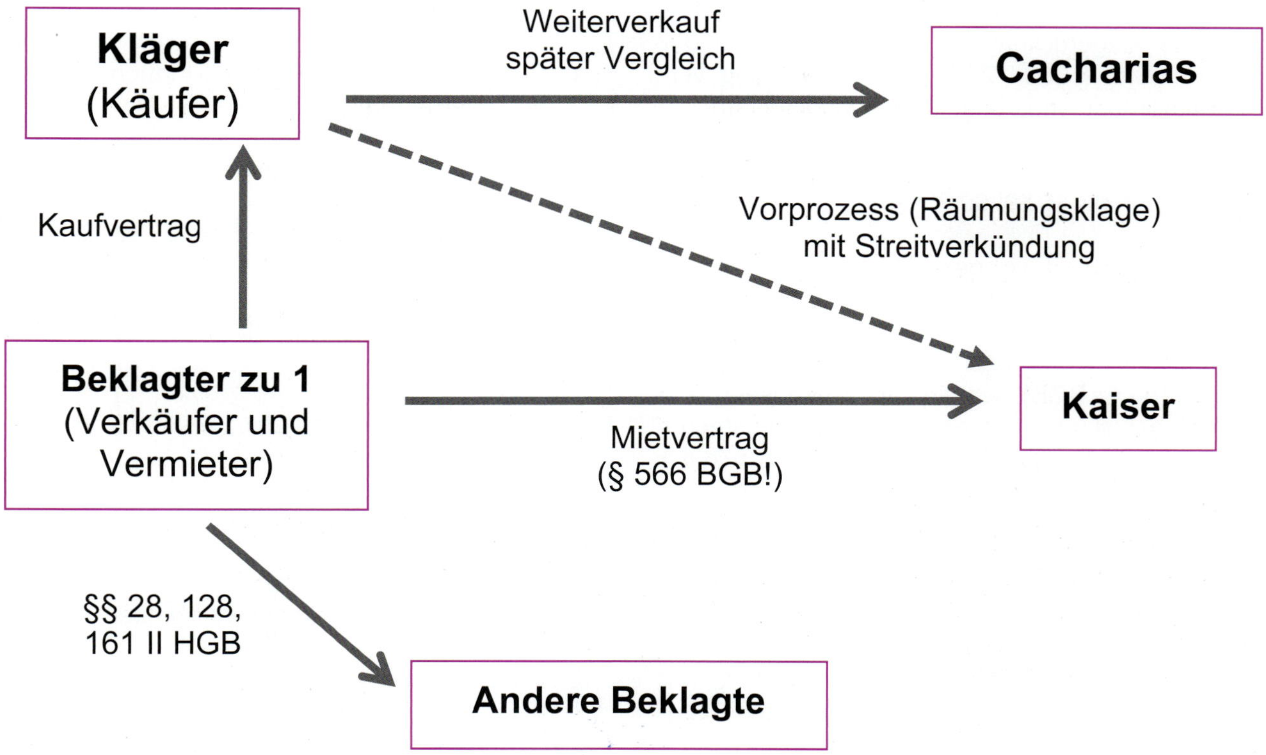

Übersicht Fall 4

I. **Zulässigkeit** der Klage (+).

Dabei Streitgegenstand unverändert: Unwirksame Klagerücknahme, da „nach Beginn der HV" i.S.d. § 269 I ZPO und Zustimmung verweigert.

II. Voraussetzungen der **subjektiven Klagehäufung** gemäß §§ 59, 60 ZPO (+).

III. Begründetheit gegen Beklagten zu 1): § 280 I, III, 281 i.V.m. §§ 437 Nr. 3, 435 BGB

1. Pflichtverletzung bzgl. des Kaufvertrags (vgl. § 311b I 1 BGB) wegen Vorhandensein und Nichtbeseitigung eines Fremdnutzungsrechts als Rechtsmangel (§ 435 i.V.m. §§ 566, 578 II 1 BGB):

   Insoweit Bindung an Urteil im Vorprozess wegen Nebeninterventionswirkung gemäß §§ 68, 74 III ZPO.

   - Kein Beitritt im Vorprozess. ⇨ Bindung nur bei Zulässigkeit der Streitverkündung i.S.d. § 72 ZPO.
   - Zulässigkeit i.S.d. § 72 ZPO hier (+) Ziel des: Anspruchs auf Gewährleistung bei ungünstigem Ausgang.

2. Ausschluss gemäß § 442 I BGB (-): Kenntnis vom *ursprünglichen* Mietvertrag begründet für *diesen* Rechtsmangel weder positive Kenntnis noch grob fahrlässige Unkenntnis.

3. Fristsetzung zur Nacherfüllung (§ 281 I 1 BGB):

   Hier keine Unmöglichkeit i.S.d. §§ 275 I, 311a BGB, da Mietvertrag mit Drittem zumindest theoretisch behebbar (Aufhebungsvertrag).

   Wirksame Fristsetzung hier aber (+).

4. Vertretenmüssen: Vermutung des § 280 I 2 BGB nicht widerlegt.

5. Schaden: auch entgangener Gewinn des Abnehmers ersetzbar:
   - Schutzzweck der Norm grds. (+).
   - Keine Unterbrechung des Kausalverlaufes durch Vergleich.

6. § 254 I BGB nicht anwendbar: § 442 BGB insoweit als lex specialis.

7. Kein Erlöschen der Verbindlichkeit (§§ 414 ff. BGB) der Bekl. zu 1) durch spätere Vorgänge.

IV. Begründetheit gegen Beklagte zu 2) (Gesellschaft): Übergang der Verbindlichkeit auf die KG nach § 28 HGB?

1. Eintritt i.S.d. § 28 I HGB (+); Firmenfortführung hier unerheblich.

2. § 28 II HGB (-): kein Beweisangebot.

3. Keine Änderung durch Eintritt der Beklagten zu 4).

V. Begründetheit gegen Bekl. zu 3) auch (+): §§ 161 II, 128 HGB.

VI. Zinsen: jeweils §§ 291, 288 I BGB i.V.m. § 187 I BGB analog.

VII. Klage gegen Bekl. zu 4):

1. Keine Entscheidung nach § 330 ZPO, sondern streitig: bisheriger Antrag wirkt weiter.

2. Ansprüche (-): § 173 i.V.m. § 171 I 2. Hs. HGB.

VIII. Kosten: §§ 92, 100 ZPO („Baumbach`sche Formel").

IX. Vorläufige Vollstreckbarkeit: § 709 S. 1, S. 2 ZPO für Kläger und Bekl. zu 4).

Hilfsgutachten

I. Weitere Ansprüche gegen Beklagten zu 1): Haftung als Gesellschafter (-): §§ 171, 172 HGB. Sacheinlage ausreichend, objektiver Wert entscheidet.

II. Zuständigkeit im Vorprozess: LG Karlsruhe gemäß § 29a ZPO, §§ 23 Nr. 1, 71 I GVG.

LÖSUNG FALL 4

Landgericht Karlsruhe *1*

Az.: 7 O 689/18

IM NAMEN DES VOLKES

Urteil[178]

In Sachen

Rubrum

Victor Vogel, Douglasstraße 14, 76133 Karlsruhe

- Kläger -

Prozessbevollmächtigter: Rechtsanwältin Johanna Albert, Herrenstraße 12a, 76133 Karlsruhe

Gegen

Streitgenossen auf Beklagtenseite

1. Helmut Hilpert, Gartenstraße 45, 76133 Karlsruhe

2. Erwin Schwindelmann KG, vertreten durch den einzigen persönlich haftenden Gesellschafter Erwin Schwindelmann, Industriestraße 15, 76189 Karlsruhe

3. Erwin Schwindelmann, Industriestraße 15, 76189 Karlsruhe

4. Karola Kleinert, Schifferstraße 23, 76189 Karlsruhe

- Beklagte -

Prozessbevollmächtigte für alle Beklagten: Rechtsanwältin Petra Springer, Hoffstraße 123, 76133 Karlsruhe

wegen Regressforderung

Übergang zum Tenor

hat die 7. Zivilkammer des Landgerichts Karlsruhe auf die mündliche Verhandlung vom 7. Mai 2018 durch Richterin am Landgericht Berghofer als Einzelrichterin für Recht erkannt:

Tenor bei Verurteilung von Gesellschaftern als Streitgenossen

1. Die Beklagten zu 1), zu 2), und zu 3) werden wie Gesamtschuldner[179] verurteilt, an den Kläger 30.000 € zuzüglich Zinsen in Höhe von fünf Prozentpunkten über dem Basiszins hieraus seit 21. Januar 2018 zu bezahlen. *1*

---

178 Die uns vorliegenden Urteile aus Baden-Württemberg sind im Rubrum ähnlich wie die hessische Variante (zu dieser bereits Fall 2): Ein gewöhnliches Endurteil wird nur als Urteil bezeichnet, und dies erfolgt direkt unterhalb von „im Namen des Volkes“. Anders als in NRW (dazu siehe Fall 3) wird die Parenthese bei den Parteien verwendet, nicht bei den Prozessbevollmächtigten.

179 BGH, NJW 2001, 1056 - 1061 (1061) = **juris**byhemmer fordert, dass im Tenor *irgendwie* klar werden müsse, dass bei einer Haftung nach oder analog § 128 HGB *teilweise* keine „echten“ Gesamtschuldner gegeben sind. Er will dabei offenbar das „wie Gesamtschuldner“ zulassen (so auch Pal./Sprau, § 714 Rn. 15 zum Parallelproblem bei der GbR), nicht aber die Formulierung „als Gesamtschuldner“ (im letzteren Sinne Baumbach-Hopt, § 128 HGB Rn. 39 [ohne Berücksichtigung dieser Entscheidung]). Ein genaueres Ausdifferenzieren bzw. Herausstellen der Tatsache, dass zwischen Bekl. zu 1) und zu 2) wegen § 28 HGB (dazu s.u.) doch eine echte Gesamtschuld vorliegt, erscheint nicht als sinnvoll, weil dies der Verständlichkeit des Tenors entgegensteht. Zum Ganzen vgl. auch in **Assessor-Basics, Zivilurteil**, § 4 Rn. 7.

2. Im Übrigen wird die Klage abgewiesen.

Baumbach'sche Formel

3. Von den Gerichtskosten trägt der Kläger 1/4 und die Beklagten zu 1), zu 2) und zu 3) gesamtschuldnerisch 3/4.[180] 2

Der Kläger trägt die außergerichtlichen Kosten der Beklagten zu 4) ganz. Von den außergerichtlichen Kosten des Klägers tragen die Beklagten zu 1), zu 2) und zu 3) gesamtschuldnerisch 3/4. Im Übrigen tragen die Parteien ihre außergerichtlichen Kosten selbst.

4. Das Urteil ist für den Kläger und die Beklagte[181] zu 4) vorläufig vollstreckbar gegen Sicherheitsleistung in Höhe von 110 % des jeweils zu vollstreckenden Betrages.[182]

Tatbestand: 3

Einleitungssatz

Die Parteien streiten um eine Schadensersatzforderung nach dem Verkauf eines Grundstücks vom Beklagten zu 1) an den Kläger.

unstreitiges Vorbringen

Der Beklagte zu 1) war früher Eigentümer eines mit Wohn- und Geschäftsräumen bebauten Grundstücks in 76189 Karlsruhe, Waibelstraße 24b. Dort betrieb er eine kleine Gemischtwarenhandlung und handelte nebenbei gewerblich mit Grundstücken. Einen Teil der gewerblichen Räume vermietete der Beklagte zu 1) mit Mietvertrag vom 1. Januar 2012 an die Fa. Karl Kaiser. Der Mietvertrag sollte ursprünglich am 30. Juni 2017 enden.

Am 1. April 2016 erwarb der Kläger das Grundstück durch notariellen Kaufvertrag vom Beklagten zu 1). Bei den Verkaufsverhandlungen erklärte der Beklagte zu 1) ausdrücklich, dass das Mietverhältnis mit Herrn Kaiser am 30. Juni 2017 auslaufe.

Der Kläger veräußerte die Immobilie anschließend weiter. Am 2. Februar 2017 schloss er einen notariellen Kaufvertrag mit einem Herrn Cacharias aus Nürnberg. Herr Cacharias sollte die Räume hiernach bis zum 1. November 2017 in Besitz nehmen können. Da die Fa. Kaiser sich aber weigerte, das Grundstück zu verlassen, unterblieb die Besitzergreifung durch Herrn Cacharias.

Geschichte des Vorprozesses

Der Kläger erhob daraufhin am Landgericht Karlsruhe Räumungsklage gegen die Fa. Kaiser (Az.: 3 O 234/17). In diesem Prozess verkündete der Kläger den Beklagten mit Streitverkündungsschrift vom 11. Mai 2017, zugestellt am 13. Mai 2017, den Streit. Die Beklagten traten dem Rechtsstreit nicht bei.[183] Das Landgericht Karlsruhe wies die Räumungsklage gegen die Fa. Kaiser mit Urteil vom 1. September 2017 ab, weil das Mietverhältnis aufgrund wirksam vereinbarter und ausgeübter Verlängerungsoption nicht vor dem 31. Dezember 2021 ende. Für weitere Details wird auf das Urteil des Landgericht Karlsruhe vom 1. September 2017 (Az. 3 O 234/17) verwiesen.

---

180 Bei der Kostentenorierung wirkt sich nach zumindest h.M. die Tatsache, dass es um § 128 HGB geht und damit nur teilweise um „echte" Gesamtschuld, nicht aus (vgl. etwa Th/P, § 100, Rn. 11).

181 Die Bekl. zu 4) vollstreckt zwar nur ihre außerprozessualen Kosten, doch liegen diese hier über 1.500 €. Bei Vertretung von Streitgenossen durch denselben RA ist grds. die Erhöhung (nur) der Verfahrensgebühr gemäß Nr. 1008 VV-RVG zu beachten. Dies wirkt sich hier allerdings nicht aus, da alleine die Beklagte zu 4) vollstreckt; diese schuldet ihrem Anwalt gemäß § 7 II 1 RVG aber nur insgesamt jeweils einmal die Gebühren Nr. 3100 VV-RVG und Nr. 3104 VV-RVG (vgl. Hartmann, RVG § 7, Rn. 51).

182 Da die Beschwer des Klägers über 600 € liegt, war gemäß § 511 IV 1 Nr. 2 ZPO keine Entscheidung über die Zulassung der Berufung zu treffen.

183 Anders als im Vorprozess muss im hier zu entscheidenden sog. Folgeprozess in Tatbestand und Entscheidungsgründen auf alle wichtigen Fakten der Streitverkündung eingegangen werden, da diese nun - anders als im Vorprozess - tatsächlich Auswirkung haben (vgl. etwa **Assessor-Basics, Zivilurteil**, § 8 Rn. 60).

Der Kläger forderte die Beklagten durch Einschreiben vom 8. September 2017, zugegangen am 9. September 2017, auf, das Problem bis spätestens 15. Oktober 2017 zu beheben, indem er der Firma Kaiser einen Aufhebungsvertrag gegen Abfindung oder Ähnliches anbiete. Die Beklagten reagierten aber nicht.

Am 15. Dezember 2016 schlossen der Beklagte zu 3) und der Beklagte zu 1) einen Gesellschaftsvertrag zur Gründung einer Kommanditgesellschaft, der Beklagten zu 2). Der Beklagte zu 3) fungierte als Komplementär der KG. Die Beklagte zu 4) trat am 1. Juli 2017 als Kommanditistin dieser KG bei und bezahlte ihre Einlage in Höhe von 40.000 € - wie der Kläger nach anfänglichem Bestreiten inzwischen unstreitig stellt - am 15. Juli 2017 vollständig durch Überweisung.[184]

streitiges Klägervorbringen

Der Kläger behauptet, die Fa. Kaiser habe durch Nachtragsvereinbarung mit dem Beklagten zu 1) vom 1. Februar 2012 eine Option erhalten, dass sich das Mietverhältnis bis zum 31. Dezember 2021 verlängere, wenn sie bis zum 31. Dezember 2013 eine entsprechende Erklärung abgebe. Diese Option habe die Fa. Kaiser fristgerecht wahrgenommen.[185] 4

Weiter behauptet er, er habe sich am 13. November 2017 mit Herrn Cacharias vergleichsweise auf Zahlung eines Betrages von 30.000 € als Schadensersatz für entgangenen Gewinn aus der Nutzung des Grundstücks geeinigt, um damit noch höhere Ersatzforderungen von Cacharias abzuwenden.

(grds. wörtliche) Anträge

Der Kläger beantragt mit seiner am 20. Januar 2018 zugestellten Klage: 5

> Die Beklagten werden gesamtschuldnerisch verurteilt, an ihn 30.000 € nebst Zinsen in Höhe von fünf Prozentpunkten über dem Basiszins[186] hieraus seit Rechtshängigkeit zu bezahlen.

Die Beklagten beantragen,

> die Klage abzuweisen.

Streitiges Beklagtenvorbringen

Sie behaupten, dem Kläger müsse die Verlängerung des Mietvertrages bis 2021 bekannt gewesen sein, da der Beklagte zu 1) - was *insoweit* nicht bestritten wurde - immer sehr sorgfältig gearbeitet habe.[187] Im Übrigen sei bei Gründung der Gesellschaft vereinbart worden, dass für Altschulden alleine der Beklagte zu 1) haften solle. 6

Rechtsansichten nur knapp im Tatbestand!

Sie vertreten die Rechtsansicht, dass das Urteil gegen die Fa. Kaiser nicht berücksichtigt werden könne, da die Beklagten dem Prozess nicht beigetreten seien. Es habe allein die schlechte Prozessführung des Klägers zu dessen Unterliegen im Prozess gegen die Fa. Kaiser geführt. Weiter treffe den Kläger zumindest ein überwiegendes Mitverschulden, da er sich nicht vor dem Kauf bei den Mietern erkundigt hatte. Ein durch einen etwaigen Vergleichsabschluss mit Herrn Cacharias entstandener Schaden sei den Beklagten nicht zurechenbar.

---

184 Anders als ein zu unsubstanziiertes Bestreiten gehört es zum Unstreitigen, wenn eine Partei, die zuvor bestritten hatte, sich - wie hier - das Ergebnis der Beweisaufnahme zu eigen macht (vgl. Th/P, § 313, Rn. 17). Üblicherweise wird dieser Sinneswandel dann im Tatbestand - wie hier - kenntlich gemacht.

185 Das Vorhandensein und die wirksame Ausübung der Option muss zwar aus rechtlichen Gründen als gegeben angesehen werden (s.u.), doch ändert dies nichts daran, dass sie - worauf es im Tatbestand ankommt - tatsächlich bestritten worden ist.

186 Zur Formulierung der Zinsanträge im Tatbestand im Falle des Klageerfolges vgl. bereits ausführlich oben in Fall 1.

187 Dieser Vortrag bezüglich § 442 BGB ist als einfaches Bestreiten anzusehen, daher nicht doppelt zu erwähnen. Da die Beklagten die Darlegungs- und Beweislast haben, ist die Einordnung hier beim streitigen Beklagtenvortrag vorzunehmen, nicht beim streitigen Klägervortrag.

Prozessgeschichte

(Perfekt)

In der mündlichen Verhandlung vom 7. Mai 2018 hat die Klägervertreterin die Rücknahme der Klage gegen die Beklagte zu 4) erklärt, nachdem zuvor beide Parteien schon ihre Sachanträge gestellt hatten. 7

Die Beklagtenvertreterin hat dieser Rücknahme widersprochen.[188]

Das Gericht hat Beweis erhoben durch Einsicht in eine vorgelegte Urkunde über den Vergleich zwischen dem Kläger und Herrn Cacharias.

Entscheidungsgründe:

Die Klage ist vollständig zulässig, dennoch aber nur zum Teil erfolgreich. Sie ist begründet gegen die Beklagten zu 1, zu 2) und zu 3), war bezüglich der Beklagten zu 4) aber abzuweisen. 8

I. Die Klage ist **<u>zulässig.</u>**

Klagerücknahme unwirksam

Dabei ist auch nach wie vor über den gesamten Streitgegenstand zu entscheiden. Die Rechtshängigkeit wurde hier nicht gemäß § 269 I ZPO durch wirksame Teil-Klagerücknahme beendet. Hierzu hätte es einer Zustimmung der Beklagten zu 4) bedurft, die diese ausdrücklich verweigert hat. 9

hemmer-Klausur-Tipp

Stellen Sie die Prüfung der Wirksamkeit einer Teilklagerücknahme unbedingt an die Spitze der Prüfung! Erst muss feststehen, was überhaupt noch rechtshängig ist, bevor man sich in der Sache (Zulässigkeit und Begründetheit) hierzu äußert.[189]

Der Beginn der mündlichen Verhandlung i.S.d. § 269 I ZPO war zum Zeitpunkt der erfolgten Klagerücknahme schon gegeben, da insoweit auf den Klageabweisungsantrag aus Sachgründen durch den Beklagten abzustellen ist[190] und dieser hier zum Zeitpunkt der Klagerücknahmeerklärung schon gestellt worden war. Da die Klagerücknahme nicht schriftsätzlich erklärt wurde, kommt im vorliegenden Fall auch die Zustimmungsfiktion des § 269 II 4 ZPO nicht in Betracht.

§ 264 Nr. 2 ZPO <u>nicht</u> bei <u>vollständiger</u> Rücknahme

Auch aus § 264 Nr. 2 ZPO ergibt sich hier nichts anderes, da diese Vorschrift auf den - hier gegebenen - Fall der *vollständigen* Rücknahme der Klage gegenüber einem Streitgenossen schon gar nicht angewendet werden kann, zudem aber nach zutreffender h.M. die Anwendung von § 264 Nr. 2 ZPO nichts an der zusätzlichen Anwendbarkeit von § 269 I ZPO ändert.[191] 10

Das Landgericht Karlsruhe ist nach §§ 23 Nr. 1, 71 I GVG sachlich und nach §§ 12, 17 ZPO bezüglich der Beklagten zu 2)[192] bzw. §§ 12, 13 ZPO bezüglich der anderen Beklagten örtlich zuständig. 11

---

188 Zum Tatbestand bei Teilklagerücknahme siehe in **Assessor-Basics, Zivilurteil**, § 8 Rn. 49.

189 Zum Aufbau bei Klagerücknahme und Klageänderung siehe in **Assessor-Basics, Zivilurteil**, § 9 Rn. 27.

190 Vgl. etwa Th/P, § 269, Rn. 9; § 39, Rn. 7; Zöller/Greger, § 269, Rn. 13.

191 Vgl. etwa Th/P, § 264, Rn. 6.

192 Die Parteifähigkeit der gemäß §§ 51, 52 ZPO, §§ 125 I, 161 II HGB ordnungsgemäß vertretenen Beklagten zu 2) ergibt sich aus §§ 124 I, 161 II HGB.

subjektive Klagehäufung

II. Die Voraussetzungen der **subjektiven Klagehäufung** auf Beklagtenseite liegen unproblematisch vor, da die Beklagten als Gesamtschuldner bzw. akzessorisch haftenden Personen in Anspruch genommen werden, also eine Rechtsgemeinschaft i.S.d. § 59 1.Alt. ZPO gegeben ist.

Beklagter zu 1) Anspruchsgrundlage

III. Die Klage **gegen die Beklagte zu 1)** ist **begründet**. Es bestehen insoweit Zahlungsansprüche des Klägers aus §§ 280 I, III, 281 I 1 i.V.m. §§ 437 Nr. 3, 435 BGB in der geltend gemachten Höhe von 30.000 €. 12

Aufbauhinweis

Normalerweise prüft man die Gesellschaft zuerst, dann erst die Gesellschafter. Hier war anders aufzubauen: Es lag nämlich ein besonderer Fall vor, v.a. weil sich die Haftung der Gesellschaft über § 28 HGB nur ergeben konnte, wenn *vorher* schon ein Anspruch gegen den Beklagten zu 1) bestanden hatte.
In der Zitierweise wird hier der derzeit h.M. gefolgt, die die §§ 281 ff. BGB nicht als eigenständige Anspruchsgrundlagen ansieht, sondern nur als Ergänzungen von § 280 I BGB als zentraler Anspruchsgrundlage.[193] Daher wird § 280 I im Zitat an die Spitze gestellt.

1. Eine **Pflichtverletzung** i.S.d. § 280 I BGB ist sogar zweifach gegeben, da davon auszugehen ist, dass die Beklagte zu 1) zum einen dem Kläger entgegen § 433 I 2 BGB nur solches Eigentum verschafft hat, das mit einem **Rechtsmangel** i.S.d. § 435 BGB belastet war *und* dass sie zum anderen dessen Nacherfüllungsverlangen in Form der Beseitigung dieser Belastung nicht fristgerecht erfüllt hat.

Achtung: entscheidende Pflichtverletzung beim Schadensersatz statt der Leistung *ist i.d.R. die Nichtbeseitigung des Mangels!*

Hinweis: Geht es um den Schadensersatz *statt der Leistung* i.S.d. §§ 280 I, III BGB *und* ist die Nacherfüllung auch möglich (sonst § 311a oder § 283 BGB statt § 281 BGB), dann liegt bei Vorliegen der Voraussetzungen des § 281 I oder II BGB mit der Nichtvornahme der Nacherfüllung eine *weitere* (zweite) Pflichtverletzung des Schuldners vor.
Bedeutung: Das Vertretenmüssen bezüglich einer solchen *zweiten* Pflichtverletzung wird selbst im Kaufrecht extrem selten zu verneinen sein.[194] Die Vermutung des Vertretenmüssens der *ersten* Pflichtverletzung (Lieferung einer mangelhaften Sache) ist bei reinen Kaufverträgen viel einfacher zu widerlegen, v.a. weil der Hersteller nicht Erfüllungsgehilfe ist (die Herstellung ist – anders als bei § 631 oder § 651 BGB) – dann ja gar nicht geschuldet, sodass der Hersteller nicht im Pflichtenkreis des Verkäufers tätig wurde). *Diese* Widerlegung nützt dem Verkäufer aber nichts, wenn er die zweite Pflichtverletzung zu vertreten hat.
Beim Schadensersatz *neben* der Leistung nach § 280 I BGB, also v.a. bei Mangel*folge*schäden, muss für die Prüfung des Vertretenmüssens dagegen an die *ursprüngliche* Pflichtverletzung angeknüpft werden: Es geht hier ja nur um solche Schäden, die durch eine Nacherfüllung gar nicht mehr beseitigt werden könnten (zu dieser Abgrenzungsformel s.u.); dann aber kann die Verweigerung der Nacherfüllung zumindest *nicht kausal* für diesen konkreten Schaden sein.[195]

§ 311b I 1 BGB (+)

Ein wirksamer Kaufvertrag über das vermietete Grundstück war zwischen den Parteien zustande gekommen, da auch die notarielle Form des § 311b I 1 BGB gewahrt wurde.

---

193 Vgl. dazu etwa Pal./Grüneberg, § 280, Rn. 4; a.A. aber etwa Wieser, Gleichzeitige Klage auf Leistung und auf Schadensersatz aus § 281 BGB, NJW 2003, 2432 - 2434: § 281 BGB sei eigenständige Anspruchsgrundlage.

194 Vgl. dazu v.a. Lorenz, Rücktritt, Minderung und Schadensersatz wegen Sachmängeln im neuen Kaufrecht - Was hat der Verkäufer zu vertreten?, NJW 2002, 2497 - 2505 (2501).

195 Eine zweite Pflichtverletzung als solche liegt auch in solchen Fällen u.U. noch vor, und diese ist für andere Schäden desselben Rechtsstreits dann u.U. auch durchaus noch von Bedeutung, wenn diese unter § 280 III BGB zu subsumieren sind.

Mietverhältnis = Rechtsmangel i.S.v. § 435 BGB

Auch für ein Mietobjekt gilt, dass der Verkäufer gemäß § 433 I 2 BGB verpflichtet ist, dem Käufer den verkauften Gegenstand frei von Rechten Dritter zu verschaffen. 13

Das Bestehen eines Miet- oder Pachtverhältnisses ist wegen der Schutzvorschrift des § 566 BGB (hier i.V.m. § 578 II 1 BGB) grds. ein Rechtsmangel, da das Besitzrecht des Mieters aus § 535 I BGB den Gebrauch der Sache durch den Käufer beeinträchtigt.[196]

Bindungswirkung aufgrund Streitverkündung!

Dass ein solches Besitzrecht des Mieters Kaiser aus § 535 I BGB i.V.m. §§ 566, 578 II 1 BGB bis Ende 2021 besteht, ist vom Gericht im vorliegenden Rechtsstreit nicht mehr zu überprüfen. Insoweit besteht eine Bindungswirkung gegenüber den Feststellungen aus dem Vorprozess zwischen dem Kläger und Herrn Kaiser (Az. 3 O 234/17).[197]

Eine **Bindung** an die diesbezüglichen Feststellungen des Landgerichts Karlsruhe im Verfahren Vogel / Kaiser (Az. 3 O 234/17) ergibt sich hier aber gemäß §§ 74 III, 68 ZPO aus der im genannten Verfahren[198] erfolgten **Streitverkündung**.

Eine solche Streitverkündung ist hier tatsächlich formal ordnungsgemäß erfolgt. Vom Einhalten der Formvorschriften des § 73 ZPO ist nach Klägervortrag bzw. Aktenlage auszugehen. Der Streitverkündungsempfänger war auch nicht selbst Partei, und die Streitverkündung ist auch innerhalb des richtigen Zeitraums, also zwischen Einreichung der Klageschrift und Rechtskraft, erfolgt.

Umfang der Interventionswirkung

Die Interventionswirkung gemäß § 68 ZPO (hier i.V.m. § 74 III ZPO) ist nicht auf den Tenor der Entscheidung beschränkt, sondern erstreckt sich auf die Urteilselemente, d.h. auf die Tatsachenfeststellungen oder die Feststellung eines Rechtsverhältnisses, auf denen das Urteil des Vorprozesses beruht. Das Bestehen eines Besitzrechtes des Herrn Kaiser wurde hier im Vorprozess in den Urteilsgründen festgestellt, sodass dies nun von der Interventionswirkung erfasst ist.[199] 15

Insbesondere liegen hier alle **Voraussetzungen der Interventionswirkung** vor. 16

Zulässigkeit der Streitverkündung (nicht immer zu prüfen!)

Voraussetzung für eine Interventionswirkung im Folgeprozess ist hier, dass die Streitverkündung überhaupt zulässig war.

---

196 Dagegen gelten öffentlich-rechtliche Beschränkungen oft als Sachmangel (vgl. dazu Pal./Weidenkaff, § 434, Rn. 61, § 435, Rn. 11).

197 Zum Klausuraufbau beim (u.U. nur möglicherweise) Vorhandensein einer Nebeninterventionswirkung siehe **Assessor-Basics, Zivilurteil**, § 4 Rn. 63 f. Eine Bindungswirkung ergibt sich keinesfalls aus der materiellen Rechtskraft dieses Urteils. Denn die materielle Rechtskraft eines Urteils beschränkt sich auf den Tenor und vor allem grds. auch nur auf die Parteien des Rechtsstreits.

198 Vorsicht mit dem Sachverhalt: Als der Fall als Klausur im Hemmer-Assessorkurs geschrieben wurde, verneinten manche Bearbeiter die Nebeninterventionswirkung, weil sich eine solche nur auf ein Urteil beziehen kann, nicht aber auf einen Prozessvergleich (dazu vgl. in der Tat Th/P, § 68, Rn. 4 m.w.N.). So liegt hier aber der Sachverhalt gar nicht: Die Streitverkündung fand statt im Verfahren gegen die Fa. Kaiser (Mieter), und diese Räumungsklage wurde rechtskräftig *durch Sachurteil* abgewiesen. Der Vergleich, von dem im Fall hier die Rede ist, hat mit diesem Vorprozess gar nichts zu tun, sondern wurde als außerprozessualer mit dem Cacharias abgeschlossen, um weitere Schadensersatzforderungen von diesem abzuwenden. Der Vergleich bezieht sich also gar nicht auf die Frage des Vorliegens eines Rechtsmangels, um das es hier nun geht, sondern auf die *Schadenshöhe* (dazu s.u.). – Eine solche Fehlinterpretation, wie die eben aufgezeigte, kann Ihnen die komplette Klausur zerstören. Sie sollten sich des besseren Überblicks wegen daher, wenn der Fall mit mehr als nur zwei Personen spielt (also auch bei Sachverhalten, die nicht die Komplexität des vorliegenden erreichen!!), immer eine grafische Skizze fertigen, zwischen welchen Personen welcher konkrete Vorgang stattfand!

199 Exkurs: Keine Bindung besteht aber, wenn die Hauptpartei im Vorprozess ausdrücklich gerade deswegen unterlegen ist, weil weder die streitige Tatsache, noch ihr Gegenteil bewiesen werden konnte. Dies auch dann, wenn das Gericht des Vorprozesses die Beweislast falsch beurteilt hatte (Th/P, § 68, Rn. 6).

Auf die Zulässigkeit der Streitverkündung kommt es dann nicht an, wenn der Streitverkündungsempfänger dem Verkünder beitritt, denn dann greift § 68 ZPO unmittelbar schon *infolge der Streithilfe* ein.[200]

Dagegen kommt es im vorliegenden Fall des Nichtbeitritts des Streitverkündeten *nur dann* zur Interventionswirkung, wenn die Streitverkündung auch tatsächlich zulässig war. Die Anwendung von § 74 III ZPO setzt also den Tatbestand von § 72 ZPO voraus. Da durch die Streitverkündung dem Dritten praktisch aufgedrängt wird, muss er durch besondere Voraussetzungen, die an die Zulässigkeit einer Streitverkündung gestellt werden, geschützt werden. Nur im Falle seiner aktiven Mitwirkung als Streithelfer bedarf er, wie sich schon aus der Gesetzessystematik ergibt, dieses Schutzes nicht.

hemmer-Klausur-Tipp

Arbeiten Sie diese eben angesprochene Differenzierung in der Streitverkündungsklausur immer sauber heraus! Für die Korrektoren hat dieser Aspekt oftmals eine hohe Bedeutung!
Beachten Sie dabei folgenden Unterschied: Auch die Hemmung der Verjährung gemäß § 204 I Nr. 6 BGB setzt – über den Wortlaut der Vorschrift hinaus – voraus, dass die Streitverkündung gemäß § 72 I ZPO tatsächlich zulässig war. In diesem Zusammenhang wird aber – anders als bei der Interventionswirkung des § 68 ZPO – das Erfordernis der Zulässigkeit gerade nicht dadurch entbehrlich, dass der Empfänger im Vorprozess beigetreten war.[201]
Folge für die Klausur: Müssen Sie sowohl die Interventionswirkung als auch die Hemmung der Verjährung prüfen, so sollten Sie im Falle des tatsächlichen Beitritts die Zulässigkeit i.S.d. § 72 ZPO bei der Prüfung von § 68 ZPO (meist recht früh, im Rahmen des Tatbestands der Anspruchsgrundlage) offen lassen. Ziemlich am Ende der Klausur (Verjährungsfragen sind im Aufbau meist sehr spät zu verorten) taucht dann dieses Problem noch einmal auf. Da es sich manchmal um eine schwierigere Frage handelt, sollten Sie Ihr Timing so durchdacht haben, dass nun noch genau Zeit hierfür reserviert ist! Bedenken Sie immer: Die guten Punkte werden nicht bei den Nebenkriegsschauplätzen, sondern an den Schlüsselstellen des Falles geholt!

§ 72 1.Alt. ZPO (+)

Die Zulässigkeit der Streitverkündung gemäß § 72 ZPO war hier gegeben. Schon nach seinem Wortlaut greift § 72 I 1.Alt. ZPO hier ein, 17
da es vorliegend um einen von § 72 ZPO angesprochenen *Sekundäranspruch*, einen Anspruch auf „Gewährleistung und Schadloshaltung“ i.d.S. geht. Auf die übliche weite Auslegung dieser Norm kommt es vorliegend daher gar nicht an.

Prüfung von § 442 BGB

2. Auch ein **<u>Haftungsausschluss nach § 442 BGB</u>** ist hier nicht gegeben. 18

hemmer-Klausur-Tipp

Geben Sie dem Korrektor durch ihre Formulierungen und den Aufbau völlig klar zu verstehen, *auf welche konkreten Gesichtspunkte* sich die Bindungswirkung in Ihrem Fall bezieht und auf welche nicht! Konkret hier folgen nun solche Aspekte, die im Vorprozess gar nicht relevant waren. *Auf diese* kann sich die Nebeninterventionswirkung nicht beziehen, sondern sie sind wieder nach „normalen“ Regeln zu entscheiden. Dadurch kann es passieren, dass der Streitverkünder trotz Eingreifens der Nebeninterventionswirkung auch den Folgeprozess verliert. Eine unumstößliche Erfolgsgarantie ist die Streitverkündung also nicht!

---

200 Vgl. auch Th/P, § 68, Rn. 3. In diesem Fall tritt die Bindungswirkung auch dann ein, wenn die Streitverkündung gar nicht zulässig war, weil es nicht der Anwendung von § 74 III ZPO bedarf.

201 Vgl. BGHZ 175, 1 [6f.]; NJW 2009, 1488 [1489]; Urteil vom 7. Mai 2015, Az. VII ZR 104/14 [Rn. 21]; Pal./Ellenberger § 204, Rn. 21.

keine Kenntnis des Käufers bzgl. der Nachtragsvereinbarung

Eine positive Kenntnis des Klägers i.S.d. § 442 I 1 BGB ist nicht gegeben. Kennt der Käufer nur den ursprünglichen Mietvertrag und nicht auch eine nachträglich abgeschlossene Verlängerungsvereinbarung, so irrt er über den tatsächlichen Umfang des Rechts mit der Folge, dass § 442 I 1 BGB insoweit nicht eingreift.

Behauptung nicht beweisen (Beweislast bei Bekl.)

Die Beklagten sind für ihre Behauptung, der Kläger habe entgegen seinem eigenen Vortrag auch von der Nachtragsvereinbarung gewusst, beweispflichtig, weil es sich hier um die Ausnahme von der grundsätzlich gegebenen Verkäuferhaftung handelt.[202] Sie haben aber keinen entsprechenden Beweis angeboten.

Es kann insbesondere nicht auf die Kenntnis vom Mietvertrag als solchen abgestellt werden. Vielmehr ist entscheidend, dass der Kläger *von der Nachtragsvereinbarung* keine Kenntnis hatte, weil der maßgebliche Nachteil für ihn erst *hierdurch* eintrat, er sich also in einem Irrtum über den *Umfang* der Beeinträchtigung befand.[203]

Die sich aus dem Mietvertrag als solchem ergebenden Nachteile sind vorhersehbar und damit letztlich - anders als die *zusätzlichen* Nachteile infolge der Nachtragsvereinbarung - schon beim Kaufpreis einkalkuliert.

Aber auch eine grob fahrlässige Unkenntnis i.S.d. § 442 I 2 BGB kann im vorliegenden Fall auf der Grundlage des Parteivortrags nicht angenommen werden, sodass es auf die Prüfung einer Garantieerklärung oder Arglist des Beklagten zu 1) nicht ankommt. 19

auch keine grobe Fahrlässigkeit

Eine solche grob fahrlässige Unkenntnis ist dann gegeben, wenn der Käufer die in der konkreten Situation notwendige Sorgfalt in eigenen Angelegenheiten *in besonders grobem Maße* missachtet hat, wenn er also einen dem Erwerber obliegenden *Mindest*informationsaufwand nicht beachtet hat.

Davon kann nach Ansicht des Gerichts hier keine Rede sein. Wer vermietete Räumlichkeiten erwirbt, hat sich zwar grds. über den Umfang der mietrechtlichen Rechte und Pflichten kundig zu machen. Wird ihm aber - wie hier unstreitig erfolgt - ein Mietvertrag ausgehändigt, so kann er in aller Regel davon ausgehen, dass dies auch *die einzige* ihn belastende Abrede darstellt. Für besondere Umstände, die zwingenden Anlass zu weiteren Erkundigungen hätten geben können, ist im vorliegenden Fall nichts Ausreichendes ersichtlich.

Insbesondere liegt auch keine bewusste Risikoübernahme vor, wie sie von der Rechtsprechung teilweise sogar der positiven Kenntnis gleichgestellt worden ist. Eine Beschränkung der Haftung aus diesem Gesichtspunkt setzt nämlich ebenfalls voraus, dass der Erwerber das Risiko kennt oder im Sinne grober Fahrlässigkeit kennen muss.

3. Der **Vorrang der Fristsetzung zur Nacherfüllung** (§ 281 I BGB) steht dem Anspruch ebenfalls nicht entgegen. 20

Schadensersatz statt der Leistung i.S.d. § 280 III BGB

Zwar handelt es sich um einen Schadensersatz *statt der Leistung* i.S.d. § 280 III BGB, weil dieser Schaden im Falle der (gedachten) Nachholung einer ordnungsgemäßen Erfüllung im letztmöglichen Zeitpunkt nicht eingetreten wäre.[204]

202 Vgl. hierzu etwa Pal./Weidenkaff, § 442, Rn. 6.

203 Vgl. BGH, NJW 1992, 905 - 906 [zum alten Schuldrecht] = **juris**byhemmer; Pal./Weidenkaff, § 442, Rn. 7 und (mit präziser Differenzierung gegenüber anderen Fallgruppen) BaRo/Faust § 442, Rn. 16.

204 Soweit es um die Schäden geht, die durch die Forderungen des Cacharias entstanden, ist zu beachten, dass an diesen erst

keine Unmöglichkeit der Nacherfüllung

Da weiterhin auch kein Fall vorliegt, in dem das Erfordernis der Fristsetzung wegen subjektiver *Unmöglichkeit* der Nacherfüllung i.S.d. § 275 I BGB entfallen würde (vgl. § 283 S. 1 bzw. § 311a II BGB und § 326 V BGB), ist § 281 BGB einschlägig. Vermietung und Verpachtung an Dritte gelten wegen der Möglichkeit von Auflösungsverträgen nämlich als Fall der *behebbaren* Rechtsmängel.[205]

Vorsicht Falle: § 311a BGB ist bei bloß subjektiver Unmöglichkeit wohl eher der Ausnahmefall!

Hinweis: Bei Annahme eines unbehebbaren Rechtsmangels würde es sich hier um eine *anfängliche* (sog. „qualitative") Unmöglichkeit handeln, für die § 311a II BGB als Spezialvorschrift einschlägig ist.
Beachten sie auch den insoweit etwas ähnlich gelagerten und sehr examensrelevanten Fall des Verkaufs eines gestohlenen Wagens: Richtigerweise werden dort über die §§ 434, 437 BGB regelmäßig die §§ 280, 281 BGB einschlägig sein, nicht § 311a BGB, weil bei bloß *subjektiver* Unmöglichkeit Anstrengungen möglich und i.d.R. auch zumutbar sind, bei deren Durchführung dem Käufer das Eigentum verschafft werden könnte: Die Zahlung von Geld an den bestohlenen Eigentümer (oder dessen Kaskoversicherung, die meist schon Eigentümer sein wird!), um diesen zur Mitwirkung an der Eigentumsverschaffung (§ 185 BGB) zu bewegen! Ohne einen Vortrag, warum dies nicht möglich oder nicht zumutbar gewesen sein sollte, kann ein Fall von §§ 275 I, 311a BGB dann nicht angenommen werden.[206]
Oder: Hat der Schuldner den geschuldeten Kaufgegenstand an einen Dritten übereignet, ist ihm die Übereignung an den Gläubiger nicht schon deswegen unmöglich, weil er über ihn nicht mehr verfügen kann und auf ihn auch keinen Anspruch hat. Unmöglichkeit liegt vielmehr erst dann vor, wenn *feststeht*, dass der Schuldner die Verfügungsmacht auch *nicht mehr erlangen* und zur Erfüllung des geltend gemachten Anspruchs nicht mehr auf die Sache einwirken kann.[207] Ist die Unmöglichkeit aber – wie bei einem Anspruch aus § 311a II BGB oder §§ 280 I, III, 283 BGB – *anspruchsbegründende* Voraussetzung, wird jedoch, um die Anforderungen an die Darlegungs- und Beweislast des Gläubigers nicht zu überspannen, angenommen, dass die Weiterveräußerung die Unmöglichkeit indiziert, solange nicht *der Schuldner* darlegt, dass er zur Erfüllung willens und in der Lage ist.[208]
Bei Annahme eines anfänglichen unbehebbaren Rechtsmangels stünde ein anderer Verschuldensvorwurf im Raum, sodass der Verkäufer dann gemäß § 311a II 2 BGB also eine andere Beweisführung wählen müsste, um die Vermutung des Vertretenmüssens zu entkräften.

jedenfalls Fristsetzung i.S.d. § 281 I 1 BGB hier (+)

Die Frage, ob hier besondere Umstände i.S.d. § 281 II 2.Alt. BGB vorliegen, kann dahingestellt bleiben, weil ohnehin eine rechtswirksame Fristsetzung i.S.d. § 281 I 1 BGB gegeben und diese Frist fruchtlos verstrichen ist.

Das unstreitige Schreiben des Klägers an die Beklagten vom 8. September 2017, zugegangen am 9. September 2017, ist insoweit als Fristsetzung ausreichend. **20a**

Angemessenheit

Insbesondere war die bis zum 15. Oktober 2017, also mit einer Spanne von über fünf Wochen, gesetzte Frist in jedem Fall angemessen, zumal der Beklagte zu 1) schon zuvor lange Zeit die Möglichkeit gehabt hätte, sich um die Beseitigung des Problems zu kümmern.

ab 1. November 2015 übergeben werden sollte. Diese Schäden wären also durch eine Nacherfüllung (Aufhebungsvertrag mit Kaiser) *vor* diesem Termin noch zu verhindern gewesen. *Andere* Schäden sind hier aber nicht Streitgegenstand (was natürlich nicht ganz lebensnah ist, aber - insoweit examenstypisch - den Umfang des Falles in Grenzen halten soll).

205 Vgl. BGH, NJW 1998, 534 - 535 (535 m.w.N.) = **juris**byhemmer.

206 Siehe hierzu etwa Pal./Grüneberg, § 275, Rn. 25 (m.w.N.) und ausführlich Sutschet, Haftung für anfängliches Unvermögen, NJW 2005, 1404 - 1406 (1405) = **juris**byhemmer mit berechtigter Kritik an OLG Karlsruhe, NJW 2005, 989 - 991 = **juris**byhemmer, wo ohne weitere Begründung ein Fall von § 311a BGB bejaht wurde (aber glücklicherweise dann doch mit umständlicher Begründung das richtige *Endergebnis* gefunden wurde).

207 Vgl. BGHZ 141, 179 [181 f.]; BGH NJW-RR 2005, 1534.

208 Vgl. BGH NJW 2015, 1516 [Rn. 25 m.w.N.] = Life&Law 2015, 311.

Fälligkeit

Zu *diesem* Zeitpunkt war die Leistung auch längst fällig, weil der Kläger den Besitz am Grundstück am 20. Juni 2017 mit Auslaufen des ihm bekannten ursprünglichen Mietvertrags zwischen dem Beklagten zu 1) und der Firma Kaiser erlangen sollte.

Vermutung des Vertretenmüssens (§ 280 I 2 BGB)

4. Auch scheitert der Anspruch nicht an fehlendem **Vertretenmüssen** (vgl. §§ 280 I 2, 276 BGB). 21

Da sich aus dem Schuldverhältnis hier kein privilegierter oder schärferer Haftungsmaßstab ergibt, ist gemäß § 276 I 1 BGB auf (zumindest) Fahrlässigkeit i.S.d. § 276 II BGB abzustellen.

Vom hierfür aufgrund der Vermutung des § 280 I 2 BGB darlegungspflichtigen Beklagten zu 1) wurde kein *substanziierter* Vortrag dafür vorgebracht, dass die genannten Pflichtverletzungen für ihn unvermeidbar gewesen wäre.

Schaden

5. Auch im Hinblick auf den **Schadensumfang** ist der Anspruch des Klägers voll begründet. 23

Der Kläger ist gemäß § 249 I BGB so zu stellen, wie er gestanden hätte, wenn das Mietverhältnis zum 30. Juni 2017 beendet gewesen wäre.

Haftung des Klägers gegenüber C. wegen dessen entgangenen Gewinns

Nach seinem *insoweit* nicht bestrittenen Vortrag war der Kläger grds. verpflichtet, dem weiteren Erwerber Cacharias *dessen* entgangenen Gewinn aus der Miete zu ersetzen, was sich wiederum als ein Anspruch gemäß §§ 280 I, III, 281, 437 Nr. 3 BGB ergab.

Beweiswürdigung wg. Vergleichsabschluss mit den Anwälten des C.

Insoweit kann davon ausgegangen werden, dass der Kläger mit Herrn Cacharias, der durch seine Anwälte vertreten wurde, tatsächlich am 13. November 2017 einen Vergleich abschloss, in dem der Kläger sich zur Zahlung von 30.000 € verpflichtete, während Cacharias auf etwaige weitergehende Ansprüche verzichtete. Dieser Vorgang steht durch die seitens des Klägers in der mündlichen Verhandlung vorgelegte Urkunde zur Überzeugung des Gerichts fest, da auf dieser der Vorgang detailliert wiedergegeben ist.

Es ist davon auszugehen, dass diese Verbindlichkeit ohne die Pflichtverletzung des Beklagten zu 1) nicht entstanden wäre, weil der Kläger den Folgevertrag mit Cacharias vom 2. Februar 2017 dann nicht oder anders abgeschlossen hätte. Nach der Differenzhypothese liegt mithin eindeutig ein Schaden in dieser Höhe vor.[209]

Der entstandene Schaden bestand daher zunächst in der Belastung mit einer Verbindlichkeit gegenüber Cacharias, der mit der Zahlung an diesen dann aber gemäß § 250 BGB in einen Geldanspruch übergegangen ist. Auch ein solcher Schaden fällt in den Schutzzweck der Haftung für Rechtsmängel.[210]

Kausalität (+)

Der Anspruch ist **nicht** wegen des Vergleichs mit dem Inhalt der Auflösung des Kaufvertrages gegen Abfindung nach den Grundsätzen von der **Unterbrechung des Kausalverlaufes** ausgeschlossen. 24

---

209 Dass entgangener Gewinn ersatzfähig ist, ergibt sich schon aus der Definition des positiven Interesses (Schadensersatz „statt der Leistung“) selbst bzw. aus § 249 I BGB. § 252 BGB hat hierfür nur die Funktion einer Beweiserleichterung, die dann im Zusammenspiel mit § 287 ZPO wirkt (vgl. etwa Pal./Grüneberg, § 252, Rn. 1, 2; ausführlich zu dieser Beweiserleichterung siehe in **Assessor-Basics, Zivilurteil**, § 10 Rn. 118 ff.).

210 Vgl. BGH, NJW 1992, 905 - 906 (906) = **juris**byhemmer.

keine Unterbrechung durch Vergleichsabschluss

Eine solche Unterbrechung des Kausalverlaufs ist nur bei einem völlig ungewöhnlichen und unsachgemäßen Verhalten anzunehmen. Der Abschluss eines Vergleiches mit einem Dritten fällt im Regelfall nicht darunter.[211]

Insbesondere ist hier nichts dafür ersichtlich, dass der Vergleich nicht auf einer zumindest *vertretbaren* Würdigung der Sach- und Rechtslage basierte. Da es sich bei einer solchen Unterbrechung gegenüber der grds. Haftung des Schädigers um einen *Ausnahmefall* handelt, trägt der Schädiger *hierfür* zudem die Darlegungs- und Beweislast.

Mitverschulden?

6. Der Beklagte zu 1) kann vorliegend auch **nicht** einwenden, den Kläger treffe ein **Mitverschulden gemäß § 254 BGB**, weil ihm der Rechtsmangel fahrlässiger Weise unbekannt blieb. 25

§ 442 BGB als lex specialis

Dabei kommt es nicht einmal darauf an, ob tatsächlich eine entsprechende Erkundigungsmöglichkeit und -pflicht bestand, wie sie die Beklagtenseite vorträgt. § 254 BGB wird in diesen Fällen nämlich von § 442 BGB als Sonderregel verdrängt.[212] 26

Denn § 442 BGB beinhaltet eine *typisierte Interessenabwägung* zwischen den Rechten des Käufers und des Verkäufers. Ist diese Interessenabwägung auch weniger differenziert als bei § 254 I BGB, so ist dennoch für § 254 I BGB neben § 442 BGB kein Raum.

Der Gesetzgeber hat hier das Risiko der Verkäufers *nur unter bestimmten Voraussetzungen* entfallen lassen wollen. Liegen diese Voraussetzungen nicht vor, ist kein Grund ersichtlich, das Risiko auf dem Umweg über § 254 BGB doch nochmals zu reduzieren oder gar auszuschließen.[213]

kein Schuldnerwechsel durch Gesellschaftsgründung

7. Durch die spätere **Gründung der Gesellschaft** konnte diese persönliche Verbindlichkeit keinesfalls mehr berührt werden. 27

Während ein Fall der §§ 414 ff. BGB nach dem Vortrag der Parteien keinesfalls vorliegen kann, führt die Haftung nach §§ 25, 28 HGB - wie sich schon aus § 26 HGB ergibt - nur zu einer ***kumulativen* Schuldübernahme**, also zu einer Gesamtschuld i.S.d. §§ 421 ff. BGB, nicht zu einem Schuldnerwechsel.[214]

Nachhaftungsbegrenzung hier unerheblich

Auch ein Entfallen des Anspruchs gegen den Beklagten zu 1) aufgrund der zeitlichen Begrenzung der Nachhaftung gemäß § 26 I 1 HGB i.V.m. § 28 III 1 HGB kommt im vorliegenden Fall mangels Zeitablaufes nicht in Betracht.

---

211 Vgl. Pal./Grüneberg, vor § 249, Rn. 46.

212 Die gefestigte Rechtsprechung ging nämlich mit Recht davon aus, dass die Anwendbarkeit des § 254 I BGB neben § 439 I bzw. § 460 BGB a.F. ausgeschlossen ist, wenn es sich um solche Erkundigungsobliegenheiten handelt (vgl. BGH, NJW 1990, 1106 - 1108 = **juris**byhemmer zu § 439 BGB a.F.). Es ist kein Grund ersichtlich, warum die Zusammenfügung dieser beiden Regelungen in § 442 BGB n.F. hieran etwas geändert haben sollte (vgl. Pal./Weidenkaff, § 442, Rn. 5; BaRo/Faust § 442, Rn. 33).

213 Mitverschulden bei der Schadens*vergrößerung* (§ 254 II BGB) ist damit aber nicht verdrängt.

214 Vgl. etwa Baumbach-Hopt, § 25 HGB, Rn. 10; § 28 HGB, Rn. 5.

IV. Ebenfalls **begründet** ist die **Klage gegen die Beklagte zu 2)**. 29

Haftung der KG gem. § 28 HGB!

Die eben bejahte Verbindlichkeit des Beklagten zu 1) ist infolge der Gründung der Kommanditgesellschaft am 1. Januar 2017 gemäß § 28 I HGB auf diese übergegangen.[215] Dass der vorherige Einzelkaufmann dabei zum Kommanditisten zurückgestuft wurde, steht dem nicht entgegen.[216]

„nebengeschäftliche" Verbindlichkeit

Eine Verbindlichkeit i.S.d. § 28 HGB liegt hier nach nicht substanzi- 30
iert bestrittenem Klägervortrag vor, nämlich eine solche, die *während und infolge des Betriebes* des einzelkaufmännischen Unternehmens des Beklagten zu 1) entstand (sog. Nebengeschäft).[217]

Ein „Eintritt" i.S.d. § 28 I HGB, also die *Gesellschaftsgründung* unter Einbringung eines einzelkaufmännischen Unternehmens in das Gesamthandsvermögen, ist hier ebenfalls gegeben.

Auch die Voraussetzungen des § 28 II HGB liegen nicht vor, weil die 32
- ohnehin streitige - Beklagtenbehauptung des Vorliegens einer entsprechenden Ausschluss-Vereinbarung unter den Gesellschaftern hierfür keinesfalls reicht.

kein Fall von § 28 II HGB

Für die insoweit entweder notwendige Handelsregistereintragung der beabsichtigten Haftungsbegrenzung (§ 28 II 1. Alt. HGB) oder den Zugang einer entsprechenden Mitteilung an den Kläger als Gläubiger (§ 28 II 2. Alt. HGB) wurde von Beklagtenseite aber nichts vorgetragen.[218]

Dieser oblag aber die Darlegungs- und Beweislast für diesen *ausnahmsweisen* Ausschluss von der nach § 28 I HGB grds. eingreifenden Haftung.[219]

Akzessorietät

V. Schließlich ist auch die Klage gegen den **Beklagten zu 3)** be- 33
gründet. Da der Beklagte zu 3) unstreitig Komplementär der KG ist, ergibt sich der Anspruch insoweit aus §§ 128, 161 II HGB.

Dabei war in der Tenorierung allerdings eine sprachliche Korrektur des gestellten Klageantrags vorzunehmen, weil es sich im Verhältnis der Gesellschaft zu den Gesellschaftern gerade nicht um eine *gesamtschuldnerische* Haftung handelt, sondern um eine *akzessorische*.[220]

Zinsen

VI. Die **Zinsentscheidung** folgt aus § 291 i.V.m. § 288 I BGB, wobei 34
aufgrund der ähnlichen Interessenlage wie bei Fristen mit der inzwischen wohl h.M. § 187 I BGB entsprechend anzuwenden ist.

---

215 § 25 HGB scheidet aus, weil der Name des Beklagten zu 1) in der neuen Firma gar nicht enthalten ist.

216 Exkurs: Wäre der Streit nur dem Beklagten zu 1) verkündet worden, würde sich mangels einer Beweisführung die Frage stellen, ob auch die anderen Beklagten an den Vorprozess gebunden wären. Bei einer akzessorischen Haftung nach § 128 HGB wäre das gewiss zu bejahen (vgl. etwa BGHZ 73, 217 - 225 (223) = **juris**byhemmer, Baumbach-Hopt, § 129, Rn. 2 zur Doppelwirkung der Verjährungshemmung bzw. Baumbach-Hopt, § 129, Rn. 7 zur Rechtskrafterstreckung auf den Gesellschafter). Dagegen wäre dies im Verhältnis zwischen dem Beklagten zu 1) und zu 2) wohl eher zu verneinen (wodurch natürlich dann auch die Erstreckung auf die Gesellschafter entfiele), weil § 28 I HGB zu einer Gesamtschuld führt, für die i.d.R. nicht die Akzessorietät gilt, sondern § 425 BGB!

217 Unterscheiden Sie hier § 28 I HGB von § 130 bzw. § 173 HGB: dort besteht schon eine Gesellschaft. Außerdem geht es bei diesen - anders als bei § 28 HGB - nicht um die Haftung der Gesellschaft; diese wird aufgrund des sog. Grundsatzes der Identität als Selbstverständlichkeit vorausgesetzt und auf die beitretenden Gesellschafter erweitert

218 Es handelt sich bei dieser um eine rechtsgeschäftsähnliche Handlung, für die die Vorschriften über Willenserklärungen grds. entsprechend anzuwenden sind (Pal./Ellenberger, vor § 104, Rn. 6 ff.). Es gilt also auch das Zugangserfordernis entsprechend § 130 I 1 BGB (vgl. Baumbach-Hopt, § 28 HGB, Rn. 6; § 25, Rn. 14).

219 Aus diesem Grund drohte auch keine Verzögerung des Rechtsstreits, sodass § 296 I ZPO unabhängig von den weiteren Tatbestandsmerkmalen dieser Präklusionsregelung gar nicht in Betracht kam. Siehe zu diesem Zusammenhang zwischen Beweisbedürftigkeit und § 296 I ZPO in **Assessor-Basics, Zivilurteil**, § 10 Rn. 64 ff.

220 Vgl. auch BGH, NJW 2001, 1056 - 1061 (1061) = **juris**byhemmer.

Beklagter zu 4)

VII. Gegenüber der **Beklagten zu 4)** war die Klage aber **abzuweisen**.

Folge unwirksamer Klagerücknahme. Hier kein VU gemäß § 330 ZPO!

1. Insoweit war *streitig* zu entscheiden, also kein Versäumnisurteil gemäß § 330 ZPO zu erlassen. 35

Zwar hat der Kläger nach seiner unwirksamen Erklärung gemäß § 269 I ZPO (s.o.) seinen Antrag nicht hilfsweise aufrechterhalten. Dennoch ist nach zutreffender h.M. ein streitiges Urteil zu erlassen, *ohne* dass der Kläger seinen Antrag wiederaufzunehmen brauchte; dieser Antrag wirkt, da er nicht wirksam zurückgenommen ist, von selbst fort.[221]

Aufbauhinweis

Diesen Punkt dürfen sie erst *nach Bejahung der Zulässigkeit* ansprechen (dazu s.o.). Ein „echtes" VU gemäß § 330 ZPO kommt nämlich nur in Betracht, wenn die Klage tatsächlich zulässig war. Andernfalls müsste ein Prozessurteil („unechtes" VU) ergehen. Hier wurde dann - wie meist üblich - auch erst noch der *erfolgreiche* Teil der Klage vorangestellt.

Auslegung des Klägerantrages? Beachte Wortlautgrenze

Eine Auslegung als einseitige Erledigungserklärung, die zu einem Feststellungsurteil führen würde, kann hier aufgrund der ausdrücklichen Erklärungen der Klägervertreterin ebenso wenig angenommen werden, wie ein *endgültiger* Verzichtswille i.S.v. § 306 ZPO. 36

hemmer-Klausur-Tipp

Orientieren Sie sich weitgehend am Wortlaut der Anträge. Nie „ohne Not" einen Antrag auf Erledigung als Klagerücknahme behandeln (und umgekehrt). Dieser in Klausuren oft zu beobachtende Fehler führt i.d.R. dazu, dass Sie ein vom Aufgabensteller beabsichtigtes Problem aus dem Fall eliminieren und evtl. ein anderes aufbauen, auf das die Angaben im Sachverhalt gar nicht zugeschnitten sind. Dennoch muss, wenn ein bestimmter Antrag unzulässig oder unwirksam erscheint, auch immer die prozessuale Auslegung oder Umdeutung bedacht werden.[222]

2. Die Klage war abzuweisen, weil nach dem Parteivorbringen **kein Anspruch** bestand. 37

Haftung grds. auch für Altverbindlichkeiten

Zwar war für diese grds. die Haftung über § 173 HGB entstanden: Es handelt sich um eine sog. Altverbindlichkeit i.S.d. § 173 HGB, weil *der Rechtsgrund* für die Haftung mit dem Abschluss der jeweiligen Kaufverträge bereits vor dem Eintritt gelegt war.[223]

Haftungsbeschränkung

Da sie aber nur als Kommanditist eintrat und die Haftung auch nicht in der Phase nach Eintritt, aber vor Handelsregistereintragung entstand (vgl. § 176 I HGB), war ihre Haftung gemäß §§ 171, 172 HGB auf die Einlage beschränkt. Da die Klägerseite nach Vorlage entsprechender Beweismittel von ihrer bisherigen Behauptung der Nichterbringung der Einlage abrückte, war gemäß § 171 I 2. Hs. HGB kein Anspruch mehr gegeben.

221 Vgl. BGHZ 141, 184 - 193 (185) = **juris**byhemmer; Th/P, § 269, Rn. 10. Nach BGH (a.a.O.) gilt dies sogar, wenn der Antrag - anders als hier - in einem früheren Termin gestellt worden war. VU kann hiernach also nur noch ergehen, wenn der Kläger in einem späteren Termin überhaupt nicht mehr verhandelt (vgl. § 333 ZPO). Ein solches VU nach § 330 ZPO kann nach wohl h.M. aber jedenfalls auch ohne ausdrücklichen Prozessantrag ergehen, weil dieser regelmäßig als „minus" in dem (Sach-) Antrag auf Abweisung der Klage stecke (vgl. Th/P, § 330, Rn. 2).

222 Siehe hierzu in **Assessor-Basics, Zivilurteil**, § 9 Rn. 3.

223 Vgl. Baumbach-Hopt, § 128 HGB, Rn. 29.

VIII. Die **Kostenentscheidung** beruht auf §§ 92, 100 I, IV ZPO. 38

„Baumbach'sche Formel“

Weil verhindert werden muss, dass der unterliegende Streitgenosse an den außerprozessualen Kosten der obsiegenden Streitgenossen beteiligt wird, ist mit der h.M. zwischen den Gerichtskosten und den außergerichtlichen Kosten zu trennen („Baumbach`sche Formel“).[224]

Anmerkung: 1. Bei der Berechnung der Gerichtskosten und der außergerichtlichen Kosten *des Klägers* wird als Zwischenschritt ein fiktiver Gesamtstreitwert von *viermal* 30.000 € angesetzt, also 120.000 €. Die Klage gegen die vier Gesamtschuldner wird also (als *reiner Rechenschritt*, da keine Streitwerterhöhung durch Gesamtschuldnerschaft eintritt!) wie vier Klagen gerechnet. Darauf bezogen, ist der Kläger mit 30.000 € unterlegen. Er trägt 1/4. Auf die drei verurteilten Beklagten entfallen daher gesamtschuldnerisch 3/4.
2. Bei der Berechnung der *außergerichtlichen* Kostentragungsquoten der Beklagten sind die jeweiligen Parteiverhältnisse *einzeln* zu untersuchen.
Hier handelt es sich fast um den leichtesten denkbaren Fall, da der Kläger einmal voll unterliegt, im Übrigen jeweils voll obsiegt. Daher muss der Kläger nur die außergerichtlichen Kosten der Beklagten zu 4) voll übernehmen.

Vollstreckbarkeit

IX. Die Entscheidung über die **vorläufige Vollstreckbarkeit** erging nach § 709 S. 1, S. 2 ZPO. 39

Streitwertfestsetzung .... (*erlassen*).

Unterschrift

Dr. Berghofer
RiLG als Einzelrichterin[225]

Hilfsgutachten

Gesellschafterhaftung des Beklagten zu 1)

I. **Weiterer Anspruch gegen den Beklagten zu 1):** *Als Gesellschafter* war seine Haftung - anders als die *schon vorher* entstandene persönliche Haftung - gemäß §§ 171, 172 HGB auf die Einlage beschränkt (§ 171 I 2. Hs. HGB). 40

Einlage = altes Unternehmen

Eine Leistung der Einlage liegt hier in der Einbringung des alten Unternehmens (natürlich ohne das schon zuvor an den Kläger übereignete Grundstückseigentum). Eine Einlage muss auch nicht in Geld erbracht werden. Möglich ist auch die Erbringung anderer Vermögensgegenstände (Sacheinlage).

Maßgeblich ist dabei der wirkliche *objektive* Wert der Einlage im Zeitpunkt der Einbringung, weil sonst die Gläubigerinteressen nicht ausreichend gewahrt wären. Hier aber war ohnehin keine Diskrepanz zwischen dem maßgeblichen objektiven Wert und der Wertangabe von 90.000 € ersichtlich.[226]

---

224 Zu den verschiedenen Problemen, die sich in der Kostenentscheidung bei Vorliegen von Streitgenossenschaft stellen können, siehe in **Assessor-Basics, Zivilurteil**, § 6 Rn. 57 ff.

225 Auch hier wirkt sich wiederum § 348 I ZPO aus. Ein *beiderseitiges* Handelsgeschäfts i.S.d. § 348 I 2 Nr. 2f ZPO i.V.m. § 95 GVG kann nicht angenommen werden, obwohl es sich für den Verkäufer - wie oben bei § 28 HGB ausgeführt - um ein solches handelte. Es ist nichts ersichtlich, dass *der Käufer* von Anfang an gewerblichen Handel damit treiben wollte, erst recht ist nichts erkennbar, dass er es nicht als Betriebsgrundstück für einen eigenen Gewerbebetrieb nutzen wollte.

226 Vgl. Baumbach-Hopt, § 171 HGB, Rn. 6 (m.w.N.). Die von den Gesellschaftern in der Vereinbarung zugrundegelegte Wertbestimmung hat bei einer Diskrepanz zum objektiven Wert nur für das Innenverhältnis Bedeutung. Dies also etwa dann, wenn ein Gesellschafter vom anderen verlangt, weitere Beträge in die Gesellschaftskasse zu bezahlen (sog. „actio pro socio“).

Sachliche Zuständigkeit nach § 23 Nr. 1 GVG

II. **Zuständigkeit im Vorprozess:** Das LG Karlsruhe war gemäß § 29a ZPO ausschließlich örtlich und gemäß §§ 23 Nr. 1, 71 I GVG auch sachlich zuständig, da der Streitwert der Räumungsklage über 5.000 € lag. 41

Während sich § 29a I ZPO grds. auf alle Miet- und Pachtverträge bezieht (die Ausnahme gemäß Abs. 2 gilt gerade nicht für gewerbliche Miete), greift § 23 Nr. 2a GVG für diesen Fall gewerblicher Miete oder Pacht nicht ein. Insoweit ist gemäß § 23 Nr. 1 GVG der Streitwert entscheidend, der sich nach § 8 ZPO richtet.[227]

hemmer-Klausur-Tipp

„Echo-Prinzip" beachten! Ein solcher Punkt, der gar nicht den *jetzt* zu entscheidenden Prozess betrifft, wird in vielen Fällen nicht, auch nicht hilfsweise, in der Klausur zu prüfen sein. In der konkreten Situation ergibt sich die Prüfung aus dem sog. „Echo-Prinzip" i.V.m. dem Bearbeitervermerk (Hilfsgutachten gefordert), weil der Beklagte sich in der Klageerwiderung auf fehlende Zuständigkeit im Vorprozess berief und damit sogar das angebliche Nichteingreifen der Bindungswirkung begründen wollte.

227 Zöller/Gummer, § 23 GVG, Rn. 9; vgl. auch Th/P, GVG § 23, Rn. 12.

Fall 5

Martin Heißinger
Rechtsanwalt
Schloßstraße 13
90478 Nürnberg

Nürnberg, 7. Mai 2018

An das
Landgericht Berlin
10589 Berlin

Landgericht Berlin
Eingang: 7. Mai 2018

Klage

In dem Rechtsstreit

Rudi Engel, Stresemannplatz 13, 90489 Nürnberg

- Kläger -

gegen

Dr. Peter Brinkmann, Gaußstraße 15, 10589 Berlin

- Beklagter -

zeige ich an, dass ich den Kläger vertrete, versichere ordnungsgemäße Bevollmächtigung und erhebe für ihn Klage mit folgenden Anträgen:

1. Der Beklagte wird verurteilt, an den Kläger 8.750 € nebst Zinsen in Höhe von fünf Prozentpunkten über dem Basiszinssatz hieraus seit Rechtshängigkeit zu bezahlen.

2. Der Beklagte hat die Kosten des Verfahrens zu tragen.

3. Das Urteil ist vorläufig vollstreckbar.

Begründung:

Vorliegend geht es um zwei Forderungen aus Leasingvertrag vom 14. Oktober 2013 bzw. 2. September 2017.

Diese Forderungen, die ursprünglich dem Kläger selbst zustanden, wurden von diesem am 28. April 2018 zur Sicherung für eine Verbindlichkeit des Klägers gegenüber seinem Lieferanten Gisbert Gebler, Mozartstraße 34b, 90491 Nürnberg, an diesen Herrn Gebler abgetreten. Der Kläger wurde aber von diesem beauftragt und ermächtigt, diese Forderungen im eigenen Namen prozessual durchzusetzen, sodass seine Prozessfähigkeit nicht in Zweifel zu ziehen ist.

Der Beklagte ist Arzt und betreibt als solcher in Berlin eine gynäkologische Praxis mit mehreren Angestellten (auch anderen Ärzten).

Durch Vertrag vom 14. Oktober 2013 leaste er für seine Praxis einen BMW 318i zu monatlichen Leasingraten von 250 € zuzüglich einer Anzahlung von 5.000 €. Eine Kaufoption wurde ihm nicht eingeräumt. Der Vertrag lief vom 1. November 2013 bis zum 31. Oktober 2017.

Beweis: Leasingvertrag vom 14. Oktober 2013 (Anlage K_1)

Der Zahlungsanspruch ergibt sich aus der verspäteten Rückgabe des Wagens, die trotz sofortiger Rückgabeforderungen des Klägers vertragswidrig erst zum 20. Dezember 2017 erfolgte, sodass für zwei volle Monate die Leasingraten weiter zu bezahlen sind.

Unverständlicherweise weigert sich der Beklagte trotz der eindeutigen Sach- und Rechtslage bis heute, diesen Restbetrag von 500 € zu erfüllen, da er den Wagen mit den bisherigen Raten schon vollständig abbezahlt habe.

Der Hauptanteil der Klage, nämlich eine Forderung in Höhe von 8.250 € ergibt sich aus einem am 2. September 2017 abgeschlossenen Leasingvertrag über ein Ultraschallgerät. Dieser Vertrag sollte bei Leasingraten von monatlich 1.000 € für zwei Jahre gültig sein, nämlich vom 1. Oktober 2017 bis zum 30. September 2019 laufen.

Beweis: Leasingvertrag vom 2. September 2017 (Anlage K_2)

Das Ultraschallgerät wurde vertragsgemäß am Morgen des 1. Oktober 2017 geliefert, und dem Beklagten wurde eine Einführung in die Handhabung gegeben. Bezahlt wurde allerdings nur die erste Monatsrate für den Oktober 2017.

Ab einschließlich November 2017 verweigerte der Beklagte unter Berufung auf einen angeblichen Mangel des Geräts die weitere Bezahlung.

Das Vorliegen eines solchen Mangels wird hiermit bereits vorweg bestritten.

Im Übrigen wäre der Beklagte auch bei Vorliegen eines Mangels nicht zur Minderung oder Kündigung gegenüber dem Leasinggeber berechtigt, da dessen Gewährleistung im Leasingvertrag wirksam ausgeschlossen worden war. Ich zitiere aus den auf der Rückseite des Leasingvertrages abgedruckten „allgemeinen Mietbedingungen“:

§ 9 (1) Der Vermieter haftet dem Mieter nicht für Mängel der gelieferten Sache.

(2) Als Ausgleich für den Ausschluss der Gewährleistung des Vermieters gegenüber dem Mieter kann dieser etwaige Gewährleistungsansprüche gegen den Lieferanten im eigenen Namen geltend machen. Der Vermieter kann diese Ermächtigung jederzeit widerrufen und die Ansprüche selbst verfolgen.

(3) Die Kosten der Rechtsverfolgung gegenüber dem Lieferanten trägt der Mieter.

Auch nach einer am 12. Dezember 2017 erfolgten Fristsetzung zum 31. Dezember 2017, die mit einer Androhung der Rückholung des Geräts und der Forderung von Schadensersatz verbunden war, änderte der Beklagte sein Verhalten nicht. Vielmehr erklärte er am 17. Dezember 2017 gerade, keinesfalls mehr bezahlen zu wollen.

Daraufhin erklärte der Kläger am 2. Januar 2018, den Vertrag fristlos wegen Zahlungsverzugs zu kündigen und nahm sogleich sein Recht zur Rückholung des Ultraschallgerätes wahr.

Zu dieser Kündigung war der Kläger nach § 11 der „allgemeinen Mietbedingungen“ berechtigt. Ich zitiere wiederum wörtlich:

§ 11 Befindet sich der Mieter mit mindestens zwei der zu zahlenden Raten in Verzug, kann der Vermieter ihm eine Zahlungsfrist von zwei Wochen setzen. Nach Ablauf dieser Frist ist der Vermieter berechtigt, sich vom Vertrag zu lösen und stattdessen Schadensersatz wegen Nichterfüllung geltend zu machen.

Als Schadensersatz kann der Vermieter dann den entgangenen Gewinn aus dem abgeschlossenen Vertrag geltend machen, wobei er sich i.R.d. Zumutbaren verpflichtet, den Mietgegenstand anderweitig zu verwerten. Der Erlös aus dieser anderweitigen Verwertung ist dann vom Schaden abzuziehen.

Der Kläger konnte das Ultraschallgerät ab 10. Februar 2018 anderweitig als Leasinggerät verwerten, erzielte dabei aber, v.a. weil es mittlerweile gebraucht war, nur einen Erlös von 750 € monatlich, für Februar 2018 sogar nur 500 € monatlich. Bis zum Ende der mit dem Beklagten vereinbarten Laufzeit (30. September 2019) ergibt sich daher eine Differenz von 19mal 250 € plus einmal (Februar 2018) 500 € plus einmal (Januar 2018) 1.000 €, insgesamt also 6.250 €.

Hierzu sind die beiden vor der zum 31. Dezember 2017 erfolgten Vertragsbeendigung fällig gewordenen Leasingraten von jeweils 1.000 € für November 2017 und Dezember 2017 zu addieren, sodass aus diesem Vertrag noch 8.250 € offen sind.

Da der Beklagte nicht freiwillig bezahlt, war Klage geboten.

Heißinger
Rechtsanwalt

Auszug aus Anlage K_2:

Leasingvertrag

zwischen Dr. Peter Brinkmann, Planckstraße 15, 10117 Berlin (im Folgenden: Mieter)
und Rudi Engel, Stresemannplatz 13, 90489 Nürnberg (im Folgenden: Vermieter)

über eine Ultraschallgerät der Marke „Röhrig X10“

Mietbeginn: 1. Oktober 2017
Grundmietzeit: 24 Monate
Anschaffungspreis: 20.000 €.
Monatsmiete: 1.000 € (inkl. MwSt.); fällig erstmals am 1. Oktober 2017 und danach am Ersten eines jeden Monats.
geschätzter Restwert nach Ablauf der Grundmietzeit: 2.000 €.

Es gelten die umseitig abgedruckten allgemeinen Mietbedingungen.

Dr. Peter Brinkmann	*Rudi Engel*
(Mieter)	(Vermieter)

Das Gericht – die Zivilkammer 7 des Landgerichts Berlin – ordnete schriftliches Vorverfahren an.

Die Klageschrift wurde den Beklagten persönlich unter gleichzeitiger Aufforderung zur Verteidigungsanzeige innerhalb von zwei Wochen und zur Klageerwiderung innerhalb von zwei weiteren Wochen gemäß § 276 Abs. 1 ZPO sowie mit der Belehrung über die Folgen der Fristversäumung (§§ 276 Abs. 2, 277 Abs. 2 ZPO) am 26. Mai 2018 zugestellt.

Dr. Verena Kistner-Halder
Rechtsanwältin
Klinikstraße 14
10589 Berlin

Berlin, 6. Juni 2018

An das
Landgericht Berlin
10589 Berlin

Landgericht Berlin
Eingang: 6. Juni 2018

In dem Rechtsstreit

Engel gegen Dr. Brinkmann

Az.: 7 O 1356/18

zeige ich unter Vorlage von Prozessvollmacht an, dass ich den Beklagten vertrete. Wir werden uns gegen die unbegründete Klage verteidigen.

Kistner-Halder
Rechtsanwältin

Dr. Verena Kistner-Halder
Rechtsanwältin
Planckstraße 75
10117 Berlin

Berlin, 19. Juni 2018

An das
Landgericht Berlin
10589 Berlin

Landgericht Berlin
Eingang: 19. Juni 2018

In dem Rechtsstreit

Engel gegen Dr. Brinkmann

Az.: 7 O 1356/18

möchte ich hiermit den Antrag auf Klageabweisung begründen.

Die Klage ist schon unzulässig, weil der Kläger selbst vorträgt, nicht Rechtsinhaber zu sein, aber letztlich auch nicht als Vertreter des angeblichen Forderungsinhabers Gisbert Gebler auftritt. Der Beklagte hat einen Anspruch, nur mit dem jeweiligen wirklichen Forderungsinhaber zu prozessieren, denn sonst könnte es ihm ja passieren, dass er den Rechtsstreit gewinnt, anschließend vom wirklichen Forderungsinhaber aber nochmals verklagt wird.

Die Klage ist aber auch unbegründet: Bezüglich des Vertrages über den Pkw ist kein Anspruch gegeben. Der Vertrag war, wie der Kläger selbst vorträgt, vorher schon beendet, sodass es sich allenfalls um eine leicht fahrlässige nachvertragliche Vertragsverletzung meines Mandanten handelt. Da der Kläger seinen Schaden aber nicht darlegt, wir diesen hiermit im Übrigen auch substanziiert bestreiten, kann ihm nichts zugesprochen werden.

Doch auch bezüglich des Vertrages über das Ultraschallgerät ist der Anspruch abzuweisen, denn der Beklagte war überhaupt nicht mit dem Mietzins in Verzug. Die Klägerseite verschweigt nämlich, dass in dem Schreiben vom 17. Dezember 2017 der Widerruf dieses Vertrags erklärt wurde.

Beweis: Schreiben vom 17. Dezember 2017 (Anlage B_1)

Dieser war auch noch möglich, weil der Beklagte nicht über seine Widerrufsrechte belehrt worden ist. Diese Verbraucherschutzregelungen müssen auch für den Beklagten gelten, da er als Arzt nicht Kaufmann ist und es sich um einen Finanzierungsleasingvertrag handelt, der bekanntlich widerruflich ist.

Dass ein solcher Finanzierungsleasingvertrag vorliegt, ergibt sich aus § 23 der „allgemeinen Mietbedingungen" des von der Gegenseite bereits vorgelegten Vertrags. Dieser hat folgenden Wortlaut:

> *§ 23. Der Vermieter kann vom Mieter bei Ende der Laufzeit des Leasingvertrages verlangen, dass dieser das Ultraschallgerät zum Preis von 2.000 € erwirbt.*

Sollte das Gericht diesen Aspekt überraschenderweise anders sehen, so ergibt sich zumindest aus dem Mietrecht dasselbe Ergebnis. Die Nichtbezahlung seit dem Monat November 2017 beruhte auf einer berechtigten Minderung des Mietzinses, die - was die Klägerseite ebenfalls verschweigt - durch das Schreiben vom 17. Dezember 2017 erklärt wurde. Gleichzeitig enthielt dieses Schreiben hilfsweise neben dem Widerruf auch die fristlose Kündigung wegen Nichtgewährung des vertragsgemäßen Gebrauchs.

Beweis: Schreiben vom 17. Dezember 2017 (Anlage B_1)

In diesem Zusammenhang ist anzumerken, dass der auf der Rückseite des Leasingvertrages vereinbarte Gewährleistungsausschluss, der als vorgedruckte und vom Leasinggeber vielfach verwendete Klausel besonderen Bestimmungen unterliegt, unwirksam ist.

Das Ultraschallgerät war für den Beklagten völlig unbrauchbar, sodass eine Minderung auf Null angemessen war. Er brauchte das Gerät nämlich für zahlreiche Einsätze in seiner recht großen Praxis, in der er allein fünf Ärzte angestellt hat. Daher ließ er beim Hersteller und auch beim Kläger mehrmals anfragen, wie oft das Gerät pro Tag eingesetzt werden könne. Schließlich wurde ihm unmittelbar vor Vertragsschluss vom Kläger persönlich zugesichert, dass 40 bis 45 Einsätze des Gerätes täglich möglich seien.

Beweis: Zeugnis der MTA Berta Bleibtreu, Planckstraße 95, 10117 Berlin.

In Wirklichkeit ist das konkrete Gerät, wie der Beklagte inzwischen herausgefunden hat, allenfalls für maximal 25 Einsätze täglich tauglich, sonst erleidet es durch Überlastung ernsthaften Schaden.

Beweis: Sachverständigengutachten nach Auswahl des Gerichts.

Genauso kam es dann leider auch: Bereits am 20. Oktober 2017, als erstmals viele tägliche Einsätze an einem einzigen Tag vorgenommen werden mussten (etwa 32), wurde das Ultraschallgerät zunächst sehr heiß und hatte unmittelbar darauf, noch bevor man hierauf reagieren konnte, sofort einen Kurzschluss.

Beweis: Zeugnis der MTA Berta Bleibtreu.

Damit war klar, dass das Gerät entgegen der abgegebenen Zusicherung nur zum Einsatz in kleinen Praxen taugt, sodass es auch den Preis von 1.000 € monatlich nicht wert ist.

Da der Kläger auch eine noch am 20. Oktober 2017 ausgesprochene Aufforderung durch den Beklagten zur – so ausdrücklich – „umgehenden" Reparatur als angeblich völlig unbegründet zurückwies und den Beklagten auf irgendwelche Ansprüche gegen den Hersteller selbst verwies, stand das Gerät nun für einige Wochen nutzlos (weil kaputt) beim Beklagten herum, sodass ab November 2017 zu Recht nichts mehr bezahlt und später auch zu Recht gekündigt worden war.

Stattdessen prüfen wir derzeit sogar die Frage der Rückforderung der Rate für den Monat Oktober 2017 und den Ersatz der Mehrkosten, die ab November 2017 durch die dringend notwendige Anmietung eines Ultraschallgerätes eines anderen Herstellers, das den gestellten Anforderungen dann entsprach, entstanden sind.

Alles in allem dürfte jedenfalls kein Zweifel bestehen, dass die Klage abzuweisen ist.

Kistner-Halder
Rechtsanwältin

Martin Heißinger
Rechtsanwalt
Schloßstraße 13
90478 Nürnberg

Nürnberg, 28. Juni 2018

An das
Landgericht Berlin
10589 Berlin

Landgericht Berlin
Eingang: 28. Juni 2018

In dem Rechtsstreit

Engel gegen Dr. Brinkmann

Az.: 7 O 1356/18

beantrage ich hiermit, den Rechtsstreit gemäß § 246 ZPO vorübergehend auszusetzen.

Mein Mandant ist am 22. Juni 2018 verstorben. Ich muss zunächst klären, wer Erbe ist und ob dieser den Rechtsstreit fortsetzt oder ob dies der Forderungsinhaber Gisbert Gebler selbst tut.

Heißinger
Rechtsanwalt

Dem Antrag wurde vom Gericht entsprochen.

Martin Heißinger
Rechtsanwalt
Schloßstraße 13
90478 Nürnberg

Nürnberg, 29. September 2018

An das
Landgericht Berlin
10589 Berlin

Landgericht Berlin
Eingang: 29. September 2018

In dem Rechtsstreit

Az.: 7 O 1356/18

bisher: Engel gegen Dr. Brinkmann

beantrage ich hiermit, den Rechtsstreit wieder aufzunehmen.

Ich erkläre zunächst, dass der bisherige Kläger, der bereits verwitwet war, von seinem einzigen Abkömmling, seinem Sohn Peter Engel alleine beerbt worden ist.

> **Beweis:** Erbschein des Amtsgerichts - Nachlassgericht - Nürnberg vom 16. September 2018 (Ausfertigung in Anlage)

Die Adresse des Erben ist mit der des Erblassers identisch.

Der Rechtsstreit wird fortgesetzt von Herrn Gisbert Gebler, der - wie schon vorgetragen - aufgrund der Sicherungszession vom 28. April 2018 wahrer Forderungsinhaber ist und mich nun auch mit der Wahrnehmung seiner Interessen beauftragt hat. Auch der Alleinerbe Peter Engel ist mit diesem Vorgehen einverstanden. An den Anträgen ändert sich nichts.

Kläger ist nun also Herr Gisbert Gebler, Mozartstraße 34b, 90491 Nürnberg

Weiterhin beantrage ich, nun baldmöglichst Termin zur mündlichen Verhandlung zu bestimmen.

Zum Zahlungsanspruch wegen der verspäteten Rückgabe des BMW möchte ich ergänzend nur darauf hinweisen, dass sich ein derartiger Anspruch aus dem Gesetz selbst ergibt.

Bezüglich des Vertrages über das Ultraschallgerät ist darauf hinzuweisen, dass Verbraucherschutzrecht auf Leasingverträge nicht anwendbar ist.

Aus Mietrecht können sich schon deswegen keine Ansprüche ergeben, weil die Zulässigkeit der Abbedingung der mietrechtlichen Regelungen allgemein anerkannt ist.

Im Übrigen wären unbeschadet dieser Rechtslage keine Ansprüche gegeben, weil das Ultraschallgerät zwar offenbar tatsächlich durchgebrannt ist, dafür aber einzig und allein der Beklagte verantwortlich ist, weil ein 32maliger Einsatz an einem einzigen Tag zwangsläufig zu einer völligen Überlastung dieses Geräts führen musste.

Die angebliche Zusicherung durch den bisherigen Kläger, dass eine solche Belastung möglich sei, wird hiermit entschieden bestritten: eine derartige Aussage ist nie erfolgt. Stattdessen musste dem Beklagten von vornherein klar sein, dass eine derartig hohe Anzahl von Einsätzen nur bei Geräten in völlig anderer Preisklasse möglich ist, dieses Modell also zwangsläufig überlastet sein würde. Schon aus diesem Grund kann eine derartige Zusicherung des immer zuverlässig arbeitenden früheren Klägers nicht erfolgt sein.

Im Übrigen würde die grobe Fahrlässigkeit des Beklagten, der sich als Gynäkologe immerhin in solchen Fragen auskennen müsste, der Haftung entgegenstehen.

Höchst hilfsweise ist insoweit auch noch geltend zu machen, dass, wenn schon Mietrecht einschlägig wäre, der Beklagte dann zumindest auch die Pflicht gehabt hätte, das Problem sofort dem bisherigen Kläger anzuzeigen. Da er dies nicht rechtzeitig getan hat, sondern erst am 17. Dezember 2017 den (unwirksamen) Widerruf bzw. die Kündigung erklärte, konnte das Gerät nicht früher repariert werden.

In diesem Zusammenhang wird die angebliche Anzeige und Reparaturaufforderung, die die Beklagtenseite für den 20. Oktober 2017 behauptet, bestritten.

Daher ist es treuwidrig, wenn sich der Beklagte nun auf eine Minderung auf Null beruft; allenfalls käme eine geringfügige Minderung wegen der gegenüber seinen Erwartungen etwas reduzierten Anzahl der möglichen Einsätze pro Tag in Betracht, die der Beklagte nach einer erfolgten Reparatur durch den früheren Kläger hätte vornehmen können (§ 242 BGB).

Heißinger
Rechtsanwalt

Dr. Verena Kistner-Halder
Rechtsanwältin
Planckstraße 75
10117 Berlin

Berlin, 9. Oktober 2018

An das
Landgericht Berlin
10589 Berlin

Landgericht Berlin
Eingang: 9. Oktober 2018

In dem Rechtsstreit

Az.: 7 O 1356/18

bisher: Engel gegen Dr. Brinkmann

möchte ich nochmals zum laufenden Verfahren Stellung nehmen.

Ich wende mich zunächst gegen den Parteiwechsel, der analog § 269 ZPO bzw. § 265 II 2 ZPO nicht ohne die Zustimmung des Beklagten möglich ist.

Der Parteiwechsel ist nicht sachdienlich, weil es aus Sicht des Beklagten nicht ausgeschlossen ist, dass er auch vom Erben des bisherigen Klägers in Anspruch genommen wird. Derartige Andeutungen wurden von dessen Seite bereits gemacht.

Ein Zahlungsanspruch wegen verspäteter Rückgabe des BMW kann sich im Übrigen schon deswegen nicht aus dem Gesetz ergeben, weil der Leasingvertrag, um den es sich hier ja eindeutig handelt, nirgends explizit geregelt ist.

Bestritten wird, dass der Beklagte den Mangel des Ultraschallgerätes verspätet angezeigt habe. Er hat dies, wie ich in der Klageerwiderung schon angedeutet habe, telefonisch unmittelbar nach dem Kurzschluss des Gerätes getan, nämlich am 20. Oktober 2017. Gleichzeitig hat er umgehende Reparatur verlangt.

Herr Rudi Engel, der zumindest bisherige Kläger, verweigerte aber die Reparatur und verwies nur auf den Hersteller.

Beweis: Zeugnis der MTA Berta Bleibtreu (bereits benannt)

Die Zeugin hörte das Telefonat mit, nachdem der Beklagte den Herrn Engel darauf hingewiesen hatte, dass er den Lautsprecher des Telefons anstelle, um Frau Bleibtreu zu beteiligen, weil diese ihre Beobachtungen mit der Bedienung gemacht hatte und am besten mit den technischen Details vertraut sei.

Es bleibt daher dabei, dass die Klage vollständig abzuweisen ist.

Kistner-Halder
Rechtsanwältin

Am 19. Oktober 2018 erging ein Beweisbeschluss. Nach diesem soll durch Aussage der Zeugin Berta Bleibtreu geklärt werden, ob

1. Herr Rudi Engel dem Beklagten unmittelbar vor Vertragsschluss zugesichert habe, dass 40 bis 45 Einsätze des zu leasenden Ultraschallgeräts täglich möglich seien,

2. der Beklagte dem Herrn Engel am 20. Oktober 2017 Anzeige vom Defekt des Gerätes gemacht und sofortige Reparatur verlangt hat sowie dieser sie zurückwies.

Landgericht Berlin
Berlin-Charlottenburg
Zivilkammer 7

Az.: 7 O 1356/18

Niederschrift der mündlichen Verhandlung vom 7. Dezember 2018

Gegenwärtig: Richter am Landgericht Motzer als Einzelrichter

Vorläufig aufgezeichnet auf Tonträger gemäß §§ 159, 160a ZPO.

Das Gericht stellt fest, dass folgende Personen erschienen sind:

Rechtsanwalt Heißinger als Vertreter des alten bzw. neuen Klägers

für den Beklagten Rechtsanwältin Dr. Kistner-Halder.

Die weiterhin erschienene Zeugin Bleibtreu wird zur Wahrheit ermahnt, auf die Möglichkeit der Beeidigung sowie auf die Strafbarkeit einer falschen eidlichen oder uneidlichen Aussage hingewiesen. Die Zeugin verlässt den Sitzungssaal.

Die Vorsitzende weist darauf hin, dass der Termin zunächst als Gütetermin gemäß §§ 278, 279 ZPO behandelt wird.

Die Sach- und Rechtslage wird mit den Parteien erörtert. Die Parteien erklären, sich bezüglich der Forderung in Höhe von 500 € aus dem Pkw-Leasingvertrag vom Oktober 2013 außergerichtlich geeinigt zu haben. Sie erklären den Rechtsstreit insoweit einvernehmlich für erledigt.

Eine gütliche Einigung hinsichtlich der weitergehenden Forderung wird nicht erzielt.

Nach kurzer Unterbrechung wird der Termin gemäß § 279 I ZPO als Haupttermin fortgesetzt.

Der Klägervertreter stellt den wegen der Erledigungserklärung gegenüber der Klageschrift vom 7. Mai 2018 reduzierten Antrag, den Beklagten zur Zahlung von 8.250 € nebst Zinsen in Höhe von fünf Prozentpunkten über dem Basiszinssatz hieraus seit Rechtshängigkeit an ihn zu verurteilen.

Die Beklagtenvertreterin beantragt insoweit Abweisung der Klage.

…………………..

Es erscheint die Zeugin Berta Bleibtreu.

Zur Person: ……

Zur Sache: „Ich war beim Verkaufsgespräch zwischen Herrn Rudi Engel und dem Beklagten, Herrn Dr. Brinkmann, anwesend. Ich kann mich genau erinnern, dass Herr Dr. Brinkmann mehrmals sein Erstaunen darüber erklärte, dass das Ultraschallgerät bei diesem Preis eine derartige Leistungsfähigkeit besitze.

Herr Engel hat aber mehrmals nachdrücklich versichert, dass es sich um ein völlig neues technisches Konzept handle, das bezüglich der täglichen Belastbarkeit ganz neue Dimensionen erreiche. Er hat erklärt, dass 40 oder mehr Einsätze täglich absolut kein Problem seien; dies könne Herr Dr. Brinkmann auch schriftlich haben. Dieser hat dann aber auf die Erklärung vertraut und sich keine schriftliche Bestätigung geben lassen. Allerdings ist er in dieser Sache später unsicher geworden und hat deswegen doch noch eine schriftliche Bestätigung erbeten. Daraufhin hat Herr Engel ein Telefax geschickt, das ich selbst aus dem Gerät genommen und Herrn Dr. Brinkmann überbracht habe. Es hatte folgenden Inhalt: „Bestätige nochmals die von Ihnen erbetene Garantie“. Irgendwie ist uns in der Praxis aber dieses Fax abhandengekommen.

Auf Frage: Ja, am 20. Oktober 2017 hatte das Ultraschallgerät einen Kurzschluss, nachdem es - das ergeben meine Notizen ganz genau - 32mal eingesetzt worden war. Herr Dr. Brinkmann hat dies Herrn Engel daraufhin sofort mitgeteilt und diesen zur umgehenden Reparatur aufgefordert, das war noch am selben Tag. Ich bin bei dem Telefonat mit Wissen des Herrn Engel im Raum gewesen und kann mich noch genau an den Wutausbruch von Herrn Dr. Brinkmann erinnern, weil Derartiges so selten geschieht. Nach Beendigung des Telefonats hat er noch gesagt, dass man nun wohl anderweitig ein Gerät beschaffen müsse, weil Herr Engel die Reparatur verweigere, für die nach dem Vertrag angeblich nur der Hersteller verantwortlich gemacht werden könne. An das Datum kann ich mich genau erinnern, weil ich wegen des Ausfalls des Ultraschallgeräts einige Patientinnen nach Hause schicken bzw. die Termine absagen, sowie ein Ersatzgerät organisieren musste. Dies ist in den Unterlagen der Praxis natürlich alles dokumentiert. Ich kann mich auch ziemlich genau an die Wortwahl erinnern. Herr Dr. Brinkmann forderte ausdrücklich zur umgehenden Reparatur auf.“

Die Aussage wird vorgespielt und genehmigt. Auf Vereidigung wird verzichtet. Die Zeugin wird entlassen.

Die Beklagtenvertreterin legt ein Telefax vor, das auf den 3. September 2017 datiert ist. Das Gericht stellt fest, dass es den von der Zeugin Bleibtreu angegebenen Wortlaut hat.

Der Klägervertreter erklärt, dass er dies alles bezweifle. Selbst wenn es damit bewiesen wäre, könne es jedenfalls nichts daran ändern, dass die Gewährleistung wirksam ausgeschlossen sei, und der Beklagte seiner Pflicht, sich mit dem Verkäufer des Geräts auseinander zu setzen, nicht nachgekommen sei.

Der Vorsitzende verkündet daraufhin folgenden:

Beschluss:

Termin zur Verkündung einer Entscheidung wird bestimmt auf ..., Sitzungssaal 214.

Motzer
Richter am Landgericht

Für die Richtigkeit der Übertragung
vom Tonträger
Hurtig
Justizsekretärin als U.d.G.

Vermerk für den Bearbeiter:

Die Entscheidung des Gerichts ist zu fertigen. Die Streitwertfestsetzung ist erlassen.

Ladungen, Zustellungen, Vollmachten und sonstige Formalien sind in Ordnung. Alle gesetzlich vorgeschriebenen richterlichen Hinweise wurden erteilt. Soweit die Entscheidung keiner Begründung bedarf oder in den Gründen ein Eingehen auf alle berührten Rechtsfragen nicht erforderlich erscheint, sind diese in einem Hilfsgutachten zu erörtern.

Es ist zu unterstellen, dass die Erklärungen der Parteien zum Wortlaut der jeweiligen Verträge durch die vorgelegten Urkunden bestätigt werden.

Übersicht Fall 5

I. <u>Zulässiger Parteiwechsel</u> (+):

Nach Klageänderungstheorie des BGH gemäß § 263 ZPO nur Sachdienlichkeit nötig und hier zu bejahen; Zustimmung verzichtbar.

II. <u>Zulässigkeit der Klage:</u>

1. Wegen wirksamer einverständlicher Erledigterklärung (§ 91a ZPO) keine Entscheidung über Klage auf Zahlung wegen verspäteter Rückgabe des Pkw.

2. Örtliche Zuständigkeit gemäß §§ 12, 13 ZPO.

3. Sachliche Zuständigkeit gemäß §§ 23 Nr. 1, 71 I GVG.

III. <u>Begründetheit der Klage:</u>

Abgetretener (§ 398 S. 2 BGB) Anspruch aus § 535 II BGB bzw. (später) aus § 11 der AGB i.V.m. Kündigung gemäß § 543 II Nr. 3 BGB?

Hier (-), da kein Anspruch des LG auf Zahlung mehr.

1. Zunächst bindender Vertrag, da kein Widerrufsrecht gemäß §§ 495 I, 506 I BGB:

   § 506 I, II BGB nicht anwendbar, da Beklagter weder Verbraucher noch Existenzgründer ist (vgl. §§ 14, 512 BGB): Vertrag für bereits ausgeübte freiberufliche Tätigkeit.

2. Aber: Anspruch des LG entfiel zunächst wegen Minderung gemäß § 536 I BGB.

a. Ausschluss der mietrechtlichen Gewährleistung des LG hier unzulässig:

   § 307 II Nr. 2 BGB bei Finanzierungsleasing zwar grds. nicht verletzt; hier aber „Rechtlosstellung" wegen bloßer *widerruflicher* Ermächtigung bezüglich kaufrechtlicher Ansprüche.

b. Sachmangel i.S.d. § 536 I BGB (+):
   - Zeugin bestätigt Erklärungen, die (zumindest) für eine Beschaffenheitsvereinbarung über Einsatzfähigkeit genügen, evtl. sogar Zusicherung einer Eigenschaft.
   - Nichtvorliegen dieser Einsatzfähigkeit und späterer Kurzschluss sind zugestanden.

c. Einwendung des § 536b BGB (-): schon kein substanziierter Vortrag grober Fahrlässigkeit.

d. Einwendung des § 536c II 2 BGB (-): Zeugin bestätigt rechtzeitigen Hinweis des Beklagten auf Defekt.

3. Später entfiel Anspruch des LG sogar wegen wirksamer Kündigung gemäß § 543 II Nr. 1 BGB:
   - Sachmangel als „Vorenthaltung des Gebrauchs".
   - „Umgehend" als ausreichende Fristsetzung.
   - Zeugin bestätigt diese Erklärungen, kein Verwertungsverbot.

IV. <u>Kosten:</u> § 91 ZPO und § 91a ZPO.

V. <u>Vorläufige Vollstreckbarkeit:</u> §§ 708 Nr. 11, 711 ZPO.

Hilfsgutachten:

I. Prozessführungsbefugnis des ursprünglichen Klägers: war gegeben, da Vor. der gewillkürten Prozessstandschaft (+):
- Ermächtigung mit dem Inhalt der Forderung an den Kläger selbst.
- Keine Unübertragbarkeit.
- Sicherungszedent hat berechtigtes Interesse an Erhebung der Klage.

II. Rechtskrafterstreckung auf Rechtsinhaber (+), wenn Zustimmung zur Prozessstandschaft.

III. Zu den vom Bekl. geltend gemachten Verbraucherschutzrechten:

Finanzierungsleasingvertrag wäre hier sonstige Finanzierungshilfe i.S.d. § 506 II Nr. 2 BGB; Widerrufsrecht gemäß §§ 355, 495 I, 506 I BGB bei Verbrauchern daher (+).

IV. Erfolgsaussichten der erledigten Klage gemäß § 535 II BGB (+):

Zwar Vertragsverlängerung gemäß § 545 BGB (-) wegen Rückforderung.

Aber: Anspruch gemäß § 535 II i.V.m. § 546a BGB (+).

LÖSUNG FALL 5

Rubrum in Berliner Variante

Landgericht Berlin
Az.: 7 O 1356/18

Im Namen des Volkes[228]

In dem Rechtsstreit

gesetzlicher Parteiwechsel

1. des Erben des am 22. Juni 2018 verstorbenen Rudi Engel, nämlich Herrn Peter Engel, Stresemannplatz 13, 90489 Nürnberg,[229]

Klägers zu 1),

(strittiger) gewillkürter Parteiwechsel

2. des Herrn Gisbert Gebler, Mozartstraße 34b, 90491 Nürnberg,

Klägers zu 2),

- Prozessbevollmächtigter der Kläger: Rechtsanwalt Dr. Martin Heißinger, Schloßstraße 13, 90478 Nürnberg, -[230]

gegen

den Arzt Dr. Peter Brinkmann, Gaußstraße 15, 10589 Berlin,

Beklagten,

- Prozessbevollmächtigte: Rechtsanwältin Dr. Verena Kistner-Halder, Planckstraße 75, 10117 Berlin -

hat die Zivilkammer 7 des Landgerichts Berlin[231], Tegeler Weg 17-21, 10589 Berlin, durch den Richter am Landgericht Motzer als Einzelrichter auf die mündliche Verhandlung vom 7. Dezember 2018

für Recht erkannt:

Klageabweisung

1. Die Klage wird abgewiesen. 1

2. Der Kläger zu 2) hat die Kosten des Rechtsstreits zu tragen.

3. Das Urteil ist vorläufig vollstreckbar. Der Kläger zu 2) darf die Vollstreckung durch Sicherheitsleistung in Höhe von 110 % des aufgrund des Urteils insgesamt vollstreckbaren Geldbetrags abwenden, wenn nicht der Beklagte vor der Vollstreckung Sicherheit in Höhe des *jeweils* zu vollstreckenden Betrags leistet.[232]

---

228 Sonderformen des Urteils (Versäumnisurteil, Teilurteil, Schlussurteil) wären unmittelbar hier anzuführen. Bei einem normalen Urteil muss in Berlin/Brandenburg weder die Bezeichnung als „Urteil" noch als „Endurteil" angegeben werden. Die Überschrift mit „Urteil" ist – wie in den meisten anderen Bundesländern – in solchen Fällen aber dennoch auch verbreitet.

229 Beim Rubrum in Fällen des Parteiwechsels ergeben sich nach h.M. Unterschiede je nachdem, ob es um einen gesetzlichen Parteiwechsel (Tod!) geht, dessen Zulässigkeit nicht ernsthaft umstritten sein kann (da geht es allenfalls um die Frage, *wer* nun tatsächlich Erbe und damit neue Partei ist) oder um den gewillkürten Parteiwechsel. Hier im Fall liegen sogar beide Varianten des Parteiwechsels kumulativ vor: Mit dem Tod trat zunächst der gesetzliche Parteiwechsel auf den Erben ein. Der gewillkürte Parteiwechsel auf Herrn Gebler ist in seiner Zulässigkeit umstritten: Um die in den Entscheidungsgründen zu entscheidende Rechtsfrage nach der Zulässigkeit nicht vorwegzunehmen, wird das Rubrum insoweit wie bei einer Streitgenossenschaft gestaltet: Benennung als „Kläger zu 1)" und „Kläger zu 2)". Zum Ganzen vgl. **Assessor-Basics, Zivilurteil**, § 3 Rn. 17 ff.

230 Anders als in Süddeutschland wird auch in Berlin die Parenthese bei den Anwälten verwendet, nicht bei den Parteien.

231 Eine Berliner Besonderheit ist die Bezeichnung nicht als „7. Zivilkammer", sondern als „Zivilkammer 7". Beim Amtsgericht ist in Berlin von „Abteilungen" die Rede.

232 Der Beklagte vollstreckt nur seine Anwaltskosten, gemäß Nr. 3100 und Nr. 3104 VV-RVG also insgesamt den 2,5fachen Satz einer Gebühr i.H.v. 456 € (Streitwert von zwischen 8.000 € und 9.000 €) zuzüglich weiterer Kosten (etwa Pauschale Nr. 7002 VV-RVG) und Mehrwertsteuer. Die Grenze von § 708 Nr. 11, 2. Alt. ZPO (1.500 € Kostenvollstreckung) ist daher nicht ganz erreicht, es sei denn man würde großzügiger aufrunden.

Tatbestand:

Einleitungssatz

Die Parteien streiten über eine am 28. April 2018 zur Sicherung für eine Verbindlichkeit an den Kläger zu 2) abgetretene Forderung aus Geschäftsbeziehungen zwischen dem Beklagten und Herrn Rudi Engel. *2*

unstreitiges Vorbringen (Imperfekt)

Der Beklagte, der schon zuvor in Berlin eine gynäkologische Praxis betrieb, schloss am 2. September 2017 mit Herrn Rudi Engel einen Leasingvertrag über ein Ultraschallgerät, der zwei Jahre, nämlich vom 1. Oktober 2017 bis zum 30. September 2019 laufen sollte. Der Beklagte verpflichtete sich darin zur Zahlung von Leasingraten von monatlich 1.000 €.

Die Vertragsurkunde enthielt unter anderem folgende vorgedruckte Regelungen: *3*

Vertragstext soweit relevant

§ 9 (1) Der Vermieter haftet dem Mieter nicht für Mängel der gelieferten Sache.

(2) Als Ausgleich für den Ausschluss der Gewährleistung des Vermieters gegenüber dem Mieter kann dieser etwaige Gewährleistungsansprüche gegen den Lieferanten im eigenen Namen geltend machen. Der Vermieter kann diese Ermächtigung jederzeit widerrufen und die Ansprüche selbst verfolgen.

Weiterhin enthielt der Vertrag in seinem § 11 eine Regelung, nach der der „Vermieter" im Falle des Verzuges mit mindestens zwei zu zahlenden Raten eine Frist setzen und anschließend Schadensersatz wegen Nichterfüllung geltend machen könne. Bezüglich des weiteren Inhalts dieses Vertrages wird auf die Anlagen des Klägerschriftsatzes vom 7. Mai 2018 Bezug genommen.[233]

Herr Rudi Engel lieferte das Ultraschallgerät am 1. Oktober 2017 an den Beklagten. Der Beklagte zahlte die erste Monatsrate für den Oktober 2017. *4*

Nach einer größeren Anzahl von Einsätzen an einem einzigen Tag, nämlich etwa 32, begann das Gerät am 20. Oktober 2017 verschmort zu riechen und hatte unmittelbar darauf, ohne dass zwischenzeitlich eine Reaktion seitens des Beklagten oder seines Personals möglich gewesen wäre, einen Kurzschluss. Von da ab konnte es vom Beklagten nicht mehr eingesetzt werden.[234]

Der Beklagte forderte Herrn Rudi Engel noch am 20. Oktober 2017 zu einer „umgehenden" Reparatur auf. Dies wies Herr Engel als unbegründet zurück und verwies den Beklagten auf Ansprüche gegen den Hersteller.

Ab einschließlich November 2017 verweigerte der Beklagte die weitere Bezahlung. Herr Rudi Engel setzte ihm am 12. Dezember 2017 eine Frist zum 31. Dezember 2017, die mit einer Androhung der Rückholung des Geräts und der Forderung von Schadensersatz verbunden war. *5*

---

233 Da nach der unten vertretenen Lösung § 9 der AGB im Detail fallentscheidend ist, § 11 aber letztlich irrelevant, wurde hier diese nur teilweise präzise Wiedergabe gewählt. Der Inhalt von Schriftstücken ist im Tatbestand nur soweit wiederzugeben, als er für die Lösung von Bedeutung ist und die Verständlichkeit nicht unter den Weglassungen bzw. Zusammenfassungen leidet (vgl. Anders/Gehle, A, Rn. 47 und Rn. 72).

234 All dies war - anders als die Zusicherung einer so weitreichenden Einsatzfähigkeit - zugestanden worden. Daher musste der Anfangsteil der Zeugenaussage, der mit diesem Vorfall beginnt, in den Entscheidungsgründen zwangsläufig auch noch keiner Beweiswürdigung unterzogen werden, sondern konnte schlichtweg ignoriert werden.

Der Beklagte wiederum erklärte am 17. Dezember 2017 gegenüber Herrn Rudi Engel, keinesfalls mehr bezahlen zu wollen und den Leasingvertrag zu widerrufen bzw. zu kündigen.

Daraufhin erklärte Herr Rudi Engel am 2. Januar 2018 die fristlose Kündigung des geschlossenen Vertrages und holte sich das Ultraschallgerät zurück.

Er verwertete es ab 10. Februar 2018 anderweitig, wobei er für Februar einen Erlös von 500 € monatlich, von da ab dann von 750 € monatlich erzielte.[235]

Prozessgeschichte (Perfekt)

Auf Klägerseite hat den Rechtsstreit zunächst Herr Rudi Engel im eigenen Namen geführt. Nach dessen Tod am 22. Juni 2018 hat der jetzige Kläger zu 2) diesen mit Schriftsatz vom 29. September 2018 selbst aufgenommen.[236] 6

übereinstimmende Teilerledigungserklärung hier

Der Kläger zu 2) bzw. Herr Rudi Engel hat ursprünglich noch weitere 500 € aus einem anderen Leasingvertrag über einen Pkw begehrt, nach dessen Ablauf am 31. Oktober 2017 der Beklagte den Wagen erst am 31. Dezember 2017 zurückgab. In diesem Punkte haben die Parteien den Rechtsstreit inzwischen einverständlich für erledigt erklärt.[237]

Anträge

Der Kläger zu 2) beantragt nun:

> Der Beklagte wird verurteilt, 8.250 € nebst Zinsen in Höhe von fünf Prozentpunkten über dem Basiszinssatz hieraus seit Rechtshängigkeit an ihn zu bezahlen.[238] 7

Der Beklagte beantragt,

> die Klage abzuweisen.

streitiges Beklagtenvorbringen (<u>er</u> hat die Beweislast für die Vor. der §§ 536 ff. BGB!)

Er behauptet, Rudi Engel, habe ihm persönlich nachdrücklich zugesichert, dass mit dem Ultraschallgerät 40 bis 45 Einsätze täglich möglich seien.[239] Weiterhin behauptet er, Herrn Engel am 20. Oktober 2017 bereits Anzeige vom Defekt des Gerätes gemacht und sofortige Reparatur verlangt zu haben, was dieser wiederum zurückwies. 8

Der Beklagte vertritt die Rechtsansicht, dass der Leasingvertrag durch die Erklärung vom 17. Dezember 2017 schon wirksam widerrufen worden sei, zumindest aber ein Zahlungsverzug wegen berechtigter Minderung der Raten auf null nicht gegeben sei. Aus demselben Grund sei auch zumindest die in dem Schreiben vom 17. Dezember 2017 enthaltene fristlose Kündigung des Vertrages wirksam.

---

235 Ein streitiges Klägervorbringen fehlt hier, weil für die einzigen im tatsächlichen streitigen Fragen die Beweislast beim Beklagten liegt (s.u.), sodass sie *bei diesem* einzuordnen sind (vgl. dazu **Assessor-Basics, Zivilurteil**, § 8 Rn. 17). Im Übrigen bringt der Kläger nur streitige Rechtsbehauptungen vor, die man weglassen kann (insoweit im Detail eine Frage des Geschmacks und der Verständlichkeit des Gesamtzusammenhangs).

236 Die Details zur Zulässigkeit der zunächst gegebenen Prozessstandschaft sind nun nicht mehr tragend, da diese nicht mehr vorliegt (§ 185 BGB analog würde da auch besser in den unstreitigen Sachverhalt passen als in die Prozessgeschichte). Dagegen sind die Umstände des Parteiwechsels und dabei auch der Tatsache, dass zuvor eine Prozessstandschaft vorlag, sehr wohl noch von Bedeutung (s.u.).

237 Zum Tatbestand bei beiderseitiger Teilerledigung vgl. **Assessor-Basics, Zivilurteil**, § 8 Rn. 4: Nicht ganz weglassen (da für Kosten u.U. noch von Bedeutung), aber jedenfalls knapp fassen. Hier sind weitere Details als die genannten entbehrlich, weil gar keine Auswirkung auf die Kosten gegeben ist (s.u.). Stellung: in die Prozessgeschichte unmittelbar vor die zuletzt gestellten Anträge. Ähnliches gilt für den Parteiwechsel, der nach BGH wie eine Klageänderung zu behandeln ist (vgl. **Assessor-Basics, Zivilurteil**, § 8 Rn. 54).

238 Die Wiedergabe des Zustellungsdatums ist hier aufgrund der Klageabweisung nicht nötig.

239 Für diese Punkte, die zur Begründung von Einwendungen dienen, hat der Beklagte die Darlegungs- und Beweislast (s.u.), sodass sie hier zu bringen sind.

Der formularmäßige Ausschluss der mietrechtlichen Gewährleistung sei unwirksam.

Prozessgeschichte

Das Gericht hat aufgrund Beweisbeschlusses vom 19. Oktober 2018 Beweis erhoben durch die Einvernahme der Zeugin Berta Bleibtreu. Auf diesen wird Bezug genommen. Hinsichtlich des Ergebnisses wird auf das Protokoll der Hauptverhandlung vom 7. Dezember 2018 verwiesen. Weiterhin ist ein auf den 3. September 2017 datiertes Telefax des Herrn Rudi Engel an den Beklagten zum Gegenstand der Beweisaufnahme gemacht worden. 9

Entscheidungsgründe:

„großer" Obersatz (Erledigung andeuten)

Die Klage ist, soweit über sie nach übereinstimmender Teilerledigungserklärung noch zu entscheiden war, zwar zulässig, aber unbegründet. 10

zulässiger Parteiwechsel

I. Dabei ist zunächst klarzustellen, dass der Rechtsstreit zwischen dem Kläger zu 2) und dem Beklagten zu entscheiden ist, weil der auf Klägerseite vorgenommene **Parteiwechsel** als **zulässig** anzusehen ist.[240] 11

Der tatsächliche Rechtsinhaber ist in einer derartigen Situation des Todes des gewillkürten Prozessstandschafters nicht *wie ein Rechtsnachfolger* des ursprünglichen Klägers zu behandeln und kann somit den Prozess nicht analog § 239 ZPO aufnehmen.[241]

§ 239 ZPO nur für sachbefugten Rechtsinhaber

Die Rechtsstellung des gewillkürten Prozessstandschafters lässt sich nicht mit der des materiellen Rechtsinhabers vergleichen, sodass § 239 ZPO, der allein für Letzteren gilt, hier ausscheidet. Die für die gewillkürte Prozessstandschaft erforderliche Ermächtigung setze nämlich ein besonderes persönliches Vertrauen voraus. Die Ermächtigung gilt somit entsprechend §§ 168 S. 1, 673 BGB nicht auch für die Erben des bisherigen Klägers. Die gewillkürte Prozessstandschaft endet also *automatisch* mit dem Tod des Prozessstandschafters.[242]

Klageänderungstheorie

Stattdessen ist von den Regeln über den gewillkürten Parteiwechsel auszugehen, der nach der Rechtsprechung entsprechend den Regeln der Klageänderung gemäß § 263 ff. ZPO zu behandeln ist (sog. Klageänderungstheorie).[243] 13

Hiernach bedarf es, wenn der Rechtsinhaber den Prozess fortführen will, nachdem die Prozessstandschaft des von ihm ermächtigten Klägers erloschen ist, einer Zustimmung des bisherigen Klägers oder seiner Erben nicht, da ihnen die Prozessführungsbefugnis fehlt.

Vor Beginn der mündl. Verhandlung Sachdienlichkeit ausreichend

Da *der Beklagte* hier dem Parteiwechsel nicht zustimmte, hängt seine Wirksamkeit jedenfalls bei einem Klägerwechsel *vor* Beginn der ersten mündlichen Verhandlung erster Instanz gemäß § 263 ZPO *allein* davon ab, ob das Gericht den Parteiwechsel als sachdienlich beurteilt.[244]

---

240 Zum Aufbau bei Parteiwechsel sowie zu den anderen Fragen, die *vor* der eigentlichen Zulässigkeitsprüfung geklärt werden müssen, siehe in **Assessor-Basics, Zivilurteil**, § 9 Rn. 5 ff.

241 Vgl. BGH, NJW 1993, 3072 - 3073 = **juris**byhemmer; vgl. auch Th/P, § 51, Rn. 38.

242 In Fällen der *gesetzlichen* Prozessstandschaft (§ 265 II 1 ZPO) soll dagegen § 239 ZPO mit der Folge entsprechend angewendet werden, dass die Erben des Prozessstandschafters den Rechtstreit fortsetzen (vgl. BGH, NJW 2013, 3642 = **juris**byhemmer, Rn. 10 ff).

243 Vgl. Th/P, vor § 50, Rn. 15.

244 Vgl. BGH, NJW 1993, 3072 - 3073 (3073) = **juris**byhemmer. Zur Frage, ob *nach* Beginn der mündlichen Verhandlung analog § 269 ZPO die Zustimmung des Beklagten erforderlich ist vgl. Th/P, vor § 50, Rn. 21; BGH, NJW 1981, 989 - 990 = **juris**byhemmer.

Eine entsprechende Sachdienlichkeit ist hier zu bejahen, weil keine Anhaltspunkte erkennbar sind, die der prozessökonomisch grds. sinnvolleren Fortsetzung des Prozesses entgegenstehen könnten. An den zu erörternden Sach- und Rechtsfragen hat sich grds. gar nichts geändert, stattdessen tritt in der Klägerrolle nun sogar der mögliche Anspruchsinhaber *selbst* auf.

Zulässigkeit

II. Die **Klage** ist, soweit über sie nach der wirksamen *beiderseitigen* Erledigungserklärung noch zu entscheiden war, **zulässig**. 14

hemmer-Klausur-Tipp

Prüfen Sie die Wirksamkeit der *beiderseitigen* Erledigungserklärung nicht näher, wenn diese – wie hier – unstreitig und völlig unproblematisch ist. Dann genügt es, sie nur „am Rande" im Einleitungssatz zu erwähnen oder gar erst in der Kostenentscheidung auf ihre *Wirkungen* einzugehen. Nach BGH beendigt die *beiderseitige* Erledigungserklärung den Prozess ganz oder zum Teil, ohne dass es auf die Frage der ursprünglichen Zulässigkeit und/oder Begründetheit ankommt, und ohne dass die Frage von Bedeutung ist, ob wirklich ein erledigendes Ereignis vorlag.[245]
Gibt es über diese Frage der Beendigung der Rechtshängigkeit Streit zwischen den Parteien und/oder existiert in der Klausur hierbei tatsächlich irgendein Problem, so gilt das gleiche wie bei Klageänderung oder Klagerücknahme: Dann muss diese Frage erörtert werden, und zwar *vor* der eigentlichen Zulässigkeitsprüfung. Grund: Erst muss geklärt werden, ob bzw. in welchem Umfang die Rechtshängigkeit noch gegeben ist, dann erst kann über den verbliebenen Teil entschieden werden.

Insbesondere ist die sachliche Zuständigkeit des örtlich schon gemäß §§ 12, 13 ZPO zuständigen Landgerichts gegeben, da die Höhe der Klageforderung unbeschadet des erledigten erklärten Teils immer noch über 5.000 € liegt (vgl. §§ 23 Nr. 1, 71 I GVG).

15

III. Die Klage auf Zahlung aus dem Vertrag vom 2. September 2017 ist **unbegründet**.

Begründetheit

Es besteht **kein** (sicherungshalber gemäß § 398 S. 2 BGB abgetretener) **Anspruch aus § 535 II BGB** (für den November 2017) **bzw. § 11 der Allgemeinen Mietbedingungen** i.V.m. der erklärten Kündigung, da kein Anspruch des Leasinggebers auf Zahlung der Leasingraten bestand, also auch kein Zahlungsverzug i.S.d. § 286 BGB.

Finanzierungsleasing

1. Allerdings ist von einem zunächst **wirksam geschlossenen Finanzierungs-Leasingvertrag** auszugehen, der auch nicht erfolgreich widerrufen wurde. 16

Aufbauhinweis

Theoretisch hätte man die Prüfung des Widerrufs offen lassen können und die Unwirksamkeit des Widerrufs unterstellen können, weil der Verzug – wie gleich gezeigt wird – ohnehin aus anderen Gründen scheitert. Das hätte den Leser des Urteils aber wohl reichlich verwirren können. Wenn man eine angesprochene („Echo-Prinzip") Frage – wie hier – praktisch genauso schnell bejahen wie offen lassen kann, wirkt das Offenlassen gekünstelt.[246]

In der hier gegebenen Konstellation ist das unter bestimmten Voraussetzungen nach § 506 I i.V.m. § 495 BGB auch für Finanzierungsleasingverträge geltende Widerrufsrecht nicht gegeben.

245 Vgl. etwa Th/P, § 91a, Rn. 22.

246 Zu diesen Fragen des Urteilsstils siehe in **Assessor-Basics**, **Zivilurteil**, § 9 Rn. 58 ff.

keine Anwendbarkeit des Verbraucherschutzrechts (§§ 506, 495 BGB)

Da der Beklagte als Arzt Freiberufler ist und das Ultraschallgerät auch für seine berufliche Praxis bestellt hatte, war er nicht Verbraucher i.S.d. § 13 BGB, sondern Unternehmer i.S.d. § 14 BGB.[247] Insbesondere übte er diese Tätigkeit auch bereits zuvor aus, sodass kein sog. Existenzgründungsvertrag i.S.d. § 512 BGB vorliegt.

keine Kündigung bzw. Schadensersatz ohne Verzug

2. Ein **Verzug des Beklagten** mit den Leasingraten, wie er für die Kündigung und die Schadensersatzfolge gemäß § 11 der AGB des Leasinggebers notwendig ist, ist aber wegen der vom Beklagten erklärten Minderung gemäß § 536 BGB bzw. - für die Zukunft - der gemäß § 543 II Nr. 1 BGB ausgesprochenen Kündigung **nicht** gegeben. *17*

Anwendbarkeit der §§ 535 ff. BGB

a. Nach zutreffender h.M. sind die mietrechtlichen Regelungen auf Finanzierungs-Leasingverträge grds. anwendbar. Der in § 9 der „Allgemeinen Mietbedingungen" enthaltene **Ausschluss der mietrechtlichen Gewährleistung** kann hieran im vorliegenden Fall nichts ändern, da die Regelung gemäß § 307 II Nr. 2 BGB **unwirksam** ist.

Daher kann die Auslegungsfrage offen bleiben, ob diese im Leasingvertrag enthaltene Regelung sich aus Sicht eines verständigen Empfängers überhaupt auch auf Versprechungen der vorliegenden Art erstrecken *sollte*.

AGB Vertragsinhalt geworden

Die §§ 305 ff. BGB sind hier anwendbar, da es um ein Vertragsformular geht, das der Leasinggeber nach dem unwidersprochenen Beklagtenvortrag regelmäßig verwendet (§ 305 I 1, 2 BGB). Für ein individuelles Aushandeln i.S.d. § 305 I 3 BGB wurde von der für diesen gesetzestechnischen *Ausnahmefall* darlegungs- und beweispflichtigen Klägerseite nichts vorgetragen. *18*

Auch ist von wirksamer Einbeziehung auszugehen, wobei der Maßstab der §§ 133, 157, 146 ff. BGB gilt, nicht der verschärfte des § 305 II BGB, da der Beklagte den Vertrag in Ausübung seiner Tätigkeit als Arzt, also als *Unternehmer* abschloss (vgl. § 310 I 1 BGB i.V.m. § 14 BGB).

§ 307 II Nr. 2 BGB hier verletzt

§ 307 II Nr. 2 BGB, der gemäß § 310 I 2 BGB grds. auch gegenüber Unternehmern von Bedeutung ist, steht der Wirksamkeit des Ausschlusses der mietrechtlichen Gewährleistung im vorliegenden Fall entgegen, weil *durch die Besonderheiten* der Freizeichnungsklausel eine **unangemessene Benachteiligung** des Leasingnehmers gegeben ist, nämlich eine vertragszweckgefährdende Einschränkung wesentlicher Pflichten. *19*

Regelfall: Lösung über abgetretene kaufrechtliche Ansprüche und § 313 BGB

Grundsätzlich wird die Freizeichnung von den mietrechtlichen Gewährleistungsvorschriften bei gleichzeitiger Verweisung auf Ansprüche gegen Dritte von der Rechtsprechung gebilligt, weil der Leasingnehmer über die Grundsätze der Störung der Geschäftsgrundlage gemäß § 313 BGB dann *auch gegen den Leasinggeber* vorgehen kann.[248]

247 Kaufmann i.S.d. HGB ist ein Freiberufler aber nicht, weil er in dieser Rolle kein Gewerbe ausübt. Das BGB hat deswegen auch zur Abgrenzung den Begriff Unternehmer eingeführt.

248 Vgl. Pal./Weidenkaff, vor § 535, Rn. 56 ff.

Hinweis: Liegt – wie hier – kein Verbrauchervertrag vor, ist in jedem Fall § 313 BGB einschlägig. Als formale Voraussetzung genügt es für § 313 BGB aber nicht, dass der LN den Rücktritt nur gegenüber dem Verkäufer erklärt, sondern er müsste bei Nichtakzeptanz seiner Forderungen seitens des Verkäufers *gerichtliche* Schritte einleiten. Die endgültige Wirkung der Störung der GG gemäß § 313 BGB tritt erst durch eine positive *rechtskräftige* Entscheidung über die kaufrechtliche Gewährleistung ein. Ab Erhebung einer entsprechenden Klage ist der LN zur *vorläufigen* Einstellung der Leasingraten berechtigt.[249]
Selbst bei Insolvenz des Leasinggebers genügt es als formale Voraussetzung für § 313 BGB nicht, dass der LN den Rücktritt nur gegenüber dem Verkäufer erklärt. Die „klageweise Geltendmachung" setzt bei Insolvenz des Lieferanten voraus, dass der Leasingnehmer vor Einstellung der Zahlung der Leasingraten seine Gewährleistungsansprüche durch Anmeldung zur Insolvenztabelle und bei einem Bestreiten des Insolvenzverwalters durch Klage auf Feststellung zur Tabelle geltend macht.[250]

Verbrauchervertrag: auch dort Lösung über § 313 BGB, nicht § 359 BGB (so BGH; aber str.)

Wenn es um einen Verbrauchervertrag geht (vgl. §§ 506, 13, 14 BGB) bzw. um einen Existenzgründervertrag (§ 512 BGB), ist umstritten, ob die Auswirkung des gewährleistungsrechtlichen Vorgehens auf den Leasingvertrag auch auf § 313 BGB zu stützen ist oder auf die Regeln des Einwendungsdurchgriffs gemäß § 359 BGB.[251] Nach BGH findet § 358 BGB auf Leasingfinanzierungen, auch wenn sie nach dem so genannten Eintrittsmodell erfolgen sollen, keine Anwendung.[252] Grund: Nach § 358 III BGB ist der Tatbestand eines verbundenen Geschäftes begrifflich nur gegeben, wenn sich der *Verbraucher selbst* einer *Mehrzahl* von Vertragsverhältnissen gegenüber sieht, von denen eines der Finanzierung des anderen dient, so dass er durch die damit einher gehende Ausgliederung der Finanzierung *zweifach* vertraglich gebunden ist. Eine solche Vertragsgestaltung ist auch bei einem Leasingvertrag nach dem Eintrittsmodell nicht gegeben. Der Leasingnehmer ist vertraglich entweder nur gegenüber dem Verkäufer oder – nach Begründung des Leasingverhältnisses – nur gegenüber dem Leasinggeber gebunden.
Fraglich ist aber, ob § 360 BGB n.F. über die Konstruktion des sog. zusammenhängenden Vertrags insoweit für Verträge nach dem 14. Juni 2017 künftig eine andere Lösung zulässt.[253]

Allerdings hat dies seine Grenze dort, wo der Leasingnehmer durch die konkrete Regelung „rechtlos gestellt" wird. Das bedeutet, dass - über die Verweisung auf einen anderen als den eigentlichen Vertragspartner hinaus - keine *weitere* Schlechterstellung des Leasingnehmers gegeben sein darf; ansonsten ist die Klausel grds. unwirksam.[254] 20

Rechtsposition geschwächt durch Widerrufsvorbehalt

Eine solche Schlechterstellung des Leasingnehmers ist hier aber gerade gegeben, weil die ihm vom Leasinggeber übertragene Rechtsposition nicht stark genug ist:

Der Leasinggeber muss seine kaufrechtlichen Gewährleistungsansprüche gegen den Lieferanten an den Leasingnehmer abtreten (§ 398 BGB) oder ihn *in vollem Umfang* zur Geltendmachung dieser Rechte ermächtigen (§ 185 BGB entsprechend).

Als nicht ausreichend ist es dagegen anzusehen, wenn der Leasinggeber den Leasingnehmer - wie hier - nur eine Ermächtigung unter dem *Vorbehalt des jederzeitigen Widerrufs* erteilt.

---

249 Vgl. hierzu BGH, NJW 2010, 2798 - 2800 (2800) = **juris**byhemmer; Pal./Weidenkaff vor § 535, Rn. 58.
250 Vgl. BGH NJW 2014, 1583 = Life&Law 2014, 246 [Rn. 17].
251 Vgl. Pal./Weidenkaff vor § 535, Rn. 58.
252 Vgl. BGH NJW 2014, 1519 [Rn. 17 ff.].
253 Vgl. Harriehausen NJW 2014, 1521.
254 Vgl. etwa BGH NJW 2014, 1583 = Life&Law 2014, 246 [Rn. 13].

Dann nämlich ist die Stellung des Leasingnehmers sehr schwach und er mehr oder weniger der Willkür des Leasinggebers ausgesetzt, weil dieser – zumindest nachdem Wortlaut der Regelung – nicht einmal Gründe für den Widerruf der Ermächtigung nennen müsste. Daher kann eine solche schwache Stellung nicht genügen, um den durch den Gewährleistungsausschluss eingetretenen Rechtsverlust angemessen auszugleichen.[255]

Hinweis: Wirksam ist nach BGH jedoch gegen eine Klausel, die die Abtretung oder Ermächtigung auflösend bedingt an den *Fortbestand* des Leasingvertrages knüpft oder im Falle der vorzeitigen *Vertragsbeendigung* eine aufschiebend bedingte Rückabtretung vorsieht. Damit kommt die Klausel – vorbehaltlich bereits eingeleiteter Prozessführungsmaßnahmen – nämlich erst in einer Zeit zum Tragen, in der der vertragliche Leistungsaustausch und die Verpflichtung des Leasinggebers zur Gewährung des Mietgebrauchs bereits ihr Ende gefunden haben.[256]
Der Ausschluss der mietrechtlichen Gewährleistung des Leasinggebers einem Leasingnehmer mit Verbrauchereigenschaft gegenüber ist natürlich erst Recht dann unwirksam, wenn die Abtretung der kaufrechtlichen Gewährleistungsansprüche des Leasinggebers nicht nur eingeschränkt ist, sondern vollständig leer läuft, weil diese Ansprüche im Kaufvertrag zwischen Leasinggeber und Lieferant (dort gelten die § 474 ff. BGB nicht) ausgeschlossen sind. Andernfalls wäre der Leasingnehmer völlig rechtlos gestellt.[257]

Folge: § 306 II BGB

Die Abbedingung der Gewährleistungsvorschriften der §§ 537 ff. BGB im Leasingvertrag ist daher unwirksam, sodass diese gemäß § 306 II BGB gerade einschlägig sind.

Offen bleiben kann daher an dieser Stelle, ob sich eine Unwirksamkeit gemäß §§ 307 I, 310 I 2 BGB auch wegen Verstoßes gegen die Wertung von § 309 Nr. 7 BGB begründen lässt.[258]

Sachmangel

b. Vom Vorliegen eines **Sachmangels** (zumindest) **i.S.d. § 536 I BGB**, dessen Nichtvorliegen auch zur *vollständigen* Gebrauchsuntauglichkeit führte, ist nach der erfolgten Beweisaufnahme auszugehen. *21*

Anders als bei Abschluss eines Kaufvertrages (§§ 434 I, 446 S. 1 BGB), kommt es dabei nicht darauf an, ob die Sache *bei Übergabe* vertragsgemäß war.

Vielmehr hat der Leasingnehmer die Rechte aus §§ 536 ff. BGB auch wegen eines erst nach Übergabe *während der Laufzeit* des Leasingvertrages auftretenden Mangels.[259]

Unstreitig war insoweit, dass das Ultraschallgerät durch Überbeanspruchung versagte und nicht weiter einsatzfähig war bzw., dass die Leistungsfähigkeit dieses Gerätetyps von vornherein mit maximal 30 Untersuchungen täglich zu veranschlagen war.

255 Vgl. BGH, NJW 1987, 1072 - 1074; BGH, NJW 1990, 314 – 317; NJW 2014, 1970 [Rn. 9].

256 Vgl. BGH NJW 2014, 1970 [Rn. 9].

257 Vgl. BGH, NJW 2006, 1066 - 1068 (1068).

258 Bei Kaufverträgen und Reiseverträgen ist nach Ansicht des BGH die gesamte Regelung der Haftungserleichterung oder Verjährungsverkürzung insgesamt unwirksam, wenn sie Ansprüche i.S.d. § 309 Nr. 7 BGB nicht *ausdrücklich* ausklammert (vgl. BGH NJW 2007, 674 = Life&Law 2007, 147; NJW 2013, 2584 [beide zum Kaufrecht]; BGH NJW 2009, 1486 [Reisevertrag]; Pal./Grüneberg § 309, Rn. 45; **alle Entscheidungen** = **juris**byhemmer). Vertreten wird, dass dies auch für die leasingvertragliche Abtretungskonstruktion gelten müsse; auch dort müsse eine solche ausdrückliche Ausklammerung von Ansprüchen i.S.d. § 309 Nr. 7 BGB erfolgen (Harriehausen NJW 2013, 3393 [3395 f.]).

259 Vgl. etwa BGH, NJW 2006, 1066 - 1068 (1068) = **juris**byhemmer. Dies geht deutlich über die zeitliche und auch in ihrer inhaltlichen Wirkung begrenzte Beweislastumkehr nach § 476 BGB hinaus.

Beweiswürdigung

Die Zeugin Bleibtreu hat die Behauptung des Beklagten bestätigt, der Leasinggeber habe vor Vertragsschluss mehrmals erklärt, man könne sich darauf verlassen, dass das Gerät mindestens 40 Untersuchungen täglich verkrafte. Das Gericht sieht keinen Anlass, die Glaubwürdigkeit dieser Aussage in Zweifel zu ziehen.

Bestätigung durch Telefax

Insbesondere kann dabei auch das vom Beklagtenvertreter vorgelegte Telefax mit dem Wortlaut „bestätige nochmals die von Ihnen erbetene Garantie" zur Überzeugungsbildung herangezogen werden: Auch wenn dieses Telefax *alleine* wegen seines alleine nicht hinreichend bestimmten Inhalts noch nicht ausreichen würde, so fügt es sich doch nahtlos in die vom Beklagten und der Zeugin Bleibtreu abgegebenen Erklärungen und kann insoweit *zumindest bestätigend* herangezogen werden.

zumindest Beschaffenheitsvereinbarung

Damit liegt zumindest eine Beschaffenheitsvereinbarung vor, auf die es im Rahmen des Sachmangelbegriffes des § 536 I BGB gegenüber der verkehrsüblichen Beschaffenheit vorrangig ankommt. Von dieser weicht die tatsächliche Beschaffenheit ab, weil die wirkliche tägliche Maximalbelastbarkeit der Leasingsache unstreitig deutlich geringer ist.

Ob der Beklagte sogar den Willen zum Ausdruck brachte, ohne weitere Voraussetzungen für alle Folgen des Fehlens dieser Eigenschaft einzustehen, ob also sogar ein zugesicherte Eigenschaft i.S.d. § 536 II BGB vorliegt, kann dagegen dahingestellt bleiben.

kein Ausschluss der Gewährleistung

c. Ein **Ausschluss der Gewährleistung** gemäß § 536b BGB wegen grober Fahrlässigkeit des Beklagten kommt nicht in Betracht. 22

Der für diesen *Ausnahmetatbestand* als grds. Gewährleistungspflichtiger darlegungs- und beweispflichtige Kläger hat schon keine konkreten Anhaltspunkte vorgetragen, die die Annahme überhaupt nur nahe legen, dass der Beklagte beim Vertrauen auf die Zusicherungen dasjenige missachtet hat, was jedem hätte einleuchten müssen.

Die pauschale Behauptung des Vorliegens grober Fahrlässigkeit alleine wegen der Eigenschaft des Beklagten als Arzt, wie sie die Klägerseite in der Replik vom 29. September 2018 vorbringt, kann dafür nicht ausreichen.

Exkurs: Ginge man vom Vorliegen einer zugesicherten Eigenschaft aus, gäbe es hier nach h.M. noch ein zweites Argument: Die Gewährleistung entfällt dann nämlich nur bei positiver Kenntnis vom Mangel, nicht bereits bei grober Fahrlässigkeit. Derartiges ist in § 536b S. 2 BGB zwar nicht geregelt[260], doch spricht der Sinn und Zweck des § 536b BGB, die Entstehungsgeschichte dieser Vorschrift und v.a. der Vergleich mit der Parallelregelung im Kaufrecht (vgl. § 442 I 2 2. Alt. BGB) nach Ansicht des Gerichts ganz klar dafür, dass es sich zumindest im Hinblick auf *Sach*mängel um ein Redaktionsversehen des Gesetzgebers handelt.[261]

Rechtzeitige Mängelanzeige

d. Schließlich ist die Minderung auch nicht ganz oder teilweise wegen **Verletzung der Hinweispflicht** gemäß § 536c II 2 BGB ausgeschlossen. 23

260 Anders noch in der Vorgängerregelung (vgl. § 539 S.2 BGB a.F. i.V.m. § 460 S.2 BGB a.F.).

261 Wie hier etwa Pal./Weidenkaff, § 536b, Rn. 6 und BaRo/Ehlert § 536b, Rn. 5.

Der hierfür darlegungs- und beweispflichtige Beklagte[262] hat durch die Zeugin Bleibtreu zur Überzeugung des Gerichts dargetan, dass eine entsprechende Anzeige unmittelbar nach Auftritt des Kurzschlusses erfolgt ist. Auf die weiterhin kritische Frage, ob eine etwaige Verletzung dieser Pflicht tatsächlich das Entfallen von Gewährleistungsrechten gemäß § 536c II 2 BGB zur Folge gehabt hätte[263], kommt es vorliegend also gar nicht an.

Kündigung für die Zukunft (§ 543 I, II Nr. 1 BGB)

e. Ab dem Zugang des Schreibens vom 17. Dezember 2017 wurde der Leasingvertrag schließlich **über § 543 I, II Nr. 1, III 1 BGB vollständig beendet**. 24

Der hier gegebene, nicht unerhebliche Sachmangel kann als ein Fall der völligen Vorenthaltung des Gebrauchs i.d.S. angesehen werden.

erneute kurze Beweiswürdigung zum Gespräch vom 20. Oktober 2017

Aufgrund der auch insoweit glaubhaften Aussage der Zeugin Bleibtreu kann davon ausgegangen werden, dass der Beklagte bei einem Telefonat am 20. Oktober 2017 unmittelbar nach dem erfolgten Kurzschluss eines sofortige Reparatur verlangte, die der Leasinggeber Rudi Engel aber ablehnte. Da es sich nach dem – insoweit nicht bestrittenen – Beklagtenvorbringen auch nicht um ein heimliches Mithören handelte, sondern Frau Bleibtreu als unmittelbare Informationsquelle bezüglich der v.a. technischen Details durch den Beklagten offen eingeschaltet worden war, liegt auch kein Beweisverwertungsverbot vor.

hemmer-Klausur-Tipp

Seien Sie bei Zeugen, die über Telefonate berichten, in Klausuren immer sehr vorsichtig und prüfen Sie die Verwertbarkeit gezielt! Die Problematik der Unverwertbarkeit wegen einer dabei geschehenen Verletzung des „Rechts am eigenen Wort" ist ein bei den Aufgabenstellern offenbar ziemlich „beliebtes" Klausurproblem.[264] Das kann man als Bearbeiter schnell übersehen, wenn man nicht sensibilisiert ist. Manche Klausuren würden dann anschließend in eine völlig andere Schiene laufen!

Aufforderung zur „umgehenden" Reparatur

Nach Ansicht des Gerichts liegt mit der unstreitig am 20. Oktober 2017 gegenüber Herrn Rudi Engel ausgesprochenen telefonischen Aufforderung zur „umgehenden" Reparatur eine ausreichende und fruchtlose Fristsetzung gemäß § 543 III 1 BGB vor. 25

Hierfür genügt es, wenn der Gläubiger durch das Verlangen nach sofortiger, unverzüglicher oder umgehender Leistung oder vergleichbare Formulierungen deutlich macht, dass dem Schuldner für die Erfüllung nur ein begrenzter (bestimmbarer) Zeitraum zur Verfügung steht; der Angabe eines bestimmten Zeitraums oder eines bestimmten Endtermins bedarf es nicht.[265]

Begriff der Fristsetzung (geringe Anforderungen nach BGH)

Dem Begriff der Fristsetzung lässt sich nicht entnehmen, dass die maßgebliche Zeitspanne nach dem Kalender bestimmt sein muss oder in konkreten Zeiteinheiten anzugeben ist (Umkehrschluss aus § 286 II Nrn. 1, 2 BGB). Vielmehr kann die Dauer einer Frist grds. auch durch einen unbestimmten Rechtsbegriff bezeichnet werden. Nach allg. Meinung ist eine Frist ein Zeitraum, der bestimmt oder bestimmbar ist.

262 Vgl. Pal./Weidenkaff, § 536c, Rn. 9, Rn. 11.

263 Dazu siehe etwa Pal./Weidenkaff, § 536c, Rn. 11.

264 Vgl. Th/P, § 286, Rn. 7 f; BVerfG 2002, 3619 (3623); BGH NJW 2003, 1727; BAG NJW 2010, 104.

265 Vgl. [jeweils zu §§ 281 I, 323 I BGB im Kaufrecht] BGH NJW 2009, 3153 = Life&Law 2009, 721; NJW 2015, 2564 = Life&Law 2015, 471; Pal./Grüneberg § 281, Rn. 9.

Mit der Aufforderung, die Leistung oder die Nacherfüllung „in angemessener Zeit", „umgehend" oder „so schnell wie möglich" zu bewirken, wird eine zeitliche Grenze gesetzt, die auf Grund der jeweiligen Umstände des Einzelfalls bestimmbar ist.

Auch der Zweck der Fristsetzung erfordert es nicht, dass der Gläubiger für die Nacherfüllung einen bestimmten Zeitraum oder einen genauen Endtermin angibt. Dem Schuldner soll mit der Fristsetzung vor Augen geführt werden, dass er die Leistung nicht zu einem beliebigen Zeitpunkt bewirken kann, sondern dass ihm hierfür eine zeitliche Grenze gesetzt ist. Dieser Zweck wird bereits durch die Aufforderung, innerhalb „angemessener Frist", „unverzüglich" oder – wie hier – „umgehend" zu leisten, hinreichend erfüllt.[266] Zwar besteht für den Schuldner dann die Ungewissheit, welcher genaue Zeitraum ihm für die Leistung bzw. Nacherfüllung zur Verfügung steht. Diese Ungewissheit besteht aber in vielen Fällen auch bei Angabe einer *bestimmten* Frist, nämlich immer dann, wenn die vom Gläubiger gesetzte Frist *zu kurz* ist. Eine solche Fristsetzung ist aber auch nicht unwirksam, sondern setzt eine angemessene Frist in Gang, die gegebenenfalls vom Gericht in einem späteren Prozess festgestellt wird.[267]

fruchtloser Ablauf

Da nach dem Parteivortrag davon ausgegangen werden muss, dass der Beklagte auch nachträglich keine Bereitschaft zur Durchführung irgendwelcher Maßnahmen zur Behebung der Mängel signalisierte, kann offenbleiben, wann genau diese gesetzte Frist ablief. Bei Zugang des maßgeblichen Kündigungsschreibens vom 17. Dezember 2017 war dies ohne Zweifel der Fall.

Fristsetzung entbehrlich?

Daher kann offen bleiben, ob infolge der Ablehnung des Reparaturbegehrens durch Leasinggeber Rudi Engel eine Fristsetzung auch als offensichtlich keinen Erfolg versprechend nach § 543 III 2, Nr. 1 BGB entbehrlich war. 26

27

IV. Die **<u>Kostenentscheidung</u>** erging teilweise nach § 91 ZPO und teilweise nach § 91a ZPO.[268]

„Schachtelprüfung" von § 92 II ZPO i.R.d. § 91a

Die i.R.d. nach § 91a ZPO notwendigen Entscheidung nach „billigem Ermessen" grds. notwendige Erörterung der Frage, ob der Kläger hier aller Voraussicht nach obsiegt hätte oder nicht, und die Bildung von „Stufenstreitwerten"[269] erübrigt sich vorliegend nach dem Grundgedanken von § 92 II ZPO:

Selbst bei einem unterstellten Unterliegen des Beklagten in diesem Punkt geht es um weniger als zehn Prozent des Gesamtstreitwerts. Geringfügige zusätzliche Kosten sind kraft Gesetzes unerheblich, wurden durch die Erhöhung des Streitwertes von 8.250 € auf 8.750 € aber ohnehin nicht verursacht (Gebührensprung erst bei *mehr als* 9.000 €).

266 Vgl. BGH NJW 2009, 3153 [3154].

267 Vgl. etwa BGH NJW 1985, 2640; Pal./Grüneberg § 281, Rn. 9.

268 Ein Beschluss über die Kosten hat im konkreten Fall trotz des Wortlautes von § 91a I 1 ZPO nicht zu ergehen! Dies ist nur bei vollständiger Erledigung nötig (vgl. Th/P, § 91a, Rn. 25, 44).

269 Zur Berechnung in solchen Fällen vgl. etwa **Assessor-Basics, Zivilurteil**, § 6 Rn. 72 f.: Der Beklagte trägt die Mehrkosten, die der für erledigt erklärte Anspruch verursacht hat. Dazu sind hier zunächst die tatsächlich angefallenen Gesamtkosten auszurechnen, und anschließend sind hiervon die Kosten abzuziehen, die entstanden wären, wenn die Klage von vornherein ohne den erledigten Streitgegenstand erhoben worden wäre. Bei einer solchen „gemischten Kostenentscheidung" muss sich nicht aus der Formel ergeben, zu welchem Teil die Kostenentscheidung auf § 91a beruht (Th/P, § 91a, Rn. 44).

hemmer-Klausur-Tipp

Seien Sie sehr sorgfältig, wenn eine Kostenregelung vom „billigen Ermessen" spricht (§ 91a I 1 bzw. § 269 III 3 ZPO). Dies heißt nämlich nicht, dass das Gericht hier von jeglicher rechtlichen Beurteilung der Situation befreit wäre und nach Gutdünken verfahren darf. Die rechtliche Beurteilung des unstreitigen oder aller Voraussicht nach sich in bestimmter Weise darstellenden Sachverhalts muss durchgeführt werden.[270] In solchen Fällen ist die Kostenentscheidung auch in jedem Fall (zumindest kurz) zu begründen.[271]
Folge: Infolge der beiderseitigen Erledigungserklärung wird der Fall u.U. materiell-rechtlich gar nicht kürzer, sondern das materiellrechtliche Problem wird nur im Urteil *nach unten verlagert*: von der Begründetheitsprüfung in die Kostenentscheidung. Außerdem existiert eine prozessuale Zusatzaufgabe, deren Bewältigung im Tatbestand und im Aufbau der Entscheidungsgründe dann sogar noch zusätzliche Möglichkeiten der Notendifferenzierung bietet.

V. Die Entscheidung über die **vorläufige Vollstreckbarkeit** ergibt sich aus §§ 708 Nr. 11, 711 ZPO.[272] *28*

Streitwertfestsetzung .... (*erlassen*).

Motzer
RiLG als Einzelrichter

Hilfsgutachten:

I. **Prozessführungsbefugnis des urspr. Klägers:** Die Prozessführungsbefugnis ist das Recht, einen Prozess *im eigenen Namen* zu führen.[273] *29*

Gewillkürte Prozessstandschaft

Hier machte der frühere Kläger ein von ihm zuvor abgetretenes, also fremdes Recht im *eigenen* Namen geltend, sodass die **Voraussetzungen der gewillkürten Prozessstandschaft** zu prüfen sind:

„Zustimmung des Rechtsträgers"

1. Erforderlich ist die - hier vorliegende - Zustimmung oder Ermächtigung des Rechtsträgers zur Prozessführung entsprechend § 185 BGB.

„Übertragbares Recht"

2. Die notwendige Zulässigkeit der Rechtsausübung durch Dritte ist schon deswegen gegeben, weil die Abtretbarkeit des geltend gemachten Anspruchs gegeben ist und keine Anhaltspunkte für ein Abtretungsverbot erkennbar sind.

---

270 Vgl. hierzu Th/P, § 91a, Rn. 46, 47 sowie **Assessor-Basics, Zivilurteil**, § 6 Rn. 51 f.

271 Vgl. dazu etwa **Assessor-Basics, Zivilurteil**, § 9 Rn. 68.

272 Vertreten wird, dass der Teil der Kostenentscheidung, der sich auf den erledigt erklärten Streitgegenstand bezieht, ohne Sicherheitsleistung für vollstreckbar zu erklären sei: Ein Beschluss gemäß § 91a I ZPO wäre sofort vollstreckbar, und dem Kläger sollen aus der Einbeziehung in das einheitliche Urteil keine Nachteile entstehen (vgl. Anders/Gehle, P, Rn. 30; Oberheim, § 29, Rn. 27). Konsequenter Weise wäre dann hier ein Teil der Kosten aus der Abwendungsbefugnis auszuklammern. Gegen eine solche Lösung spricht m.E., dass nach zumindest h.M. die *gesamte* Kostenentscheidung erneut voll zu überprüfen ist, wenn der nicht für erledigt erklärte Teil zu einem Berufungsurteil führt (vgl. Musielak/Wolst § 91a, Rn. 53; Zöller/Vollkommer § 91a, Rn. 56 m.w.N.). Diese Art „Einheit der Urteilsqualität" spricht m.E. auch für eine nur vorläufige Vollstreckbarkeit der gesamten Kostenentscheidung nach §§ 708, 709 ZPO. Im vorliegenden Fall wäre überdies zu berücksichtigen, dass der erledigt erklärte Teil i.R.d. einheitlichen Verfahrens – wie oben ausgeführt – gar keine Zusatzkosten verursacht hatte, bei einem (hypothetischen) Beschluss nach § 91a I ZPO alleine über den erledigt erklärten Teil aber sehr wohl Kosten entstanden wären.

273 Sie ist in der ZPO nirgends grundlegend geregelt; auch § 51 ZPO betrifft sie an sich nicht. Sie zählt zu den allg. Prozessvoraussetzungen und ist von der Sachbefugnis (Aktiv- und Passivlegitimation) streng zu unterscheiden, stellt aber keine Prozesshandlungsvoraussetzung dar (vgl. Th/P, § 51, Rn. 20).

Hinweis: Es ist anerkannt, dass ein Anspruch in Ausnahmefällen u.U. auch dann im Wege der gewillkürten Prozessstandschaft geltend gemacht werden kann, wenn er nicht abtretbar ist. Dies gilt für den Grundbuchberichtigungsanspruch nach § 894 BGB, für den Herausgabeanspruch nach § 985 BGB[274], für den Unterlassungsanspruch des Eigentümers aus § 1004 BGB[275] und für den Anspruch wegen Besitzstörung aus § 862 BGB.[276]

„Eigenes schutzwürdiges Interesse"

3. Weitere Voraussetzung ist ein eigenes *rechtsschutzwürdiges* Interesse des Prozessstandschafters, das fremde Recht im eigenen Namen geltend zu machen. Ein solches ist nur zu bejahen, wenn die Entscheidung die *eigene* Rechtslage des Prozessführungsbefugten beeinflusst. Es kann auch durch ein wirtschaftliches Interesse begründet werden.[277]

Ein entsprechendes schutzwürdiges Eigeninteresse ergibt sich hier aus der Stellung als Zedent der Ansprüche. Dadurch hatte der frühere Kläger nämlich ein erhebliches Interesse an der Realisierung der von ihm lediglich *sicherungshalber* abgetretenen Ansprüche.

Hinweis: Auch für die Klage des Sicherungs*gebers* einer Sicherungsübereignung ist ein solches zu bejahen.[278] Ein schutzwürdiges Eigeninteresse des Zedenten einer *unentgeltlich* abgetretenen Forderung, diese im Wege der gewillkürten Prozessstandschaft gerichtlich geltend zu machen, wird durch sein bloßes Interesse an einer technischen Erleichterung der Prozessführung nicht begründet.[279]
Das schutzwürdige Eigeninteresse muss sich auf das Recht beziehen, zu dessen Geltendmachung er ermächtigt worden ist. Bei § 1004 BGB bzw. § 862 BGB muss sich das schutzwürdige Eigeninteresse daher auf die Beseitigung der Beeinträchtigung *des Eigentums bzw. des Besitzes* beziehen.[280]

„Kein Rechtsmissbrauch"

4. Auch darf die Prozessstandschaft nicht rechtsmissbräuchlich sein: Dies wäre der Fall, wenn ein eventueller Kostenerstattungsanspruch des Gegners gefährdet wird.

Jedoch ist hier eine nicht hinnehmbare „gezielte Prozessrollenverschiebung" nicht ersichtlich, sodass Rechtsmissbrauch ausscheidet.

Ergebnis: Der frühere Kläger konnte mithin die abgetretenen Ansprüche in gewillkürter Prozessstandschaft geltend machen, war also prozessführungsbefugt.

II. **Rechtskrafterstreckung** bei Prozessstandschaft: 30

Materielle Rechtskraft auch ggü. wirklichem Rechtsinhaber

Eine solche ist bei gewillkürter Prozessstandschaft im Verhältnis zum wirklichen Rechtsinhaber nach allg. Meinung zu bejahen, obwohl kein Fall gegeben ist, in dem § 325 ZPO wörtlich eingreifen würde. Dieser muss sich am Prozessergebnis festhalten lassen, da er dem Rechtsfremden selbst die Prozessführungsbefugnis eingeräumt hat.

274 Vgl. BGH NJW-RR 1986, 158.
275 Vgl. BGH NJW 2013, 1809 [Rn. 23].
276 Vgl. BGH NJW 2017, 486 [Rn. 7] = Life&Law 2017, 9.
277 Vgl. Th/P, § 51, Rn. 34.
278 Vgl. BGH NJW 2017, 2352 [Rn. 10]; BGHZ 96, 182.
279 Vgl. BGH NJW 2017, 487 [Rn. 18] = Life&Law 2017, 21; ThP § 51, Rn. 34 a.E.
280 Vgl. BGH NJW 2017, 486 [Rn. 10] = Life&Law 2017, 21; ThP § 51, Rn. 35a a.E.

Die vom Beklagten gegen die Prozessführung durch den früheren Kläger insoweit vorgebrachten Bedenken greifen daher nicht durch: Er musste nach einem etwaigen Unterliegen des Prozessstandschafters keine weitere Klage des wirklichen Rechtsinhabers befürchten; diese wäre unzulässig gewesen.[281]

III. **Zum erklärten Widerruf des Vertrages**:

Begriff Finanzierungsleasing

Vom Vertragsinhalt her gesehen handelt es sich hier tatsächlich um einen Finanzierungsleasingvertrag, der unter bestimmten Voraussetzungen als sonstige Finanzierungshilfe gemäß § 506 I, II BGB anzusehen ist. Es liegt ein Vertrag über die entgeltliche Nutzung einer Sache (Ultraschallgerät) vor, der zusätzlich ein sog. Andienungsrecht i.S.d. § 506 II Nr. 2 BGB enthielt.

IV. **Zur erledigt erklärten Klage:** Anspruch aus § 535 II BGB. *31*

Ein Anspruch gemäß § 535 II BGB kam über den § 545 BGB nicht in Betracht, da davon auszugehen sein wird, dass das nach Klägervortrag erfolgte Rückgabeverlangen dem als Widerspruch i.S.d. § 545 BGB entgegensteht.

Leasingratenanspruch aus § 546a BGB

Wegen der um knapp zwei Monate verspäteten Rückgabe des Pkw hätte sich aber ein Anspruch aus § 535 II i.V.m. § 546a BGB ergeben:[282]

Auf den Finanzierungsleasingvertrag werden in erster Linie die §§ 535 ff. BGB angewandt, im Einzelfall kann aber die Anwendung von Vorschriften aus anderen Vertragstypen in Betracht kommen. Dies ist also bei jeder einzelnen Vorschrift des Mietrechts genau zu prüfen.

Der Zweck des § 546a BGB greift auch beim Finanzierungsleasing ein: Der Mieter darf bei vertragswidrigem Verhalten nicht besser stehen als vor Vertragsablauf; § 546a BGB ist ein Druckmittel für den Vermieter bzw. Leasinggeber.

281 Vgl. etwa BGH, NJW 1988, 2376 - 2380 = **juris**byhemmer; Th/P, § 51, Rn. 39, 24; vor § 253, Rn. 23; § 322, Rn. 11.

282 Vgl. BGHZ 107, 123 - 129 = **juris**byhemmer zur Vorgängerregelung des § 557 BGB; Pal./Weidenkaff, § 546a, Rn. 5.

Fall 6

Erich Kleppten
Rechtsanwalt

24114 Kiel, 2. Januar 2018
Sachaustraße 5a

An das
Amtsgericht Kiel
24114 Kiel

Amtsgericht Kiel
Eingang: 2. Januar 2018

Klage

In dem Rechtsstreit

Johannes Mayall, Calvinstraße 13, 24114 Kiel

Kläger

gegen

Alexis Korner, Odensestraße 13a, 24109 Kiel

Beklagter

zeige ich an, dass ich den Kläger vertrete, versichere ordnungsgemäße Bevollmächtigung und erhebe für ihn Klage mit folgenden Anträgen:

1. Der Beklagte wird zur Rückzahlung von 590 € an den Kläger verurteilt.

2. Der Beklagte hat die Kosten des Verfahrens zu tragen.

3. Das Urteil ist vorläufig vollstreckbar.

Für den Fall der Anordnung des schriftlichen Vorverfahrens beantrage ich den Erlass eines Versäumnisurteils, wenn sich der Beklagte in der Notfrist des § 276 I 1 ZPO nicht erklärt.

Begründung:

Es geht vorliegend um die Rückforderung einer Kaufpreiszahlung aus einem am 16. September 2017 geschlossenen Vertrag über eine Stereoanlage, und zwar einen sog. Highend-Vorverstärker Marke „Booster 2020 Turbo", den der Kläger im Geschäft des Beklagten in Kiel, Odensestraße 13a, kaufte.

Am betreffenden Tag wurde der Kläger von einem Herrn Robert Cray, der als Vertreter des Beklagten handelte, auf der Straße in der Nähe des Ladengeschäfts des Beklagten angesprochen. Herr Cray hatte dort - wahrscheinlich nicht einmal straßenrechtlich genehmigt – neben einem Bratwurststand in der Odensestraße einen Tisch aufgestellt, auf dem eine Stereo-Anlage dröhnte und sich Massen an Compact-Disks stapelten.

Es handelte sich nicht um eine allg. angekündigte Verkaufsveranstaltung, mit der man hätte rechnen können, zumal außer dem Tisch des Beklagten sonst keinerlei Verkaufsstände o.Ä. vorhanden waren. Es war gar nicht ersichtlich, dass dort überhaupt etwas verkauft werden sollte, geschweige denn Stereoanlagen. Normalerweise befinden sich an der betreffenden Stelle gar keine Verkaufsstände.

Angelockt von der Musik begann mein Mandant ein Gespräch mit Herrn Cray; man fachsimpelte über alle möglichen Musikrichtungen, bis Herr Cray den Kläger plötzlich und völlig überraschend aufforderte, mit in das in der Nähe befindliche Geschäft des Beklagten zu gehen, weil er ihm dort eine technische Neuigkeit zeigen könne, die seinen privaten Musikgenuss revolutionieren würde.

Mit allen möglichen Tricks gelang es ihm dann dort, meinem Mandanten den bezeichneten Vorverstärker aufzuschwatzen.

Beweis: Kopie des schriftlichen Kaufvertrags vom 16. September 2017 (Anlage K_1)

Der Kläger bezahlte den Kaufpreis an diesem Tag mit seiner Bankkarte, sodass der Betrag von seinem Konto abgebucht wurde.

Es erfolgte keinerlei Belehrung des Klägers.

Als der Kläger am 21. Oktober 2017 davon erfuhr, dass der Vorverstärker bei „Elektro-Stinger" um 50 € billiger erhältlich ist, sandte er noch am selben Tag ein Schreiben an den Beklagten, in dem er unter Bezugnahme auf dieses Preisproblem und den Hinweis auf seine Überrumpelung bei Vertragsschluss die Rückgängigmachung des Kaufvertrages erklärte und sein Geld zurückverlangte.

Beweis: Kopie des Schreibens vom 21. Oktober 2017 (Anlage K_2)

Es handelt sich m.E. um eine Widerrufserklärung nach Verbraucherschutzrecht.

Im selben Schreiben forderte er den Beklagten auch zur Abholung des Vorverstärkers auf.

Beweis: Kopie des Schreibens vom 21. Oktober 2017 (Anlage K_2)

Aus diesem Grunde befindet sich der Beklagte in Annahmeverzug.

Der Klage ist kein Versuch der Mediation vorausgegangen. Allerdings sind zahlreiche Versuche meines Mandanten, die Streitigkeit außergerichtlich beizulegen, schon im Vorfeld an der ablehnenden Haltung des Beklagten gescheitert. Aus diesem Grunde ist eine gütliche Einigung über den geltend gemachten Anspruch nicht zu erwarten.

Ich bitte daher um baldige Terminanberaumung.

Erich Kleppten
Rechtsanwalt

Die Klageschrift wurde dem Beklagten unter Wahrung aller Formalien, v.a. den erforderlichen Hinweisen (§§ 276 Abs. 2, 277 Abs. 2 ZPO) am 13. Januar 2018 zugestellt.

Hans Bruhs
Rechtsanwalt

24114 Kiel, 15. Januar 2018
Sachaustraße 14

An das
Amtsgericht Kiel
24114 Kiel

Amtsgericht Kiel
Eingang: 15. Januar 2018

In dem Rechtsstreit

Mayall gegen Korner

Az.: 4 C 789/18

möchte ich hiermit die Vertretung des Beklagten anzeigen.

Der Beklagte wird sich gegen die unbegründete Klage verteidigen.

Eine ausführliche Begründung folgt.

Hans Bruhs
Rechtsanwalt

Hans Bruhs
Rechtsanwalt

24114 Kiel, 25. Januar 2018
Sachaustraße 14

An das
Amtsgericht Kiel
24114 Kiel

Amtsgericht Kiel
Eingang: 25. Januar 2018

In dem Rechtsstreit

Mayall gegen Korner

Az.: 4 C 789/18

möchte ich hiermit nun für den Beklagten zur Sache Stellung nehmen.

Ich werde beantragen, die Klage abzuweisen.

Begründung:

Die Klage ist mangels Aktivlegitimation schon als offensichtlich unzulässig abzuweisen.

Dem Kläger fehlt es an der Klageführungsbefugnis, weil die (behauptete) streitgegenständliche Forderung aus dem Geschäft vom 16. September 2017 gar nicht mehr sein Eigentum ist.

Die Klageforderung wurde nämlich - wie wir in Erfahrung bringen konnten - bereits am 19. Januar 2018 auf Antrag eines Gläubigers des Klägers (Herr Gerri Muhr aus 25335 Elmshorn, Moltkestraße 14) ordnungsgemäß vom Amtsgericht Kiel gepfändet und dem Herrn Muhr zur Einziehung überwiesen. Dieser Beschluss wurde am 22. Januar 2018 dem Vollstreckungsschuldner und dem Drittschuldner zugestellt.

Beweis: wird im Bestreitensfalle nachgereicht.

Letztlich könnte das Gericht dies aber sogar offen lassen, denn in jedem Fall ist ein Rückzahlungsanspruch auch gar nicht gegeben.

Der Klägervortrag ist bereits unschlüssig. Es ist zu beachten, dass der Kaufvertrag, für dessen Abschluss Herr Cray natürlich Vertretungsmacht hatte, im Geschäft des Beklagten vorgenommen wurde, nicht etwa in der Privatwohnung des Klägers. Für solche Fälle gibt es keine Widerrufsrechte.

Der vom Kläger unterschriebene Vertrag enthielt zudem eine Vereinbarung über den Ausschluss etwaiger Widerrufsrechte.

Beweis: Kaufvertragsurkunde (vom Kläger bereits vorgelegt).

Teilweise sehen wir uns auch gezwungen, den Klägervortrag substanziiert zu bestreiten. Es kann nämlich gar keine Rede davon sein, dass der Kläger von Herrn Cray auf der Straße angesprochen worden sei. Vielmehr ist er aus freien Stücken in das Geschäft gegangen. Meine Mandantschaft hat mir versichert, dass sie keinen entsprechenden Tisch an irgendeiner Straße aufgebaut hatte. Das ist eine reine Erfindung, weil den Kläger wohl mittlerweile der ausgegebene Geldbetrag reut. Solche Stände betreibt meine Mandantschaft nie.

Das Nichtvorliegen eines Beweisangebotes spricht insoweit schon Bände. Mein Mandant betreibt zudem ein seriöses Unternehmen, bei dem jeder Kunde optimal beraten wird.

Weiterhin mache ich hiermit höchst hilfsweise geltend, dass die schriftliche Widerrufserklärung des Klägers völlig verspätet war. Der Beklagte hat diese per Post erst am 24. Oktober 2017 erhalten.

Nach alledem ist die Klage m.E. abweisungsreif.

Hans Bruhs
Rechtsanwalt

Der Schriftsatz wurde dem Vertreter des Klägers am 3. Februar 2018 ordnungsgemäß zugestellt. Dem Kläger wurde gemäß § 276 Abs. 3 eine zweiwöchige Frist zur erneuten Erwiderung gesetzt.

Erich Kleppten
Rechtsanwalt

24114 Kiel, 14. Februar 2018
Sachaustraße 5a

An das
Amtsgericht Kiel
24114 Kiel

Amtsgericht Kiel
Eingang: 14. Februar 2018

In dem Rechtsstreit

Mayall gegen Korner

Az.: 4 C 789/18

sehe ich mich veranlasst, nochmals zum Verfahren Stellung zu nehmen.

Daran, dass die Klage zulässig und begründet ist, hat die Pfändung durch Herrn Muhr nichts geändert, weil dieser vom rechtshängigen Prozess gar nichts wusste.

Allerdings ist der Antrag nun entsprechend anzupassen.

Eine Kopie des Pfändungs- und Überweisungsbeschlusses, der allen Beteiligten am 22. Januar 2018 zugestellt worden ist, habe ich beigelegt (Az.: 5 M 4765/18).

Rein vorsorglich sei darauf verwiesen, dass die Zustellung der Klageschrift am 13. Januar 2018 erfolgte. Dies halten wir im Hinblick auf den Pfändungstermin für bedeutsam.

Ich beantrage daher nun:

1. Der Beklagte wird zur Rückzahlung von 590 € an Herrn Gerri Muhr als Rechtsnachfolger des Klägers verurteilt.

2. Der Beklagte trägt die Kosten des Rechtsstreits.

Hinsichtlich der materiellen Rechtslage verweise ich zunächst auf die Klageschrift.

Es bleibt dabei, dass der Kläger auf der Straße angesprochen worden ist. Da es um den Beweis des wirksamen Vertragsschlusses geht, also einer für den Beklagten günstigen Tatsache, hat Letzterer insoweit die Beweislast.

Der Kläger ist im Übrigen - wie schon mehrmals außergerichtlich angekündigt - jederzeit bereit, den Vorverstärker zurückzugeben. Der Beklagte muss ihn nur, wie es seine Pflicht ist, beim Kläger abholen.

Erich Kleppten
Rechtsanwalt

Der Schriftsatz wurde dem Vertreter des Beklagten am 17. Februar 2018 ordnungsgemäß zugestellt. Es wurde Termin bestimmt für den 25. April 2018, und die Parteien wurden geladen.

Erich Kleppten
Rechtsanwalt

24114 Kiel, 1. März 2018
Sachaustraße 5a

An das
Amtsgericht Kiel
24114 Kiel

Amtsgericht Kiel
Eingang: 1. März 2018

In Sachen

Mayall gegen Korner

Az.: 4 C 789/18

möchte ich hiermit erneut zum Verfahren Stellung nehmen.

Nach erneuter Prüfung der Rechtslage und Beweissituation sowie einer leider jetzt erst möglichen Rücksprache mit meinem Mandanten möchte ich nun doch Beweis für die Tatsache anbieten, dass der Kläger von Herrn Cray tatsächlich auf der Straße angesprochen und mit psychologischen Tricks in das Geschäft gelockt wurde.

Beweis: Zeugnis des Bert B. King, Kirunastraße 12a, 24109 Kiel

Der Zeuge hat das Gespräch zwischen dem Kläger und Herrn Cray zufällig mitverfolgt, da er ebenfalls interessiert an den HiFi-Geräten herumgeschraubt hatte.

Für die verspätete Benennung dieses Zeugen bitten wir um Entschuldigung.

Diese stütze ich auf folgende Umstände: Der Kläger wusste zwar, dass das Gespräch auf der Straße von anderen Personen mitverfolgt worden war, kannte diese namentlich aber nicht. Durch einen Glücksfall hat er den nun benannten Zeugen in einer Kneipe wiedererkannt, als dieser auf einem dort stehenden Klavier einen Blues spielte.

Außerdem ist noch darauf hinzuweisen, dass der Kläger von seinem Rücktrittsrecht erst am 15. Oktober 2017 erfahren hatte. An diesem Tag sprach er mit einem Bekannten, Herrn Johannes L. Hooker, und dieser wies den Kläger, als das Gespräch auf den Vorverstärkerkauf kam, darauf hin, dass er bei solchen Überrumpelungsgeschäften jedenfalls auch ein Recht habe, sich vom Vertrag ohne Angabe von Gründen wieder zu lösen.

Vor diesem Zeitpunkt hatte der Kläger, auch infolge der mangelnden Belehrung durch den Beklagten, keinerlei Kenntnis vom Rücktrittsrecht.

Beweis: Zeugnis des Johannes L. Hooker, Calvinstraße 93, 24114 Kiel

Daher ist den Anträgen des Klägers stattzugeben.

Erich Kleppten
Rechtsanwalt

Am 7. März 2018 erging ein Beweisbeschluss. Das Gericht beschloss die Vernehmung des Zeugen King über die Behauptung des Klägers, der Kaufvertrag sei unmittelbar nach einem Ansprechen durch Herrn Robert Cray an einem Stand auf der Odensestraße zustande gekommen.

Hans Bruhs
Rechtsanwalt

24114 Kiel, 12. März 2018
Sachaustraße 14

An das
Amtsgericht Kiel
24114 Kiel

Amtsgericht Kiel
Eingang: 12. März 2018

In Sachen

Mayall gegen Korner

Az.: 4 C 789/18

möchte ich hiermit erneut zum Verfahren Stellung nehmen.

Ergänzend zum bisherigen Vorbringen ist darauf hinzuweisen, dass ein Widerruf, sollte ein solches Recht überhaupt bestehen, als eindeutig rechtsmissbräuchlich anzusehen ist.

Dies ergibt sich daraus, dass der Kläger außerprozessual selbst einräumt, den Verstärker zumindest bis zur Erklärung dieses „Widerrufs" im Dauereinsatz gehabt zu haben. Dadurch ist zwangsläufig eine erhebliche Wertminderung eingetreten, denn zuvor handelte es sich um eine neue und völlig ungebrauchte Sache.

Höchst hilfsweise, nämlich für den Fall, dass der Klage stattgegeben wird, möchte ich nun aber **Widerklage** gegen den Kläger und Widerbeklagten erheben. Mit dieser stelle ich folgende **Anträge**:

1. Der Widerbeklagte wird verurteilt, 50 € zu bezahlen.

2. Der Widerbeklagte trägt die Kosten der Widerklage.

Begründung:

Die Widerklage ist zulässig und begründet. Sie ist insbesondere sachdienlich.

Sie stützt sich auf die oben bereits vorgetragene Wertminderung, die durch Wertersatz-, Nutzungsersatz- oder Schadensersatzansprüche ausgeglichen werden muss, wenn sie wider Erwarten nicht sowieso dem Widerruf selbst entgegensteht.

Der Umfang der Wertminderung ist nach der Lebenserfahrung mit mindestens 100 Euro anzusetzen.

Beweis (unter Verwahrung gegen die Beweislast): Sachverständigengutachten nach Auswahl des Gerichts

Der Kläger trägt die Beweislast, denn es ist seine Pflicht, die Kaufsache in ordnungsgemäßem Zustand zurück zu geben, und er muss die ordnungsgemäße Erfüllung dieser Pflicht substanziiert darlegen und nachweisen.

Bislang hat er noch gar nichts zurückgegeben und dies wird hiermit als Einrede geltend gemacht.

Infolge der Abnutzung wird der Kläger diese Pflicht auch künftig nicht vollständig erfüllen können.

Im Hinblick auf die 50 € wird bereits jetzt angekündigt, dass sich der Beklagte vorbehält, einen etwaigen Mehrbetrag an Wertminderung im Wege der Widerklageerweiterung oder sonstiger Nachforderung noch geltend zu machen.

In diesem Zusammenhang ist darauf hinzuweisen, dass der Verstärker weniger als 20 kg wiegt, also mit einem Postpaket versandt werden kann.

Hans Bruhs
Rechtsanwalt

Der Schriftsatz wurde am 19. März 2018 ordnungsgemäß zugestellt.

Amtsgericht Kiel
Az.: 4 C 789/18

Protokoll der mündlichen Verhandlung vom 25. April 2018

Gegenwärtig: Richterin am Amtsgericht Dr. Tedeschi

Vorläufig aufgezeichnet auf Tonträger gemäß §§ 159, 160a ZPO.

In dem Rechtstreit

Mayall gegen Korner

erscheinen bei Aufruf der Sache:

für den Kläger bzw. die Widerbeklagten Rechtsanwalt Kleppten

für den Beklagten und Widerkläger Rechtsanwalt Bruhs

Der weiterhin erschienene Zeuge King wird zur Wahrheit ermahnt, auf die Möglichkeit der Beeidigung sowie auf die Strafbarkeit einer falschen eidlichen oder uneidlichen Aussage hingewiesen.

Der Zeuge verlässt den Sitzungssaal.

Die Vorsitzende weist darauf hin, dass der Termin zunächst als Gütetermin gemäß §§ 278, 279 ZPO behandelt wird.

Die Sach- und Rechtslage wird mit den Parteien erörtert. Eine gütliche Einigung wird nicht erzielt. Nach kurzer Unterbrechung wird der Termin gemäß § 279 I ZPO als Haupttermin fortgesetzt.

Der Klägervertreter stellt seine Anträge aus dem Schriftsatz vom 14. Februar 2018 und beantragt weiterhin, die Widerklage als unbegründet abzuweisen.

Der Beklagtenvertreter stellt seine Anträge aus dem Schriftsatz vom 12. März 2018.

Der Klägervertreter erklärt, dass der Kläger den Vorverstärker am 12. April 2018 persönlich in die Geschäftsräume des Beklagten zurückgebracht habe, wo der Beklagte die Annahme zunächst verweigern wollte, den Vorverstärker dann aber doch entgegennahm. Der Beklagtenvertreter stellt dies unstreitig.

Es folgt die Vernehmung des Zeugen King.

Zur Person: ....

Zur Sache:

„Ich habe am 16. September 2017 zufällig gesehen, wie der Kläger von Herrn Cray, den ich aus der Kneipe kenne, angequatscht worden ist. Das war ein wunderschöner Tag und ich kann mich genau an das Datum erinnern. Ich hatte mir gerade eine Bratwurst an einem Stand gekauft und kämpfte mit dem tropfenden Senf. Da war direkt daneben ein Stand mit greller Musik und lauter CDs, und Herr Cray hat alle möglichen Anpreisungen gemacht. Der Herr, der jetzt der Kläger ist, hatte ursprünglich offenbar nur vorbeilaufen wollen, war dann aber von Herrn Cray in absolut perfekter Vertretermanier um den Finger gewickelt worden. Ich selbst habe mich eine Zeitlang in das Gespräch mit dem Kläger eingeschaltet. Es ging plötzlich um einen Vorverstärker, den man unbedingt gehört haben müsse. Irgendwann ist der Kläger dann mit Herrn Cray in das Geschäft gegangen, und ein 16 bis 17-jähriger Junge hat dann auf den Tisch mit der Anlage und den Disks aufgepasst. Danach bin ich woanders hingegangen."

Die Aussage wird vorgespielt und genehmigt. Auf Vereidigung wird verzichtet. Der Zeuge wird entlassen.

Der Beklagtenvertreter beantragt, dies alles gemäß § 296 ZPO als verspätet zurückzuweisen. Unzweifelhaft habe der Kläger die ihm gesetzten Fristen verpasst.

Der Beklagtenvertreter erklärt weiterhin, dass ein solcher Verkaufstand, sollte er – was er immer noch bestreite – tatsächlich vorhanden gewesen sein, zumindest nicht mit dem Beklagten selbst abgestimmt war. Herr Cray habe zwar Vertretungsmacht für den Abschluss von Verkäufen. Über eine solche Strategie, Stände im Freien aufzubauen, habe er aber den Beklagten nicht informiert und das wäre dann auch eine einmalige Aktion gewesen.

Zur Widerklage erklärt der Klägervertreter, dass mangels erfolgter Widerrufsbelehrung eine Haftungsprivilegierung analog § 346 Abs. 3 BGB eingreife. Überdies sei die Höhe des Minderwertes zu bestreiten.

Daraufhin ergeht **Beschluss:** Termin zur Verkündung einer Entscheidung wird bestimmt auf ..., 9 Uhr, Sitzungssaal 33.

Dr. Tedeschi
Richterin am Amtsgericht

Für die Richtigkeit der Übertragung
vom Tonträger
Hoppl
Justizsekretärin als U.d.G.

Vermerk für den Bearbeiter:

Die Entscheidung des Gerichts ist zu fertigen.

Die Fertigung einer Rechtsbehelfsbelehrung sowie eine etwaige Streitwertfestsetzung sind allerdings erlassen.

Ladungen, Zustellungen, Vollmachten und sonstige Formalien sind in Ordnung. Es ist zu unterstellen, dass alle gesetzlich vorgeschriebenen Hinweise erteilt wurden. Wenn das Ergebnis der mündlichen Verhandlung nach Ansicht des Bearbeiters für die Entscheidung nicht ausreicht, ist zu unterstellen, dass trotz Wahrnehmung der richterlichen Aufklärungspflicht keine weitere Aufklärung zu erzielen war. Soweit die Entscheidung keiner Begründung bedarf oder in den Gründen ein Eingehen auf alle angesprochenen Rechtsfragen nicht erforderlich erscheint, sind diese in einem Hilfsgutachten zu erörtern.

Übersicht Fall 6

I. Zulässigkeit der Klage

1. Umstellung des Antrags zulässig gemäß § 264 Nr. 2 oder Nr. 3 (str.) ZPO.

2. Sachliche Zuständigkeit gemäß § 23 Nr. 1 GVG (vgl. auch § 5 2. Hs. ZPO).

3. Örtliche Zuständigkeit gemäß §§ 12, 13 ZPO bzw. wahlweise (§ 35 ZPO) gemäß § 29c I 1 ZPO (hier identisch).

4. Prozessführungsbefugnis für Antrag auf Zahlung an Vollstreckungsgläubiger (+):

   Nach Pfändung und Überweisung zur Einziehung (§§ 828, 835 I 1. Alt., 836 I ZPO) durch Dritten entfällt Recht des Klägers, auf Zahlung *an sich* klagen.

   Hier aber Prozessstandschaft gemäß § 265 II 1 ZPO (+), da nach Rechtshängigkeit erfolgt. Ausnahme gemäß § 265 III ZPO bei Forderungen nicht denkbar, da kein Schutz des guten Glaubens.

II. Begründetheit der Klage

Aktivlegitimation: Antrag richtigerweise jetzt auf Zahlung an den Pfändenden!

Anspruch auf Rückgewähr nach §§ 355 III 1, 357 I 1 BGB wg. Widerrufs nach § 312g I BGB:

1. Verbrauchervertrag über entgeltliche Leistung i.S.d. §§ 312 ff., 310 III, 13, 14 BGB.

2. Tatbestand des § 312b I 1 Nr. 3 BGB:

a. Ansprechen „unmittelbar zuvor“ außerhalb eines Geschäftsraums wurde durch Zeugen King bewiesen. Keine Präklusion gemäß § 296 I ZPO, da keine Verzögerung.

b. Zurechnung des Ansprechens durch Vertreter gemäß § 312b I 2 BGB.

3. Kein Vorliegen von Ausnahmen der Anwendbarkeit gemäß § 312 II oder § 312g II BGB.

   Widerrufsrecht unabdingbar (§ 312k I 1 BGB).

4. Wirksame Widerrufserklärung (+):

a. Form gemäß § 355 I BGB unerheblich. Eindeutigkeit (+).

b. Zugang unstreitig. Kein Fristablauf gemäß § 355 II BGB wegen § 356 III 1 BGB, Obergrenze des § 356 III 2 BGB weit entfernt.

c. Kein Rechtsmissbrauch wegen Beschädigung.

5. Einrede des § 357 IV 1 BGB jedenfalls ab Rückgabe entfallen.

   Ergebnis: Anspruch aus §§ 355 III 1, 357 I 1 (+).

III. Zulässigkeit der Widerklage (innerprozessuale Bedingung eingetreten):

1. Örtliche Zuständigkeit hier trotz insoweit ausschließlicher Zuständigkeit nach § 29c II 1 ZPO schon gemäß § 33 I ZPO, da § 33 II ZPO gemäß § 29c II 2 ZPO nicht gilt.

2. Sachliche Zuständigkeit: gemäß § 23 Nr. 1 GVG (vgl. auch § 5 2. Hs. ZPO).

3. Zusammenhang i.S.d. § 33 ZPO (+).

IV. Begründetheit der WK aber vollständig (-):

1. Kein Wertersatzanspruch aus § 357 VII BGB: schon da kein Hinweis i.S.d. Nr. 2.

2. Wertersatzanspruch aus § 346 II BGB bei § 357 BGB nicht mehr anwendbar.

3. Schadensersatzanspruch aus §§ 280 ff. BGB: wg. Nichtmehrgeltung von § 346 IV BGB und § 361 BGB grds. nicht möglich.

4. Auch andere Ansprüche schon wegen § 361 BGB nicht möglich.

V. Kosten: § 91 ZPO.

VI. Vollstreckbarkeit: §§ 708 Nr. 11, 711 i.V.m. § 709 S. 2 ZPO. § 713 ZPO (-), da Berufung wegen Addition der Beschwer aus Klage und Widerklage möglich (§ 511 II Nr. 1 ZPO).

Hilfsgutachten:

Beklagter war trotz Nicht*abholung* nicht in Annahmeverzug gemäß §§ 293 ff. BGB: Pflicht zur Rücksendung nach § 355 III 1, 357 I BGB, da kein Fall von § 357 V oder VI 3 BGB!

LÖSUNG FALL 6

Aktenzeichen 4 C 789/18

Amtsgericht Kiel

Rubrum bei Widerklage

Im Namen des Volkes 1

Urteil

In dem Rechtsstreit

mehrfache Parteibezeichnung

Johannes Mayall, Calvinstraße 13, 24114 Kiel,

Kläger und Widerbeklagter,

Prozessbevollmächtigter: Rechtsanwalt Erich Kleppten, Sachaustraße 5a, 24114 Kiel,

gegen

Alexis Korner, Odensestraße 13a, 24109 Kiel,

Beklagter und Widerkläger,

Prozessbevollmächtigter: Rechtsanwalt Hans Bruhs, 24114 Kiel, Sachaustraße 14,

wegen Kaufpreisrückforderung

hat das Amtsgericht Kiel, Abteilung .... , durch die Richterin am Amtsgericht Dr. Tedeschi aufgrund der mündlichen Verhandlung vom 25. April 2018 für Recht erkannt:

Tenor bei Prozessstandschaft

1. Der Beklagte wird verurteilt, 590 € an Herrn Gerri Muhr aus 25335 Elmshorn, Moltkestraße 14 zu bezahlen.[283] 2

Entscheidung bzgl. Widerklage

2. Die Widerklage wird abgewiesen.

3. Der Beklagte hat die Kosten des Rechtsstreits zu tragen.[284]

4. Das Urteil ist vorläufig vollstreckbar. Der Beklagte kann die Vollstreckung abwenden durch Sicherheitsleistung in Höhe von 110 % des aus dem Urteil insgesamt vollstreckbaren Betrags, wenn nicht der Kläger vor der Vollstreckung Sicherheit in Höhe von 110 % des jeweils vollstreckbaren Betrags leistet.[285]

283 Da der wirkliche Forderungsinhaber mangels Parteiwechselerklärung (vgl. zu dieser die sehr klausurrelevante Sonderregelung des § 265 II 2 ZPO) nicht im Rubrum genannt ist, muss er hier möglichst genau bezeichnet werden, um die Vollstreckbarkeit des Titels zu gewährleisten. Ein Zinsantrag war nicht gestellt worden. Andernfalls hätte man die Auswirkung des erst *nachträglichen* Wegfalls der Einrede des § 357 IV BGB prüfen müssen.

284 Es ist wiederum auf den Grundsatz der Einheit der Kostenentscheidung zu achten. Keinesfalls dürfen also die Kosten von Klage und Widerklage getrennt tenoriert werden. Vielmehr muss über sie zusammenfassend als „Kosten des Rechtsstreits“ entschieden werden, was zwar nicht hier, aber oft in anderen Fällen (etwa oben in Fall 3) zum Erfordernis einer Quotelung führt. Zu dieser Frage siehe in **Assessor-Basics, Zivilurteil**, § 6 Rn. 35 ff.

285 Die grds. entscheidende *Gesamt*beschwer des Beklagten liegt hier über 600 €, da insoweit zu addieren ist (dazu siehe am Ende des Urteils). Daher wurde auch hier keine Entscheidung i.S.d. § 511 II, IV ZPO vorgenommen.

Tatbestand

Einleitungssatz

Der Kläger begehrt vom Beklagten die Rückzahlung des Kaufpreises in Höhe von 590 € an seinen eigenen Gläubiger, Herrn Gerri Muhr, der Beklagte begehrt vom Kläger Zahlung von 50 € Schadensersatz.[286] 3

Unstreitiges zu Klage und Widerklage

Am 16. September 2017 schlossen Kläger und Beklagter, Letzterer vertreten durch Herrn Robert Cray, im Geschäftslokal des Beklagten in der Odensestraße 13a in Kiel, einen Kaufvertrag[287] über einen Vorverstärker Marke "Booster 2020 Turbo" zum Privatgebrauch ab. Der Kläger zahlte den Kaufpreis sofort mithilfe eines Einzugs über seine EC-Karte.

Der Beklagte belehrte den Kläger nicht über ein etwaiges Widerrufsrecht. Vielmehr enthielt der Kaufvertrag gerade einen Ausschluss eines Widerrufsrechts.[288]

Mit einem Schreiben vom 21. Oktober 2017 erklärte der Kläger, sich vom Kaufvertrag lösen zu wollen, was er v.a. mit dem Preis und einer „Überrumpelung“ bei Vertragsschluss begründete. Er forderte den Beklagten zur Abholung des Vorverstärkers auf. Dieses Schreiben ging dem Beklagten am 24. Oktober 2017 zu.

Am 19. Januar 2018 wurde die Rückzahlungsforderung des Klägers 4
vom Amtsgericht Kiel gepfändet und einem Gläubiger des Klägers, Herrn Gerri Muhr, zur Einziehung überwiesen. Dieser Beschluss wurde allen Beteiligten am 22. Januar 2018 zugestellt.

Rückgabe (= Wegfall von § 357 IV BGB!)

Am 12. April 2018 brachte der Kläger den Vorverstärker in die Geschäftsräume des Beklagten zurück und übergab ihn dem Beklagten.

streitiges Vorbringen des Klägers

Der Kläger behauptet, Herr Cray habe ihn an einem an der Straße in der Nähe des Ladengeschäfts des Beklagten aufgebauten Stand angesprochen, an dem laute Musik lief und viele Compact Discs aufgebaut waren. Dort sei er während eines Gesprächs mit zunächst ganz anderem Inhalt von Herrn Cray überraschend aufgefordert worden, ihm ins Geschäftslokal des Beklagten zu folgen, da ihm dieser eine Neuigkeit zeigen wollte. Normalerweise befinden sich – insoweit unstreitig – an der betreffenden Stelle gar keine Verkaufsstände. Unmittelbar danach sei der Kläger im Geschäft des Beklagten von Herrn Cray zum Kauf des Vorverstärkers überredet worden.[289]

---

286 Hier konnte ein Aufbau gewählt werden, der die Tatbestände von Klage und Widerklage in weiten Teilen zusammenfasst, da beiden derselbe Lebenssachverhalt zugrunde liegt: der Kaufvertrag über den Vorverstärker. Näheres zu Aufbaufragen hinsichtlich des Tatbestands siehe **Assessor-Basics, Zivilurteil**, § 8 Rn. 64 ff.

287 Grds. ist die Vornahme rechtlicher Wertungen im Tatbestand unzulässig, da den Entscheidungsgründen vorbehalten. Um andererseits aber den Tatbestand nicht durch langatmige definierende Formulierungen zu überfrachten, wird die Verwendung von sog. Rechtstatsachen zugelassen. Eine solche Rechtstatsache wie der Begriff des Kaufvertrages ist unter folgenden kumulativen Voraussetzungen wie eine echte Tatsache zu behandeln: es muss sich um einen relativ einfachen Begriff handeln, den die Parteien übereinstimmend und nicht ersichtlich falsch verwenden (siehe **Assessor-Basics, Zivilurteil**, § 8 Rn. 11 ff.).

288 Diese letztgenannte Behauptung des Beklagten aus der Klageerwiderung wurde nicht bestritten, ist juristisch aber auch irrelevant, weil der Ausschluss unwirksam ist (s.u.). Erwähnt wird es hier v.a. deswegen, weil sich aus dem Vortrag des Ausschlusses zwangsläufig ergibt, dass der Beklagte damit die Nichtbelehrung ausdrücklich zugesteht. Durch Behauptungen wie „immer korrekt verhalten“ kann dies keinesfalls „widerlegt“ werden.

289 Für das Vorliegen der Voraussetzungen des Bestehens des Widerrufsrechts trägt der Kläger als Widerrufender die Darlegungs- und Beweislast. Daher ist dieser Punkt, der streitig war und über den die Beweisaufnahme erfolgte, beim streitigen *Kläger*vorbringen einzuordnen.

Prozessgeschichte (Klageänderung)

Nachdem der Kläger mit der am 13. Januar 2018 zugestellten Klage beantragt hatte, den Beklagten zur Rückzahlung von 590 € an ihn selbst zu verurteilen, hat er mit Schriftsatz vom 14. Februar 2018, dem Beklagten zugestellt am 17. Februar 2018, seinen Antrag geändert. 5

jetzige Anträge

Der Kläger beantragt nun: 6

> Der Beklagte wird zur Rückzahlung von 590 € an Herrn Gerri Muhr (25335 Elmshorn, Moltkestraße 14) als Rechtsnachfolger des Klägers verurteilt.

Der Beklagte beantragt:

> Die Klage wird abgewiesen.

Mit Schriftsatz vom 12. März 2018, dem Kläger zugestellt am 19. März 2018, erhob der Beklagte Widerklage.

Widerklageanträge

Der Beklagte als Widerkläger beantragt:

> Der Widerbeklagte wird verurteilt, 50 € zu bezahlen.

Der Kläger beantragt hierzu:

> Die Widerklage wird abgewiesen.

streitiges Vorbringen des Beklagten zur Klage

Der Beklagte behauptet, dass der Kläger nicht auf der Straße angesprochen worden sei, sondern vielmehr aus freien Stücken das Geschäft betreten habe. Der vom Kläger angeführte Verkaufstisch im Freien habe nicht existiert.[290]

Prozessgeschichte

Das Gericht hat aufgrund Beweisbeschlusses vom 7. März 2018 Beweis erhoben durch uneidliche Vernehmung des Zeugen Bert B. King, Kirunastraße 12a, 24109 Kiel. Wegen des Ergebnisses der Beweisaufnahme wird auf die Sitzungsniederschrift vom 25. April 2018 Bezug genommen. Der Kläger hatte diesen Beweis mit Schriftsatz vom 1. März 2018, beim Gericht eingegangen am selben Tag, angeboten.[291] 7

Der Beklagte beruft sich hinsichtlich dieses Beweisangebotes auf verspätetes Vorbringen.

Entscheidungsgründe:

„großer“ Obersatz

Die Klage ist vollständig zulässig und begründet. Dagegen ist die Widerklage zwar zulässig, aber unbegründet. 8

I. Die Klage ist **zulässig**.

---

290 Qualifiziert bestrittene Tatsachen müssen - unabhängig davon, bei wem die Beweislast für die Tatsache liegt - sowohl im Kläger- als auch im Beklagtenvortrag erscheinen. Soweit man in diesem Vortrag mehr als ein bloßes „ausgeschmücktes reines Nein“ zur Klägerbehauptung sieht, war dieser Punkt hier also zusätzlich zu nennen; hierzu **Assessor-Basics, Zivilurteil**, § 8 Rn. 8 ff.

291 Die für die Subsumtion von § 296 I ZPO notwendigen Fakten müssen im Tatbestand vollständig geschildert werden.

Klageänderung gem. § 264 Nr. 3 ZPO

Die Zulässigkeit der infolge der Forderungspfändung gebotenen Umstellung des Klageantrages auf Zahlung an Herrn Muhr ergibt sich schon über die Privilegierung gemäß § 264 ZPO. Dabei kann offen bleiben, ob es sich um einen Fall von § 264 Nr. 2 ZPO handelt oder um einen Fall von § 264 Nr. 3 ZPO.[292] *9*

Die sachliche Zuständigkeit des Amtsgerichts folgt aus § 23 Nr. 1 GVG, da der Streitwert der Klage allein (vgl. 5 2. Hs. ZPO) nicht über 5.000 € liegt. *10*

örtliche Zuständigkeit: § 29c ZPO beachten, hier aber nicht entscheidend

Die örtliche Zuständigkeit ergibt sich bereits aus §§ 12, 13 ZPO. Auf eine rechtliche *Schlüssigkeitsprüfung* des Vorliegens der wegen Doppelrelevanz (nur) in *tatsächlicher* Hinsicht als richtig zu unterstellenden Voraussetzungen von § 312b BGB zur Bejahung von § 29c I 1 ZPO, kommt es daher nicht an. Diese Regelung gilt auch für Klagen *durch* den Verbraucher, ist hier aber - anders als im umgekehrten Fall von Klagen *gegen* den Verbraucher (vgl. § 29c I 2 ZPO) - gerade kein *ausschließlicher* Gerichtsstand und daher nicht vorrangig. *11*

Hemmer-Klausur-Tipp

Führen Sie dann, wenn es – anders als hier – tatsächlich auf das Vorliegen von § 29c ZPO oder einen der anderen Anwendungsfälle der Doppelrelevanzlehre (v.a. §§ 29 I, 32 ZPO) ankommt, unbedingt *einen Teil* der materiell-rechtlichen Prüfung in der Zulässigkeit durch! *12*

In der Zulässigkeitsprüfung entfällt nur die Prüfung, ob die Behauptungen des Klägers *rein tatsächlich* zutreffend sind. In der Zuständigkeitsprüfung muss nach der Rechtsprechung eine rechtliche *Schlüssigkeitsprüfung* (hier des Vorliegens der Voraussetzungen von § 312b BGB, nicht aber der Rechtsfolgen gemäß §§ 355 ff. BGB) erfolgen. Die Lehre von der Doppelrelevanz bewirkt *nicht*, dass auch die *rechtliche* Prüfung der Voraussetzungen von § 312b BGB entfällt und selbst in kritischen Grenzfällen bereits die bloße pauschale *Rechtsbehauptung* „Außergeschäftsraumvertrag liegt vor" ausreichen würde.[293] Das wird von Klausurbearbeitern häufig übersehen.

Eine *solche* Anwendung der Lehre von der Doppelrelevanz verträgt sich insbesondere nicht mit der Tatsache, dass es inzwischen anerkannt ist, dass auch Parallelansprüche etwa aus §§ 280 ff., 823 ff. BGB unter diesen Gerichtsstand fallen.[294] Andernfalls wäre es nämlich möglich, durch eine rechtlich haltlose Behauptung eines Außergeschäftsraumvertrags quasi willkürlich eine Zuständigkeit nach § 29c ZPO zu begründen.

Insoweit ist also trotz der Lehre von der Doppelrelevanz eine wesentlich „kopflastigere" Entscheidung zu fertigen als beispielsweise beim Parallelfall des § 32 ZPO (dazu oben in den Fällen 1 und 2), weil die rechtliche *Schlüssigkeits*prüfung der Klägerbehauptung einer deliktischen Handlung des Beklagten[295] meist nicht allzu viel Prüfungsaufwand erfordert.

Prozessführungsbefugnis

Der Kläger hat durch die vorgetragene Forderungspfändung und Forderungsüberweisung auch nicht seine Prozessführungsbefugnis verloren. *13*

Auch wenn der Kläger infolge der aus der Pfändung gemäß § 828 ZPO resultierenden Verstrickung und der Überweisung zur *Einziehung* gemäß § 835 I 1. Alt. ZPO die Befugnis, Zahlung *an sich selbst* zu fordern, verlor, so behielt er doch er die Befugnis, die Zahlung *an den Vollstreckungsgläubiger* zu fordern, wie er dies beantragt hat.

---

292 Für eine Anwendung von § 264 Nr. 2 ZPO: BGH, FamRZ 1987, 926 - 928 (928) = **juris**byhemmer; BGH, NJW-RR 1990, 505 - 506 = **juris**byhemmer; Th/P, § 264, Rn. 4; Musielak/Foerste, § 265 Rn. 10; Zöller/Greger, § 264 Rn. 3b. Offen gelassen von BGH NJW 2004, 2152 [2154].

293 Im Fall von BGH, NJW 2003, 1190 - 1191 = **juris**byhemmer wurde einzig und allein über die örtliche Zuständigkeit entschieden, und dennoch hat der BGH § 1 HausTWG a.F. (= § 312b BGB n.F.) *vollständig* durchsubsumiert!

294 Vgl. BGH, NJW 2003, 1190 - 1191 = **juris**byhemmer; Th/P § 29c, Rn. 1.

295 Dazu vgl. etwa Th/P § 32, Rn. 8.

Die Prozessführungsbefugnis hierzu ergibt sich zumindest aus der gesetzlichen Prozessstandschaft des § 265 II 1 ZPO.[296]

Tatbestand von § 265 I ZPO

Die überwiesene Forderung war streitbefangen i.S.d. § 265 I ZPO, da die Aktivlegitimation des Klägers unmittelbar auf ihr beruht. Der Begriff „Abtretung" ist weit auszulegen und erfasst selbstverständlich auch die Übertragung durch Hoheitsakt. Richtigerweise gilt dies auch für den vorliegenden Fall der Überweisung *zur Einziehung* gemäß § 835 I 1. Alt. ZPO.

Wirkungen der Überweisung zur Einziehung gemäß § 835 I 1. Alt. ZPO

Anmerkung: Der Kläger bleibt bei der Überweisung zur Einziehung gemäß § 835 I 1. Alt. ZPO *rein formell* Inhaber der Forderung (ein Unterschied zur Überweisung an Zahlungs statt gemäß § 835 I 2. Alt. ZPO), macht also – anders als im Regelfall der Prozessstandschaft – kein „völlig fremdes" Recht geltend. Nach h.M. behält er aufgrund dieser Rechtsstellung zusätzlich sogar noch ein Klagerecht dahingehend, dass er auch *ohne* Zustimmung des Vollstreckungsgläubigers auf Leistung *an diesen* klagen kann.[297] Nach dieser h.M. kann er also auch dann im Wege der Prozessstandschaft vorgehen, wenn die Pfändung und Überweisung – anders als im vorliegenden Fall – *vor* Rechtshängigkeit der Klage erfolgte und deswegen kein Fall von § 265 II 1 ZPO vorliegt; in einem *solchen* Fall folgt die Prozessstandschaft dann unmittelbar aus den Grenzen der Wirkung des § 835 I 1. Alt. ZPO.
Trotz dieser verbliebenen Restbefugnisse des Klägers liegt richtigerweise aber ein Fall des § 265 I ZPO vor, weil der Kläger die wichtigste Kompetenz verloren hat: Das Recht, Zahlung *an sich* zu verlangen. Insoweit unterscheiden sich die beiden Varianten des § 835 I ZPO nicht.

Dies ist hier auch in der Tat *nach Rechtshängigkeit* erfolgt, nämlich durch Beschluss vom 19. Januar 2018 dessen gemäß § 829 III, 835 I 1 ZPO maßgebliche Zustellung an den Drittschuldner am 22. Januar 2018 erfolgte. Die Zustellung der Klage, auf die nach dem eindeutigen Gesetzeswortlaut des § 265 I ZPO abzustellen ist (§§ 253 I, 261 I ZPO), erfolgte vorliegend dagegen bereits am 13. Januar 2018.[298] 14

Auch der Ausnahmefall des § 265 III ZPO ist nicht gegeben. Ein Entfallen der Rechtskrafterstreckung des § 325 I ZPO gemäß der Ausnahmeregelung des § 325 II ZPO kommt nicht in Betracht.[299] 15

Auch die Entscheidung der Frage, *welcher Maßstab* hinsichtlich der Gutgläubigkeit im Hinblick *auf die Prozessführung* anzuwenden ist, nach dem materiellen Recht.[300] Da bei einer Forderungsabtretung aber kein Schutz des guten Glaubens an das Recht existiert, gibt es auch keinen Gutglaubensschutz im Hinblick auf die fehlende Prozessführung, so dass die Prozessführungsbefugnis in solchen Fällen letztlich *immer* fortbesteht. Für die Forderungs*pfändung und -überweisung* gilt dies umso mehr, weil hier nicht einmal ein *Rechtsgeschäft* vorliegt, wie es zur Begründung eines Gutglaubensschutzes nötig ist.

---

296 So (ohne die nun in der Anmerkung folgende Problemdiskussion) BGH, NJW 2011, 2649 - 2653 (2651) = **juris**byhemmer; Brox/Walker, Zwangsvollstreckung, Rn. 640. Zöller/Greger, § 265, Rn. 6a scheint bereits die bloße Pfändung als einen Fall des § 265 ZPO anzusehen, weil auch diese bereits die bisherigen Befugnisse beschränkt und nur noch eine eingeschränkte Vorgehensweise des Vollstreckungsschuldners zulässt (Klage *auf Hinterlegung*). Unklar ist ThP § 265, Rn, 9 („an Zahlung statt"; da dieser Fall des § 835 I 2. Alt. ZPO aus guten Gründen extrem selten ist, ist ein völlig missglücktes Beispiel). Eindeutig unter § 265 ZPO fällt etwa auch die Abtretung oder der gesetzliches Forderungsübergang nach Rechtshängigkeit (vgl. etwa BGH, NJW 2012, 3642 (Rn. 8) = **juris**byhemmer zur cessio legis des § 94 I 1 SGB XII).

297 Vgl. BGH, NJW 2001, 2178 - 2181 (2179) = **juris**byhemmer; Th/P § 836, Rn. 2.

298 Es wird also nicht analog § 167 ZPO auf den Eingang bei Gericht abgestellt (vgl. auch Th/P § 265, Rn. 11).

299 Beachten Sie, dass die Ausnahme des § 265 III ZPO - anders als § 265 I und II ZPO - bei einer Veräußerung der streitbefangenen Sache durch den *Beklagten* (etwa bei Ansprüchen gemäß § 985 ff. BGB) schon nach dem Gesetzeswortlaut nicht gilt (Th/P, § 265, Rn. 20).

300 Vgl. etwa Th/P § 325, Rn. 8.

Begründetheit

II. Die Klage ist auch **begründet**.

Umstellung des Klageantrages („Relevanztheorie“)

Der Klageantrag wurde korrekterweise auf Zahlung an den Pfändenden umgestellt. Dies war notwendig, weil auch § 265 ZPO zwar die weitere Prozessführung durch den Kläger ermöglichen soll, nicht aber inhaltlich unkorrekte Urteile (sog. Relevanztheorie).[301] 16

Hemmer-Klausur-Tipp

Beginnen Sie in Fällen des § 265 II 1 ZPO Ihre Begründetheitsprüfung unbedingt mit dieser Klarstellung. Das Fehlen dieses Satzes wird nach unseren Beobachtungen in Original-Examensklausuren von den Prüfern moniert. Und das mit Recht: Hätte der Kläger den Klageantrag nicht umgestellt, wäre die Klage *ohne* Prüfung des Anspruchs als solchen (deswegen die Positionierung ganz am Anfang!) als *unbegründet* abgewiesen worden.[302]
Insgesamt wirkt sich § 265 ZPO in solchen Fällen also an drei Stellen aus: Erst die kurze Klarstellung der Zulässigkeit der Klageänderung, dann die Prüfung der Prozessstandschaft (= Schwerpunkt) und hier noch kurz der veränderte Einstieg in die Begründetheitsprüfung.

Anspruchsgrundlage

Der geltend gemachte Anspruch ist nach dem von den Parteien vorgetragenem Sachverhalt gegeben. Er ergibt sich aus §§ 355 III 1, 357 I 1 BGB, da dem Kläger ein Widerrufsrecht nach § 312g I BGB zustand, durch dessen rechtzeitige Ausübung er die Entstehung eines Rückgewährschuldverhältnisses begründete.[303] 17

Verbrauchervertrag

1. Die Voraussetzungen für die Anwendung der § 312 ff. BGB sind gegeben. Bei dem vom Kläger widerrufenen Kaufvertrag handelt sich um einen **Verbrauchervertrag über eine entgeltliche Leistung** i.S.d. §§ 312 I, 310 III BGB. 18

Der Kläger ist Verbraucher i.S.d. § 13 BGB, da er den Kaufvertrag nicht in Verfolgung eines Zwecks eingegangen ist, der einer gewerblichen oder selbständigen beruflichen Tätigkeit zugerechnet werden kann.

Der Beklagte ist Unternehmer i.S.d. § 14 I BGB, da er, vertreten durch Herrn Cray, den Kaufvertrag in Ausübung seiner gewerblichen Tätigkeit als Händler abschloss.

2. Es handelt sich bei dem Vertrag über den Vorverstärker um ein einen **„Außergeschäftsraumvertrag“ i.S.d. § 312b I 1 Nr. 3 BGB**. 19

§ 312b I 1, Nr. 3 BGB (+)

Der Kaufvertrag zwischen der Beklagten, vertreten durch Herrn Cray, und dem Kläger wurde zwar nicht einmal nach den Klägerbehauptungen außerhalb eines Geschäftsraum des Unternehmers geschlossen (§ 312b I Nr. 1 BGB).

Nach den Ergebnissen der Beweisaufnahme ist aber davon auszugehen, dass der Kaufvertrag geschlossen wurde, nachdem der Kläger als Verbraucher *unmittelbar zuvor* bei gleichzeitiger Anwesenheit von Verbraucher und Unternehmer an einem Ort, der kein Geschäftsraum des Unternehmers ist, angesprochen wurde (§ 312b I Nr. 3 BGB).

301 Vgl. etwa Th/P, § 265, Rn. 13; § 836, Rn. 2. Siehe auch BGH, NJW 2012, 3642 (Rn. 8) = **juris**byhemmer zur cessio legis des § 94 I 1 SGB XII.

302 Vgl. etwa Th/P, § 265, Rn. 13.

303 § 355 III 1 BGB bzw. § 357 I BGB beinhalten selbst die Anspruchsgrundlage für die Rückgewähr empfangener Leistungen. § 357 I BGB verweist – anders als früher – nicht mehr auf § 346 BGB.

Zurechnung nach § 312b I 2 BGB

Dabei wird das Handeln des Herrn Cray, der unstreitig als Vertreter des Beklagen handelte, letzterem gemäß § 312b I 2 BGB wie eigenes zugerechnet. Da Herr Cray unstreitig Vertretungsmacht für den Vertragsschuss selbst hatte, ist es unerheblich, ob der Beklagte als Vertretener mit ihm die Details der Art der vorherigen Kundengewinnung durch einen solchen Verkaufsstand abgesprochen hatte. 20

Beweiswürdigung

Zu dieser Überzeugung ist das Gericht infolge der glaubhaften Aussage des Zeugen King gelangt. Dieser konnte sich detailliert daran erinnern, dass der Kläger nicht die Initiative ergriffen hatte, sondern er vielmehr von Herrn Cray angesprochen worden war. 21

Weiterhin hat sich aus der Aussage ergeben, dass der Kläger unmittelbar von dem betreffenden Stand in das Geschäft des Beklagten mitgegangen war. Die hieraus zu folgernde Erfüllung des Merkmals „unmittelbar zuvor“ fügt sich auch in das durch die objektiven Tatsachen bestätigte Gesamtbild. Insbesondere ist infolge der Daten des Kaufvertrages auch unstreitig, dass der Vertragsschluss am selben Tag (16. September 2017) erfolgte, sodass der Lebenserfahrung nach davon auszugehen ist, dass dieser gerade bei diesem dem Ansprechen im Freien nachfolgendem Geschäftsbesuch erfolgte.

An der Glaubhaftigkeit dieser Aussage zu zweifeln, sieht das Gericht keinen Anlass.

keine Zurückweisung nach § 296 I ZPO

Der angebotene Zeugenbeweis war nicht nach § 296 I ZPO zurückzuweisen.[304] 22

keine Verzögerung wegen noch möglicher Ladung

Auf die Frage, ob das Vorbringen des Klägervertreters eine ausreichende Entschuldigung darstellt[305], kommt es dabei nicht einmal an, weil gemäß § 296 I ZPO eine Zurückweisung dann nicht in Betracht kommt, wenn eine Verzögerung des Rechtsstreits nicht eintritt.

So aber liegt der Fall hier: Da das Gericht im Rahmen seiner Prozessförderungspflicht eine unverzügliche Zeugenladung veranlasste, die die Beweisaufnahme in diesem Termin noch vollständig möglich machte, ist der Rechtsstreit nun entscheidungsreif.

Anmerkung: Insoweit war es für den Kläger also von Vorteil, dass bis zum Termin noch viel Zeit war. Anders hätte es aber ausgehen können, wenn dieser Beweis noch einen Gegenbeweis des Beklagten erforderlich gemacht hätte und dieser die Verzögerung bewirkt hätte.

kein „beweglicher Gewerberaum“ i.S.d. § 312b II BGB

Der vom Beklagten bzw. seinem Vertreter Cray betriebene Stand an der Straße stellt auch keinen „beweglichen Gewerberaum“ i.S.d. § 312b II BGB dar. Unstreitig übte nämlich der Beklagte dort seine Verkaufstätigkeit nicht „für gewöhnlich“ aus, denn unstreitig befinden sich normalerweise an der betreffenden Stelle gar keine Verkaufsstände und es handelte sich offenbar sogar um eine nur einmalige Aktion, die nach Behauptung des Beklagten nicht einmal mit ihm abgesprochen war.[306] 23

---

304 In den Entscheidungsgründen wird auf die Verspätungsregeln bei Erörterung des betreffenden Tatbestandsmerkmals eingegangen, bei dem der evtl. verspätete Vortrag relevant ist (vgl. **Assessor-Basics, Zivilurteil**, § 10 Rn. 73 m.w.N.).

305 Eine Verspätung i.d.S. lag vor: Dem Kläger war gemäß § 276 III ZPO eine Frist gesetzt worden, die dieser hat verstreichen lassen. Der Beweisantrag bezüglich des Ansprechens auf der Straße, also ein Angriffs- bzw. Verteidigungsmittel i.d.S. (vgl. Th/P, § 296, Rn. 21; § 146, Rn. 2) wurde wesentlich später gestellt. Die vorherigen Ausführungen waren nicht mit einem Beweisangebot versehen.

306 Vgl. zu diesem Begriff Pal./Grüneberg, § 312b, Rn. 2.

3. Gründe für den **Ausschluss des Widerrufsrechts** gemäß § 312 II BGB oder § 312g II BGB sind nach dem Parteivortrag **nicht** ersichtlich. 24

Anmerkung: Ein Ausschluss des Widerrufsrecht besteht gemäß § 312g II Nr. 1 BGB, wenn es sich um eine nach *Kundenspezifikation angefertigte* oder eindeutig auf die *persönlichen* Bedürfnisse zugeschnittene Ware handelt. Dafür gelten sehr hohe Anforderungen, die nicht gegeben sind, wenn die Sache auf die Bestellung des Verbrauchers aus vorgefertigten *Serienbauteilen* zusammengefügt wurde, die ohne Beeinträchtigung der Substanz mit geringem Aufwand wieder getrennt werden können („Dell Notebook-Fall").[307]
Bei Fernabsatzverträgen über die Lieferung von Heizöl ist das Widerrufsrecht des Verbrauchers nicht nach § 312g II Nr. 8 BGB ausgeschlossen.[308] Grund: Kennzeichnend für diese Ausnahmevorschrift ist, dass der spekulative Charakter den Kern des Geschäfts ausmacht. Einen solchen spekulativen Kern weist der Ankauf von Heizöl durch den Verbraucher jedoch – trotz der schwankenden Marktpreise – nicht auf. *Nach* der Einfüllung in den Öltank ist das Widerrufsrecht allerdings nach § 312g II Nr. 4 BGB ausgeschlossen.[309]

Das Widerrufsrecht ist nicht abdingbar (§ 312k I 1 BGB), sodass der entsprechende Vortrag ins Leere geht. 25

Widerrufserklärung

4. Der Widerruf ist mit dem Schreiben vom 21. Oktober 2017 auch **ordnungsgemäß erklärt** worden. 26

Dabei kommt es gemäß § 355 I BGB auf eine bestimmte Form nicht (mehr) an.

Der Widerruf war „eindeutig" i.d.S. erklärt, da infolge des enthaltenen Hinweises auf eine – tatsächliche oder vermeintliche – „Überrumpelung" bei Vertragsschluss und das Fehlen anderer Gründe der Rücksendung (wie etwa Sachmängel) aus Sicht eines verständigen Empfängers gar kein anderer Schluss gezogen werden konnte. Insoweit darf „eindeutig" nicht mit „ausdrücklich" verwechselt werden.

Exkurs: Richtigerweise ist die verbreitete These, dass die bloße Rücksendung nicht (mehr) ausreiche, unhaltbar und führt zu völlig abstrusen Ergebnissen.[310] Weder die Richtlinie noch § 355 I BGB verlangen eine *ausdrückliche*, sondern nur eine *eindeutige* Erklärung des Widerrufs. Eindeutig ist aber auch eine konkludente Erklärung, die aus Sicht des verständigen Empfängers gar keinen anderen Erklärungswert haben kann. So liegt der Fall bei Rücksendung aber fast immer. Ausnahmefälle werden selten denkbar sein, so etwa wenn klare Hinweise für eine versehentliche Rücksendung sprechen oder ein derart offensichtlicher Mangel vorliegt, dass die Mitteilung des konkreten Mangels als überflüssige Formalie erschiene.[311]

Frist

Dieses unstreitig tatsächlich i.S.d. § 130 I BGB zugegangene Widerrufsschreiben war auch fristgemäß. 27

---

307 Vgl. BGH NJW 2003, 1665 [1667]; Pal./Grüneberg § 312g, Rn. 4.

308 Vgl. BGH NJW 2015, 2959 = Life&Law 2015, 715 [Rn. 20 ff.] zum wortlautgleichen § 312d IV Nr. 6 BGB a.F.

309 Vgl. BGH NJW 2015, 2959 = Life&Law 2015, 715 [Rn. 26] zum wortlautgleichen § 312d IV Nr. 1 BGB a.F.; Pal./Grüneberg § 312g, Rn. 7.

310 Ausführlich Hoffmann/Schneider NJW 2015, 2529 ff.

311 Vgl. Hoffmann/Schneider NJW 2015, 2529 [2534].

Gemäß § 355 II 1, 2 BGB muss der Widerruf grundsätzlich innerhalb von 14 Tagen nach Vertragsschluss erfolgen. Dies gilt gemäß § 356 III 1 BGB allerdings nur, wenn eine ordnungsgemäße Widerrufsunterrichtung i.S.d. Art. 246a § 1 II 1 Nr. 1 EGBGB vorliegt, wofür der Unternehmer die Darlegungs- und Beweislast hat, weil es eine für ihn günstige Tatsache ist.

§ 356 III BGB wg. fehlender Unterrichtung

Eine solche Unterrichtung hat der Beklagte, der bis zuletzt von einem Nichtbestehen des Widerrufsrechts ausging, nicht einmal behauptet. Folglich gilt die etwas über 12monatige Höchstfrist gemäß § 356 III 2 BGB, deren Ablauf am 21. Oktober 2017 aber noch in ferner Zukunft lag.[312]

Kein Rechtsmissbrauch

Der Widerruf ist auch nicht wegen Verschlechterung der Sache rechtsmissbräuchlich, weil sonst die Regelungen über Wertersatz (dazu s.u.) unterlaufen würden. *28*

5. Die Klageforderung auf Rückzahlung infolge des damit wirksamen Widerrufs (§§ 355 III 1, 357 I BGB) war hier auch nicht wegen der vom Verkäufer **erbrachten Leistung** ganz oder teilweise abzuweisen. *29*

Vorleistungspflicht des Verbrauchers!

Gemäß § 357 I, IV BGB besteht grds. eine Vorleistungspflicht des Verbrauchers, bei deren Nichterfüllung der Unternehmer grds. die Rückzahlung des Kaufpreises verweigern kann. Dabei handelt es sich schon nach dem klaren Wortlaut („kann") um eine *Einrede*.

Hinweis: Die Zug-um-Zug-Abwicklung gemäß § 348 BGB, die früher über die Verweisung in § 357 I 1 BGB a.F. anwendbar war, ist nun also weder direkt noch analog anwendbar.

Diese Vorleistungspflicht hat der Kläger aber infolge der am 12. April 2018 erfolgten Rückgabe an den Beklagten erfüllt.

Behandlung von Versandkosten nach neuer Lage

Anmerkung: Kosten für Hin- und Rücksendung waren hier offenbar nicht entstanden, zumindest nicht eingeklagt, so dass auf sie nicht einzugehen war (§ 308 I ZPO).
Den Verbraucher kann die Pflicht zur Übernahme der *Rücksende*kosten treffen, allerdings nur bei – hier fehlendem – Hinweis darauf (§ 357 VI 1, 2 BGB). Etwaige Kosten für die Lieferung an den Käufer („Hinsendekosten"; im Fall wegen sofortiger Übergabe offensichtlich nicht vorhanden) kann dieser gemäß § 357 II 1 BGB zurückfordern, wenn nicht auf seinen Wunsch hin eine ganz spezielle Versandform gewählt worden war (vgl. § 357 II 2 BGB).

Zulässigkeit der Eventualwiderklage

II. Die **Widerklage**, deren vom Widerkläger gestellte - als solche auch zulässige, weil *innerprozessuale* - Bedingung eingetreten ist, ist zulässig. *30*

hemmer-Klausur-Tipp

Ahmen Sie in der Anwaltsklausur nicht die hier praktizierte Prozesstaktik des Beklagtenanwalts nach! Primärziel des Beklagtenanwalts muss die Verhinderung oder Verkleinerung der Verurteilung des eigenen Mandanten sein. Bei Vorliegen der Voraussetzungen der §§ 387 ff. BGB sollte daher in erster Linie auf die (hilfsweise) Prozessaufrechnung zugesteuert werden. Andernfalls droht die Vollstreckung aus der Klage des Gegners, während man selbst den Aufwand hat, sich um die Durchsetzung des Titels aus der Widerklage zu kümmern.

312 Diese Höchstfrist wurde mit der Reform vom August 2014 neu eingeführt.

Dem Richter muss das egal sein, weil der Streitgenstand von den Parteien bestimmt wird und der Richter daran gebunden ist. Aufgrund dieses – sich an vielen Stellen auswirkenden – Unterschieds sind Anwaltsklausuren bei gleichem rechtlichen Inhalt grds. deutlich schwieriger, denn dort muss nicht nur „irgendwie gewonnen" werden, sondern das taktische Optimum ausgeschöpft werden, und dieses muss man selbst erst herausarbeiten.

Der Zusammenhang von Klage und Widerklage i.S.d. § 33 I ZPO, der nach der Rechtsprechung eine besondere Prozessvoraussetzung der Widerklage darstellt, ist gegeben, da es bei Klage und Widerklage um Forderungen geht, die *aus demselben Kaufvertrag* zwischen den Parteien resultieren.

§ 33 ZPO trotz ausschließlichen Gerichtsstands gem. § 29c ZPO

Die örtliche Zuständigkeit ergibt sich bereits aus § 33 I ZPO. Obwohl § 29c I 2 ZPO, wonach Kiel allerdings ohnehin zuständig ist, einen *ausschließlichen* Gerichtsstand für die Klage *gegen* den Verbraucher darstellt, steht dies der Anwendung von § 33 I ZPO nicht entgegen, weil § 29c II ZPO die sonst in einem solchen Falle eingreifende Sperrvorschrift des § 33 II ZPO für unanwendbar erklärt.

sachliche Zuständigkeit

Da auch der Streitwert der Widerklage selbst (vgl. § 5 2. Hs. ZPO) nicht über 5.000 € liegt, ist das Amtsgericht auch hierfür gemäß § 23 Nr. 1 GVG sachlich zuständig.[313]

Begründetheit der Widerklage

IV. Die **Widerklage** ist aber **unbegründet**.

Dabei wirkt sich nicht einmal aus, dass es höchst zweifelhaft ist, ob der für dieses *anspruchsbegründende* Merkmal darlegungs- und beweispflichtige Beklagte einen Wertverlust über wenigstens den derzeit geforderten Betrag von 50 € überhaupt schlüssig vorgetragen hat oder es sich bei seinem Vortrag nicht vielmehr um eine reine Zahlenspekulation handelt. Es ist nämlich ohnehin keinerlei Anspruchsgrundlage für das Begehren des Beklagten gegeben.

1. Ein verschuldensunabhängiger **Wertersatzanspruch aus** 31
§ 357 VII BGB wegen der Verschlechterung der Sache ist nicht gegeben.

Sonderregel des § 357 VII BGB

Die verschuldensunabhängige Wertersatzpflicht wegen Verschlechterung der Sache setzt gemäß § 357 VII BGB neben der kumulativen Voraussetzung eines entsprechenden Umgangs mit der Sache (Nr. 1) generell *zusätzlich* („und") voraus, dass der Verbraucher auf diese Rechtsfolge hingewiesen wurde (Nr. 2).

Die Wertersatzpflicht entfällt also bereits bei Fehlen eines entsprechenden Hinweises.

Da der Beklagte vorbringt, er habe mit dem Kläger einen Ausschluss etwaiger Widerrufsrechte vereinbart, räumt er letztlich ausdrücklich ein, dass er den Kläger gerade nicht über dessen Widerrufsrechte belehrt hat. Daher liegen die Voraussetzungen des § 357 VII BGB für die Wertersatzpflicht nicht vor.

313 Andernfalls wäre § 506 I ZPO zu beachten!

§ 346 II BGB nicht (mehr) anwendbar!

2. Auch ein verschuldensunabhängiger **Wertersatzanspruch aus § 346 II 1 BGB** wegen der Verschlechterung der Sache ist nicht gegeben. 32

Die Anwendung des gesamten § 346 BGB kommt schon mangels einer Verweisung hierauf nicht mehr in Betracht. Gemäß § 361 BGB handelt es sich bei § 357 BGB um eine *abschließende* Rechtsfolgenregelung.

3. Ein Anspruch auf **Schadensersatz gemäß §§ 280 ff. BGB** wegen Verletzung der Pflicht des Klägers aus § 357 I BGB zur ordnungsgemäßen Rückgabe der Sache scheidet ebenfalls aus. 33

Schadensersatzanspruch aus §§ 280 ff. BGB

Nach allg. Ansicht ergibt sich aus den Sonderregeln gemäß §§ 357, 361 BGB sowie dem Fehlen einer dem § 346 IV BGB entsprechenden Verweisung, dass infolge eines Verbraucherwiderrufs *ausschließlich* ein *Wertersatz*anspruch in Betracht kommt, was wiederum nur unter den Voraussetzungen des § 357 VII BGB der Fall ist.[314]

Ausnahmen von der Sperrwirkung des § 361 BGB möglich?

Ob man davon Ausnahmen machen kann, kann vorliegend dahingestellt bleiben. Für die hier nach dem Parteivortrag einzig relevante bloße Abnutzung der Sache durch den bestimmungsgemäßen Gebrauch, egal in welchem Umfang, kommt ein Schadensersatzanspruch in keinem Fall in Betracht, weil dies eine klare Umgehung der in § 357 VII BGB vorgegebenen Wertungen darstellen würde.

Exkurs: Sehr problematisch ist Frage einer Schadensersatzhaftung des Verbrauchers in den – klausurtypischen! – Fällen einer Beschädigung, einer Zerstörung oder eines Verlustes der Kaufsache. Auch in solchen Fällen scheidet ein Anspruch der Verkäuferin auf Schadensersatz gemäß §§ 280 I, III, 281 ff. BGB wegen § 361 I BGB grds. aus. Da § 357 BGB nicht mehr auf § 346 BGB verweist, ist auch § 346 IV BGB mit seiner Verweisung auf §§ 280 ff. BGB nicht mehr anwendbar.
Die Sperrklausel des § 361 I BGB soll nur solchen Ansprüchen wegen Schutzpflichtverletzungen nicht entgegenstehen, die sich „*unabhängig* vom Widerrufsrecht" ergeben[315] bzw. dann, wenn der Verbraucher das Widerrufsrecht „missbraucht" oder er den Unternehmer in einer „über den Widerruf und dessen Folgen hinausgehenden Weise" schädigt.[316] Angesichts dieser mehr als schwammigen Formulierungen der denkbaren Ausnahmen dürfte die genaue Reichweite der Sperrregelung des § 361 BGB eine der spannendsten Fragen des jetzigen Verbraucherschutzrechts werden!
Einerseits dürfen nämlich die verbraucherschützenden Wertungen des § 357 VII BGB (grds. keine Haftung bei mangelhafter Belehrung) nicht unterlaufen werden, was bei einfacher Fahrlässigkeit bzgl. einer Beschädigung aber zumindest oft drohen würde. Andererseits wäre es ein schier atemberaubendes Ergebnis, wenn nur wegen fehlender oder fehlerhafter Belehrung ein Wegfall der Haftung auch bei grober Fahrlässiger oder gar vorsätzlicher Schädigung eintreten würde.[317]

314 Vgl. Pal./Grüneberg § 361, Rn. 1.
315 Vgl. Pal./Grüneberg § 361, Rn. 1.
316 So MüKo/Fritsche 7. Aufl. § 361, Rn. 3.
317 Ausführlich hierzu Singbartl/Zintl NJW 2016, 1848 ff.

4. **Andere Ansprüche**, etwa solche auf den nicht (mehr) in § 357 BGB geregelten Nutzungsersatz[318], sind schon wegen der Sperrregelung in § 361 BGB nicht gegeben. 34

Hinweis: Beim Wertersatz für etwaige Nutzungen i.S.d. § 100 BGB ginge es um die Vorteile für den Verbraucher, die meist linear anfallen. Der Wertersatz für Wertverlust des § 357 VII BGB (oder beim Rücktritt § 346 II 1 BGB) erfasst die Nachteile des Unternehmers. Diese sind am Anfang aufgrund des Effekts „aus neu wird gebraucht" überproportional hoch.

Daher war die Widerklage abzuweisen.

Kosten

V. Die **Kostenentscheidung** folgt aus § 91 ZPO. 35

Vollstreckbarkeit

VI. Die **vorläufige Vollstreckbarkeit** ergibt sich aus §§ 708 Nr. 11, 1. Alt., 711 i.V.m. § 709 S. 2 ZPO. 36

Dabei konnte die Abwendungsbefugnis des Beklagten aus §§ 711, 709 S. 2 ZPO nicht nach § 713 ZPO ausgeschlossen werden, weil hier nicht der Fall gegeben ist, dass die Voraussetzungen für ein Rechtsmittel unzweifelhaft nicht vorliegen:

Zwar liegt die Beschwer des Beklagten in der Klage bei 590 € und in der Widerklage bei 50 €, was für sich genommen jeweils unter der Beschwerdegegenstandsgrenze des § 511 II Nr. 1 ZPO von *über* 600 € liegt.

Allerdings sind diese Werte nach zutreffender h.M. zu addieren, wenn bei Klage und Widerklage, die nicht denselben Gegenstand betreffen, eine Partei in derselben Entscheidung mit beiden unterlegen ist.[319] Die Verweisung des § 2 ZPO auf § 5 2. Hs. ZPO ist nämlich ein klares Redaktionsversehen. Daher addiert sich der Berufungsgegenstandswert für den Beklagten auf 640 €, sodass die Berufung nicht ausgeschlossen ist.

Streitwertfestsetzung und **Rechtsbehelfsbelehrung**[320] (*erlassen*).

Unterschrift

Dr. Tedeschi
Richterin am Amtsgericht

Hilfsgutachten

Zu der vom Kläger erklärten **Aufforderung zur Abholung der Sache**: 37

§ 357 II 1 BGB als Ausnahme zu § 269 BGB

Hier lag mangels ordnungsgemäßen Angebots kein Annahmeverzug vor: Der Leistungsort hinsichtlich der Rückgabe und Rückübereignung des Vorverstärkers befindet sich zwar grundsätzlich gemäß § 269 I BGB am Wohnsitz des *Schuldners*.

318 Vgl. Pal./Grüneberg § 361, Rn. 1; § 357, Rn. 11 a.E.
319 Vgl. BGH, NJW 1994, 3292; Th/P, § 511, Rn. 17.
320 Vgl. hierzu § 232 ZPO.

Für die Rückabwicklung von Geschäften nach § 357 BGB gilt jedoch etwas anderes: Nach § 357 I 1, V BGB ist der Verbraucher, hier also der Kläger, bei Ausübung des Widerrufsrechts grds. verpflichtet, die Sache *zurückzusenden*, wenn – wie hier – nichts anderes vereinbart worden war.

Wegen der Gefahrtragungsregel des § 355 III 4 BGB handelt es sich um eine Schickschuld.

Eine weitere Ausnahme kann sich gemäß § 357 VI 3 BGB ergeben, wenn die Ware durch Paket versandt werden kann *und* sie an den Wohnort des Verbrauchers geliefert worden war.[321] Letzteres ist vorliegend aber nicht der Fall, da der Kaufvertrag im Ladengeschäft nicht nur geschlossen, sondern auch unmittelbar erfüllt worden war.

Folglich reichte im Fall die bloße Aufforderung zur *Abholung* nicht i.S.d. § 295 S. 1 BGB aus.

---

321 Vorsicht: Dies gilt ausdrücklich nur bei „Außergeschäftsraumverträgen“, nicht also bei Fernabsatzgeschäften!

Fall 7

Dr. Paula Koch
Rechtsanwältin
Apostelstraße 18
04177 Leipzig

Leipzig, 16. Juli 2018

An das
Amtsgericht Leipzig
04177 Leipzig

Amtsgericht Leipzig
Eingang: 16. Juli 2018

In Sachen

Alfons Atterich, Hettelweg 27, 04279 Leipzig

- Kläger -

gegen

Bankhaus Borkheim GmbH, vertreten durch die Alleingeschäftsführerin Gerda Borkheim, Kaiserplatz 15, 60311 Frankfurt

- Beklagte -

wegen Zwangsvollstreckung

erhebe ich namens des Klägers Klage mit folgenden Anträgen:

1. Die Zwangsvollstreckung aus der vollstreckbaren Urkunde des Notars Dr. Sorglos vom 16. Januar 2018 (Urkundsnummer 33/18) über 2.500 € wird für unzulässig erklärt.

2. Die Beklagte hat die Kosten des Rechtsstreits zu tragen.

3. Das Urteil ist vorläufig vollstreckbar.

Begründung:

Der Kläger unterwarf sich am 16. Januar 2018 gegenüber der künftigen Beklagten in einer vollstreckbaren Urkunde des Notars Dr. Sorglos (04177 Leipzig, Friesenstraße 14) in Höhe von 2.500 € der Zwangsvollstreckung. Wir erheben Einwendungen gegen die Zwangsvollstreckung, mit der wir diese verhindern werden.

Die vollstreckbare Urkunde sollte zur Sicherung eines am 15. Januar 2018 vereinbarten Darlehens der Beklagten, die in Leipzig eine Filiale betreibt, gegen den Kläger in Höhe von 2.500 € dienen. Dieses wurde zur Finanzierung eines Teiles des Preises (3.000 €) für einen Ehemaklervertrag eingesetzt, den der Kläger am selben Tag mit der Firma Partnerglück GmbH abschloss.

Beweis: Darlehensvertrag vom 15. Januar 2018 (Anlage K_1)

Die entscheidenden Passagen des Ehemaklervertrags lauten:

1. *Hiermit verpflichtet sich das Institut Partnerglück GmbH, mir bei der Vermittlung, Suche und Auswahl eines geeigneten Partners behilflich zu sein. Insbesondere wünsche ich, alle notwendigen und mich beschreibenden Inserate vorzunehmen. Mir sind, solange ich dies verlange, alle zwei Wochen geeignete Partnervorschläge zu machen. Über deren Ergebnis wird das Institut mit mir Rücksprache halten. ...*

2. *Die aufgeführten Leistungen kann der Kunde maximal ein halbes Jahr lang in Anspruch nehmen.*

3. *Im Gegenzug verpflichtet er sich zur Zahlung von 3.000 €, zahlbar im Ganzen spätestens eine Woche nach Vertragsschluss. Möglich ist stattdessen aber auch eine Darlehensfinanzierung des Preises durch ein unabhängiges Kreditinstitut. ...*

Beweis: Ehemaklervertrag vom 15. Januar 2018 (Anlage K_2)

Die Rückzahlung aus dem Darlehen sollte in Raten von 100 € erfolgen. Da der Kläger diese nach ordnungsgemäßer Kündigung des Ehemaklervertrags nicht geleistet hat, wurde ihm kürzlich von der Beklagten eine Gehaltspfändung angedroht.

Zu dem Kreditvertrag war es folgendermaßen gekommen: Der Kläger, der einen Bauernhof gepachtet hat und seit vier Jahren verwitwet ist, wandte sich an das Institut Partnerglück GmbH und bat um Hilfe bei der Suche nach einem neuen Partner, wobei es ihm selbstverständlich um eine Heirat ging. Als er dem Geschäftsführer dieser Firma erklärte, dass er „Stundung“ brauche, erklärte dieser, dass man bei derartigen Verträgen leider grds. auf Vorkasse bestehen müsse. Das Problem ließe sich aber durch die Einschaltung einer Bank umgehen; dann sei nur noch eine Anzahlung notwendig. Die jetzige Beklagte sollte den über die Anzahlung hinaus noch offenen Betrag direkt an die Firma Partnerglück GmbH bezahlen (was sie dann in Höhe von 2.375 € auch tat), und der Kläger sollte einen wegen der Zinsen etwas höheren Betrag (2.500 €) dann an die Beklagte zurückbezahlen. Der effektive Jahreszins war - das müssen wir zugeben - mit ca. 6,5 Prozent in der Tat sehr angemessen kalkuliert.

Der Kläger leistete die Anzahlung von 625 € an die Firma Partnerglück GmbH und unterwarf sich im Übrigen dann für das Darlehen - wie von ihm gefordert - der Zwangsvollstreckung, indem bei einem Notar die entsprechende Erklärung abgegeben wurde.

Ein Auszug aus dem abgeschlossenen Ehemaklervertrag liegt in Anlage bei. Anzumerken ist hierbei, dass dieser nicht individuell ausgehandelt wurde, sondern ein vorgedrucktes Formular verwendet wurde.

Die Beklagte bzw. die Firma Partnerglück GmbH hat keinerlei Zahlungsansprüche, da schon der erste Versuch, ihre „Dienstleistungen“ in Anspruch zu nehmen, am 20. Januar 2018 völlig daneben ging: Die vermittelte Dame, Frau Clara Cardinale, war mindestens 20 Jahre jünger als der Kläger und offensichtlich auch in keiner Weise am Kontakt zu älteren Herren interessiert. Obwohl der Kläger sie sogar zu einer Tasse Kaffee ins "Wirtshaus zum Blauen Ochsen" einlud, hat sie sich schon nach 30 Minuten mit der beleidigenden Bemerkung „das war`s wohl, war nett auch mal eine andere Welt kennen zu lernen“ wieder verabschiedet.

Beweis: Zeugnis der Clara Cardinale, 04107 Leipzig, Lampestraße 14a.

Daher erklärte der Kläger bereits am 24. Januar 2018 telefonisch den Widerruf und die Kündigung dieses Ehemaklervertrags. Dass die Firma Partnerglück GmbH hiernach noch viermal Partnervorschläge sandte (was sie erst einstellte, als sie von der Zahlungsverweigerung des Klägers gegenüber der Beklagten erfuhr), geht den Kläger daher nichts mehr an. Diese Vorschläge landeten sofort da, wo sie hingehörten: im Papierkorb.

Sicherheitshalber allerdings sandte der Kläger am 16. Februar 2018 per Einschreiben eine weitere Kündigung des Ehemaklervertrags, die der Firma Partnerglück GmbH am 17. Februar 2018 zuging.

Beweis: Fotokopie des Schreibens, Rückschein des Einschreibens (Anlagen K_3 und K_4)

Hierauf kommt es nach dem Gesagten aber gar nicht mehr an.

Rechtlich ist anzumerken, dass zwar im Maklerrecht keine Kündigung vorgesehen ist, es aber nicht richtig sein kann, dass der Kunde hier bei Leistung von Vorkasse ohne jede Möglichkeit, die Qualität der „Leistung“ zu monieren, an den Vertrag gebunden ist. Daher müsste zumindest Gewährleistungsrecht analog anwendbar sein.

Ein Gütetermin ist überflüssig, da sich der Unterfertigte umfassend um außergerichtliche Streitbeilegung bemüht hat, die Beklagte aber zu keinen Kompromissen bereit ist.

Beweis: außergerichtliche Korrespondenz der Parteien (zusammengefasst als Anlage K_5)

Dr. Paula Koch
Rechtsanwältin

Die Klageschrift wurde am 8. August 2018 zugestellt.

Waldemar Fürst
Rechtsanwalt
Flemmingstraße 17
04177 Leipzig

22. August 2018

An das
Amtsgericht Leipzig
04177 Leipzig

Amtsgericht Leipzig
Eingang: 22. August 2018

Az.: 5 C 1122/18

In Sachen

Atterich gegen Bankhaus Borkheim GmbH

beantrage ich bereits jetzt Abweisung der Klage und nehme zu dem Schriftsatz des Klägers wie folgt Stellung:

Die Ausführungen in der Klage gehen völlig ins Leere.

Insoweit ist zunächst klarzustellen, dass es sich gar nicht um einen Ehemaklervertrag handelt.

Der Kläger trägt hierzu, wie auch das Gericht gemerkt haben wird, einen wesentliche Passage aus Ziffer 1 des Vertrages nicht vor, obwohl er diesen vollständig als Anlage beigelegt hat. Unmittelbar nach dem vom Kläger vorgetragenen Text von Ziffer 1 des zwischen ihm und der Firma Partnerglück GmbH geschlossenen Vertrages folgt folgende Formulierung:

> *Die Parteien sind sich einig, dass es sich nicht um einen Ehemaklervertrag handelt, das Institut Partnerglück GmbH vielmehr nur bei der außerehelichen Partnersuche Hilfe leistet.*

Beweis: Ehemaklervertrag vom 15. Januar 2018 (vom Kläger bereits vorgelegt)

Soweit der Kläger auf § 656 BGB hinauswill, ist damit also sei klar, dass ein solcher Fall nicht vorliegt, da es nicht um Ehevermittlung geht, sondern um bloße Partnerschaftsanbahnung. Solche Verträge sind zudem auch keinesfalls sittenwidrig. Im Übrigen wäre dieses Vorbringen auch präkludiert gemäß § 767 Abs. 2 ZPO, da ein solcher Aspekt ja von Anfang an vorgelegen hätte, also schon vor Herbeiführung des Titels. Selbst wenn man dies alles anders sehen wollte, würde ein Vorgehen über § 656 BGB dem Kläger eher zum Nachteil gereichen, da der Geldbetrag schon bezahlt ist, nämlich durch die Bank (§ 267 BGB). Ich empfehle dem Klägervertreter die Lektüre von § 656 Abs.1 Satz 2 BGB.

Weiterhin ist auf die ebenfalls dort getroffene vertragliche Regelung über den Ausschluss des Kündigungsrechtes hinzuweisen. Im selben Vertrag heißt es weiter unten unter Ziffer 9 nämlich:

> *Der Vertrag ist während seiner Laufzeit (ein Jahr) weder kündbar noch widerruflich. Rückzahlungsansprüche sind nicht gegeben.*

Beweis: Ehemaklervertrag vom 15. Januar 2018 (vom Kläger bereits vorgelegt)

Die Parteien haben vor Vertragsschluss über die Regelungen verhandelt, sodass keine sog. AGB vorliegen.

Weiterhin aber enthält das Gesetz - wie auch der Kläger bemerkt - keinerlei Regelung über die Kündbarkeit von Ehemaklerverträgen oder ähnlichen Vertragsgestaltungen (hier: Maklervertrag über *Partnerschafts*vermittlung).

Überdies trägt der Kläger insofern auch keinen nachvollziehbaren Kündigungsgrund vor: Er hat ja nicht einmal ernsthaft versucht, mit der betreffenden Dame Kontakt zu knüpfen. Dass er mit einer Tasse Kaffee im "Wirtshaus zum Blauen Ochsen" keine Bäume ausreißen wird, war ihm vorher nachdrücklich erklärt worden. Wenn ihm das Gefühl für den richtigen Umgang mit Frauen fehlt, dann kann dies nicht zu Lasten des Vermittlungsinstituts gehen.

Die analoge Anwendung von Gewährleistungsregelungen auf einen derartigen Vertrag halte ich für schlichtweg abenteuerlich. Über welche Sachmängel (!) sollte hier denn gestritten werden? Die Beklagte hat im Übrigen auch für etwaige beleidigende Äußerungen der vermittelten Damen nicht einzustehen; dass solche erfolgt sind, bestreiten wir zudem substanziiert.

In diesem Zusammenhang wird auch bestritten, dass der Kläger bereits am 24. Januar 2018 telefonisch den Widerruf und die Kündigung des Ehemaklervertrags erklärt habe.

Dass der Kläger danach die weiteren Leistungen des Instituts nicht angenommen, sondern die Vorschläge angeblich in den Papierkorb befördert hat, ist also allein seine Sache und ändert nichts an seiner Zahlungspflicht.

Sicherheitshalber möchte ich darauf hinweisen, dass der Kläger in der gesetzlich vorgeschriebenen Form über alle seine Rechte belehrt worden war und alle nach diesem Gesetz notwendigen Formalia gewahrt wurden. Auch eine entsprechende schriftliche Bestätigung des Klägers über diese Belehrung liegt vor. Insoweit möchte ich auf die beigefügten Anlagen zum Vertragsschluss verweisen, die ich hiermit zum Gegenstand meines Schriftsatzes mache. Aber das will die Klage ja auch gar nicht angreifen.

Die Klage wird daher in jedem Fall abzuweisen sein.

Waldemar Fürst
Rechtsanwalt

Dr. Paula Koch
Rechtsanwältin
Apostelstraße 18
04177 Leipzig

Leipzig, 7. September 2018

An das
Amtsgericht Leipzig
04177 Leipzig

Amtsgericht Leipzig
Eingang: 7. September 2018

Az.: 5 C 1122/18

In Sachen

Atterich gegen Bankhaus Borkheim GmbH

sehe ich mich veranlasst, nochmals zum Verfahren Stellung zu nehmen:

Die Ausführungen des Beklagtenvertreters, die Beklagte hätte nichts mit den Problemen des Ehemaklervertrags zu tun, kann ich nicht nachvollziehen, denn es bestand von Anfang an eine intensive Zusammenarbeit zwischen der Beklagten und der Firma „Partnerglück GmbH“. Diesbezüglich ist Folgendes ergänzend vorzutragen:

Die Firma Partnerglück GmbH hatte Darlehensvertragsformulare der Beklagten vorrätig, die der Geschäftsführer der Partnerglück GmbH dem Kläger zunächst zur Durchsicht vorlegte.

Anschließend führte jener ein kurzes Telefonat, woraufhin ca. 30 Minuten später ankündigungsgemäß ein Sachbearbeiter der Beklagten, ein Herr Winfried Windig, in den Geschäftsräumen der Beklagten erschien. Mit diesem handelte der Kläger die Einzelheiten der Darlehenskonditionen aus, wobei ausdrücklich auch erklärt wurde, dass der Kläger aufgrund der Zusammenarbeit mit der Firma Partnerglück GmbH Sonderkonditionen bekomme.

Aus diesem Grund berühren die Streitigkeiten zwischen dem Kläger und dem Ehemaklerinstitut durchaus auch die Beziehungen des Klägers zur Beklagten.

Dr. Paula Koch
Rechtsanwältin

Waldemar Fürst
Rechtsanwalt
Flemmingstraße 17
04177 Leipzig

21. September 2018

An das
Amtsgericht Leipzig
04177 Leipzig

Amtsgericht Leipzig
Eingang: 21. September 2018

Streitverkündung

In Sachen

Alfons Atterich, Hettelweg 27, 04279 Leipzig

- Kläger -

Prozessbevollmächtigte: Dr. Paula Koch, 04177 Leipzig, Apostelstraße 18

gegen

Bankhaus Borkheim GmbH, vertreten durch Alleingeschäftsführerin Gerda Borkheim, Kaiserplatz 15, 60311 Frankfurt

- Beklagte -

Prozessbevollmächtigter: der Unterzeichner

wegen Zwangsvollstreckung

Az: 5 C 1122/18

verkünde ich namens und mit Vollmacht des Beklagten hiermit der Firma Partnerglück GmbH, vertreten durch die einzige Geschäftsführerin Karola Kuppler, Flemmingstraße 45, 04177 Leipzig, den Streit mit der Aufforderung, dem Rechtsstreit auf Seiten der Beklagten beizutreten.

Sollte der Klage wider Erwarten stattgegeben werden, so hat die Beklagte gegen die Streitverkündete einen Anspruch auf Aufwendungsersatz aus dem zwischen Beklagter und Streitverkündeter geschlossenen Rahmenabkommen. ... *(es folgen weitere Details)*.

Der Streitverkündeten werden als Anlagen sämtliche bisherigen Schriftsätze der Prozessparteien zugestellt ... *(es folgen Ausführungen zur Lage des Rechtsstreits)*.

Waldemar Fürst
Rechtsanwalt

Ein dem entsprechender Schriftsatz wurde auch gegenüber dem Kläger verfasst. Beide wurden am 25. September 2018 zugestellt.

Bert Breuer
Rechtsanwalt
Flemmingstraße 19
04177 Leipzig

31. September 2018

An das
Amtsgericht Leipzig
04177 Leipzig

Amtsgericht Leipzig
Eingang: 31. September 2018

In Sachen

Atterich gegen Bankhaus Borkheim GmbH

Az: 5 C 1122/18

zeige ich hiermit die Vertretung der Streitverkündeten an und erkläre deren Beitritt zum Rechtsstreit.

Im Termin werde ich Klageabweisung beantragen.

Ich nehme vollumfänglich Bezug auf die Ausführungen des Beklagtenvertreters.

Bert Breuer
Rechtsanwalt

Das Gericht bestimmte Termin zur mündlichen Verhandlung. Alle Beteiligen wurden ordnungsgemäß geladen.

Amtsgericht Leipzig
Az: 5 C 1122/18

Protokoll der öffentlichen Sitzung vom 29. Oktober 2018:

Gegenwärtig: Richterin am Amtsgericht Dr. Kause

Ein Urkundsbeamter der Geschäftsstelle wurde nicht hinzugezogen, vorläufig aufgezeichnet auf Tonträger gemäß §§ 159, 160a ZPO.

Bei Aufruf der Sache erschienen:

der Kläger mit Rechtsanwalt Dr. Koch,

für die Beklagte niemand,

für den Streithelfer der Beklagten Rechtsanwalt Breuer.

Die Vorsitzende weist darauf hin, dass der Termin zunächst als Gütetermin gemäß §§ 278, 279 ZPO behandelt wird.

Die Sach- und Rechtslage wird mit den Parteien erörtert. Eine gütliche Einigung wird nicht erzielt.

Nach kurzer Unterbrechung wird der Termin gemäß § 279 I ZPO als Haupttermin fortgesetzt.

Die Klägervertreterin stellt den Antrag aus der Klageschrift vom 16. Juli 2018, beantragt dabei aber, im Wege des Versäumnisurteils zu entscheiden.

Der Vertreter des Streithelfers beantragt, die Klage abzuweisen.

....

Die Vorsitzende verkündet daraufhin folgenden **Beschluss:**

Termin zur Verkündung einer Entscheidung wird bestimmt auf ... 2018, 9 Uhr, Sitzungssaal 23.

Dr. Kause
Richterin am Amtsgericht

Für die Richtigkeit der Übertragung
vom Tonträger
Eibler-Krom
Justizsekretärin als U.d.G.

Vermerk für den Bearbeiter:

Die Entscheidung des Gerichts ist zu entwerfen.

Die Fertigung einer Rechtsbehelfsbelehrung sowie eine etwaige Streitwertfestsetzung sind allerdings erlassen.

Ladungen, Zustellungen, Vollmachten und sonstige Formalien sind in Ordnung. Alle gesetzlich vorgeschriebenen richterlichen Hinweise wurden erteilt. Wenn das Ergebnis der mündlichen Verhandlung nach Ansicht des Bearbeiters für die Entscheidung nicht ausreicht, ist zu unterstellen, dass trotz Wahrnehmung der richterlichen Aufklärungspflicht keine weitere Aufklärung zu erzielen war. Soweit die Entscheidung keiner Begründung bedarf oder in den Gründen ein Eingehen auf alle berührten Rechtsfragen nicht erforderlich erscheint, sind diese in einem Hilfsgutachten zu erörtern.

Die Angaben über die Verzinsung des Darlehens sind, sofern es nach Ansicht des Bearbeiters darauf ankommt, nicht nachzurechnen, sondern als korrekt zu unterstellen. Es ist auch ungeprüft zu unterstellen, dass seitens der Beklagten die gesetzliche vorgeschriebenen Formerfordernisse und Belehrungspflichten beachtet wurden. Schließlich ist auch zu unterstellen, dass die Erklärungen der Parteien zum Wortlaut der jeweiligen Verträge durch die vorgelegten Urkunden bestätigt werden.

Übersicht Fall 7

I. Zulässigkeit der Klage (+):

1. Statthaftigkeit (+): §§ 767 I, 794 I Nr. 5, 795 ZPO.

2. Ausschließliche örtliche Zuständigkeit am Wohnort des Klägers (vgl. §§ 797 V, 12, 13, 802 ZPO).

3. Sachliche Zuständigkeit (§ 23 Nr. 1 GVG).

4. Rechtsschutzbedürfnis (+).

II. Begründetheit der Klage:

1. **Keine Entscheidung gemäß § 331 I ZPO**, sondern streitiges Endurteil, da Säumnis über § 67 ZPO verhindert. Keine weitere Prüfung, da Rüge i.S.d. § 71 ZPO nicht erfolgt.

2. **Prüfungsumfang unbeschränkt:** Präklusion nach § 767 II ZPO (-) wegen § 797 IV ZPO.

3. Begründetheit hier wegen **Einwendungsdurchgriff** gemäß §§ 359 S. 1, 358 II 1 BGB:

a. **Vorschriften zum Verbraucherdarlehensvertrag anwendbar:**

- Gelddarlehensvertrag gemäß §§ 488 I, 491 I BGB.
- Kläger als Verbraucher i.S.d. § 13 BGB.
- Bank als Unternehmer i.S.v. § 14 I BGB.
- Kein Vorliegen der Ausnahmefälle von § 491 II, III BGB.

b. **Kein Widerruf**, §§ 491 I, 495 I, 355 I BGB.

c. **Voraussetzungen des § 359 S. 1 BGB** (+):

Partnerschaftsvermittlung als Vertrag über „Erbringung einer anderen Leistung“ i.S.d. § 358 BGB.

- Kreditzweck gemäß § 358 III 1 BGB und wirtschaftliche Einheit gemäß § 358 III 2 BGB.
- Nichtvorliegen von Ausschlusstatbeständen gemäß § 359 S. 2 BGB.

d. **Einwendung** aus verbundenem Vertrag (Partnerschaftsvermittlung): Unverbindlichkeit gemäß § 656 I BGB.

aa. Partnerschaftsvermittlung als Dienstvertrag!

Kein Vertrag i.S.d. § 656 BGB (Sondertypus des Maklervertrages), da hier *Tätigkeitspflichten* übernommen.

Abgrenzung Werkvertrag / Dienstvertrag: Hier kein bestimmter Erfolg geschuldet, sondern bloßes Tätigwerden.

bb. § 656 BGB analog auf solchen Vertrag anzuwenden. Folge: Nichtigkeit nach § 138 I BGB (-), aber Naturalobligation.

cc. Wesen der Naturalobligation ausreichend für Einwendung i.S.d. § 359 S. 1 BGB, da noch kein Vermögensopfer durch Kunden erbracht.

III. Kostenentscheidung: § 91 und § 101 ZPO.

IV. Vollstreckbarkeit gemäß § 709 S. 1 ZPO auch für Hauptsache, die keine Geldleistung i.S.d. § 709 S. 2 ZPO ist.

Hilfsgutachten

Weitere Einwendung aus verbundenem Kaufvertrag:

I. Kündigung nach § 627 BGB:

1. Arbeitsverhältnis (-). Dienste höherer Art (+): Persönliches Vertrauensverhältnis erforderlich (notwendiger Erfahrungsaustausch; Berührung der Intimsphäre).

2. Kein dauerndes Dienstverhältnis mit festen Bezügen (h.M.).

3. Abbedingung unwirksam, obwohl § 627 BGB grds. abdingbar: hier aber Nichtigkeit gemäß § 307 I, II BGB, da kein „Aushandeln“ i.S.d. § 305 I 3 BGB.

4. Rechtsfolge: hier wohl § 628 I 1 BGB; aber Vorauszahlung wohl höher!

II. Kündigung gemäß § 626 BGB: wichtiger Grund etwas fraglich; § 626 BGB als zwingendes Recht, nie abdingbar; Frist gemäß § 626 II BGB eingehalten. Rechtsfolge hier wohl § 628 I 2 BGB.

LÖSUNG FALL 7

Rubrum Sachsen

Amtsgericht Leipzig 1

Az: 5 C 1122/18

IM NAMEN DES VOLKES

Endurteil[322]

In dem Rechtsstreit

Parteibezeichnung

Alfons Atterich, Hettelweg 27, 04279 Leipzig

- Kläger -

Prozessbevollmächtigte: Rechtsanwältin Dr. Paula Koch, Apostelstraße 18, 04177 Leipzig

gegen

Bankhaus Borkheim GmbH, vertreten durch die Alleingeschäftsführerin Gerda Borkheim, Kaiserplatz 15, 60311 Frankfurt

- Beklagte -

Prozessbevollmächtigter: Rechtsanwalt Waldemar Fürst, Flemmingstraße 17, 04177 Leipzig

Streithelfer nach der unterstützten Partei aufführen

Partnerglück GmbH, vertreten durch die Geschäftsführerin Karola Kuppler, Flemmingstraße 45, 04177 Leipzig

- Streithelferin der Beklagten[323] -

Prozessbevollmächtigter: Rechtsanwalt Bert Breuer, Flemmingstraße 19, 04177 Leipzig

Betreff

wegen Zwangsvollstreckung

hat das Amtsgericht Leipzig durch die Richterin am Amtsgericht Dr. Kause aufgrund der mündlichen Verhandlung vom 29. Oktober 2018 für Recht erkannt:

Hauptsachetenor bei § 767 ZPO

1. Die Zwangsvollstreckung aus der vollstreckbaren Urkunde des Notars Dr. Sorglos vom 16. Januar 2018 (Urkundsnummer 33/18) über 2.500 € wird für unzulässig erklärt.

---

322 Wie in den anderen Fällen gezeigt, werden in den meisten Bundesländern nur *Sonderfälle* des Urteils explizit als solche bezeichnet (Versäumnisurteil, Teilurteil u.a.), nicht aber das normale Endurteil (Bezeichnung schlicht als „Urteil", nicht „Endurteil"; Ausnahme Bayern!). Da in den Jahren nach der Wiedervereinigung viele bayerische Richter und Referendarausbilder als Aufbauhelfer oder dauerhaft in die sächsische Justiz wechselten, wurden dort weitgehend die bayerischen Gepflogenheiten übernommen und an die sächsischen „Eigengewächse" weitergegeben. Da inzwischen allerdings auch „Richterimporte" aus Nord- und Westbundesländern erfolgten, ist die Praxis in Sachsen derzeit völlig uneinheitlich. Von den Examenskorrektoren wird nach unseren Beobachtungen die Verwendung des Wortes „Endurteil" allerdings regelmäßig erwartet!

323 Zum Rubrum beim Beitritt eines Streithelfers siehe auch Assessor-Basics Zivilurteil, § 3 Rn. 19. Teilweise (vgl. Anders/Gehle, B, Rn. 3) wird diese Bezeichnung in anderer Reihenfolge vorgenommen („Streithelfer der Beklagten: Partnerglück GmbH, vertreten durch ...").

auf § 101 ZPO achten!

2. Die Beklagte hat die Kosten des Rechtsstreits zu tragen. Die Kosten der Nebenintervention hat die Streithelferin selbst zu tragen.[324]

3. Das Urteil ist vorläufig vollstreckbar, und zwar in der Hauptsache gegen Sicherheitsleistung in Höhe von 2.500 €, im Übrigen gegen Sicherheitsleistung in Höhe von 110 % des jeweils zu vollstreckenden Betrags.[325]

Tatbestand:

Einleitungssatz

Die Parteien streiten um die Zulässigkeit der Zwangsvollstreckung aus einer vollstreckbaren Urkunde über 2.500 €.

unstreitiger Sachverhalt

Am 15. Januar 2018 schlossen der Kläger und die Streithelferin einen Vertrag, in dem sich die Streithelferin verpflichtete, dem Kläger gegen Zahlung von 3.000 € für die Laufzeit von einem Jahr alle zwei Wochen Partnerschaftsvorschläge zu unterbreiten. *3*

Zur Finanzierung der Honorarforderung nahm der Kläger ebenfalls am 13. Januar 2018 bei der Beklagten ein Darlehen[326] in Höhe von 2.375 € zu einem effektiven Zinssatz von 6,5 % p.a. auf.

Die Darlehenssumme wurde unmittelbar an die Streithelferin zur Begleichung der Verbindlichkeit des Klägers ausgezahlt. Hinsichtlich des Abschlusses des Darlehensvertrags wirkten Beklagte und Streithelferin in folgender Weise zusammen: Die Streithelferin hatte Darlehensvertragsformulare der Beklagten vorrätig, die dem Kläger bei Abschluss des Partnerschaftsvermittlungsvertrags vorgelegt wurden. Auf einen Anruf des Sachbearbeiters der Streithelferin bei der Beklagten hin erschien ein Vertreter der Beklagten in den Geschäftsräumen des Streithelfers, mit dem der Kläger die Darlehensbedingungen aushandelte. Dabei wies der Vertreter der Beklagten darauf hin, dass der Kläger nur aufgrund der Zusammenarbeit der Beklagten mit der Streithelferin so günstige Konditionen erhalten könne.[327]

Zur Absicherung der Darlehensforderung der Beklagten unterwarf sich der Kläger in der vollstreckbaren Urkunde Nr. 33/18 des Notars Dr. Sorglos am 16. Januar 2018 der Zwangsvollstreckung in Höhe von 2.500 €.

---

324 Zur Kostenentscheidung bei Streithilfe vgl. etwa Th/P, § 101, Rn. 1, 2: Diese Kosten dürfen nie der unterstützten Partei auferlegt werden, sondern sind zwischen Streithelfer und Prozessgegner aufzuteilen. Es muss eine ausdrückliche Entscheidung hierüber erfolgen, da sie nicht zu den „Kosten des Rechtsstreits“ zu rechnen sind (Th/P, § 101, Rn. 3). Gerichtskosten entstehen durch die Nebenintervention - von Zustellungskosten abgesehen – nicht, Anwaltskosten aber sehr wohl (vgl. Th/P, § 70, Rn. 8). Hierzu siehe auch **Assessor-Basics, Zivilurteil,** § 6 Rn. 66.

325 Die Hauptsache ist keine Geldforderung, also von § 709 S. 2 ZPO keinesfalls erfasst. Nach offenbar strittiger, aber m.E. vorzugswürdiger Ansicht ist § 709 S. 2 ZPO aber auch dann anwendbar, wenn *nur ein Teil* des vollstreckbaren Ausspruchs eine Geldforderung ist. Hierfür spricht die Formulierung „soweit“ sowie die gesetzgeberische Intention, die Richter möglichst weitgehend vom Ausrechnen zu entlasten. Folge: Dann muss zwar die Sicherheitsleistung für die Nicht-Geldforderung (Herausgabe, Unzulässigerklärung der Zwangsvollstreckung u.a.) in einer konkreten Zahl angegeben werden, bezüglich der Geldforderung (Kosten!) ist aber § 709 S. 2 ZPO anwendbar (**Assessor-Basics, Zivilurteil**, § 7, Rn. 13b; Anders/Gehle, A, Rn. 223; Lackmann, Zwangsvollstreckungsrecht, Rn. 532; ders. in Musielak, § 709, Rn. 6; Knöringer, § 4 III 1d).

326 Grds. ist die Vornahme rechtlicher Wertungen im Tatbestand unzulässig, da den Entscheidungsgründen vorbehalten. Um andererseits aber den Tatbestand nicht durch langatmige definierende Formulierungen zu überfrachten, wird die Verwendung von sog. Rechtstatsachen zugelassen. Eine solche Rechtstatsache wie der Begriff des Darlehensvertrages ist unter folgenden kumulativen Voraussetzungen wie eine echte Tatsache zu behandeln: es muss sich um einen relativ einfachen Begriff handeln, den die Parteien übereinstimmend und nicht ersichtlich falsch verwenden. Näheres dazu **Assessor-Basics, Zivilurteil**, § 8 Rn. 11 ff. Die Verwendung des Begriffes „Ehemaklervertrag“ musste daher unterbleiben und stattdessen der Vertragsinhalt neutral wiedergegeben werden, weil hier die rechtliche Einordnung gerade nicht offenkundig, sondern sogar umstritten ist.

327 Hier geht es um die Voraussetzungen des verbundenen Geschäfts, die unstreitig waren und ohne die kein Einwendungsdurchgriff angenommen werden könnte.

Der Kläger wurde in folgender Weise über seine Widerrufsrechte belehrt: ...[328]

Infolge der ersten von der Streithelferin durchgeführten Vermittlung traf sich der Kläger am 20. Januar 2018 mit einer etwa 20 Jahre jüngeren Dame, die offensichtlich auch nicht an Kontakt zu älteren Herren wie dem Kläger interessiert war.[329]

Durch Einschreiben vom 16. Februar 2018, zugegangen am 17. Februar 2018, erklärte der Kläger gegenüber der Streithelferin, „den Ehemaklervertrag zu kündigen".[330]

streitiges Klägervorbringen

4 Der Kläger behauptet, er habe den Vertrag mit der Streithelferin bereits am 24. Januar 2018 telefonisch den „Widerruf und die Kündigung dieses Ehemaklervertrags" erklärt.

Weiterhin behauptet er, die von der Streithelferin am 20. Januar 2018 vermittelte Dame habe ihn beleidigt (Zeugnis der Clara Cardinale).[331]

Anträge

Der Kläger beantragt mit der am 8. August 2018 zugestellten Klage:

> Die Zwangsvollstreckung aus der vollstreckbaren Urkunde des Notars Dr. Sorglos vom 16. Januar 2018 (Urkundennummer 33/18) über 2.500 € wird für unzulässig erklärt.

Die Beklagte beantragt zuletzt zu erkennen:

> Die Klage wird abgewiesen.

streitiges Vorbringen der Beklagten

Die Beklagte vertritt u.a. die Rechtsansicht, eine Berufung des Klägers auf die Uneinklagbarkeit von Forderungen aus Ehemaklerverträgen scheitere schon daran, dass die Honorarforderung bereits durch die Auszahlung der Darlehenssumme an den Streithelfer erfüllt wurde, womit eine Rückforderung ausgeschlossen sei.

---

328 Hier käme es grds. auf die Details an, die nur nicht im Sachverhalt wiedergegeben wurden, sondern nach Bearbeitervermerk als beachtet *zu unterstellen* sind; deswegen diese Art von Verweisung durch die Pünktchen. Durch die Formulierung „in ordnungsgemäßer Weise" würde man eine rechtliche Wertung vornehmen, die im Tatbestand grds. unzulässig ist.

329 Bestritten wurde nur *die Beleidigung* durch diese Dame, nicht die äußeren Umstände, die der Kläger in der Klageschrift vortrug. Diese Umstände werden hier u.a. aus Gründen der Verständlichkeit des Gesamthintergrunds des Streits geschildert, obwohl das Urteil hierauf (§§ 626, 627 BGB) nicht gestützt wird, sondern einen anderen Lösungsweg beschreitet (s.u.). Es handelt sich aber andererseits nicht um eine *völlig irrelevante* Tatsache, die zwingend auszusortieren wäre: Genauso gut hätte der Richter sein Urteil nämlich auf diese Vorfälle stützen können und die Problematik des § 656 BGB offen lassen können. Oder - dritte Aufbauvariante der Entscheidungsgründe - er hätte, um das Urteil noch „berufungsfester" zu machen, eine Doppelbegründung über die Kündigung nach §§ 626, 627 BGB und mit § 656 BGB analog vornehmen können. In beiden Fällen würde außer Frage stehen, dass diese Umstände „tragend" für das Urteil wären und damit im Tatbestand stehen müssten. Da man nicht sicher sein kann, ob das Berufungsgericht dem Weg über § 656 BGB folgt, werden hier also schon die Fakten aufgezeigt, die es einem Berufungsgericht ermöglichen würden, einen anderen Weg mit demselben Ergebnis zu gehen. Siehe deswegen z.B. auch Siegburg, Rn. 411 (m.w.N.): Wenn in den Entscheidungsgründen *ausdrücklich* dargelegt wird, dass bestimmte Dinge aus Sicht des Gerichts für die Entscheidung unerheblich sind, so sind diese Dinge im Tatbestand zu nennen.

330 Hier und an den folgenden Stellen des Tatbestandes wird die Erklärung des Klägers wörtlich wiedergegeben, wobei Anführungszeichen verwendet wurden, um zu zeigen, dass damit noch offen gelassen wird, ob die Erklärung wirklich einen Widerruf oder eine Kündigung darstellt bzw. ob dieser „Ehemaklervertrag" wirklich ein solcher ist oder nicht doch eher ein anderer Vertragstyp. Der genaue Vertragsinhalt, den man in den Entscheidungsgründen für die wirkliche Einordnung braucht, ist oben ja schon beschrieben worden.

331 Auf diesen Vorgang, den der Kläger als Aufhänger für ein Kündigungsrecht betrachtete, wird das Urteil wiederum nicht gestützt (s.u.). Daher wird es zum Verständnis des Gesamtstreits nicht ganz weggelassen, aber nur kurz erwähnt (siehe bereits oben). In Klammern wurde hier ein unerledigtes Beweisangebot angegeben: Ein solches lag hier vor, weil das Gericht auf das Beweisangebot nicht eingegangen ist, obwohl die Tatsache streitig war. Zur Behandlung unerledigter Beweisangebote im Tatbestand siehe in **Assessor-Basics, Zivilurteil**, § 8 Rn. 61.

Prozessgeschichte v.a. mit Beitritt und Fehlen des Beklagten in der HV

Der Beklagte hat der Streithelferin durch Schriftsatz vom 21. September 2018, zugestellt am 25. September 2018, den Streit verkündet. Diese hat mit Schriftsatz vom 31. September 2018, eingegangen bei Gericht am selben Tag, den Beitritt zum Rechtsstreit auf der Seite der Beklagten erklärt.[332] 5

In der mündlichen Verhandlung vom 29. Oktober 2018 waren der Kläger und die Streithelferin vertreten, während die Beklagte unentschuldigt fehlte. Der Kläger stellte daraufhin den Prozessantrag, im Wege eines Versäumnisurteils zu entscheiden.[333]

Entscheidungsgründe:

„großer" Obersatz

Die Klage ist in vollem Umfang zulässig und begründet.

Zulässigkeit der Klage

I. Die Klage ist **zulässig**.[334] 6

Es handelt sich insoweit um eine Vollstreckungsgegenklage gemäß § 767 ZPO, da der Kläger verlangt, die Zwangsvollstreckung aus einer bestimmten vollstreckbaren Urkunde wegen materiell-rechtlicher Einwendungen gegen den titulierten Anspruch für unzulässig zu erklären.

Als solche ist die Klage statthaft; insbesondere ist § 767 ZPO auf die Zwangsvollstreckung aus einer vollstreckbaren Urkunde (§ 794 I Nr. 5 ZPO) gemäß § 795 ZPO entsprechend anzuwenden.

örtliche Zuständigkeit aus §§ 797 V, 802 ZPO

Die *ausschließliche* örtliche Zuständigkeit des angerufenen Gerichts ergibt sich insoweit aus §§ 797 V, 802 ZPO. Danach ist der allg. Gerichtsstand (§§ 12, 13 ZPO) des Schuldners ausschlaggebend, hier also Leipzig als Wohnort des Klägers.[335] 7

sachliche Zuständigkeit

Die sachliche Zuständigkeit des Amtsgerichts ergibt sich aus §§ 23 Nr. 1, 71 I GVG, da die Zuständigkeitsgrenze von 5.000 €, für die maximal auf den aus den Nennbetrag des angegriffenen Titels abzustellen ist, nicht überschritten ist.

Rechtsschutzbedürfnis

Das Rechtsschutzbedürfnis ist ebenfalls gegeben. Dieses tritt bei der Vollstreckungsgegenklage grds. ein, sobald ein Vollstreckungstitel - hier § 794 I Nr. 5 ZPO - vorliegt, und zwar ohne Rücksicht auf den Beginn der Zwangsvollstreckung; es endet erst, wenn die Zwangsvollstreckung beendet ist, was hier nicht der Fall ist. 8

---

332 Wäre auf die Streitverkündung hier kein Beitritt des Streitverkündeten erfolgt, würde die bloße Streitverkündung mangels Relevanz im Tatbestand des Vorprozesses nirgends erwähnt. Etwas anderes gilt nur, wenn wie hier, tatsächlich ein Beitritt erfolgt ist! Zur Behandlung von Streitverkündung und Streithilfe im Tatbestand siehe in **Assessor-Basics, Zivilurteil**, § 8 Rn. 58 und Rn. 60.

333 Diesen Vorgang hätte man gegebenenfalls auch schon oben bei den Anträgen bringen können. Da es sich aber um einen reinen Prozessantrag handelt, der den Sachantrag selbst nicht beeinflusst (keine Klageänderung o.Ä.!), muss man dies jedenfalls nicht tun. Im Gegenteil: Mir erscheint es als verständlicher, dies alles zusammengefasst erst am Ende des Tatbestandes aufzuführen. In jedem Fall darf das Fehlen der Beklagten nicht unerwähnt bleiben, da das Nichtvorliegen einer Säumnis wegen § 67 ZPO eine *Rechtsfrage* ist, die erst in den Entscheidungsgründen klargestellt werden darf.

334 Die Parteifähigkeit der Beklagten ergibt sich unproblematisch aus § 13 I GmbHG, § 50 I ZPO. Für sie handelt ihr gesetzlicher Vertreter gem. § 35 I GmbHG, §§ 51, 52 ZPO.

335 Beachten Sie, dass im Falle einer Streitgenossenschaft auf Klägerseite (etwa Miterbengemeinschaft oder gewöhnliche Gesamtschuldner) der § 35 ZPO (Wahlrecht) analog anwendbar ist (vgl. BGH, NJW 1991, 2917 - 2918 (2918); BayObLG, NJW-RR 1993, 511 = **juris**byhemmer; Th/P, § 797, Rn. 4; Zöller/Stöber, § 797, Rn. 10).

hemmer-Klausur-Tipp

Kontrollieren Sie diesen letztgenannten Punkt in einer Zwangsvollstreckungsklausur immer genau! Es ist ein beliebtes - weil praxisnahes - Klausurproblem, dass mitten im Prozess die Zwangsvollstreckung stattfindet. Dann muss der Kläger auf Leistungsklage auf Herausgabe des Erlöses, die sog. „verlängerte" Vollstreckungsgegenklage (oder in anderen Fällen die „verlängerte" Drittwiderspruchsklage) umstellen.

Obersatz zur Begründetheit

II. Die Klage ist auch **begründet**, da dem Kläger zumindest eine nicht präkludierte Einwendung i.S.d. § 767 I ZPO zusteht. 9

Nichtanwendbarkeit von § 331 I ZPO vorab klarstellen

1. Dabei ist zunächst klarzustellen, dass zwischen den Parteien ein streitiges Endurteil zu erlassen war. Die **Voraussetzungen des § 331 I ZPO** zu Lasten der Beklagten sind **nicht** gegeben, obwohl diese selbst in der mündlichen Verhandlung weder anwesend noch vertreten war.[336]

hemmer-Klausur-Tipp

Beachten Sie unbedingt die Einordnung dieses Problems in den Aufbau der Klausur. Vielen Examenskandidaten fällt erfahrungsgemäß die aufbaumäßige Behandlung dieses Problems wesentlich schwerer als die inhaltliche Lösung. *Grob* falsch wäre insbesondere eine Prüfung i.R.d. Zulässigkeit, weil das zu prüfende Problem keinesfalls zu einem Prozessurteil führen kann. Es geht hier um die Frage, *nach welchen Regeln* (den „normalen" oder denen des § 331 I ZPO) die *Begründetheit* zu prüfen ist; also muss dieser Punkt entweder zwischen die Zulässigkeit und Begründetheit eingeschoben oder - m.E. besser - als erster Unterpunkt der Begründetheit vor der eigentlichen Sachprüfung selbst geprüft werden.

Wirkung des § 67 ZPO

Indem der anwesende Streithelfer, der mit Schriftsatz vom 21. September 2018 den Beitritt auf Seiten der Beklagten erklärt hat, in der mündlichen Verhandlung streitig verhandelte, verhinderte er gemäß § 67 ZPO die Säumnis der Beklagten.[337]

2. Der **Prüfungsumfang** ist völlig unbeschränkt; keine der vorgebrachten Einwendungen des Klägers ist hier materiell präkludiert. 10

Prüfung etwaiger Präklusionen voranstellen: darf in der Sache selbst überhaupt noch geprüft werden?

Eine Präklusion durch die vollstreckbare Urkunde selbst gemäß § 767 II ZPO kommt schon deswegen nicht in Betracht, weil § 767 II ZPO wegen § 797 IV ZPO gar nicht anwendbar ist. Da § 767 II ZPO auf der Rechtskraftwirkung beruht, gilt diese Bestimmung bei einer vollstreckbaren Urkunde nicht. Eine solche Urkunde hat keine Rechtskraft, da sie keine *gerichtliche* Entscheidung darstellt.[338]

hemmer-Klausur-Tipp

Stellen Sie die Prüfung etwaiger Präklusionen, also § 767 II und/oder § 767 III sowie § 796 II ZPO vor die materiell-rechtliche Sachprüfung der Einwendung! Grund: Erst muss geklärt werden, ob in der Sache selbst überhaupt noch geprüft werden darf oder ob dies durch diese auf der materiellen Rechtskraft beruhenden Vorschriften „gesperrt" ist.

---

336 Zum klausurtypischen Einbau des Streithelfers in den Fall siehe **Assessor-Basics, Zivilurteil**, § 11 Rn. 8 und Rn. 52 bzw. § 8 Rn. 58.

337 Auf die Frage, ob die Streitverkündung zulässig war (vgl. § 72 ZPO) bzw. auf die darauf aufbauende Frage, ob der Streithelfer den Beitritt „mit Recht" erklärt hat, kommt es dabei in diesem sog. Vorprozess nicht an. Derartiges wird nur auf Rüge gemäß § 71 ZPO geprüft, die hier nicht vorliegt (vgl. Th/P, § 72, Rn. 4). Vgl. zur Säumnisverhinderung durch Streithelfer Th/P, vor § 330, Rn.5.

338 Anders beim Vollstreckungsbescheid, der in § 796 II ZPO eine dem § 767 II ZPO entsprechende Regelung enthält. Dies ist Konsequenz der Gleichstellung mit dem rechtskraftfähigen Versäumnisurteil (vgl. § 700 I i.V.m. §§ 338 ff. ZPO). Bei einer Vollstreckungsgegenklage gegen einen Prozessvergleich wird § 767 II ZPO ebenfalls nicht angewandt (vgl. Th/P, § 767, Rn. 25), weil er auch keine Rechtskraftfähigkeit besitzt. Zum völligen Gleichlauf von § 322 ZPO mit den §§ 767 II, 796 II ZPO siehe BGH, NJW 2004, 1252 - 1254 = **juris**byhemmer.

Dann erst wenn feststeht, dass keine solche Sperre gegeben ist, nimmt der Richter zur Sache selbst Stellung. In der Klausur ist es nicht selten, dass der Kläger mit mehreren Einwendungen gleichzeitig angreift, und davon dann ein Teil an dieser Stelle „aussortiert" wird, während *zumindest eine* von ihnen sachlich zu prüfen ist.

Obersatz

3. Dem Kläger steht tatsächlich eine – hier rechtshindernde – **Einwendung i.S.d. § 767 ZPO** zu. 11

Einwendungsdurchgriff

Der Kläger ist nach den Grundsätzen des Einwendungsdurchgriffs gemäß § 359 S. 1 BGB von der Rückzahlung des Darlehens (§§ 488 I 1, 491 I BGB) an die Beklagte befreit. Er kann die ihm zustehenden Einwendungen gegen die Streithelferin auch dem Anspruch aus dem selbständigen Darlehensvertrag mit der Beklagten entgegenhalten, und eine solche Einwendung ergibt sich hier *zumindest* aus § 656 I 1 BGB.

Prüfung der Vor. der §§ 488 ff. BGB

a. Die Grundvoraussetzung des Vorliegens eines **Verbraucherdarlehensvertrages** i.S.d. § 491 I BGB ist erfüllt, denn dem Antragsteller wurde ein *entgeltliches*, weil verzinsliches Gelddarlehen gewährt. Ausnahmefälle nach § 491 II, III BGB liegen nicht vor.

Hinweis: Achten Sie bei „Null-Prozent-Verzinsung" u.a. auf § 514 BGB n.F. Dass nun seit dessen Inkrafttreten (21. März 2016) der Einwendungsdurchgriff gemäß § 359 I BGB auch den *unentgeltlichen* Darlehensvertrag zwischen Unternehmer und Verbraucher erfasst, ergibt sich daraus, dass das Gesetz in §§ 358 II, 359 I 2, 360 II 2 BGB nicht mehr von „Verbraucherdarlehensvertrag" spricht, sondern nur noch von „Darlehensvertrag".[339] Der Gesetzgeber hatte das Ziel, die Vorschriften über verbundene und zusammenhängende Verträge umfassend zur Anwendung zu bringen.[340]

Das Darlehen ist auch einem Verbraucher i.S.d. § 13 BGB gewährt worden, da der Kläger als Darlehensnehmer den Kredit für rein private Zwecke aufgenommen hat.

Die Beklagte ist Unternehmer i.S.v. § 14 I BGB, da sie als juristische Person (vgl. § 13 I GmbHG) das Darlehen in gewerblicher Tätigkeit gewährt.

kein Widerruf

b. Die Bindung an diesen Vertrag ist nicht entfallen, da unstreitig alle Belehrungen ordnungsgemäß vorgenommen wurden und ein *textlich abgefasster* Widerruf des *Darlehens*vertrags gemäß §§ 495 I, 355 I 1 BGB innerhalb der Zwei-Wochenfrist des § 355 I 2 BGB nicht erfolgt ist. 12

Voraussetzungen von § 359 S. 1 BGB

c. Die speziellen **Voraussetzungen des Einwendungsdurchgriffs** gemäß § 359 S. 1 BGB sind erfüllt. 13

Der Vertrag über Partnerschaftsvermittlung stellt einen Vertrag über die „Erbringung einer anderen Leistung" i.S.d. § 358 BGB dar.[341]

verbundenes Geschäft i.S.d. § 358 III 1 BGB

Es handelt sich um ein sog. verbundenes Geschäft i.S.d. § 358 III 1 BGB, da der Kreditzweck und die sog. wirtschaftliche Einheit vorliegen.

Der Kredit wurde zu dem Zweck gewährt, dass damit der Preis für

339 Vgl. Tyroller Life&Law 2016, 423 [426]; Rosenkranz NJW 2016, 1473 [1475]; Schürnbrand WM 2016, 1105 [1107].

340 Vgl. BT-Drs. 18/7584, S. 140 f.

341 Vgl. Pal./Grüneberg, § 358, Rn. 7.

die Tätigkeit der Streithelferin beglichen wird. Vereinbarungsgemäß zahlte die Beklagte die Darlehenssumme auch sofort an die Streithelferin. Daher war – was für die Zweckbeurteilung entscheidend ist – eine freie Verfügungsmöglichkeit des Klägers ausgeschlossen.

Legaldefinition des § 358 III 2 BGB

Gemäß § 358 III 2 BGB wird die wirtschaftliche Einheit insbesondere dann *unwiderlegbar* vermutet, wenn sich der Darlehensgeber bei Vorbereitung oder Abschluss des Darlehensvertrages der Mitwirkung des Unternehmers bedient.

Im konkreten Fall erfolgte zwar der Abschluss des Gelddarlehensvertrages durch einen Mitarbeiter der Beklagten selbst, doch ging dem unstreitig eine Vermittlung durch die Streithelferin voraus, die zudem auf einer offensichtlich längerfristigen Zusammenarbeit in einem Rahmenvertrag basierte. Hiermit sind die genannten Anforderungen erfüllt.

Ein Ausschluss des Einwendungsdurchgriffs durch etwaige Ausnahmetatbestände gemäß § 359 S. 2 BGB liegt nicht vor.

d. Dem Kläger stehen auch tatsächlich **Einwendungen** aus dem verbundenen Vertrag zu, die er gegenüber der Streithelferin hat und ihn mithin über § 359 S. 1 BGB auch gegenüber der Beklagten zur Verweigerung der Leistung berechtigt. 14

Prüfung der Einwendung

Eine solche Einwendung i.S.d. § 359 S. 1 BGB ergibt sich nach Ansicht des Gerichts hier schon *allein* aus der Tatsache, dass es sich bei der Verbindlichkeit gegenüber der Streithelferin um eine sog. Naturalobligation analog § 656 I BGB handelt.

Prüfung des Vertragstyps

Allerdings ist zunächst festzuhalten, dass der vorliegende Vertrag einen Dienstvertrag gemäß §§ 611 ff. BGB darstellt. 15

Ein „echter“ Ehemaklervertrag i.S.d. § 656 BGB liegt deswegen nicht vor, weil sich die Streithelferin zur Übernahme ganz bestimmter Tätigkeiten verpflichtet hat, die - zumindest teilweise - sogar nach Zeit und Umfang konkretisiert worden sind.[342]

Wesen eines Maklervertrags

Bei einem Ehemaklervertrag handelt es sich aber, wie schon die systematische Einordnung im Gesetz zeigt, um eine besondere Gestaltung des Maklervertrages. D.h. ein Ehemaklervertrag, wie ihn § 656 BGB meint, weist die typischen Merkmale des allgemeinen Maklervertrages auf: Der Auftragnehmer *verpflichtet* sich zu keiner bestimmten Tätigkeit; die Vergütung hängt allein vom Zustandekommen eines bestimmten Erfolges (hier Vermittlung eines Ehepartners) ab; es muss Kausalität zwischen Maklertätigkeit und Erfolg bestehen und Entschließungsfreiheit des Auftraggebers vorliegen. Hier handelt es sich um eine völlig andersartige Vertragsgestaltung.

Weiterhin handelt es sich bei der vorliegenden Vertragsgestaltung aber auch nicht um einen Werkvertrag, sondern um einen Dienstvertrag.

Partnerschaftsvermittlungs-Dienstvertrag

Ein Dienstvertrag liegt dann vor, weil die versprochenen Tätigkeiten hier zwar auch auf ein finales Handeln gerichtet, nämlich auf ein Leistungs- bzw. Arbeitsergebnis, doch Ergebnis und Erfolg letztlich *nicht geschuldet* sind.

---

342 Vgl. BGHZ 87, 309 - 321 = **juris**byhemmer.

Geschuldet als „Werk" ist keinesfalls eine Ehe oder wenigstens eine dahin gehende Beziehung. Dies ergibt sich insbesondere schon ganz klar aus Nr. 2 des Vertrages, nach dem die Verpflichtungen des Instituts auch im Falle eines diesbezüglichen Misserfolges nach einem Jahr erlöschen.[343]

BGH: § 656 BGB analog

Auf einen solchen Vertrag ist § 656 BGB aber analog anzuwenden. 16

Voraussetzung einer Analogie ist eine Regelungslücke und die Vergleichbarkeit der Sachverhalte. Ersteres ist mangels einer gesetzlichen Regelung des Ehemakler*dienst*vertrages zu bejahen.

Auch die Vergleichbarkeit der Interessenlage liegt vor. Sowohl hinsichtlich der sittlichen Missbilligung solcher Geschäfte durch den historischen Gesetzgeber[344], als auch hinsichtlich des Aspekts des Schutzes der Intimsphäre durch Prozessverhinderung bestehen keine Unterschiede zwischen einem reinen Maklervertrag und einem solchen Dienstvertrag.

Bezeichnung natürlich irrelevant

Dabei kann richtigerweise nicht entscheidend sein, ob der Vertrag auf die Anbahnung der Ehe oder auf bloße „Partnerschaftsvermittlung" abstellt.[345] Denn die Differenzierung zwischen diesen beiden Aspekten wird letztlich wohl ohnehin immer nur eine Frage der rein terminologischen Bezeichnung des Vertrages sein, ohne dass sich das Geringste an den Leistungen des Instituts ändert: Auf die Frage, ob die zusammengebrachten Partner nun heiraten wollen oder nicht, wird das Institut wohl den geringsten Einfluss haben! Würde man anders entscheiden, würde man gegen den - zwar möglicherweise *rechtspolitisch* überholten, aber eben immer noch geltenden - Willen des Gesetzgebers eine Möglichkeit zulassen, die Wirkung des § 656 BGB zu umgehen.

Naturalobligation

Rechtsfolge des § 656 BGB ist keinesfalls die Unwirksamkeit eines solchen Vertrages, insbesondere handelt es sich nicht um einen Sonderfall von § 138 I BGB. Stattdessen handelt es sich um einen Fall einer Naturalobligation. D.h. der Vertrag ist - inklusive aller Nebenpflichten - als wirksam anzusehen, nur der Zahlungsanspruch selbst ist nicht einklagbar.

§ 656 I 2 BGB als Einwendung auch gegenüber Bank

Das Vorliegen einer Naturalobligation im Verhältnis zur Streithelferin kann als Einwendung *auch gegenüber der Beklagten* geltend gemacht werden. Insbesondere steht dem auch § 656 I 2 BGB nicht entgegen. 17

entscheidend: Verbraucher selbst hat Vermögensopfer noch nicht erbracht

Nach dem Wortlaut, v.a. aber auch dem Sinn und Zweck des § 656 I BGB entfällt der Schutz des § 656 BGB erst dann, wenn die geschützte Person (der Verbraucher) das Vermögensopfer schon erbracht hat; bei Kreditfinanzierung aber erbringt er das Vermögensopfer noch nicht mit der Vereinbarung des Darlehens und der Zustimmung zur direkten Zahlung an das Institut, sondern erst mit der Rückzahlung der Raten an die Bank.

343 Es lässt sich kein allg. Grundsatz aufstellen, etwa dass es sich bei solchen Eheanbahnungsverträgen immer um Dienstverträge handelt, sondern es ist in jedem Einzelfall der genaue Vertragsinhalt auf die Frage hin zu untersuchen, welchem gesetzlichen Leitbild er zu unterstellen ist. Zwar könnte u.U. auch die Erstellung gewisser Leistungen, wie psychologische Gutachten oder bestimmte Partnervorschläge, als „Werk" genügen, doch ist Mindestvoraussetzung hierfür, dass ein solches Arbeitsergebnis im Vertrag überhaupt hinreichend konkretisiert ist. Denn anders könnten die Gewährleistungsvorschriften der §§ 633 ff. BGB kaum angewandt werden. Hier aber erfolgte nur eine allg. Beschreibung der geschuldeten Tätigkeiten, nicht jedoch eine genaue Festlegung des insoweit evtl. geschuldeten Erfolges. Streitig ist die Einordnung v.a., wenn Gutachten („Partnerschaftspersönlichkeitsprofil"!?) erstellt wurden.

344 Vgl. BGHZ 87, 309 - 321= **juris**byhemmer.

345 Vgl. BGH, NJW 1990, 2550 - 2553 = **juris**byhemmer; Pal./Sprau, § 656, Rn. 9.

Also muss ihm bis zu diesem Zeitpunkt auch die Verteidigungsmöglichkeit über § 656 I BGB verbleiben.

Nicht entscheidend sein kann, dass das Institut die Zahlung (durch die Bank) schon erlangt hat, denn – wie die Formulierung („berechtigen *würde*") zeigt - fingiert § 359 S. 1 BGB die Nichterbringung der Leistung gegenüber dem Vertragspartner des verbundenen Vertrags.[346]

Generell gilt, dass unter § 359 S. 1 BGB alle rechtshindernden, -vernichtenden und -hemmenden Einwendungen fallen, die dem Darlehensnehmer gegen den Verkäufer, Dienst- oder Werkunternehmer zustehen, sodass in jedem Fall auch die Einwendung gemäß § 656 I 1 BGB darunter fällt.

Daher sind die Erfolgsaussichten hier *allein* schon wegen § 656 BGB zu bejahen.[347]

Mithin kann offen bleiben, ob im konkreten Fall darüber hinaus noch ein Kündigungsrecht gemäß § 627 BGB oder § 626 BGB bestand und wirksam ausgeübt wurde und ob dies zu einem vollständigen oder nur teilweisen Entfallen des Vergütungsanspruches führen würde (vgl. § 628 I 1 und S. 2 BGB).

Aufbauhinweis

Diese Fragen wurden ins Hilfsgutachten verlagert, da sie wohl von den weitaus meisten Praktikern in einer solchen Situation offen gelassen werden würden: Die sich stellenden Fragen sind nicht einfach und gleiten teilweise (§ 626 BGB; s.u.) auch in einen Bereich ab, den niemand gern vor Gericht austrägt. Die Lösung wählt hier - wie weithin üblich - den letztlich einfachsten Weg im Urteil selbst.
Selbstverständlich ist aber auch ein anderer Aufbau vertretbar, und zwar nicht nur der genau umgekehrte (§ 656 BGB offen lassen und stattdessen die Kündigung im Urteil selbst prüfen, wenn man auch über §§ 627, 628 BGB zu einem vollständigen Obsiegen des Klägers kommt[348]), sondern auch eine Doppelbegründung, die ein solches Urteil dann „rechtsmittelfester" machen würde.

Kosten auch des Streithelfers!

III. Die **Kostenentscheidung** ergibt sich grds. aus § 91 ZPO und richtet sich bezüglich der abtrennbaren (außergerichtlichen) Kosten des Streithelfers nach § 101 I 1. Alt. ZPO. 18

Vollstreckbarkeit

IV. Die Entscheidung über die **vorläufige Vollstreckbarkeit** folgt aus § 709 S. 1 und teilweise auch S. 2 ZPO. 19

Obwohl es sich nach h.M. um ein prozessuales Gestaltungsurteil handelt und solche grds. nur bezüglich der Kosten vorläufig vollstreckbar sind, da sie sich mit Eintritt der Rechtskraft von selbst verwirklichen, muss es wegen §§ 775 Nr. 1, 776 ZPO *auch in der Hauptsache* für vorläufig vollstreckbar erklärt werden.

Aufgrund des sich hieraus für den Beklagten ergebenden Ausfallsrisikos war die Höhe der Sicherheitsleistung des Klägers auch am Wert der Hauptsache zu bemessen.[349]

---

346 Vgl. dazu etwa BGH, NJW 2003, 2821 - 2824 (2823) = **juris**byhemmer.

347 Vgl. auch Pal./Grüneberg, § 359, Rn. 3. Eine a.A. erscheint bei dieser Frage, ob § 656 BGB alleine schon die Einwendung begründen kann, bei entspr. Begründung (!) als vertretbar. In diesem Fall wäre das nun folgende Offenlassen nicht möglich, sondern es müsste dann in jedem Fall *im Urteil selbst* über die §§ 626, 627 BGB (zumindest über einen von diesen) entschieden werden. Zu diesen Fragen des Klausuraufbaus siehe auch **Assessor-Basics, Zivilurteil**, § 9 Rn. 36.

348 Die Teilvergütung aus § 628 I 1 BGB dürfte immerhin kaum höher sein als die geleistete Anzahlung.

349 Zu diesem „Klausurdauerbrenner" vgl. auch **Assessor-Basics, Zivilurteil**, § 7 Rn. 2 (m.w.N.) und - m.E. etwas undeutlich -

hemmer-Klausur-Tipp

Erwähnen Sie diese – häufige – Klausurproblematik der Sicherheitsleistung beim Gestaltungsurteil unbedingt *ausdrücklich* in Ihren Entscheidungsgründen! Ein Satz oder gar Halbsatz genügt. Andernfalls kann der Korrektor aber nicht ersehen, ob Sie sich ganz bewusst aus diesen Gründen so entschieden haben oder ob Sie nur zufällig im Ergebnis richtig liegen.
Hat ein Bearbeiter nämlich – was nicht selten ist – überhaupt keine Kenntnis von Besonderheiten bei Gestaltungsurteilen, so kommt er automatisch auf das richtige Ergebnis, ohne ein Problem bemerkt zu haben! – Einen Zweifel darüber, dass Sie nicht zur letztgenannten Gruppe gehören, sollten Sie beim Korrektor gar nicht erst aufkommen lassen.

Streitwertfestsetzung und **Rechtsbehelfsbelehrung**[350] (*erlassen*).

Dr. Kause

Richterin am Amtsgericht

Hilfsgutachten

Hilfsgutachten:

Prüfung der Kündigung

I. **Einwendung der Kündigung des Dienstvertrages:** 20

Ein Gegenrecht ergibt sich u.U. auch aus der Tatsache, dass der Kläger die Erklärung einer Kündigung vorträgt und dafür Beweis anbietet, wobei sich das **Kündigungsrecht** (zumindest) **aus § 627 BGB** ergibt.[351]

Vor. des § 627 BGB (+)

1. Es liegt kein Arbeitsverhältnis vor, und es ging auch um Dienste höherer Art i.S.d. § 627 I BGB.[352]

Das dazu notwendige persönliche – und nicht fachliche – Vertrauensverhältnis ist hier zu bejahen: Bei dieser Art von Verträgen liegt ein ganz wesentlicher Schwerpunkt der Tätigkeit des Vermittlers darin, mit dem Klienten über die Erfahrungen zu sprechen, die dieser mit einer vorgeschlagenen Person gemacht hat, um so den nächsten Vorschlag auswählen zu können.

Ist das Verhältnis zwischen den beiden gestört, wird der Klient regelmäßig nicht mehr in der Lage sein, offen mit dem Vermittler über die betreffenden Punkte zu sprechen. Fehlt es aber an dieser Mitwirkung, kann der Vermittler eine sinnvolle Auswahl nicht mehr treffen, sodass den Parteien eine weitere Zusammenarbeit nicht mehr zuzumuten ist.

Dienste „höherer Art“ wegen Berührung der Intimsphäre

Entscheidend dafür, dass Dienste „höherer Art“ vorliegen, spricht zudem, dass hierbei zwangsläufig die Intimsphäre des jeweiligen Auftraggebers tangiert wird und dass die Tätigkeit des mit der Partnersuche Beauftragten Menschenkenntnis und Einfühlungsvermögen erfordert.

2. Weiterhin ist die Beziehung zwischen dem Institut und dem Kläger aber auch nicht als dauerndes Dienstverhältnis mit festen Bezügen i.d.S. anzusehen.

Th/P, § 767, Rn. 30. § 709 S.2 ZPO ist in der Hauptsache nicht anwendbar, wohl aber bezüglich der Kosten als Geldforderung (dazu siehe bereits oben).

350 Vgl. hierzu den seit 2014 gültigen § 232 ZPO.

351 Bei § 627 handelt es sich um einen Fall der außerordentlichen Kündigung, nur eben mit der Maßgabe, dass auf das Erfordernis des wichtigen Grundes gemäß § 626 BGB verzichtet wird (Pal./Weidenkaff, § 627, Rn. 6). Eine außerordentliche Kündigung ist - im Gegensatz zur ordentlichen - regelmäßig gerade auch bei befristeten Vertragsverhältnissen möglich.

352 Vgl. Pal./Weidenkaff, § 627, Rn. 2; BGHZ 106, 341 - 347 = **juris**byhemmer.

Hierzu müsste es sich um Beträge handeln, die zumindest zu einem nicht unerheblichen Teil die Grundlage der wirtschaftlichen Existenz des Dienstverpflichteten sein können. Hieran fehlt es aber, wenn ein Dienstleistungsunternehmen - wie hier - seine Dienste einer großen und unbestimmten Zahl von Interessenten anbietet.[353]

nicht wirksam abbedungen

3. Dieses Kündigungsrecht aus § 627 BGB wurde auch **nicht** durch Ziffer 9 des Vertrages wirksam **abbedungen**. 21

Zwar ist § 627 BGB grds. abdingbar, weil bei groben Interessenverletzungen darüber hinaus ja immer noch das davon unabhängige und unabdingbare Kündigungsrecht gemäß § 626 BGB besteht.

Für die besondere Konstellation der Eheanbahnungs- und Partnerschaftsvermittlungsverträge wird aber vertreten, dass hier wegen Verstoßes gegen die guten Sitten eine Unwirksamkeit des Kündigungsausschlusses gemäß § 138 I BGB vorliege.[354]

Arg.: Preisgabe von Intimsphäre

Hierfür wird v.a. geltend gemacht, dass der dann notwendige substantiierte Vortrag eines wichtigen Grundes gemäß § 626 BGB zur Folge hätte, dass der Kunde vor Gericht zur Aufdeckung und Erörterung von Daten aus seiner Intimsphäre gezwungen wäre und daher der Rechtsschutz des Kunden u.U. entscheidend beeinträchtigt sei. Viel spricht dafür, einen solchen mittelbaren Zwang zur Offenlegung der Intimsphäre tatsächlich als sittenwidrig i.d.S. einzustufen.

Letztlich kommt es vorliegend aber darauf gar nicht an, da hier AGB i.S.d. § 305 I 1 BGB vorliegen, und ein Aushandeln i.S.d. § 305 I 3 BGB - im Unterschied zum bloßen *Verhandeln* - auch nach dem Vortrag der *dafür* darlegungspflichtigen Beklagtenseite nicht gegeben ist. Dieser hat vielmehr nur - völlig unsubstanziiert - ein bloßes „Verhandeln“ vorgetragen.

Nötig für ein „Aushandeln“ i.d.S. ist, dass der Verwender die betreffende Klausel inhaltlich ernsthaft zur Disposition stellt und dem Verhandlungspartner Gestaltungsfreiheit zur Wahrung eigener Interessen einräumt mit der *realen Möglichkeit*, die inhaltliche Ausgestaltung der Vertragsbedingungen zu beeinflussen. Das setzt voraus, dass sich der Verwender deutlich und ernsthaft zu gewünschten Änderungen der zu treffenden Vereinbarung *bereit erklärt*. Zumindest bei umfangreichen Klauseln muss sogar hinzukommen, dass der Verwender die andere Partei über den Inhalt und die Tragweite der Klausel(n) belehrt hat oder sonst wie erkennbar geworden ist, dass der andere Vertragspartner deren Sinn wirklich erfasst hat.[355]

Daher ist vorliegend § 307 I, II BGB zu prüfen, also die Frage, ob dieser Ausschluss eine gegen Treu und Glauben verstoßende Benachteiligung des anderen Teils darstellt. Da die Anforderungen hieran geringer sind als diejenigen an eine Sittenwidrigkeit, lässt sich dies mit den zu § 138 BGB aufgeführten Argumenten bejahen.[356]

---

353 Maßgeblich ist der mit dem Merkmal „dauerndes Dienstverhältnis“ verfolgte Zweck. Bei ganz auf persönliches Vertrauen gestellten und zudem lockeren, nicht auf eine ständige Tätigkeit gerichteten Dienstverhältnissen soll gemäß § 627 I BGB die Freiheit der persönlichen Entschließung eines jeden Teils im weitesten Ausmaß gewahrt werden (BGH, NJW 1999, 276 - 278 = **juris**byhemmer). Anders ist es dagegen, wenn der Dienstverpflichtete – anders als im vorliegenden Fall – auf längere Sicht eine *ständige* Tätigkeit zu entfalten hat und dafür eine auf Dauer vereinbarte bestimmte Entlohnung erhält. In diesen Fällen ist es gerechtfertigt, dem Vertrauen des Dienstverpflichteten auf seine Existenzsicherung Vorrang vor dem Schutz der Entschließungsfreiheit des Dienstberechtigten einzuräumen (vgl. etwa BAG, NZA 2006, 1094 - 1096 (1095) = **juris**byhemmer).

354 Vgl. OLG Düsseldorf, NJW-RR 1987, 691 - 693 (693); Peters, Aktuelle Fragen des Rechts der Partnervermittlung, NJW 1989, 2793 - 2796; a.A. BGH, NJW 2005, 2543 = **juris**byhemmer.

355 Vgl. BGH, NJW 2005, 2543 (2544) = **juris**byhemmer; BAG, NZA 2006, 40 - 47 (44) = **juris**byhemmer; Pal./Grüneberg, § 305, Rn. 21 ff. und § 310, Rn. 17 (letzteres zum vergleichbaren Problem des § 310 III Nr. 2 BGB).

356 BGHZ 106, 341 - 347 = **juris**byhemmer; Pal./Weidenkaff, § 627, Rn. 5.

Nach h.M. und gefestigter Rechtsprechung kann das Kündigungsrecht des § 627 I BGB in Allgemeinen Geschäftsbedingungen grundsätzlich nicht ausgeschlossen werden. Nach der Rechtsprechung ist nur offen gelassen worden, ob und inwieweit davon überhaupt Ausnahmen zugelassen werden können.[357] Zumindest bei Eheanbahnungs- und Partnerschaftsvermittlungsverträgen kommt eine solche Ausnahme richtigerweise nicht in Betracht.

Rechtsfolge: § 628 BGB

4. Daher ist schon aus diesem Grund die **Rechtsfolge des § 628 BGB** eingetreten. 22

Da ein möglicher teilweiser Vergütungsanspruch gemäß § 628 I 1 BGB seitens des Beklagten bislang nicht hinreichend substantiiert ist und zudem wohl auch kaum den geleisteten Vorschuss übersteigen wird, wäre die Klage auch aus diesem Aspekt wohl vollständig erfolgreich.

Kündigung gemäß § 626 BGB

II. **Kündigung gemäß § 626 BGB** 23

Etwas skeptischer zu beurteilen (letztlich aber weitgehend irrelevant), wäre die Annahme eines wichtigen Grundes i.S.d. § 626 I BGB für diesen Fall der Abweichung der gemachten Partnervorschläge von den bezeichneten Bedürfnissen.

Zwar kann nicht jede Abweichung der Vorschläge von den Kundenvorstellungen einen Grund i.S.d. § 626 BGB darstellen, doch ist Unzumutbarkeit jedenfalls bei extremen oder mehrmaligen Abweichungen anzunehmen.[358]

§ 626 BGB ist zwingendes Recht, also nicht abdingbar, sodass Nr. 9 des Vertrages auch insoweit leer läuft. Die Kündigung vom 24. Januar 2018 war auch rechtzeitig i.S.d. § 626 II BGB, weil die Kenntnis von der Schlechtleistung des Instituts erst für den 20. Januar 2018 anzusetzen ist.

Da dann eine Kündigung vorläge, deren Grund das verpflichtete Institut nach den Umständen zu vertreten hat (§§ 276, 278 BGB), wäre § 628 I 3, 1. Alt. BGB einschlägig, sodass hier jeglicher Vergütungsanspruch ausscheiden dürfte. Für den vorliegenden Rechtsstreit ist dies aber schon wegen der geleisteten Anzahlung unerheblich; hierauf käme es erst in einem Rückforderungsprozess des Klägers gegen die Streithelferin an.

Hinweis: Anspruchsgrundlage für die Rückforderung wäre § 628 I 3 i.V.m. § 346 BGB. Dieser Forderung stünde auch § 656 I 2 BGB nicht entgegen. Diese Vorschrift schließt nicht ausnahmslos jeden Rückforderungsanspruch aus, der sich aus einem dieser Norm unterfallenden Vertrag ergibt. Stattdessen erfasst § 656 I 2 BGB nur solche Rückforderungsansprüche, die gerade darauf gestützt werden, dass *wegen § 656 I 1 BGB* keine Verbindlichkeit vorliege. § 656 I 2 BGB erfasst nach seinem Wortlaut und nach seinem Zweck nicht solche Rückforderungsbegehren, die sich darauf gründen, dass infolge besonderer Nichtigkeitsgründe noch nicht einmal eine unvollkommene Verbindlichkeit bestand, oder darauf, dass der ursprünglich bestehende Rechtsgrund nachträglich weggefallen ist.[359]

357 Vgl. BGH NJW 2010, 1520 - 1522 (1522 m.w.N.) = **juris**byhemmer.

358 Vgl. OLG Düsseldorf, NJW-RR 1987, 691 - 693 (692) = **juris**byhemmer.

359 Vgl. BGHZ 87, 309 - 321 = **juris**byhemmer; BGH, NJW 1989, 1479 - 1480 = **juris**byhemmer.

Fall 8

Martina Huttig
Rechtsanwältin
Bismarckstraße 65
56068 Koblenz

Koblenz, 2. Dezember 2018

An das
Amtsgericht Koblenz
56068 Koblenz

Amtsgericht Koblenz
Eingang: 2. Dezember 2018

In Sachen

Peter Eichler, Bismarckstraße 13, 56068 Koblenz

- Kläger -

gegen

Oswald Schwarzer, Clemensstraße 45, 56068 Koblenz

- Beklagter -

zeige ich an, dass der Kläger im streitigen Verfahren durch mich vertreten wird. Innerhalb der gesetzten Frist begründe ich hiermit den im Mahnverfahren gestellten Anspruch und ergänze diesen um neue Anträge. Ich beantrage nun:

1. Der Einspruch des Beklagten gegen den Vollstreckungsbescheid des Amtsgerichts Mayen vom 15. Oktober 2018 (Gz. 23 B 3764/18) wird als unzulässig verworfen.

   Hilfsweise: Dieser Vollstreckungsbescheid, in dem der Beklagte verurteilt wurde, an den Kläger 600 € nebst Zinsen i.H.v. fünf Prozentpunkten über dem Basiszinssatz hieraus seit 6. September 2018 zu bezahlen, wird bestätigt.

2. Der Beklagte wird außerdem noch verurteilt, an den Kläger 3.100 € nebst Zinsen i.H.v. fünf Prozentpunkten über dem Basiszinssatz hieraus seit Rechtshängigkeit zu bezahlen.

3. Der Beklagte hat die Kosten des Rechtstreits und zusätzlich diejenigen des Mahnverfahrens zu tragen.

Begründung:

Bei der vorliegenden Klage geht es um zwei Streitgegenstände.

Am 10. Juni 2018 hat der Kläger den Beklagten beauftragt, Fliesenlege- und Kachelarbeiten in einem als zweites Bad dienenden Kellerraum seines Hauses vorzunehmen.

Beweis: Vertragsurkunde vom 10. Juni 2018 (in Anlage).

Der Beklagte führte die Tätigkeiten in der Woche vor dem 26. Juni 2018 aus und glänzte dabei nicht mit Genauigkeit. Dennoch erhielt er vom Kläger nach Rechnungsstellung am 2. Juli 2018 per Überweisung das vereinbarte Honorar von 2.900 €, nachdem der Kläger die Arbeiten am 26. Juni 2018 zunächst akzeptiert hatte, da die nun streitgegenständlichen Mängel zu diesem Zeitpunkt nicht erkennbar waren.

Die im Mahnverfahren geltend gemachte Forderung auf Zahlung von 600 € stützt sich auf folgende Umstände: Bei der Abnahme der Arbeiten aus dem Vertrag vom 10. Juni 2018 über die Badsanierung diskutierten die Parteien die vom Kläger ins Spiel gebrachte Notwendigkeit der Neuverlegung der Fliesen an der Nordwand des Hauses des Klägers. Der Beklagte erklärte, er habe ernsthafte Terminprobleme und müsse erst mal sehen, ob er einen solchen Auftrag derzeit annehmen könne.

Um der Entschlussfreudigkeit etwas nachzuhelfen, überwies ihm der Kläger dann am 2. Juli 2018 zusammen mit dem Entgelt für den abgeschlossenen Vertrag weitere 600 €, die er bei der Angabe zum Überweisungszweck ausdrücklich als „Vorschusszahlung wegen künftigem Vertrag über Außenwandsanierung" bezeichnete.

Beweis: Kontoauszug (in Anlage).

Er verband damit also erkennbar die Erwartung, dass die Parteien sich in absehbarer Zeit über die Details einigen würden. Der Beklagte hat in der Folgezeit aber in keiner Weise auf diese Vorschusszahlung reagiert. Daraufhin verlor auch der Kläger verständlicherweise das Interesse an der Durchführung dieser Arbeiten und hat diesen Betrag im Mahnbescheid und Vollstreckungsbescheid zurückgefordert.

Der Hauptantrag, den Einspruch des Beklagten gegen den Vollstreckungsbescheid vom 15. Oktober 2018 als unzulässig verwerfen, ergibt sich daraus, dass der Beklagte seinen Einspruch gegen den klaren Gesetzeswortlaut des § 340 ZPO nicht einmal ansatzweise begründet hat.

Die neue, im Mahnverfahren noch nicht geltend gemachte Forderung in Ziffer 2 der Anträge stützt sich auf Gewährleistungsansprüche wegen der Schlechtausführung von baulichen Arbeiten aus dem Vertrag vom 10. Juni 2018 durch den Beklagten. Im Detail ergibt sich die neue Forderung aus Folgendem:

Es zeigten sich einige Zeit später folgende Mängel, die wir auch gutachtlich haben feststellen lassen: Durch zu ungenaues Verstreichen der Haftungsmasse auf der Rückseite der Fliesen und ungeeigneten Fliesenkleber haben diese sich im Laufe der Zeit teilweise gelockert. Am Boden fingen viele davon das Klappern an, einige zerbrachen dann beim Drauftreten. An den Wänden zeigten sich Risse in den Zwischenräumen, die dazu führten, dass sich Wasser sammelte und die Wand vom Pilz befallen zu werden drohte.

Beweis: privates Sachverständigengutachten des Ingenieurbüros „Heinrich & Hillerstädt" (in Anlage), sowie Zeugnis des Norbert Nagel, Angestellter der Firma „Biegner und Weicholz", Bismarckstraße 29b, 56068 Koblenz.

Kurz nachdem erste kleine, aber zunächst völlig ungefährlich erscheinende Schäden am 11. September 2018 bemerkt worden waren, erlitt Frau Elvira Eichler, die Ehefrau des Klägers, bei einem Sturz am 13. September 2018 weitere Schädigungen: Es hatte sich völlig unbemerkt eine Platte am Fußboden gelöst, war beim Drauftreten durch die Belastung zerbrochen, und Frau Eichler war dann auf dem ausgebrochenen Teil ausgerutscht. Dabei wurde ein ihr gehörendes Trimmgerät, ein „Ergo-Bike" im Wert von 800 €, das sie ins Bad schieben wollte und dabei wegen des Ausrutschers von Frau Eichler umkippte, beschädigt.

Beweis: Zeugnis der Elvira Eichler, Ehefrau des Klägers, zu laden über dessen Adresse.

Die Reparaturkosten betrugen 250 €.

Beweis: Rechnung der Fa. „Bike world Dennert" (in Anlage).

Außerdem verdrehte sich die Ehefrau des Klägers dabei das Knie, was eine Bänderdehnung zur Folge hatte, so dass sie an den folgenden Tagen drei Tennisstunden mit Trainer nicht wahrnehmen konnte. Diese Stunden waren bereits eine Woche zuvor zum Gesamtpreis von 100 € gebucht und bezahlt worden.

Beweis: Zeugnis von Tennistrainer Tommy Thorn, 56072 Koblenz, Teichstraße 14.

Die Ehefrau des Klägers hatte aber nichts von dieser „Investition", da sie keine Chance mehr hatte, die Stunden zu verlegen, weil zur geplanten Zeit (14. September 2018, 15. September 2018 und 17. September 2018, jeweils vormittags von 10.45 bis 11.30 Uhr) so kurzfristig keine Ersatzbelegung mehr möglich war. Daher hatte sie zunächst versucht, das Training aufzunehmen, dies aber sofort wieder wegen zu großer Schmerzen abbrechen müssen.

Beweis: Zeugnis von Tennistrainer Tommy Thorn.

Durch diese Knieverletzung wurde zusätzlich auch noch der einwöchige Urlaub der Ehefrau des Klägers stark beeinträchtigt, den diese bereits zwei Monate früher für die Zeit ab 18. September 2018 bei ihrem Arbeitgeber beantragt und bewilligt bekommen hatte. Sie wollte in diesen Tagen zusammen mit einigen Freunden zum Bergwandern in die Alpen fahren, musste dies aufgrund ihres lädierten Knies aber absagen.

Beweis: Zeugnis der Elvira Eichler.

Ein Versuch, den Arbeitgeber zur Verlegung des Urlaubs zu überreden, schlug fehl, weil dieser meinte, er könne nicht wieder die ganze Jahreseinteilung umwerfen. Gleichzeitig machte der Arbeitgeber der Ehefrau des Klägers klar, dass er ihr den Urlaub auch im Übrigen nicht nachgewähren würde, da er sie nicht für arbeitsunfähig krank halte. Da sie ihrer üblichen Tätigkeit – sie arbeitet in der Personalabteilung ausschließlich sitzend am Bildschirm – in der Tat wohl hätte nachgehen können, ließ die Ehefrau des Klägers sich dann tatsächlich nicht krankschreiben. Frau Eichler verdient bei einer Tagesarbeitszeit von fünf Stunden täglich 50 € netto, die für fünf Tage anzusetzen sind.

Beweis für alles: Zeugnis der Elvira Eichler.

Bezüglich der Nachbesserungskosten ist Folgendes anzuführen:

Der Kläger setzte dem Beklagten am Tag nach dem Vorfall, also am 14. September 2018, eine Frist bis zum 30. September 2018, um die Mängel zu beseitigen, andernfalls werde er im Wege der Ersatzvornahme ein Konkurrenzunternehmen beauftragen. Dem Beklagten wurde freigestellt, in welcher Form er die Mängel beseitigen wolle, Hauptsache es würde fachgerecht durchgeführt werden.

Beweis: Schreiben vom 14. September 2018 (Kopie und Rückschein des Einschreibens als Anlage)

Außerdem wurde das genannte Sachverständigengutachten eingeholt. Am 22. Oktober 2018 beauftragte der Kläger eine Fachwerkstatt mit der Nachbesserung, da der Beklagte nicht reagiert hatte. Die Mängel wurden durch das Baugeschäft „Biegner und Weicholz“ behoben, was dem Kläger unter Zugrundelegung u.a. eines Stundensatzes von 37 € zuzüglich Umsatzsteuer Kosten von insgesamt 2.500 € verursachte.

Beweis: Kostenrechnung (in Anlage).

Die Ehefrau des Klägers hat ihre Schadensersatzansprüche aus dem Vorfall vollumfänglich an ihren Ehemann abgetreten. Dieser hat die Abtretung angenommen.

Die geltend gemachten Positionen setzen sich daher wie folgt zusammen:

- Nachbesserung durch Baugeschäft „Biegner und Weicholz“: 2.500 €.
- Reparatur des „Ergo-Bike“: 250 €.
- Drei ausgefallene Tennisstunden: 100 €.
- Ersatz für fünf nutzlose Urlaubstage: 250 €.

Gesamtsumme insoweit daher 3.100 €.

Martina Huttig
Rechtsanwältin

Diese Anspruchsbegründung vom 2. Dezember 2018 wurde am 5. Dezember 2018 mit Fristsetzung gemäß § 276 I 2 ZPO zugestellt.

Nach den Akten waren folgende Vorgänge diesem Schriftsatz vorausgegangen:

Antragsteller Peter Eichler hatte durch Schreiben vom 1. September 2018 (ein ausgefüllter amtlicher Vordruck), eingegangen am 3. September 2018, beim Amtsgerichts Mayen – zentrales Mahngericht – einen Mahnbescheid auf Zahlung von 600 € (zuzüglich Zinsen und Kosten des Mahnverfahrens) beantragt. Der Mahnantrag enthielt die Angabe „Rückforderung des am 2. Juli 2018 gezahlten Vorschusses.“ Der Mahnbescheid war am 5. September 2018 erlassen und am 6. September 2018 zugestellt worden.

Durch Antragsschreiben vom 11. Oktober 2018, eingegangen am 12. Oktober 2018, hatte Peter Eichler Vollstreckungsbescheid beantragt. Der Vollstreckungsbescheid des Amtsgerichts Mayen erging am 15. Oktober 2018.

Hinsichtlich der Zustellung des Vollstreckungsbescheids ergibt die Aktenlage: Da am 16. Oktober 2018 in der Wohnung des Oswald Schwarzer niemand angetroffen wurde, war der Vollstreckungsbescheid in den Briefkasten geworfen worden.

Das Einspruchsschreiben des Antragsgegners bzw. Beklagten hat folgenden Wortlaut:

Oswald Schwarzer
Clemensstraße 45
56068 Koblenz

Koblenz, 28. Oktober 2018

An das
Amtsgericht Mayen
- Mahngericht –

Amtsgericht Mayen
Eingang: 29. Oktober 2018

56727 Mayen

In der Mahnsache Eichler gegen mich

Gz.: 23 B 3764/18

lege ich hiermit Einspruch ein gegen den Vollstreckungsbescheid des Amtsgerichts Mayen vom 15. Oktober 2018 (Gz.: 23 B 3764/18).

Ich gehe davon aus, dass dieser rechtzeitig ist und möchte in diesem Zusammenhang darauf hinweisen, dass ich den offenbar am 16. Oktober 2018 in meinen Briefkasten eingeworfenen Vollstreckungsbescheid erst am 21. Oktober 2018 erhalten habe, als ich von einem Kurzurlaub zurückkehrte.

Mit freundlichen Grüßen
Oswald Schwarzer

Nach Eingang des Einspruchs gab das Amtsgericht Mayen – Mahnabteilung – das Verfahren an das vom Antragsteller im Mahnantrag als Streitgericht bezeichnete Amtsgericht Koblenz ab. Die zuständige Richterin am Amtsgericht Koblenz forderte den Kläger durch Verfügung vom 21. November 2018 auf, seine Ansprüche binnen einer Frist von zwei Wochen zu begründen (§ 700 III 2 i.V.m. § 697 I ZPO).

Karl Mayerling
Rechtsanwalt
56068 Koblenz
Clemensstraße 14

Koblenz, 15. Dezember 2018

An das
Amtsgericht Koblenz
56068 Koblenz

Amtsgericht Koblenz
Eingang: 15. Dezember 2018

In dem Rechtsstreit

Eichler gegen Schwarzer

Az.: 4 C 789/18

zeige ich an, dass ich den Beklagten, Herrn Oswald Schwarzer, Clemensstraße 45, 56068 Koblenz, vertrete.

Ich beantrage Klageabweisung und möchte dies wie folgt begründen.

Wir bestreiten hiermit die Mangelhaftigkeit der geleisteten Dienste. Die aufgetretenen Probleme lagen alleine an der zu hohen Feuchtigkeit im Keller des Klägers. Das vom Kläger vorgelegte Gutachten ist inhaltlich falsch und überdies unverwertbar, da es ohne Beteiligung des Gerichts und des Beklagten eingeholt wurde.

Insoweit ist auch darauf hinzuweisen, dass der Kläger nach Fertigstellung der Arbeiten am 26. Juni 2018 ein Schriftstück unterzeichnete, in dem er erklärte, diese „als ordnungsgemäß zu akzeptieren".

Die Nachbesserungskosten sind auch völlig überzogen. Das Baugeschäft „Biegner und Weicholz" verlangt einen höheren Stundenlohn, als es der Beklagte in dem Vertrag vom 10. Juni 2018 getan hatte. Solche Mehraufwendungen sind dem Beklagten keinesfalls zumutbar. Außerdem ist davon auszugehen, dass die Kosten der Firma „Biegner und Weicholz" auch im Vergleich mit anderen Unternehmen überteuert sind, insbesondere weil ganz gewiss zu langsam gearbeitet wurde.

Die Schadensersatzansprüche müssen schon deswegen entfallen, weil kein Verschulden des Beklagten vorliegt und weil in der Fristsetzung des Klägers auch nur von der Nachbesserung und einer etwaigen Ersatzvornahme die Rede war, von etwaigen Schadensersatzansprüchen aber nichts erwähnt worden ist.

Für Probleme der Frau des Klägers mit ihren Tennisstunden ist mein Mandant ohnehin nicht zuständig. Dass der Beklagte nicht die Tennisstunden fremder Leute zu finanzieren hat, letztlich also das Privatvergnügen, ist so evident, dass dies wohl keiner weiteren Ausführungen bedarf.

Die für die – laut Klägerseite angeblich sinnentwerteten – Urlaubstage verlangten 250 € sind schon deswegen nicht zuzusprechen, weil dem Kläger hier die Möglichkeit des Vorgehens nach § 9 BUrlG offen steht. Außerdem ist Urlaub keinesfalls ersatzfähig, zumal der Kläger hiermit erkennbar keinen Schmerzensgeldanspruch geltend macht.

Auch für die Reparatur des Trimmgerätes ist der Beklagte nicht zuständig. Insoweit ist auch eindeutig von Mitverschulden der Ehefrau des Klägers auszugehen. Mit dieser hat der Beklagte im Übrigen auch gar keinen Vertrag geschlossen.

Vor allem aber ist der Vertrag schon als unwirksam anzusehen. Der Beklagte hatte bereits bei Vertragsschluss die Absicht, für den konkreten Vertrag keine Steuern und Abgaben zu bezahlen. Er hat inzwischen auch ernsthafte Probleme mit der Gewerbeaufsicht und der Steuerfahndung bekommen. Da er mittlerweile wegen Schwarzarbeit erhebliche Beträge an Bußgeld abführen musste, gerade auch wegen dieses Vertrages, ist der Vertrag zwangsläufig nichtig. Die Absichten des Beklagten müssen dem Kläger aufgrund des günstigen Preises auch völlig klar gewesen sein.

Aus dem Bereicherungsrecht oder Deliktsrecht kann ich aber beim besten Willen keinen Anspruch auf derartige Gewährleistung entnehmen, wie sie gefordert ist. Insbesondere wird hiermit kategorisch bestritten, dass ein Verschulden des Beklagten vorliegt.

Auch die Klage auf Rückforderung des Vorschusses ist abzuweisen: Zum einen hat der Kläger im Moment der Überweisung gewusst, dass noch keine Verbindlichkeit bestand, hat insoweit also auf eigenes Risiko gehandelt (vgl. §§ 242, 814 BGB).

Zum anderen ist der Beklagte um den erhaltenen Betrag entreichert. Am 12. September 2018, also nach Erhalt der streitgegenständlichen Überweisung vom Kläger, wurde dem Beklagten die Geldbörse mit einem Inhalt von 800 € gestohlen.

> **Beweis:** Zeugnis der Jenny Fuß, Adresse wie der Beklagte; Ermittlungsakten der Staatsanwaltschaft Koblenz (Az.: 105 Js 455/18; im Bestreitensfalle beiziehen).

Daher wären etwaige Ansprüche aus Bereicherungsrecht zumindest wegen der Einrede der Entreicherung entfallen.

Mayerling
Rechtsanwalt

Martina Huttig
Rechtsanwältin
Bismarckstraße 65
56068 Koblenz

Koblenz, 23. Dezember 2018

An das
Amtsgericht Koblenz
56068 Koblenz

Amtsgericht Koblenz
Eingang: 23. Dezember 2018

In dem Rechtsstreit

Eichler gegen Schwarzer

Az.: 4 C 789/18

sehe ich mich infolge der Klageerwiderung veranlasst, nochmals zum Verfahren Stellung zu nehmen.

Klarzustellen ist, dass der Kläger nichts von den Schwarzgeschäften des Beklagten wusste. Auf den Beklagten war der Kläger durch einen in seinen Briefkasten eingeworfenen Werbeflyer gekommen, in dem für „preisgünstige Fliesenlegearbeiten durch einen Fachmann" geworden wurde.

Der Kläger und seine Ehefrau, die bei Vertragsschluss mit anwesend war, aber nicht selbst Vertragspartnerin wurde, sind daher selbstverständlich davon ausgegangen, dass es sich bei dem Beklagten um einen ordnungsgemäßen Handwerker handelt.

Sie hatten auch keinen Anlass an der Korrektheit der Absichten des Beklagten zu zweifeln. Da zwischen den Parteien immerhin 40 € die Stunde als Bezahlung vereinbart wurden, ist auch der Preis dafür kein Argument, denn für Schwarzarbeiter wird – wie gerichtsbekannt sein wird – üblicherweise deutlich weniger bezahlt. Der Kläger hielt den Beklagten nur einfach für etwas günstiger als die örtlichen Fliesenlegerbetriebe, die – wie wir inzwischen ermittelt haben – pro Stunde zwischen 36 € und 43 € zuzüglich Umsatzsteuer verlangen. Nach der mündlichen Vereinbarung sollte ausdrücklich in den 40 € auch die Umsatzsteuer schon enthalten sein, was den Preis – im Nachhinein betrachtet – zwar in der Tat als recht günstig darstellte, aber immerhin für sich beim Kläger den Eindruck erwecken musste, dass beim Beklagten alles mit rechten Dingen zugehe.

Die Fehlerhaftigkeit der Arbeit ergibt sich aus dem vorgelegten Gutachten. Der Beklagte hat extrem nachlässig gearbeitet, so dass seine Fahrlässigkeit auf der Hand liegt.

Die Nachbesserungskosten sind ebenfalls voll begründet (Ersatzvornahme), da - vom Beklagten selbst abgesehen - kein anderes Unternehmen in der Umgebung ersichtlich ist, das die Nachbesserung billiger hätte vornehmen können. Der Stundenlohn der Firma „Biegner und Weicholz" ist absolut angemessen. Die gegenteilige Behauptung des Beklagten wird hiermit bestritten. Der Mitarbeiter der Firma „Biegner und Weicholz" hat zügig gearbeitet. Ein anderes Unternehmen hätte den Mangel nicht schneller beheben können. Alle durchgeführten Maßnahmen waren absolut notwendig und unverzichtbar.

Was die Rückforderung der Anzahlung in Höhe von 600 € angeht, so gibt es keinen Grund, von der Forderung abzurücken. Der Diebstahl der Geldbörse wird hiermit bestritten.

Überdies ist es alleine das Problem des Beklagten, wenn ihm Geld gestohlen wird. Dies kann in keinem Fall auf den Kläger abgewälzt werden.

Martina Huttig
Rechtsanwältin

Amtsgericht Koblenz
Az: 4 C 789/18

Beweisbeschluss

In dem Rechtsstreit

Eichler gegen Schwarzer

Es soll Beweis erhoben werden, über die Behauptung des Klägers,

> dass im Badezimmer des Klägers sich Fliesen gelockert hatten und sich an den Wänden Risse in den Zwischenräumen zeigten, die dazu führten, dass sich Wasser sammelte und
>
> dass dies durch zu ungenaues Verstreichen der Haftungsmasse auf der Rückseite der Fliesen und ungeeigneten Fliesenkleber bzw. zu große Abstände zwischen den einzelnen Fliesen herbeigeführt worden war,

durch Vernehmung des Zeugen Norbert Nagel, Bismarckstraße 29b, 56068 Koblenz.

Koblenz, den 7. Januar 2019
Dr. Fröhlich
Richterin am Amtsgericht

Öffentliche Sitzung des Zivilrichters am Amtsgericht Koblenz

Koblenz, den 11. März 2019

Az.: 4 C 789/18

<u>Gegenwärtig:</u> Richterin am Amtsgericht Dr. Fröhlich

Ein Urkundsbeamter der Geschäftsstelle wurde nicht hinzugezogen, vorläufig aufgezeichnet auf Tonträger gemäß §§ 159, 160a ZPO.

In dem Rechtsstreit

Eichler gegen Schwarzer

erschienen bei Aufruf zur Güteverhandlung

Rechtsanwältin Huttig für die Klägerseite,

Rechtsanwalt Mayerling für die Beklagtenseite.

Die Vorsitzende weist darauf hin, dass der Termin zunächst als Gütetermin gemäß §§ 278, 279 ZPO behandelt wird.

Die Sach- und Rechtslage wird mit den Parteien erörtert. Eine gütliche Einigung wird nicht erzielt.

Daraufhin wird der Termin gemäß § 279 I ZPO als Haupttermin fortgesetzt.

Nach Aufruf derselben Sache zu dem sich anschließenden Termin zur mündlichen Verhandlung erschien neben den oben Genannten der vorbereitend geladene Zeuge Norbert Nagel.

Der Zeuge wird zur Wahrheit ermahnt, auf die Möglichkeit der Beeidigung sowie auf die Strafbarkeit einer falschen eidlichen oder uneidlichen Aussage hingewiesen. Der Zeuge verlässt den Sitzungssaal.

Die Klägervertreterin stellt die Anträge aus dem Schriftsatz vom 2. Dezember 2018.

Der Beklagtenvertreter beantragt, die Klage abzuweisen und den Vollstreckungsbescheid aufzuheben.

Das vom Kläger mit der Klageschrift vorgelegte Sachverständigengutachten des Ingenieurbüros „Heinrich & Hillerstädt" wird zwischen den Parteien diskutiert.

Die Klägervertreterin weist darauf hin, dass die Auswahl des Materials bei diesem Vertrag dem Beklagten oblegen hatte.

Es erscheint der Zeuge Nagel.

Zur Person: „Ich heiße Norbert Nagel, 48 Jahre alt, angestellter Fliesenleger der Firma „Biegner & Weichholz", wohnhaft in Koblenz, mit den Parteien weder verwandt noch verschwägert."

Zur Sache: „Ich habe für meine Arbeitgeberfirma die Schäden im Haus des Herrn Eichler behoben und habe mir den Schaden vor der Durchführung genauer angesehen. Ich kann mich ziemlich genau erinnern, was da los war, denn so viel Pfusch am Bau sieht man selten. Ich kann das gut beurteilen, denn ich arbeite seit 30 Jahren als Fliesenlegermeister. Schon die Abstände zwischen den Fliesen, sowohl am Boden, als auch an der Wand, waren zu groß. Es war von vornherein nur eine Frage der Zeit, bis sich deswegen Feuchtigkeit sammelte und das Material porös machte. Außerdem war der Fliesenkleber ungeeignet und viel zu ungenau auf der Rückseite der Fliesen verstrichen worden. Das ist alles in dem Gutachten des Ingenieurbüros „Heinrich & Hillerstädt", das sie mir vorgelegt haben, sehr präzise erläutert. Dieses Gutachten entspricht genau meinen eigenen Beobachtungen."

Die Aussage wird vorgelesen und genehmigt. Auf Vereidigung wird verzichtet. Der Zeuge wird entlassen.

Daraufhin ergeht **Beschluss:**

Termin zur Verkündung einer Entscheidung wird bestimmt auf .... 9.00 Uhr, Sitzungssaal 233.

Für die Richtigkeit der Übertragung vom Tonträger

Dr. Fröhlich
Richterin am Amtsgericht

Selb
Justizsekretär als U.d.G.

Das mit der Klageschrift vorgelegte Gutachten des Ingenieurbüros „Heinrich & Hillerstädt" kommt zu dem Ergebnis, dass die beurteilten Schäden auf mangelhafte Arbeit beim Verlegen zurückzuführen sind. Es seien falsche Kleber verwendet worden, die zudem unsachgemäß verstrichen worden seien. Auch die Abstände zwischen den einzelnen Fliesen seien zu groß gewesen.

Der Gutachter legt dies alles unter Angabe von Details und Messergebnissen dar und dokumentiert seine Feststellungen durch einige Fotos. Unstimmigkeiten in seinen Angaben sind zumindest für einen technischen Laien nicht erkennbar.

Vermerk für den Bearbeiter:

Die Entscheidung des Gerichts ist zu fertigen. Die Fertigung einer Rechtsbehelfsbelehrung sowie einer Streitwertfestsetzung sind erlassen.

Ladungen, Zustellungen, Vollmachten und sonstige Formalien sind in Ordnung, soweit sich nicht aus dem Sachverhalt ausdrücklich das Gegenteil ergibt. Alle gesetzlich vorgeschriebenen richterlichen Hinweise wurden erteilt. Wenn das Ergebnis der mündlichen Verhandlung nach Ansicht des Bearbeiters für die Entscheidung nicht ausreicht, ist zu unterstellen, dass trotz Wahrnehmung der richterlichen Aufklärungspflicht keine weitere Aufklärung zu erzielen war. Soweit die Entscheidung keiner Begründung bedarf oder in den Gründen ein Eingehen auf alle angesprochenen Rechtsfragen nicht erforderlich erscheint, sind diese in einem Hilfsgutachten zu erörtern.

Die VOB/B ist nicht vereinbart und auch nicht zu prüfen. Hinweis: Das Gesetz zur Bekämpfung der Schwarzarbeit ist in den DTV Arbeitsgesetzen sowie im Schönfelder Ergänzungsband abgedruckt.

Übersicht Fall 8

I. <u>Zulässigkeit des Einspruchs</u>:

- Statthaftigkeit gemäß §§ 338, 700 I ZPO.
- Form gemäß §§ 340 I, II, 700 I ZPO.
- Frist der §§ 339, 700 I ZPO ab wirksamer Zustellung (§ 180 ZPO) gewahrt.

II. <u>Zulässigkeit der Klage</u> (+): Zulässige Klageerweiterung entsprechend §§ 263, 267 ZPO. Zuständigkeit gemäß § 23 Nr. 1 GVG bzw. §§ 12, 13 ZPO.

III. <u>Objektive Klagehäufung</u> gemäß § 260 ZPO.

IV. <u>Begründetheit der Klage:</u>

1. **<u>Aufwendungsersatz wegen Nachbesserung gemäß § 637 I BGB:</u>**

a. Wirksamer Werkvertrag i.S.d. § 631 BGB:
- § 134 BGB nur bei beiderseitigem Verstoß gegen SchwarzArbG; hier weder Kenntnis noch Kennenmüssen des Klägers.
- Kein Bauvertrag mangels wesentlicher Bedeutung, vgl. § 650a II BGB

b. Abnahme gemäß § 640 I BGB ist erfolgt. ⇨ Anwendbarkeit der §§ 634 ff. BGB.

c. Sachmangel der Werkleistung i.S.d. § 633 I, II BGB trotz Bestreitens (+): Privatgutachten als qualifizierter Parteivortrag hier ausreichend, da nur einfaches Bestreiten; Bestätigung durch Zeugenaussage.

d. Fruchtlose Fristsetzung (§ 637 I BGB); kein Entfallen des Nacherfüllungsanspruchs (§ 635 III BGB).

e. „Erforderlichkeit“ i.S.d. § 637 I BGB (+): Anscheinsbeweis dafür bei Inanspruchnahme Dritter hier nicht „erschüttert“; keine Begrenzung durch Kosten, die beim Bekl. selbst anfallen würden.

2. **<u>Abgetretene Schadensersatzansprüche</u>** der Ehefrau aus §§ 280 I, 241 II, 634 Nr. 4, 249 II BGB i.V.m. Vertrag mit Schutzwirkung i.V.m. § 398 S. 2 BGB.

a. Schutzpflichtverletzung (§§ 280 I, 241 II BGB) bzgl. der Ehefrau, Vertrag mit Schutzwirkung zu deren Gunsten, insbesondere Schutzinteresse.

b. Fristsetzung entbehrlich, da kein Fall des § 280 III BGB.

c. Vermutung des Vertretenmüssens (§§ 280 I 2, 276 I BGB) nicht widerlegt.

d. Kausale Vermögensschäden:
- Reparaturkosten gemäß § 249 II BGB.
- Tennisstunden: *materieller* Schaden (+) wg. Entwertung des Anspruchs auf sog. geldwerte Genussmöglichkeit.
- Frustrierte Urlaubstage: kein materieller Schaden (Umkehrschluss aus § 651f II BGB).

e. Kein ausreichender Vortrag für § 254 BGB.

f. Wirksame Abtretung gemäß § 398 BGB (+).

3. **<u>Rückforderung des Vorschusses:</u>** Anspruch aus § 812 I 2 2. Alt. BGB (+):

a. Tatbestand (+): Einigung bzgl. eines über die bloße Erfüllung einer Verbindlichkeit hinausgehenden Zwecks.

b. Ausschlusstatbestand gemäß § 815 2. Alt. BGB (-), § 814 BGB gar nicht anwendbar.

c. Keine Entreicherung gemäß § 818 III BGB:
- Beklagtenvortrag unschlüssig, da Kausalität zwischen rechtsgrundlosem Erhalt und behauptetem Verlust nicht ersichtlich.
- Überdies verschärfte Haftung nach § 818 IV BGB i.V.m. § 700 II ZPO.

4. **<u>Zinsen:</u>** § 291 BGB i.V.m. § 700 II ZPO.

V. <u>Kosten:</u> § 91 i.V.m. § 92 II Nr. 1 ZPO.

VI. <u>Vorläufige Vollstreckbarkeit:</u> § 709 S. 1, S. 2 ZPO; überdies § 709 S. 3 ZPO beachten.

Hilfsgutachten:

I. Weitere Ansprüche wg. Selbstbeseitigung:

1. SchErs statt der Leistung gemäß §§ 280 I, III, 281 I BGB grds. (+), aber nicht gewählt.

2. Ansprüche aus §§ 670, 683, 677 BGB, aus § 812 I 1 2. Alt., 818 II BGB und aus § 326 II 2 BGB (-): Vorrang der §§ 633 ff. BGB

II. Anspruch aus § 823 I BGB wegen Sachbeschädigung und Körperverletzung. Andere Darlegungs- und Beweislast bzgl. Verschuldens.

LÖSUNG FALL 8

Rubrum

Amtsgericht Koblenz 1

4 C 789/18

IM NAMEN DES VOLKES

Urteil

In dem Rechtsstreit

Parteibezeichnung

Peter Eichler, Bismarckstraße 13, 56068 Koblenz,

Kläger,[360]

Prozessbevollmächtigte: Rechtsanwältin Martina Huttig, Bismarckstraße 65, 56068 Koblenz,

gegen

Oswald Schwarzer, Clemensstraße 45, 56068 Koblenz,

Beklagter,

Prozessbevollmächtigter: Rechtsanwalt Karl Mayerling, Clemensstraße 14, 56068 Koblenz,

Gericht, HV

hat das Amtsgericht Koblenz durch die Richterin am Amtsgericht Dr. Fröhlich aufgrund der mündlichen Verhandlung vom 11. März 2019 für Recht erkannt:[361]

§ 343 ZPO auch hier!

1. Der Vollstreckungsbescheid des Amtsgerichts Mayen vom 15. Oktober 2018, Gz. 23 B 3764/18, wird aufrecht erhalten.[362] 2

Klageerweiterung

2. Der Beklagte wird zur Zahlung von weiteren 2.850 € nebst Zinsen i.H.v. fünf Prozentpunkten über dem Basiszins ab 6. Dezember 2018 verurteilt.[363]

3. Im Übrigen wird die Klage abgewiesen.[364]

4. Der Beklagte hat die Kosten des Rechtsstreits zu tragen.[365]

---

360 Statt der in vielen Bundesländern üblichen Parenthese bei den Parteibezeichnungen ist in Rheinland-Pfalz die Verwendung von Kommata üblich, so dass das Rubrum wie ein ausformulierter Satz wirkt (vgl. Gottwald 2.2.4. und 2.2.6.).

361 Für Rheinland-Pfalz wird – wie in Hessen – vertreten, dass die Angabe eines Betreffs überflüssig und in Klausuren besser wegzulassen sei (vgl. Gottwald 2.2.5.).

362 Der Antrag der Klägervertreterin durfte hier nicht wortwörtlich aus dem Sachverhalt übernommen werden, weil sich die Formulierung an der Terminologie des § 343 ZPO orientieren muss. Da er aber unproblematisch auslegungsfähig war, steht dies der Entscheidung selbst nicht entgegen. Da die Auslegung aber eine Rechtsfrage ist, muss der Antrag im Tatbestand noch wortwörtlich wiedergegeben werden (siehe hierzu etwa **Assessor-Basics, Zivilurteil**, § 4, Rn. 4 und § 8, Rn. 28). Wenn es – anders als hier – nicht nur um eine rein sprachliche Änderung geht, ist regelmäßig auch eine kurze Begründung am Beginn der Entscheidungsgründe angezeigt (vgl. **Assessor-Basics, Zivilurteil**, § 9, Rn. 4).

363 Vorsicht typische Klausur-Fehlerquelle: Bezüglich dieses nachgeschobenen Antrags durfte natürlich nicht auf die Zustellung des Mahnbescheides bzw. den Eintritt der Rechtshängigkeit bzgl. der 600 € durch Abgabe an das Streitgericht abgestellt werden. Maßgeblich war vielmehr die Zustellung der Klageerweiterung!

364 Hier geht es um die Nichtersatzfähigkeit der Urlaubstage. Wenn – anders als vorliegend – der abgewiesene Teil der Klage vom vorherigen Mahnverfahren erfasst gewesen wäre, müssten Sie wegen §§ 343, 700 I ZPO auf einen *doppelten* Ausspruch achten: Aufhebung *und* endgültige Klageabweisung; ohne letzteres wäre ein nicht akzeptabler „Schwebezustand" gegeben (vgl. **Assessor-Basics, Zivilurteil**, § 11, Rn. 73, 74).

365 Die Kosten des Mahnverfahrens werden nicht eigens tenoriert und erst recht nicht mit dem Hauptsache-Leistungsantrag geltend gemacht, da sie wegen § 696 I ZPO zu den „Kosten des Rechtsstreits" gehören, daher über die gerichtliche Kostenent-

§ 511 II, IV ZPO beachten.

5. Die Berufung seitens des Klägers wird nicht zugelassen.[366]

6. Das Urteil ist für den Kläger gegen Sicherheitsleistung in Höhe von 110 % des jeweils beizutreibenden Betrages vorläufig vollstreckbar. Die Vollstreckung aus dem Vollstreckungsbescheid darf nur gegen Leistung dieser Sicherheit fortgesetzt werden.[367]

hemmer-Klausur-Tipp

Achten Sie bei vorgeschaltetem Mahnverfahren noch genauer als sonst ohnehin schon auf die Feinheiten der Tenorierung (§§ 343, 700 I ZPO). Dies ist eine ständige Quelle für Leichtsinnsfehler. Während beim Einspruch gegen ein echtes Versäumnisurteil (dazu oben in Fall 2) die Regelung des § 343 ZPO nur von den schwächsten Bearbeitern übersehen bzw. missachtet wird, ist die Fehlerquote nach unseren Beobachtungen beim „Umweg" über § 700 I ZPO um ein Mehrfaches höher. Offenbar ist manchen Klausurbearbeitern die zentrale Bedeutung des Vollstreckungsbescheides in solchen Fällen (vgl. §§ 794 I Nr. 4, 796 ZPO) und der Brückenschlag von § 700 I ZPO auf § 343 ZPO nicht klar. In einer Anwaltsklausur liegt die Fehlerquote nach unseren Beobachtungen übrigens sogar noch höher. In einer Anwaltsklausur müsste man wegen der akut drohenden Gefahr der Vollstreckung (§ 796 I ZPO!) auch immer noch zusätzlich auf § 719 I 1, 2 ZPO i.V.m. § 700 I ZPO achten. *3*

Tatbestand

Einleitungssatz

Der Kläger macht im Anschluss an Werkleistungen des Beklagten Ansprüche wegen Schlechterfüllung aus eigenem und abgetretenem Recht sowie Rückforderung eines Vorschusses geltend. *4*

unstreitiger Sachverhalt

Vertragsschluss und -durchführung

Am 10. Juni 2018 beauftragte der Kläger den Beklagten mit Fliesenlege- und Kachelarbeiten zu einem Stundenlohn von 40 € inklusive Umsatzsteuer in einem als Bad dienenden Kellerraum seines Hauses. Der bei anderen Anbietern übliche Satz liegt zwischen 36 € und 43 €, jeweils zuzüglich Umsatzsteuer. Der Beklagte beabsichtigte bereits vor Vertragsschluss, für den konkreten Vertrag keine Steuern zu bezahlen.

Der Beklagte führte die Tätigkeiten bis zum 26. Juni 2018 aus. Der Kläger unterzeichnete an diesem Tag ein Schriftstück, in dem er erklärte, die Werkleistungen „als ordnungsgemäß zu akzeptieren". Mängel waren zu diesem Zeitpunkt nicht erkennbar.

Am selben Tag erklärte der Kläger auch ein Angebot bezüglich einer Außenwandsanierung seines Hauses, auf das der Beklagte unter Hinweis auf Terminprobleme nicht einging, das er aber auch nicht endgültig ablehnte.

---

scheidung (§ 91 ZPO) vollstreckbar sein werden (vgl. etwa Th/P, § 91, Rn. 6).

366 Da die Beschwer des Klägers bzgl. der Teilabweisung *nicht* über 600 € liegt, musste sich der Urteilsverfasser in jedem Falle mit der Frage der Zulassung *befassen* (vgl. § 511 II, IV ZPO). Umstritten ist, ob man nur eine *positive* Entscheidung über die Berufungszulassung (vgl. §§ 511 II, IV ZPO) *ausdrücklich* treffen muss, eine *Nichtzulassung* (= Regelfall) dagegen weggelassen kann (vgl. Th/P, § 511, Rn. 22). Deswegen ist es im vorliegenden Fall vertretbar, diese Nichtzulassungsentscheidung wegzulassen. Allerdings sprechen mehrere Gründe gegen ein solches Weglassen: Weder in der Praxis noch für den Korrektor der Examensklausur wird so *erkennbar*, ob es sich um eine „stillschweigende Negativentscheidung" handelt oder nur um ein bloßes *Übersehen* der Problematik! Aus genau diesem Grund hat der Gesetzgeber beim „älteren" Parallelproblem i.R.d. § 64 IIIa ArbGG bereits Jahre vor der 2002 erfolgten Einführung der Zulassungsberufung in der ZPO nachträglich eine Klarstellung ins ArbGG eingefügt, dass dort in jedem Fall eine *ausdrückliche* Entscheidung auch über eine Nichtzulassung zu treffen ist. Um dem Korrektor nicht das Gefühl zu geben, man habe den Aspekt nicht gesehen, sollte von einem Klausurbearbeiter wenigstens im Hilfsgutachten darauf eingegangen werden (wenn ein solches nach Bearbeitervermerk gefordert ist; wenn kein solches Hilfsgutachten gefordert ist, gibt es diese Chance nicht und damit einen Grund mehr, das im Urteil selbst ausdrücklich anzusprechen!). Hinsichtlich des Beklagten liegt die Beschwer über 600 €, so dass eine Entscheidung über die Zulassung entfällt.

367 § 709 S. 3 ZPO nicht übersehen! Bedenken Sie immer, dass es sich beim Tenor um die Visitenkarte ihrer Klausur handelt.

Überweisung

Am 2. Juli 2018 überwies er auf ein Konto des Beklagten das vereinbarte Entgelt von 2.900 € sowie einen weiteren Betrag von 600 € als „Vorschusszahlung“, um den Beklagten zu einem Vertragsschluss über die erwähnte Außenwandsanierung zu veranlassen. Hierzu kam es nicht mehr.[368]

Folgeschäden des Sturzes

Am 11. September 2018 traten erste kleine Schäden an den Fliesen 5
auf. Am 13. September 2018 rutschte Frau Elvira Eichler, die Ehefrau des Klägers, auf dem zerbrochenen Teil einer Fliesenplatte am Fußboden des Kellerbades aus. Die Platte hatte sich unbemerkt am Fußboden gelöst und war zerbrochen, als Frau Eichler auf sie trat un dadurch stürzte.

Dabei wurde ein Frau Eichler gehörendes Trimmgerät im Wert von 800 €, das sie ins Bad schieben wollte, beschädigt wurde. Die Reparaturkosten belaufen sich auf 250 €.

Infolge dieses Sturzes erlitt Frau Eichler eine Bänderdehnung im Knie. Diese hatten u.a. zur Folge, dass sie an den folgenden Tagen drei gebuchte und bereits mit insgesamt 100 € bezahlte Tennisstunden mit Trainer verletzungsbedingt nicht wahrnehmen konnte. Sie konnte diese Stunden auch nicht mehr verlegen.

Wegen der Knieverletzung konnte Frau Eichler außerdem nicht an einem einwöchigen Bergwanderurlaub teilnehmen, für den sie Urlaub genommen hatte. Eine Verlegung wie auch eine Nachgewährung des Urlaubs wurde von ihrem Arbeitgeber verweigert. Das übliche Arbeitsentgelt der Ehefrau des Klägers beträgt 50 € pro Tag.

Abtretung

Frau Eichler trat sämtliche Ersatzansprüche gegen den Beklagten an den Kläger ab.

Der Kläger begehrt Ersatz der Nachbesserungskosten (2.500 €), der Reparaturkosten für das Trimmgerät (250 €), für die ausgefallenen Tennisstunden (100 €) sowie für die fünf nutzlosen Urlaubstage seiner Ehefrau in Höhe des Lohns für diesen Zeitraum.

Fristsetzung

Mit Schreiben vom 14. September 2018 forderte der Kläger den Beklagten unter Androhung der Ersatzvornahme und Fristsetzung zum 30. September 2018 erfolglos zur Mängelbeseitigung auf. Danach ließ er die Schäden von einer Fachwerkstatt beseitigen. Unter Zugrundelegung u.a. eines Stundensatzes von 37 € zuzüglich Umsatzsteuer wandte er dafür insgesamt 2.500 € auf.

Streitiger Klägervortrag zu den Mängeln

Der Kläger behauptet, der Beklagte habe die Werkleistungen man- 6
gelhaft ausgeführt. Durch zu ungenaues Verstreichen der Haftungsmasse auf der Rückseite der Fliesen hätten diese sich teilweise gelockert. An den Wänden hätten sich an den Zwischenräumen Risse gebildet, worauf sich dort Wasser angesammelt habe und die Wand von Pilzbefall bedroht gewesen sei. Er trägt durch Vorlage des Sachverständigen-Gutachtens des Ingenieurbüros Heinrich & Hillerstädt qualifiziert vor.[369]

---

368 Von den verschiedenen Aufbaumöglichkeiten des Tatbestands bei Klagehäufung (dazu vgl. **Assessor-Basics, Zivilurteil**, § 8, Rn. 46) erscheint mir hier die chronologische Gesamtschilderung geeigneter als die getrennte Schilderung, weil es sich nicht um völlig getrennte Lebenssachverhalte handelt, sondern diese sich teilweise überschneiden, v.a. hier bei dieser Überweisung.

369 Diese Formulierung ist einer verbreiteten Gerichtspraxis entnommen. Diese Form der Bezugnahme empfiehlt sich bei besonders komplexem Vortrag (z.B. in Arzthaftungs- oder wie hier bei Bauprozessen), wo eine Wiedergabe schon aus Raumgründen nicht in Betracht kommen kann.

Hinsichtlich der Mängelbeseitigungskosten von 2.500 € behauptet der Kläger, der eingesetzte Mitarbeiter der Firma „Biegner und Weicholz" habe zügig gearbeitet, und ein anderes Unternehmen hätte den Mangel nicht schneller beheben können. Alle durchgeführten Maßnahmen seien notwendig gewesen.[370]

Prozessgeschichte (v.a. Mahnverfahren mit Vollstreckungsbescheid

Auf Antrag des Klägers hat das Amtsgericht Mayen – zentrales Mahngericht – am 5. September 2018, zugestellt am 6. September 2018, unter der Angabe „Rückforderung des am 2. Juli 2018 gezahlten Vorschusses" einen Mahnbescheid über 600 € Hauptsacheforderung erlassen, auf dessen Grundlage der Vollstreckungsbescheid vom 15. Oktober 2018 durch das gleiche Gericht ergangen ist. Der Vollstreckungsbescheid ist am 16. Oktober 2018 durch Einwurf in den Briefkasten der Wohnung des Beklagten zugestellt worden, da in der Wohnung niemand angetroffen worden ist.[371] *7*

Gegen den Vollstreckungsbescheid hat der Beklagte mit Schriftsatz vom 28. Oktober 2018, eingegangen beim Mahngericht am 29. Oktober 2018, Einspruch eingelegt.

In der Anspruchsbegründung vom 2. Dezember 2018, dem Beklagten zugestellt am 5. Dezember 2018, hat der Kläger seine Klage auf die eigenen Ansprüche und abgetretenen Ansprüche seiner Ehefrau wegen Schlechterfüllung des Vertrages vom 10. Juni 2018 erweitert.

Anträge

Der Kläger beantragt nun, *8*

> 1. den Einspruch des Beklagten gegen den Vollstreckungsbescheid des Amtsgerichts Mayen, Az. 23 B 3764/18, vom 15. Oktober 2018 als unzulässig zu verwerfen.
>
> hilfsweise den Vollstreckungsbescheid des Amtsgerichts Mayen, Az. 23 B 3764/18, vom 15. Oktober 2018 zu bestätigen.
>
> 2. Den Beklagte außerdem zu verurteilen, 3.100 € nebst Zinsen i.H.v. fünf Prozentpunkten über dem Basiszinssatz hieraus seit Rechtshängigkeit an ihn zu bezahlen.

Der Beklagte beantragt,

> 1. den Vollstreckungsbescheid des Amtsgerichts Mayen vom 15. Oktober 2018 aufzuheben und die Klage abzuweisen,
>
> 2. die Klage auch im Übrigen abzuweisen.

Streitiger Beklagtenvortrag

Der Beklagte behauptet, dass der Kläger aufgrund der Umstände gewusst haben müsse, dass er auf die Leistungen keine Steuern abführen wollte. Weiter behauptet er, dass die Fliesenschäden allein auf die zu hohe Feuchtigkeit im Keller zurückzuführen sei. Außerdem behauptet er, die Kosten der Mangelbehebung durch die Firma „Biegner und Weicholz" seien v.a. wegen „ganz gewiss" zu langsamen Arbeitens überteuert. *9*

370 Hier geht es um die „Erforderlichkeit" der Kosten i.S.d. § 637 I BGB (zu den Beweisfragen dazu s.u.).

371 Die Schilderung des tatsächlichen Erhalts seitens des Beklagten kann unterbleiben, da sie für die wirksame Zustellung unerheblich ist. Anders ist dies, wenn ein Zustellungsfehler vorliegt, weil es dann um die Heilung gemäß § 189 ZPO ginge.

Im Hinblick auf die Vorschussrückforderung behauptet er, er habe am 12. September 2018 seine Geldbörse mit einem Inhalt von 800 € verloren (Beweisangebot: Zeugnis der Jenny Fuß).[372] Er vertritt die Rechtsansicht, dass deswegen Entreicherung gegeben sei.

Hinsichtlich des frustrierten Urlaubs ist er der Ansicht, dass wegen der Entgeltfortzahlungspflicht des Arbeitgebers kein Schaden vorliege.

Prozessgeschichte

In der öffentlichen Sitzung vom 11. März 2019 hat das Gericht aufgrund Beweisbeschlusses vom 7. Januar 2019 Beweis erhoben durch Vernehmung des Zeugen Nagel. Hinsichtlich des Ergebnisses wird auf das Sitzungsprotokoll Bezug genommen. 10

Entscheidungsgründe:

Großer Obersatz

Der Vollstreckungsbescheid war aufrechtzuerhalten, weil das Verfahren aufgrund des zulässigen Einspruchs noch einmal vollständig zu überprüfen war, die zulässige Klage aber in diesem Streitgegenstand begründet ist. Im Übrigen ist die nachträglich erweiterte Klage zulässig und weitgehend begründet.

11

Zulässigkeit des Einspruchs

I. Der **Einspruch** gegen den Vollstreckungsbescheid vom 15. Oktober 2018 ist **zulässig**, so dass gemäß § 342 ZPO Zulässigkeit und Begründetheit der Klage entscheidend sind.

Insbesondere ist er statthaft gemäß §§ 338, 700 I ZPO.

Die Form von § 340 I, II i.V.m. § 700 I ZPO ist gewahrt.[373] Auf eine Begründung seitens des jetzigen Beklagten kam es dabei nicht an. Die dies vorschreibende Regelung des § 340 III ZPO ist keine Zulässigkeitsvoraussetzung des Einspruchs, sondern nur hinsichtlich der in der Begründetheit ggf. bedeutsamen Verspätungspräklusion gemäß § 296 I ZPO von Relevanz, beim Einspruch gegen einen Vollstreckungsbescheid aber gemäß § 700 III 3 ZPO ohnehin nicht anwendbar.[374]

Auch die Frist des § 339 ZPO steht der Zulässigkeit des Einspruchs nicht entgegen. Für den Fristbeginn ist auf die Zustellung vom 16. Oktober 2018 abzustellen, da es sich um eine wirksame Ersatzzustellung durch Einlegen in den Briefkasten nach § 180 ZPO handelt. Insbesondere wurde die gesetzliche Subsidiarität gegenüber der persönlichen Übergabe und der Ersatzzustellung nach § 178 ZPO beachtet, weil beide Möglichkeiten nicht gegeben waren. Gemäß §§ 222 I ZPO, 187 I, 188 II BGB endete die Einspruchsfrist daher mit Ablauf des 30. Oktober 2018, war bei Eingang des Einspruchs am 29. Oktober 2018 also noch nicht verstrichen.

Hinweis: Die Ersatzzustellung durch Niederlegung gemäß § 181 ZPO darf nur durchgeführt werden, wenn zusätzlich auch die Zustellung durch Einlegen in den Briefkasten nach § 180 ZPO nicht möglich ist (etwa völlig überfüllter oder fehlender Briefkasten), ist also mehrfach subsidiär.

372 Wegen Unschlüssigkeit der Einwendung und § 818 IV BGB ging die Richterin nicht auf das Beweisangebot ein, obwohl die Behauptung streitig war. Es liegt also ein unerledigtes Beweisangebot vor. Zu dessen Behandlung siehe etwa **Assessor-Basics, Zivilurteil**, § 8, Rn. 61 (m.w.N.).

373 Vordrucke i.S.d. § 703c ZPO sind für den Einspruch nicht vorgesehen (vgl. etwa Th/P, § 703c, Rn. 3).

374 Der Hintergrund sollte klar sein: Der Kläger hat zu diesem Zeitpunkt noch keine Anspruchsbegründung vorgetragen (der Mahnantrag verlangt eine solche nicht, sondern nur eine sog. Individualisierung), sondern wird erst nach dem Einspruch und der Abgabe dazu aufgefordert!

Zulässigkeit der Klage

II. Die **Klage** ist **zulässig**. 12

hier Klageerweiterung gegeben

Dabei handelt es sich bei den erstmals im Schriftsatz vom 2. Dezember 2018 vorgetragenen Ansprüchen um eine nachträgliche Klage*erweiterung*, weil die Rechtshängigkeit bezüglich des im Mahnverfahren gestellten Antrags bereits zuvor eingetreten war (vgl. § 700 II ZPO).[375]

Diese Klageerweiterung ist entsprechend § 263 ZPO zu behandeln und hier schon deswegen zulässig, weil der Beklagte sich ohne Formalrüge zur Sache eingelassen hat (§ 267 ZPO). Überdies ist sie sachdienlich i.S.d. § 263 ZPO, da sie zu einem so frühen Zeitpunkt erfolgte, dass sich die Frage der Notwendigkeit einer Wiederholung von Teilen der Beweisaufnahme nicht stellt.[376]

Die sachliche Zuständigkeit des bereits über den Wohnsitz des Beklagten gemäß §§ 12, 13 ZPO örtlich[377] zuständigen Amtsgerichts ist gemäß § 23 Nr. 1 GVG gegeben, da der Streitwert der zu addierenden Einzelanträge (vgl. § 5 1. Hs. ZPO) nicht über 5.000 € liegt.

Begründetheit der Klage

II. Die **Klage** ist **weitgehend begründet**, nämlich in Höhe von 2.450 € zuzüglich Zinsen.

1. Der Anspruch auf die geltend gemachten **Nachbesserungskosten** ergibt sich in voller Höhe von 2.500 € aus **§ 637 I BGB**. 13

Anspruch aus § 637 I BGB

a. Ein **wirksamer Werkvertrag** gemäß §§ 631 ff. BGB ist gegeben.

Unproblematisch handelt es sich um einen Werkvertrag gemäß §§ 631 ff. BGB, weil ein bestimmter Arbeitserfolg geschuldet war, der auch mit den Regeln des Gewährleistungsrechts messbar ist. Soweit der Beklagte das Material nicht nur ausgewählt, sondern auch selbst beschafft haben sollte, ist dies unbeachtlich, da eine Anwendbarkeit von Kaufrecht in solchen Fällen gemäß § 651 BGB nur bei beweglichen Sachen in Betracht kommt, bei Werkleistungen an *Immobilien* also von vornherein ausscheidet.

kein Bauvertrag i.S.d. § 650a ff. BGB

Dabei handelt es nicht um einen Bauvertrag i.S.d. § 650a ff. BGB, da es nicht um einen Neubau geht, sondern um eine Instandsetzung i.S.d. § 650a II BGB. Die vorliegende Bauleistung, Fliesenlegearbeiten in einem zweiten Bad im Keller, ist aber offensichtlich weder für die Konstruktion noch für den Bestand oder den bestimmungsgemäßen Gebrauch des Gesamtgebäudes von *wesentlicher* Bedeutung.[378]

Hinweis: Die Anwendbarkeit der §§ 650a ff. BGB hätte die Probleme des vorliegenden Falles letztlich kaum beeinflusst. Insbesondere sind die nun zu prüfenden Gewährleistungsregelungen über § 650a I 2 BGB auch auf den Bauvertrag anwendbar, weil sie nicht durch Sondervorschriften in den §§ 650a ff. BGB verdrängt werden.
Achten Sie beim Bauvertrag aber auf die Spezialregel über die Fälligkeit in § 650g IV BGB, die den § 641 I BGB verdrängt.

375 Allerdings bewirkte das Mahnverfahren selbst noch nicht die Rechtshängigkeit der Forderung (Umkehrschluss aus den andernfalls überflüssigen §§ 696 III, 700 II ZPO), sondern diese trat erst infolge der Abgabe an das Streitgericht ein.

376 Ein Fall von § 264 ZPO liegt dagegen nicht vor, wenn – wie hier – ein völlig neuer Streitgegenstand nachgeschoben wird.

377 Überdies ist für die Ansprüche wegen Schlechterfüllung des Werkvertrages aber auch der vertragliche Erfüllungsort gemäß §§ 29 I ZPO, 269 I BGB am Ort der Bauleistungen gegeben.

378 Vgl. hierzu etwa Pal./Sprau § 650a, Rn. 9 f.

Erst Recht liegt hier kein Verbraucherbauvertrag i.S.d. § 650i I BGB mit seinen weitreichenden Folgen (etwa dem bei der Mangelprüfung wichtigen § 650k BGB, die Formvorschrift des § 650i II BGB sowie dem Widerrufsrecht des§ 650l BGB) vor. Beachten Sie dabei v.a., dass nicht jeder Bauvertrag zwischen Verbraucher und Unternehmer auch wirklich ein Verbraucherbauvertrag i.S.d. § 650i I BGB ist, weil der Gesetzgeber dort auch den notwendigen Vertragsinhalt noch enger gefasst hat.[379]

Der Wirksamkeit der Parteivereinbarungen steht aber v.a. auch der Aspekt des **Verstoßes gegen das SchwarzarbG** nicht entgegen, obwohl dies durchaus zur Unwirksamkeit des geschlossenen Vertrages nach § 134 BGB führen *kann*.[380] 14

SchwarzarbG als möglicher Fall des § 134 BGB

Die Frage, ob verbotswidrige Rechtsgeschäfte nach § 134 BGB nichtig sind, ist aus dem Sinn und Zweck der jeweiligen Verbotsvorschrift zu beantworten. Entscheidend ist, ob das Gesetz sich *nicht nur gegen den Abschluss* des Rechtsgeschäfts wendet, sondern darüber hinaus gegen seine privatrechtliche Wirksamkeit und damit *gegen seinen wirtschaftlichen Erfolg*.

Nach § 134 BGB ist ein Rechtsgeschäft wegen eines Gesetzesverstoßes nur dann nichtig, „wenn sich aus der Verbotsnorm nicht ein anderes ergibt". Ob bei einem Gesetzesverstoß die Rechtsfolge der Nichtigkeit des Geschäfts eingreift, muss durch Auslegung nach Sinn und Zweck der einzelnen Gesetzesvorschrift ermittelt werden. Der Gesetzeszweck muss danach verlangen, dass der zivilrechtliche Erfolg des Rechtsgeschäfts nicht gewollt ist.

Das SchwarzArbG dient nach seinem § 1 I der Intensivierung der Bekämpfung der Schwarzarbeit. Es will nicht nur den tatsächlichen Vorgang der Schwarzarbeit eindämmen, sondern im Interesse der wirtschaftlichen Ordnung den zugrunde liegenden Rechtsgeschäften die *rechtliche Wirkung nehmen*.

Aus dieser Zielrichtung und der sowohl für den Auftraggeber, wie auch für den Auftragnehmer vorgesehenen Geldbuße (§§ 1 und 2 SchwarzarbG) ist zu entnehmen, dass Verträge, durch die *beide* Vertragspartner gegen das Gesetz zur Bekämpfung der Schwarzarbeit verstoßen, gemäß § 134 BGB nichtig sind.

Hinweis: Dies gilt nun auch in Fällen der bloßen „Ohne-Rechnung-Abrede" mit einem als Gewerbetreibender angemeldeten Handwerker (§ 1 II 2 Nr. 2 SchwarzArbG). Das Verbot führt dann zur Nichtigkeit des Vertrages gemäß § 134 BGB, wenn der Unternehmer vorsätzlich hiergegen verstößt *und* der Besteller den Verstoß des Unternehmers kennt und bewusst zum eigenen Vorteil ausnutzt. Mängelansprüche des Bestellers bestehen in diesem Fall grundsätzlich nicht.[381]
Ein zunächst nicht gegen ein gesetzliches Verbot verstoßender Werkvertrag kann auch dann nach § 1 II Nr. 2 SchwarzArbG, § 134 BGB vollständig nichtig sein, wenn er nachträglich so abgeändert wird, dass er nunmehr von diesem Verbot erfasst wird.[382]

---

379 Vgl. Pal./Sprau § 650l, Rn. 4; ausführlich Omlor NJW 2018, 817 ff.

380 Vgl. BGHZ 53, 152 - 160; BGHZ 78, 269 - 273 = jurisbyhemmer; BGH, NJW 1990, 2542 - 2543 = jurisbyhemmer; Pal./Ellenberger § 134, Rn. 22.

381 Vgl. BGH NJW 2013, 3167 = Life&Law 2013, 715.

382 Vgl. BGH NJW 2017, 1808 [Rn. 17 ff.] = Life&Law 2017, 377.

keine Anwendung des § 134 BGB bei nur einseitigen *Verstoß gegen SchwarzarbG*

Anders ist dies aber, wenn es sich nur um einen *einseitigen Verstoß* des Handwerkers selbst handelt, der gemäß § 10 OWiG erforderliche Vorsatz des Beklagten als Besteller also fehlt und er den Gesetzesverstoß des Unternehmers auch nicht erkannt und ausgenutzt hat. *15*

In diesem Fall wäre die Anwendung des § 134 BGB völlig interessenwidrig. Vielmehr gebieten es gerade die Intentionen des gesetzestreuen Auftraggebers, ihm seine Erfüllungs- und Gewährleistungsansprüche zu belassen und ihn nicht auf unzureichende Ersatzansprüche zu verweisen.[383] Zwar darf niemand zur Erbringung einer gesetzeswidrigen Leistung verurteilt werden. Dies erfolgt hier aber nicht: Es ist gerade typisch für den Werkvertrag, dass er vom Auftragnehmer regelmäßig *nicht in Person* erfüllt werden muss.

Vorsatz für Verstoß gegen SchwarzarbG hier nur beim Beklagten

Eine solcher Fall eines nur einseitigen Verstoßes ist vorliegend anzunehmen. Der Kläger hat aufgrund des Fehlens zumindest des subjektiven Tatbestandes (vgl. § 10 OWiG) nicht selbst gegen § 1 SchwarzArbG verstoßen.

Der Beklagte hat zwar behauptet, der Kläger habe seine diesbezüglichen Absichten erkennen müssen oder gar erkannt. Allerdings ist der Kläger der Behauptung der für diesen Ausnahmefall darlegungs- und beweispflichtigen Beklagtenseite, er habe die Problematik schon aufgrund des Preises bemerkt, substantiiert entgegengetreten. Aufgrund der nicht bestrittenen Tatsache, dass in den Preis nach der Vereinbarung auch die Mehrwertsteuer *einkalkuliert* sein sollte, die ein Schwarzarbeiter aber üblicherweise gerade nicht abführt, erscheint letzteres auch als naheliegend.

Auch eine wirksame Anfechtung nach § 123 BGB ist vorliegend nicht erfolgt. Mit der Geltendmachung von Gewährleistungsansprüchen zeigt der Kläger gerade, dass er an der Wirksamkeit des Vertrages festhalten will.

Exkurs: Für die Fälle, in denen der Werkvertrag tatsächlich nach § 134 BGB nichtig ist, hat der BGH im Rahmen der weiteren Prüfung eine radikale Kehrtwende seiner Rechtsprechung hingelegt: Ansprüche auf Wertersatz gemäß § 812 I 1 1. Alt., § 818 II BGB für die (jeweils) erbrachten Leistungen sind gemäß § 817 S. 2 BGB ausgeschlossen. Die Anwendung des § 817 S. 2 BGB wird nicht mehr über die Grundsätze von Treu und Glauben ausgeschlossen.[384]
Ein Anspruch auf Rückzahlung einer Anzahlung wäre dann - umgekehrt – ebenfalls nicht gegeben, obwohl auch diese ohne Rechtsgrund geleistet wurde. Auch diesem Rückforderungsanspruch steht die Einwendung des § 817 S. 2 BGB entgegen.[385]

Abnahme erfolgt

b. Mit der Erklärung des Klägers vom 26. Juni 2018, die Arbeiten als ordnungsgemäß zu akzeptieren, liegt aus Sicht des verständigen Empfängers (§§ 133, 157 BGB) die Abnahme gemäß § 640 I BGB vor, so dass der vorliegende Streit nicht mehr das Erlöschen des *Erfüllungs*anspruches betrifft, sondern die Gewährleistungsregeln eingreifen. *15a*

---

383 Vgl. BGHZ 89, 369 - 376 = **juris**byhemmer; Pal./Ellenberger § 134, Rn. 22.

384 Vgl. BGH NJW 2014, 1805 = Life&Law 2014, 477 [Rn. 24 ff.]. Nach früherer Rechtsprechung hatte der BGH die Versagung des Bereicherungsanspruchs als unbillig angesehen (vgl. BGH NJW 1990, 2542).

385 Vgl. BGH NJW 2015, 2406 [Rn. 14 ff.] = Life&Law 2015, 643.

Exkurs: Nach BGH kann der Besteller Mängelrechte nach § 634 BGB grds. erst nach Abnahme des Werks mit Erfolg geltend machen.[386] Die Interessen des Bestellers sind durch die ihm vor der Abnahme aufgrund des allg. Leistungsstörungsrechts zustehenden Rechte angemessen gewahrt.
Der Besteller kann allerdings in bestimmten Fällen berechtigt sein, Mängelrechte nach § 634 Nr. 2 bis Nr. 4 BGB ohne Abnahme geltend zu machen. Das ist zu bejahen, wenn der Besteller nicht mehr die Erfüllung des Vertrags verlangen kann und das Vertragsverhältnis in ein Abrechnungsverhältnis übergegangen ist.[387] Wenn der Besteller gegenüber dem Unternehmer nur noch Schadensersatz statt der Leistung in Form des *kleinen* Schadensersatzes geltend macht oder er die Minderung des Werklohns erklärt, ist dies jedenfalls dann der Fall, wenn der Unternehmer das Werk *als fertiggestellt* zur Abnahme anbietet.
Verlangt dagegen der Besteller nach § 634 Nr. 2, § 637 I, III BGB einen Vorschuss für die zur Beseitigung des Mangels im Wege der Selbstvornahme erforderlichen Aufwendungen, erlischt der Erfüllungsanspruch des Bestellers aber grds. nicht.[388] Diesen Anspruch kann er vor Abnahme daher nur ausnahmsweise geltend machen. Dies nur dann, wenn der Besteller ausdrücklich oder konkludent zum Ausdruck bringt, *unter keinen Umständen* mehr mit dem Unternehmer, der ihm das Werk als fertiggestellt zur Abnahme angeboten hat, zusammenarbeiten zu wollen, also endgültig und ernsthaft eine (Nach)-Erfüllung durch ihn ablehnt, selbst für den Fall, dass die Selbstvornahme nicht zu einer mangelfreien Herstellung des Werks führt.

Vorliegen eines Sachmangels

c. Das Vorliegen eines **Sachmangels** der Werkleistung des Beklagten **i.S.d. § 633 I, II BGB** steht aufgrund der Beweisaufnahme in der mündlichen Verhandlung zur Überzeugung des Gerichts fest.[389] *16*

Hierfür trägt nach der erfolgten Abnahme der Kläger als Besteller die Darlegungs- und Beweislast, weil es nun um eine im Hinblick auf die geltend gemachten Gewährleistungsrechte aus §§ 634 ff. BGB anspruchsbegründende Tatsache handelt.[390]

Würdigung des Privatgutachtens

Die Mangelhaftigkeit der Fliesenlegearbeiten des Beklagten ergibt sich nach Ansicht des Gerichts zumindest weitgehend schon aus dem vorgelegten Gutachten des Ingenieurbüros „Heinrich & Hillerstädt". Ein solches **Privatgutachten** stellt grds. zwar keinen Sachverständigenbeweis i.S.d. §§ 403 ff. ZPO dar, wohl aber einen urkundlich belegten substanziierten Parteivortrag[391], dem gegenüber der Gegner nicht mit einem einfachen Bestreiten reagieren darf. Vielmehr ist dieses Vorbringen, wenn sich nicht Zweifel an seiner Korrektheit aufdrängen und der Gegner keinen Gegenbeweis durch Antrag auf Einholung eines neuen Gutachtens antritt, grds. als richtig anzusehen.[392]

---

386 Vgl. BGH BauR 2017, 879 = Life&Law 2017, 235; NJW 2017, 1604 [Rn. 31 ff.]; NJW 2017, 1607 [Rn. 24 ff.]; NJW 2018, 697 [Rn. 22] = **jurisbyhemmer**.

387 Vgl. BGH BauR 2017, 879 [Rn. 37 ff.] = Life&Law 2017, 235; NJW 2017, 1604 [Rn. 44 ff.]; NJW 2017, 1607 [Rn. 44 ff.] = **jurisbyhemmer**.

388 Vgl. BGH BauR 2017, 879 [Rn. 39] = Life&Law 2017, 235; NJW 2017, 1604 [Rn. 45]; NJW 2018, 697 [Rn. 25 ff.] = **jurisbyhemmer**.

389 Zum Schreibstil bei Durchführung einer – in der Klausur oft recht einfachen – Beweiswürdigung siehe in **Assessor-Basics, Zivilurteil**, § 10, Rn. 130 ff.

390 Vgl. BGH BauR 2017, 879 [Rn. 30] = Life&Law 2017, 235; NJW 2017, 1604 [Rn. 36] = **jurisbyhemmer**. Ausnahme: § 640 III BGB n.F.

391 Vgl. Th/P, vor § 402, Rn. 5.

392 Vgl. Zöller/Greger § 402, Rn. 2 (m.w.N.). Da keine ausdrückliche Zustimmung des Gegners vorliegt, kann dahingestellt bleiben, ob es sich in einem solchen Fall um einen echten Sachverständigenbeweis handeln würde (bejahend BGHZ 98, 32 – 40 (40) = **juris**byhemmer; BGH, NJW-RR 1994, 255 - 256 = **juris**byhemmer; ablehnend Zöller/Greger § 402, Rn. 2). Der sicherere Weg wäre es für den Kläger in jedem Fall gewesen, ein selbständiges Beweisverfahren nach §§ 485 f. ZPO zu beantragen: Das dort im Auftrag des Gerichts erstellte Gutachten wäre dann wegen § 493 I ZPO ein „echter" Sachverständigenbeweis.

Nach diesem Gutachten ist ausreichend dargetan, dass schon die Auswahl des Materials, die unstreitig dem Beklagten oblag, nicht den vertraglich vereinbarten Anforderungen entsprach. Weiterhin ergibt sich aus dem Gutachten, dass auch die Verlegung selbst mangelhaft war, da der Fliesenkleber unsachgemäß verstrichen worden war und zu breite Abstände zwischen den einzelnen Platten gelassen worden waren, wodurch sich die Feuchtigkeit sammelte, die später zum Aufbrechen der Platten führte.

Bestätigung durch Zeugnis

Bestätigt wird dies durch die Zeugenaussage des sachverständigen Zeugen Norbert Nagel, der ebenfalls Untauglichkeit und unsachgemäßes Verstreichen des Fliesenklebers sowie einen zu großen Abstand zwischen den einzelnen Fliesen darlegte. 17

Fruchtlose Fristsetzung

d. Der Kläger hat dem Beklagten mit der in tatsächlicher Hinsicht unstreitigen Erklärung vom 14. September 2018 eine **angemessene Frist** gesetzt, die auch fruchtlos ablief (§ 637 I BGB). 18

Die Angemessenheit in der Länge ist gegeben, da bis zum Fristablauf am 30. September 2018 eine Zeitspanne von mehr als zwei Wochen gegeben und kein Grund ersichtlich ist, warum dies nicht für die hier geschuldeten Nachbesserungsarbeiten hätte ausreichen sollen.

Auch ist kein Grund für eine etwaige *berechtigte* Nacherfüllungsverweigerung (vgl. § 637 I a.E. i.V.m. § 635 II BGB) ersichtlich.

e. Schließlich handelt es sich auch in voller Höhe um Kosten, die gemäß § 637 I BGB **erforderlich für die Selbstbeseitigung** waren. 19

Erforderlichkeit der Selbstvornahmekosten

Die Kosten sind erforderlich i.d.S., wenn ein wirtschaftlich denkender Auftraggeber die konkret vorgenommene Maßnahme *vor* ihrer Durchführung aufgrund sachkundiger Beratung für geeignet und erfolgversprechend halten durfte und wenn der Auftraggeber von mehreren vergleichbaren und jeweils zumutbaren Nachbesserungsmöglichkeiten nicht die teurere in Anspruch genommen hat.[393] Dafür ist es nicht erforderlich, *besondere* Anstrengungen zu unternehmen, um den preisgünstigsten Anbieter zu finden.[394]

Vorliegend ist die Erforderlichkeit i.d.S. aufgrund des Klägervortrags anzunehmen. Die zwischen den Parteien streitig gebliebene Beklagtenbehauptung, die Rechnung der Firma „Biegner & Weicholz“ sei im Vergleich zu anderen Anbietern überteuert, insbesondere sei zu langsam gearbeitet worden, kann diesem Ergebnis nicht entgegenstehen.

Anscheinsbeweis

Nach zutreffender Ansicht ist nämlich im Falle der hier vorgenommenen Beauftragung eines Drittunternehmens von einem Anscheinsbeweis für die Erforderlichkeit der Aufwendungen auszugehen[395].

---

393 Vgl. auch Pal./Sprau § 637, Rn. 7.

394 Vgl. etwa Erman/Schwenker, § 637, Rn. 10.

395 Vgl. Pal./Sprau, § 637, Rn. 7.

Ein verständiger Auftraggeber kann nach der Lebenserfahrung nämlich vor Auftragsdurchführung[396] regelmäßig keine nennenswerten Unterschiede in der Schnelligkeit der Arbeitsweise und damit den nach Stundensätzen berechneten Gesamtkosten verschiedener Handwerksbetriebe erkennen.

Aus diesem Grunde war die pauschale und auch reichlich spekulativ erscheinende Behauptung des Beklagten, die Kosten seien v.a. wegen „ganz gewiss" zu langsamen Arbeitens überteuert, nicht ausreichend. Vielmehr hätte er, um sein Ziel zu erreichen, zumindest konkrete Fakten vortragen müssen, aufgrund derer die dem Anscheinsbeweis zugrunde liegende Lebenserfahrung als *erschüttert* angesehen werden kann.[397] Da dies nicht erfolgt ist, muss von der Richtigkeit des diesbezüglichen Klägervortrags ausgegangen werden.

Stundensatz keinesfalls überzogen

Die Höhe des Stundensatzes des beauftragten Unternehmens liegt mit 37 € zuzüglich Umsatzsteuer eher am unteren Rand der vorgetragenen Stundensätze anderer Unternehmen (36 € bis 43 € zuzüglich Umsatzsteuer), konnte vom Kläger also keinesfalls als überteuert angesehen werden.

Eine Kürzung deswegen, weil der mit der Nachbesserung beauftragte Unternehmer teurer arbeitete, als es der Beklagte *selbst* getan hätte, kommt ebenfalls nicht in Betracht. Dem Unternehmer können durchaus teurere Nachbesserungskosten zugemutet werden, als sie bei ihm selbst angefallen wäre, weil er selbst es zuvor in der Hand hatte, den Weg über § 637 I BGB durch rechtzeitige Nachbesserung, zu verhindern.

Abgetretene Schadensersatzansprüche der Ehefrau

2. Auch die Forderung auf **Schadensersatz aus abgetretenen Ansprüchen** der Ehefrau des Klägers ist weitgehend begründet; sie ergibt sich aus §§ 280 I, 241 II i.V.m. § 634 Nr. 4 BGB i.V.m. Vertrag mit Schutzwirkung i.V.m. § 398 S. 2 BGB. 20

a. Der Beklagte hat infolge der – wie oben ausgeführt – mangelhaften Erfüllung der dem Kläger aus dem Werkvertrag geschuldeten Leistungspflichten eine gegenüber der Ehefrau des Klägers bestehende **Schutzpflicht i.S.d. § 241 II BGB verletzt**.

Werkvertrag mit Schutzwirkung zugunsten der Ehefrau

Insbesondere ist dieser Werkvertrag geeignet, eine Grundlage für vertragliche Sekundäransprüche der Ehefrau des Klägers abzugeben, da diese zwar nicht in die vertraglichen Primäransprüche einbezogen wurde, es sich aber jedenfalls um einen **Vertrag mit Schutzwirkung** zugunsten der Ehefrau handelt.

Es ist allg. anerkannt, dass auch dritte Personen, die an einem Vertrag nicht unmittelbar beteiligt sind, in den Schutzbereich eines Vertrages einbezogen werden können. Ihnen gegenüber ist der Schuldner dann zwar nicht zur Leistung, wohl aber unter Umständen zum Schadensersatz verpflichtet. Nach der Rechtsprechung ist dies auf eine ergänzende Vertragsauslegung zu stützen, also auf den hypothetischen Parteiwillen.[398]

---

396 Es kommt hier grds. auf eine ex-ante-Betrachtung an; deswegen werden oft auch nutzlose Aufwendungen als „erforderlich" i.d.S. anerkannt (vgl. Pal./Sprau a.a.O.).

397 Der Anscheinsbeweis muss also nicht *widerlegt* werden. Zu den Voraussetzungen und zur Behandlung eines Anscheinsbeweises siehe ausführlich in **Assessor-Basics, Zivilurteil**, § 10, Rn. 107 ff. und Rn. 135.

398 Vgl. BGH NJW 2018, 1537 [Rn. 16 ff.] = Life&Law 2018, 154. Die in der Literatur aufgestellte These, dass dieses Rechtsinstitut inzwischen auch in § 311 III 1 BGB eine Erwähnung gefunden habe (vgl. Canaris, Die Reform des Rechts der Leistungsstörung, JZ 2001, 499 - 528 (520) und Huber/Faust, 3. Kap., Rn. 12), wird vom BGH offenbar vollkommen ignoriert.

Die Rechtssicherheit und das ebenso schützenswerte Interesse des Schuldners, für den das Risiko der von ihm eingegangenen vertraglichen Verpflichtungen *überschaubar* und kalkulierbar bleiben muss, gebieten es, den Kreis der zu schützenden Personen einzugrenzen. Hier aber liegen die kumulativen Voraussetzungen einer solchen Schutzwirkung vor:[399]

Die Ehefrau als Dritte kommt bestimmungsgemäß mit der Hauptleistung in Berührung und ist den Gefahren ebenso ausgesetzt wie der Gläubiger selbst (Leistungsnähe).

Weiterhin ist ein schutzwürdiges Interesse des Klägers als Gläubiger an der Einbeziehung seiner Familienmitglieder in den Schutzbereich des Vertrages gegeben (Gläubigernähe). Da hier aufgrund der familienrechtlichen Verbundenheit schon der „klassische" Fall des sog. personenrechtlichen Einschlags vorliegt, in dem der Gläubiger für das „Wohl und Wehe des Dritten" verantwortlich ist, braucht nicht auf die Frage eingegangen zu werden, in welchen weiteren Fallgruppen ein solches Schutzinteresse im Wege der Auslegung angenommen werden kann.

Bei der Vornahme von Werkleistungen in einem Wohnhaus sind diese beiden Umstände dem Vertragspartner auch jederzeit erkennbar.

Schließlich ist auch ein Schutzbedürfnis der Ehefrau als Dritter i.d.S. gegeben. Diese Schutzbedürftigkeit ist dann abzulehnen, wenn dem Dritten eigene vertragliche Ansprüche gegen *den Gläubiger* zustehen, die denselben oder zumindest einen *gleichwertigen Inhalt* haben wie diejenigen Ansprüche, die ihm über eine Einbeziehung in den Schutzbereich eines Vertrages zukämen.[400] Ein solcher Fall liegt hier aber nicht vor, da die Ehefrau des Klägers ohne den Vertrag mit Schutzwirkung gegen niemanden vertragliche Ansprüche hätte und ihre möglichen deliktischen Ansprüche gegen den Beklagten gerade nicht gleichwertig i.d.S. sind.

Fristsetzung unnötig: SchErs neben *der Leistung i.S.d. § 280 I BGB*

b. Auf eine **Fristsetzung** (vgl. §§ 281 I 1, 636 BGB) bzw. deren vom Beklagten kritisierten konkreten Inhalt kommt es in diesem Zusammenhang überhaupt nicht an, denn es handelt sich nicht um einen Fall des § 280 III BGB, sondern um Schadensersatz *neben* der Leistung i.S.d. § 280 I BGB. 21

Zum einen handelt es sich bei den Sturzfolgen um Schäden, die auch dann nicht verhindert worden wären, wenn der Beklagte den Mangel der Werkleistung selbst im letztmöglichen Zeitpunkt – also Ablauf der ihm dazu gesetzten Frist – behoben hätte. Zum anderen muss berücksichtigt werden, dass gegenüber der verletzten *Ehefrau* des Klägers nur Schutzpflichten i.S.d. § 241 II BGB, aber keine Leistungspflichten i.S.d. § 241 I BGB bestanden, ihr gegenüber also eine Nacherfüllung gar nicht geschuldet war und somit ein „statt der Leistung" überhaupt nicht in Betracht kam.

Vertretenmüssen

c. Der Beklagte hat die Verletzung der gegenüber der Ehefrau des Klägers bestehenden Schutzpflicht i.S.d. § 241 II BGB nach dem Parteivortrag auch zu vertreten. Er hat nichts substanziiertes vortragen, um die Vermutung des **Vertretenmüssens** gemäß §§ 280 I 2, 276 I BGB zu widerlegen. Sein einfaches Bestreiten ist dafür nicht ausreichend. 22

399 Vgl. dazu Pal./Grüneberg, § 328, Rn. 16 bis 18.

400 Dann nämlich ist die Figur des Vertrages mit Schutzwirkung überflüssig, da sie allein dazu entwickelt wurde, den Dritten vor den Unzulänglichkeiten des Deliktsrechts (kein umfassender Vermögensschutz, Exkulpationsmöglichkeiten) zu bewahren. Vgl. hierzu etwa die (differenzierende) Grenzziehung bei BGH NJW 2018, 1537 = Life&Law 2018, 154.

Hinweis: Anders als beim Schadensersatz statt der Leistung i.S.d. § 280 III BGB, wo grds. auf das Vertretenmüssen *der Nichtnacherfüllung* abzustellen ist, muss vorliegend das Vertretenmüssen der Schutzpflichtverletzung gegenüber der Ehefrau des Klägers geprüft werden (und damit letztlich das Vertretenmüssen der hierfür ursächlichen mangelhaften Werkleistung).

Schadenspositionen

d. Die vom Kläger geltend gemachten Schadenspositionen stellen teilweise, nämlich in Höhe von insgesamt 350 € **materielle Schäden** gemäß §§ 280 I, 634, 249 II BGB dar, die **kausal** auf der Schutzpflichtverletzung des Beklagten beruhen. *23*

Reparaturkosten

Dies gilt zunächst für den sich über § 249 II BGB ergebenden Anspruch in Höhe von 250 € auf Ersatz der Reparaturkosten für das Trimmgerät Ergo-Bike. Da die tatsächliche Durchführung der Reparatur erfolgte, ist auch die im Bruttobetrag von 250 € enthaltene Umsatzsteuer ersatzfähig (vgl. § 249 II 2 BGB).

Weil der Sturz – hinsichtlich der Kausalität insoweit nicht bestritten[401] - auf eine defekte Platte zurückzuführen ist, die der Beklagte verlegt hatte, beruht dieser auch kausal auf dem Mangel.

Frustrierte Kosten der Tennisstunden

Ebenfalls als materieller Folgeschaden ersatzfähig sind die Kosten der Tennisstunden in Höhe von 100 €. *24*

Streng nach der Differenzhypothese kann man - zumindest auf den ersten Blick - den materiellen Schaden insoweit verneinen, als die eingegangene Verbindlichkeit auf Zahlung der Tennisstunden schon *vor* der Verletzung bestand. Der Schaden besteht daher nicht in der *Entstehung* dieser Verbindlichkeit, sondern darin, dass diese - obwohl sie bezahlt werden musste - *nicht ausgenutzt* werden konnte.

Aber auch das ist als *materieller* Schaden anzuerkennen, weil hier der Geschädigte eine *geldwerte Genussmöglichkeit* nicht wahrnehmen kann. Die Vereitelung der Nutzung vernichtet hier zugleich den Substanzwert. Der *Anspruch* auf die Genussmöglichkeit hat Vermögenswert; da er durch das schädigende Ereignis entwertet wird, ist der Wert des Vermögens nun im Sinne der Differenztheorie differenziert. Ein solcher Fall ist hier auch gegeben.[402]

„vertane“ Urlaubstage

Nicht ersatzfähig sind allerdings die geforderten 250 € Schadensersatzes wegen der Urlaubstage. Denn unabhängig von der Bewertung des Verhaltens der Geschädigten i.R.d. § 9 BUrlG liegt jedenfalls gar kein ersatzfähiger materieller Schaden vor. *25*

Da sich nach der Differenzhypothese kein Schaden i.S.d. §§ 249 ff. BGB feststellen lässt, stellt sich allenfalls die Frage, ob sich ein solcher über den sog. Kommerzialisierungsgedanken bejahen lässt. Seit Inkrafttreten der §§ 651a ff. BGB ist der Wille des Gesetzgebers, dies als einen *immateriellen* Schaden einzuordnen und auf das Reisevertragsrecht zu beschränken, klar erkennbar, so dass ein Ersatz von „frustriertem“ Urlaub außerhalb des Reisevertragsrechts nicht mehr in Betracht kommt.[403]

---

401 Das Beweisangebot für eine Zeugenaussage der Ehefrau war daher überflüssig. Da diese aber die Geschädigte ist und damit zunächst Rechtsinhaberin war, hätte sich andernfalls das „klassische“ Problem des sog. „parteiischen Zeugen“ gestellt. Hierzu siehe etwa in **Assessor-Basics, Zivilurteil**, § 10, Rn. 18 und Rn. 134.

402 Vgl. dazu etwa Pal./Grüneberg, § 249, Rn. 69.

403 Vgl. etwa BGH, NJW 1995, 2629 - 2630 = **juris**byhemmer; Pal./Grüneberg, § 249, Rn. 71.

Schmerzensgeld nicht eingeklagt (§ 308 I ZPO)

Entgangener Urlaubsgenuss kann grds. im Rahmen eines Anspruches aus § 253 II BGB berücksichtigt werden, doch ist dies ein anderer Streitgegenstand, der hier vom Kläger nicht geltend gemacht wurde (§ 308 I ZPO).[404]

Kein ausreichender Vortrag für Mitverschulden

e. Eine Kürzung des Schadensersatzanspruches kommt nicht in Betracht, da von dem für diese *Einwendung* darlegungs- und beweispflichtigen Beklagten nichts ausreichendes für ein etwaiges **Mitverschulden** der Ehefrau des Klägers gemäß § 254 BGB vorgetragen wurde. 26

Die Tatsache, dass die Ehefrau des Klägers das Badezimmer am 13. September 2018 noch betrat, obwohl erste kleinere Mängel bereits am 11. September 2018 entdeckt worden waren, kann dafür keinesfalls ausreichen. Denn dass eine erkennbare ernsthafte Gefahr von den Fliesen ausging, wird aus dem Parteivortrag nicht ersichtlich, und es kann niemandem zugemutet werden, sein Bad quasi „auf Verdacht hin“ längere Zeit nicht mehr zu betreten.

Abtretung

f. Schließlich ist nach dem insoweit unstreitigen Klägervortrag auch davon auszugehen, dass eine wirksame Einigung zwischen seiner Ehefrau und ihm auf **Abtretung** der Schadensersatzforderung gemäß § 398 BGB vorliegt.

3. Auch der Anspruch des Klägers auf **Rückforderung des Vorschusses** in Höhe von 600 € ist begründet. Insoweit besteht ein Anspruch aus § 812 I 2 2. Alt. BGB. 27

Rückforderung des Vorschusses aus § 812 I 2 2. Alt. BGB

Der Tatbestand der Zweckkondiktion gemäß § 812 I 2 2. Alt. BGB ist gegeben.

Nach dem insoweit unstreitigen Klägervortrag liegt eine Leistung vor, die den Zweck hatte, als Vorschuss für den später erhofften Abschluss eines weiteren Werkvertrags zu dienen. Dieser Zweck geht – wie es hier in Abgrenzung zu § 812 I 1 1. Alt. BGB erforderlich ist – zwangsläufig über die bloße Erfüllung einer Verbindlichkeit *hinaus*, weil eine solche bekanntermaßen noch gar nicht bestand.

konkludente Zweckeinigung

Auch die für die Zweckkondiktion gemäß § 812 I 2 2. Alt. BGB ausreichende rein *tatsächliche* Einigung[405] liegt vor: Über diesen Zweck haben sich die Parteien stillschweigend *geeinigt*, weil der Kläger diese Motivation ausdrücklich auf dem Überweisungsträger angab und der Beklagte dies zwangsläufig erkannt hat.

Eine stillschweigende Einigung i.d.S. kann angenommen werden, wenn der eine Teil mit seiner Leistung einen bestimmten Erfolg bezweckt und der andere Teil dies erkennt und die Leistung entgegennimmt, ohne zu widersprechen.[406]

---

404 Zur diskutierten arbeitsrechtlichen Problematik (§ 9 BUrlG?) kann hier aufgrund der knappen Sachverhaltsangaben nichts Abschließendes gesagt werden. Aufgrund der Angaben des Klägers spricht einiges dafür, dass die Arbeitnehmerin für ihre *konkrete* Tätigkeit tatsächlich nicht arbeitsunfähig war (in der Praxis allerdings wohl von jedem Arzt trotzdem eine entsprechende Bescheinigung bekommen hätte).

405 Zu den Prüfungsschritten der Zweckkondiktion siehe Pal./Sprau, § 812, Rn. 29 ff.

406 Vgl. BGHZ 115, 261 - 267 (263) = **juris**byhemmer; BGH, NJW 2008, 3277 - 3282 (3280) = **Life&Law 2008, 719 - 727**. Über solche konkludenten Einigungen kann man dennoch – hier wie wohl fast immer – streiten. Dann bliebe immer noch der Weg über § 812 I 1 1. Alt. BGB (s.u.). Umgekehrt ist aber wohl auch die Annahme eines vertraglichen Rückzahlungsanspruchs („Vorleistungsvertrag“) nicht ganz unvertretbar. Die rein *tatsächliche* Einigung i.S.d. Zweckkondiktion ist zu einer *rechtsgeschäftlichen* Einigung i.S.e. Vertragsschlusses naturgemäß schwer abzugrenzen (Auslegungsfrage).

Dieser Zweck wurde nicht erreicht, weil der Kläger kein Interesse mehr an einem weiteren Vertrag mit dem Beklagten hat.

Daher ist der Wert der erlangten Kontogutschrift von 600 € zu ersetzen (§§ 812 I 2 2. Alt., 818 II BGB).

Hinweis: Bei Ablehnung der Zweckkondiktion müsste trotzdem dasselbe Ergebnis herauskommen, dann nämlich über einen Anspruch aus § 812 I 1 1. Alt BGB. Auch der vom Wortlaut her scheinbar einschlägige Einwand des § 814 BGB steht dem im konkreten Fall dann nicht entgegen. Diese Vorschrift regelt nämlich einen Sonderfall des Rechtsmissbrauchs, so dass sie aufgrund teleologischer Reduktion nicht angewendet werden darf, wenn die Rückforderung gerade kein widersprüchliches Verhalten darstellt.[407] Eben dies aber ist der Fall, wenn die Leistung in der Hoffnung späteren Vertragsschlusses erbracht worden war und diese Hoffnung sich später nicht realisierte.[408]

Kein Ausschluss gemäß §§ 814, 815 BGB

Auch der Ausschlusstatbestand des § 815 2. Alt. BGB, der den §§ 814, 242 BGB bei der Zweckkondiktion als Spezialregelung vorgeht, liegt hier nicht vor, weil keine *treuwidrige* Vereitelung des späteren Vertragsschlusses *durch den Kläger* gegeben ist: 28

Ein bloßer Meinungsumschwung mit der Folge eines Rückforderungsbegehrens ist nach der gesetzlichen Wertung grds. legitim, da das Gegenteil letztlich einen Kontrahierungszwang bedeuten würde.

Prüfung des § 818 III BGB

Eine Berufung des Beklagten auf Entreicherung gemäß § 818 III BGB kommt im vorliegenden Falle nicht in Betracht, ohne dass es dabei auf das vom Beklagten abgegebene Beweisangebot ankäme.

Entreicherung schon nicht schlüssig vorgetragen

Zum einen fehlt es schon an der Schlüssigkeit des Vortrags des für diese Einwendung darlegungs- und beweispflichtigen Beklagten. Erforderlich ist nämlich nach allg. Ansicht zumindest ein Kausalzusammenhang zwischen der rechtsgrundlosen Bereicherung und dem eingetretenen Vermögensverlust.[409] 29

Aus dem Vortrag des Beklagten wird aber nicht erkennbar, inwieweit ein Zusammenhang zwischen dem Inhalt der Geldbörse am konkreten Tag der angeblichen Entwendung und dem Erhalt der betreffenden Überweisung seitens des Klägers besteht.

Ein solcher Zusammenhang kann auch nicht vermutet werden, weil es keine allg. Lebenserfahrung dahingehend gibt, dass ein positiver Kontostand sich in einer Vergrößerung des Bargeldbestands der Geldbörse niederschlägt. Ein großer Bargeldbestand der Geldbörse, wie ihn der Kläger vorträgt, ist außergewöhnlich und ergibt sich meist aus einem konkreten, aktuell bevorstehenden Anlass einer Barzahlung, die dann die eigentliche Ursache der Entreicherung wäre.

---

407 Beachten Sie zu diesem den Tatbestand einschränkenden Rechtsmissbrauchsgedanken des § 814 BGB auch BGH, NJW 2008, 1878 - 1880 = **juris**byhemmer = **Life&Law 2008, 359 - 365**: Danach ist die Vorschrift trotz § 142 II BGB nicht anwendbar auf diejenige Person, die selbst *nicht* anfechten konnte (sondern nur auf den Anfechtungsberechtigten). Die Begründung ist ähnlich wie bei Annahme von § 812 I 1 1. Alt. BGB im vorliegenden Fall: In der Rückforderung durch diese Person liegt kein in sich widersprüchliches Verhalten (Rechtsmissbrauch), weil diese Person vor der Anfechtung durch den Gegner zur Leistung verpflichtet war.

408 So etwa Pal./Sprau, § 814, Rn. 6. Die dort zitierte Entscheidung BGH, NJW 1999, 2892 - 2893 = **juris**byhemmer hat aber nicht ausdrücklich die condictio indebiti des § 812 I 1 1. Alt. BGB bejaht, sondern offen gelassen, ob sich die Lösung bereits wegen der Anwendbarkeit der Zweckkondiktion des § 812 I 2 2. Alt. BGB ergibt; der BGH arbeitete also mit einer Alternativbegründung.

409 Vgl. BGHZ 118, 383 - 394 = **juris**byhemmer; Pal./Sprau, § 818, Rn. 30.

Jedenfalls lässt sich dem Beklagtenvortrag auch nicht entnehmen, dass er gerade zum Zeitpunkt der behaupteten Entwendung die Rückzahlung *beim Kläger* in bar beabsichtigte. Daher kann schon keine kausale Entreicherung i.S.d. § 818 III BGB angenommen werden.

Überdies: verschärfte Haftung nach § 818 IV BGB wg. § 700 II ZPO

Zum anderen aber steht einem Einwand der Entreicherung vorliegend auch die verschärfte Haftung des Beklagten nach § 818 IV BGB entgegen. 30

hemmer-Klausur-Tipp

Wie schon mehrfach in diesem Skript unser Rat: Besteht die Möglichkeit, Ihr Ergebnis gleich *doppelt* zu begründen, sollten Sie dies zumindest im Regelfall tun. *Dies* ist guter Urteilsstil! In der Praxis baut der Richter damit psychologische und rechtliche Zusatzhürden für etwaige Rechtsmittel auf.[410] Im Examen zeigen Sie dem Korrektor auf die für diesen bequemste Weise Ihre Rechtskenntnisse auf.
Würde eine solche Zusatzbegründung aber eine längere und/oder schwierigere Argumentation erfordern, wäre diese aber ggf. besser im Hilfsgutachten (soweit vom Bearbeitervermerk gefordert) aufgehoben, wenn sich das Ergebnis auf andere Weise einfach und „wasserdicht" begründen lässt. Im Grenzbereich ist diese Frage „Doppelbegründung oder Verlagerung ins Hilfsgutachten" aber weitgehend eine Geschmackfrage.

Obwohl das Mahnverfahren grds. selbst noch keine Rechtshängigkeit bewirkt, ist die Situation im vorliegenden Falle nämlich aufgrund der *Fiktion* des § 700 II ZPO so zu behandeln, als sei die Streitsache mit der Zustellung des Mahnbescheides am 6. September 2018 rechtshängig geworden.

Zwar ist bei verschärfter Haftung nicht jede Berufung auf Entreicherung ausgeschlossen, sondern dies ist nach den „allgemeinen Vorschriften" des Schuldrecht AT zu entscheiden, v.a. nach den §§ 287, 292 BGB. Da es im vorliegenden Fall um eine Geldschuld geht, muss daher schon die allgemeine Regel gelten, dass finanzielle Leistungsunfähigkeit nichts an der Haftung ändert.[411]

4. Der **Zinsanspruch** ergibt sich bereits aus § 291, 288 I BGB i.V.m. § 700 II ZPO, wobei § 187 I BGB wegen vergleichbarer Interessenlage analog anzuwenden war.[412]

Kosten

IV. Die **Kostenentscheidung** folgt aus § 91 i.V.m. § 92 II Nr. 1 ZPO, da die Unterliegensquote des Klägers weniger als zehn Prozent beträgt und geringfügige Mehrkosten dabei unbeachtlich sind. 31

Vollstreckbarkeit

V. Die Entscheidung über die **vorläufige Vollstreckbarkeit** ergibt sich aus § 709 S. 2, S. 3 ZPO.

Streitwertfestsetzung und **Rechtsbehelfsbelehrung**[413] (*erlassen*).

Dr. Fröhlich

Richterin am Amtsgericht

410 So steigen wegen § 520 III ZPO u.a. die Anforderungen an eine zulässige Berufungsbegründung an.

411 Vgl. Pal./Grüneberg, § 276, Rn. 28 (m.w.N.). Man könnte überdies auch auf § 287 S.2 BGB hinweisen, nachdem auch eine Entreicherung ohne Verschulden des Beklagten von diesem zu vertreten ist.

412 Vgl. Pal./Ellenberger, § 187, Rn. 1; BGH NJW-RR 1991, 519; NJW 2017, 2986 [Rn. 103]; NJW 2018, 225 [Rn. 28]; BAGE 152, 221 = NZA 2015, 1465 [Rn. 30]; NZA 2017, 1598 [Rn. 33] = **juris**byhemmer.

413 Vgl. hierzu § 232 ZPO.

Hilfsgutachten

I. **<u>Weitere Ansprüche wg. der Selbstvornahme:</u>**

Selbstbeseitigungskosten als SchErs statt der Leistung (§§ 280 I, III, 281 I BGB)

1. Die Kosten aus der Selbstbeseitigung von Mängeln können auch im Wege des **<u>Schadensersatzes statt der Leistung gemäß §§ 280 I, III, 281 I BGB</u>** gefordert werden. 32

Es handelt sich bei der Forderung der Selbstvornahmekosten um einen Fall von Schadensersatz *statt der Leistung* i.S.d. § 280 III BGB, weil sie nicht zusätzlich zur Nacherfüllung hätten gefordert werden können.

Insoweit liegen *zwei* Pflichtverletzungen des beklagten Werkunternehmers vor, die den konkreten materiellen Schaden der Selbstvornahmekosten herbeigeführt haben: die Erbringung einer mangelhaften Werkleistung und die nicht fristgerechte Nacherfüllung.

Da kein substanziiertes Entlastungsvorbringen des gemäß § 280 I 2 BGB darlegungs- und beweispflichtigen Beklagten vorliegt, waren beide Pflichtverletzungen zu vertreten (vgl. auch § 276 I, II BGB). Dabei hätte es genügt, wenn *eine der beiden* Pflichtverletzungen zu vertreten ist.[414]

Hier kam es auf diesen Anspruch nicht an, da der Kläger ausdrücklich den einfacheren[415] Weg des § 637 BGB wählte und damit auch erfolgreich ist.

Hemmer Klausur Tipp

Legen Sie sich v.a. in der Anwaltsklausur – etwa bei einem Fall, in dem der Besteller die Maßnahme noch nicht hat durchführen lassen – nicht zu früh auf die „einfachere“ Anspruchsgrundlage des § 637 BGB fest!
Das Vorgehen über Schadensersatz hat für den Besteller nämlich auch Vorteile gegenüber § 637 I BGB, der – wie schon die Existenz des Vorschussanspruchs gemäß § 637 III BGB zeigt – die *tatsächliche* Durchführung der Selbstvornahme voraussetzt. Der Anspruch auf Schadensersatz statt der Leistung besteht dagegen auch ohne tatsächliche Durchführung einer solchen Maßnahme durch Dritte. Denn bereits durch *den Mangel des Werks selbst* ist ein Vermögensschaden entstanden.[416]
Problematisch ist dann aber die Bestimmung *der Höhe* eines solchen Schadens. Nach der bisherigen Rechtsprechung standen dem Besteller, der das Werk behält und den Mangel *nicht beseitigen* lässt, zwei Möglichkeiten zur Verfügung, seinen Vermögensschaden zu bemessen: Zum einen konnte er im Wege einer Vermögensbilanz die Differenz zwischen dem hypothetischen Wert der durch das Werk geschaffenen oder bearbeiteten, im Eigentum des Bestellers stehenden Sache ohne Mangel und dem tatsächlichen Wert der Sache mit Mangel fordern. Daneben hatte der BGH dem Besteller bisher alternativ auch einen Zahlungsanspruch in Höhe der *fiktiven* Mängelbeseitigungskosten zugebilligt.[417] Diese *zweite* Möglichkeit, also die Geltendmachung der fiktiven Mängelbeseitigungskosten, ist nun nicht mehr möglich.[418]

414 Vgl. BGH NJW 2015, 2244 [Rn. 12 ff.].

415 Für Aufwendungsersatz nach § 637 I BGB ist – anders als beim Schadensersatz – kein Vertretenmüssen des Werkunternehmers erforderlich.

416 Vgl. BGH NJW 2018, 1463 [Rn. 24].

417 Vgl. etwa BGH NJW 2010, 3085.

418 Vgl. BGH NJW 2018, 1463 [Rn. 30 ff.].

2. **Weitere Ansprüche** sind allerdings insoweit nicht gegeben:

G.o.A., § 812 und § 326 II 2 BGB zumindest „weggesperrt“

a. Ein Anspruch auf **Aufwendungsersatz aus G.o.A. (§§ 670, 683, 677 BGB)** muss bereits deswegen ausscheiden, weil davon auszugehen ist, dass es sich bei § 634 BGB um eine grds. abschließende Regelung über die Rechte des Bestellers handelt.[419] 33

Daher kommt es nicht auf die kritische Frage an, ob überhaupt ein fremdes Geschäft in Form des sog. „auch-fremden-Geschäfts“ und ein entsprechender Fremdgeschäftsführungswille vorliegen oder ob nicht eher von einem klaren Überwiegen der Eigeninteressen des Bestellers auszugehen ist.

b. Ein **Wertersatzanspruch aus § 812 I 1 2. Alt., 818 II BGB** scheitert ebenfalls an diesem Vorrang der Rechte aus § 634 BGB.[420]

c. Schließlich ist mit dem BGH aber auch davon auszugehen, dass die Sperrwirkung der §§ 634 ff. BGB auch dahin geht, dass **Ansprüche des Besteller aus § 326 II 2, IV BGB** (analog) auf Zahlung in der Höhe der vom Werkunternehmer *ersparten Aufwendungen* ausscheiden.[421] Wird die geschuldete Selbstvornahme – wie vorliegend – nach Eintritt der Voraussetzungen von § 281 I oder II BGB vorgenommen, so passt diese Regelung ohnehin nicht, weil dann nicht der *Gläubiger* des Anspruchs für die infolge der Zweckerreichung eingetretene Möglichkeit der (künftigen) Nacherfüllung verantwortlich ist, sondern der Schuldner.

II. **Weitere Ansprüche wg. der Schäden der Ehefrau:**

Deliktsrecht

Im Hinblick auf die geltend gemachten Schadenspositionen der Ehefrau des Klägers kommt auch ein Anspruch aus § 823 I BGB wegen fahrlässiger Sachbeschädigung und Körperverletzung in Betracht. 34

Diese Ansprüche sind für die Verletzte aber insoweit ungünstiger, als die in § 280 I 2 BGB vorgesehene Umkehr der Darlegungs- und Beweislast bezüglich des Verschuldens hier nicht gilt, das Gericht also aufgrund der bewiesenen objektiven Umstände von der Fahrlässigkeit des Klägers *überzeugt* sein müsste.

---

419 Vgl. Pal./Sprau, Vorbem. Vor § 633, Rn. 16 m.w.N. Ebenso im Kaufrecht (vgl. Pal./Weidenkaff, § 437, Rn. 58).

420 Vgl. Pal./Sprau, Vorbem. vor § 633, Rn. 16.

421 Vgl. etwa BGH, NJW 2005, 1348 - 1351= **juris**byhemmer; BGH, NJW 2005, 3211 - 3213 (3212) = **juris**byhemmer mit Besprechung in **Life&Law 2005, Heft 6, 351 - 358** zum Parallelproblem im Kaufrecht. Vgl. auch Pal./Grüneberg, § 326, Rn. 13; Pal./Weidenkaff, § 437, Rn. 4a; Pal./Sprau, § 637, Rn. 1. Hat der Käufer bzw. Besteller – anders als im vorliegenden Fall – vor der Mangelbeseitigung keine Frist gesetzt, vertrat die wohl h.L., dass sich der Verkäufer die zum Zwecke der Nacherfüllung erforderlichen Aufwendungen, die er durch die Selbstvornahme der Mängelbeseitigung seitens des Käufers erspart, anrechnen lassen müsse (vgl. etwa Lorenz NJW 2005, 1321- 1324; Herresthal/Riehm, NJW 2005, 1457 - 1461).

Die erste Zahl bezeichnet den Fall, die zweite die jeweilige Randnummer.

K

L

M

N

O

P

R

S

T

U

V

W

Z